LAROUSSE
de la Généalogie

Direction de la publication
Marie-Pierre Levallois

Édition
Christine Dauphant

Direction artistique
Emmanuel Chaspoul
assisté de Martine Debrais

Maquette
Sophie Compagne

Conception graphique
Rampazzo

Dessin
Laurent Blondel

Cartographie
Édigraphie

Couverture
Olivier Caldéron

Iconographie
Nathalie Bocher-Lenoir, Bridget Noizeux
Jacques Bottet

Lecture-correction
Annick Valade, Madeleine Biaujeaud,
Henri Goldszal

Fabrication
Annie Botrel

Index
Marie-Thérèse Ménager

Cet ouvrage a été réalisé avec le concours de :

Jean-Louis Beaucarnot
Généalogiste

Frédéric Bonnefon
Consultant en informatique,
spécialiste de généalogie familiale

Christian Chandon
Généalogiste successoral
chez Coutot-Roehrig

Francis Christian
Rédacteur en chef
de *Généalogie-Magazine*

Christophe Drugy
Professeur d'Histoire-Géographie,
président de l'association Racines franco-belges

Marcel Fournier
Généalogiste, président de la Société généalogique
canadienne-française

Yves Héraly
Généalogiste, président de l'association GéniWal

Marie-Odile Mergnac
Directrice éditoriale
des Éditions *Archives et Cultures*

Jérôme Saynes
Concepteur de logiciels

Michel Vergé-Franceschi
Professeur des Universités

L'éditeur remercie pour leur collaboration :
Élisabeth Andréani, Fabienne Bonnet, Nathalie Gerbeau, Ségolène Jayet-Dauphiné,
Caroline Pecqueur, Dominique Barbey, Christian Bonnet et Thierry Delplancq.

Distributeur exclusif au Canada : Messageries ADP, 1751 Richardson, Montréal (Québec)

ISBN 2-03-560264-5

LAROUSSE de la Généalogie

Préface de
Jean-Louis Beaucarnot

LAROUSSE

21 Rue du Montparnasse 75283 Paris cedex 06

Préface

On peut dire qu'aujourd'hui un foyer français sur dix a, sinon son « petit généalogiste », du moins un de ses membres sensibilisé à ces questions, au point d'avoir déjà rassemblé quelques éléments. C'est ce qui se dégage de sondages récents, montrant par ailleurs que le nombre de ceux ayant « transformé cet essai » dépasse largement les cent mille personnes.

Cent mille hommes, femmes, vieux ou jeunes, de tous milieux et de toutes origines, avec pour seul point commun le fait de se recruter majoritairement parmi les urbains et les suburbains, qui sont naturellement les plus avides de racines. Car, via les racines, la généalogie constitue en fait une quête de l'identité, faisant même aller certains jusqu'à voir en elle une thérapie douce.

Mais comment peut-on être généalogiste ? Comment peut-on le devenir et comment peut-on le rester ?

N'importe qui, évidemment, peut devenir généalogiste. Il suffit d'avoir des ancêtres. Or, qui n'en a pas ? Chez les enfants abandonnés, le besoin est ressenti de façon plus aiguë encore... Si autrefois seules les familles nobles et notables se commettaient à ce genre de travaux, c'est qu'elles seules disposaient de moyens culturels et de loisirs le leur permettant. Dans la mouvance de mai 68, et à la faveur du renouveau régionaliste qui ne lui est pas étranger, nos contemporains se sont questionnés sur leurs origines. Redressant l'axe de leur vieille passion pour l'Histoire, ils ont alors volontairement délaissé celle des rois et des cardinaux pour retrouver celle de leurs ancêtres, des ancêtres qui n'étaient autres que « les petits, les sans-grade » chers à Victor Hugo. De là, une généalogie largement démocratisée et reformatée qui aboutit aujourd'hui à cette explosion, à cet engouement général, tout à la fois phénomène de masse et fait de société.

Comment, donc, devient-on généalogiste ? Parce qu'un jour on s'est posé une question... Où était donc né tel aïeul dont on venait de lire, le jour de la Toussaint, le nom gravé sur la sépulture de famille ? Pourrait-on être apparenté à tel homonyme, rencontré au hasard d'un annuaire, sur l'enseigne d'un magasin ou lors d'une heure de « surf » sur Internet ? Qu'a bien pu signifier son nom de famille et quand a-t-il vu le jour, etc. ?

Dès lors, une question en a amené une autre. Comme avec les trains, un aïeul en a caché un autre et, par le jeu du ricochet, la recherche s'est déroulée, générant immanquablement la passion, passion qui fait, en effet, que celui qui devient généalogiste va presque toujours le rester...

Comment et pourquoi demeure-t-on ainsi « accro » ? Parce qu'une recherche n'est jamais terminée. Parce qu'elle nous fait mener une enquête quasi policière, pleine de suspense et de rebondissements. Parce qu'elle tient à la fois du puzzle et de la collection, proposant autant de challenges, nous poussant à mettre tout en œuvre pour rattacher deux branches portant un même nom ou pour retrouver le soixante-quatrième des soixante-quatre couples d'ancêtres que l'on compte, comme tout un chacun, à la septième génération.

Parce que la généalogie, en réclamant des échanges, propose de formidables contacts humains, qu'Internet vient d'ailleurs récemment de magistralement favoriser. Parce que, en dépouillant des archives, parfois vieilles de trois à quatre cents ans, on arrive vite à faire véritablement œuvre d'historien. Parce que, ce faisant, on pénètre un monde étrange et oublié, le monde de nos ancêtres, expérience souvent plus dépaysante qu'un séjour à Cuba, voire qu'un parcours de trekking en Alaska ou au Sahara.

Parce qu'on réalise là le vieux rêve de l'homme : remonter le fil du temps.

Parce que la généalogie ouvre tout grand, à quiconque s'en approche, la porte de l'aventure. D'une aventure à la portée de tous.

Un exemple parmi d'autres ? « Tout homme descend à la fois d'un roi et d'un pendu », a dit La Bruyère. Cet adage, les passionnés de généalogie le vérifient chaque jour. Chacun de nous, en effet, se retrouve vite avec tant d'ancêtres qu'il doit forcément s'attendre à des surprises. Les uns se découvriront cousins du président de la République, d'un académicien ou de Brigitte Bardot, les autres d'un chanteur de rap ou de leur boulangère, d'autres souvent, si ce n'est d'un pendu, de quelque inoffensif bagnard ayant volé à peine plus d'un pain…

Mathématiquement, neuf Français sur dix, sans voir pour autant fleurir leur barbe, seraient également issus de Charlemagne, ce que beaucoup, quel que soit leur milieu d'origine, parviennent un jour à établir. Au milieu d'une foule de modestes paysans des terroirs de l'ancienne France, laboureurs, journaliers ou manouvriers, chacun compte donc toujours quelques petites « perles » qui feront toute la valeur et tout le charme de sa galerie d'ancêtres et de cousins.

Dites-vous bien enfin que chacun est ici logé à la même enseigne génétique, et qu'autant de surprises attendent les princes eux-mêmes, lorsqu'ils se penchent sur leur généalogie.

Si Louis XIV, par les rois d'Espagne, descendait ainsi en droite ligne de Mahomet, les quelques princes qu'il nous reste ne sauraient nullement échapper à la règle.

Dès la troisième génération, la généalogie de l'actuel prince de Monaco révèle une arrière-grand-mère, *Joséphine Piedefer épouse Louvet,* simple blanchisseuse née dans un obscur village du pays de Bray. Le Français Henri de Laborde de Montpezat, prince consort danois, avait un grand-père, *Maurice Doursenot,* employé des chemins de fer et un arrière-grand-père, *Léonard Gay,* plombier zingueur en Dordogne.

Les souverains de Suède, de Norvège, de Danemark, de Belgique et du Luxembourg descendent tous, en ligne masculine pour les premiers et féminine pour les autres, du maréchal français Bernadotte, originaire de Pau, où son grand-père était un simple journalier devenu tailleur et son arrière-petit-fils, un plus modeste tisserand.

Quant à sa Très Gracieuse Majesté, elle n'échappe pas à la règle ! Élisabeth II compte parmi ses ancêtres maternels une arrière-arrière-arrière-grand-mère qui était une jeune modiste d'origine française, nommée *Hyacinthe Gabrielle Roland,* elle-même issue d'une modeste famille marseillaise…

Qui que vous soyez, des surprises vous attendent, à la condition toutefois capitale de ne, justement, pas partir pour en trouver. Nul ne trouve jamais d'ancêtre à la carte. Qui cherche un roi ne trouve souvent qu'un pendu, et plus souvent encore ni l'un ni l'autre. Alors, celui qui part simplement pour découvrir ses ancêtres et ses racines, quels qu'ils aient été et où qu'ils aient été, ne sera, je vous le garantis, jamais déçu. À la recherche d'une réponse à une question précise, celui-là se retrouvera rapidement avec des centaines d'ancêtres, des centaines de cousins, des dizaines de correspondants, des tonnes de documents et surtout avec une passion, dévorante et fascinante, qui lui permettra de mieux comprendre l'Histoire et ainsi, dit-on, de mieux appréhender le présent. Car, comme l'a dit Lévi-Strauss, « chercher ses racines n'est-il pas se chercher soi-même » ?

« Interroge les générations passées, Sois attentif à l'expérience de tes pères, car nous sommes nés d'hier et nous ne savons pas grand-chose. Mais tes pères t'enseigneront ; ils te parleront et, de leur expérience, ils tireront pour toi des leçons de sagesse », lit-on dans la Bible (Livre de Job).

Alors, vous aussi, sans attendre, interrogez vos pères, et laissez-vous aller aux joies de la *découverte/généalogie.*

Jean-Louis Beaucarnot

Sommaire

Comment retrouver ses ancêtres ?

Des connaissances préalables

Des souvenirs épars

Des actes précis

Quelques cas spécifiques

La vie des noms et des prénoms

Guide pratique

1 Comment

- Des connaissances préalables
- Des souvenirs épars

- Des actes précis
- Quelques cas spécifiques

retrouver ses ancêtres

- Des mots à connaître

- Des archives à consulter
- Une histoire retrouvée
- Des clés pour comprendre

Des connaissances

Vouloir retrouver ses ancêtres, entrer dans un bâtiment public (mairie, presbytère, dépôt d'archives) à la recherche de ceux qui ne sont plus, procède d'une foule de motifs personnels. S'il y a autant de cas que d'individus, on peut néanmoins tenter de regrouper les motivations en une petite série d'exemples.

▲ *Extrait de la généalogie des rois de France de Pharamond Ier à Charles IX (1562).*

préalables

Retrouver ses racines

D'où est-ce que je viens ? La société cosmopolite, multiraciale et multiconfessionnelle qui est celle de ce début de millénaire nous incite à rechercher nos origines. Face à un monde en perpétuelle mutation, la généalogie répond en termes de stabilité. Connaître ses origines, c'est se rassurer, s'inscrire dans le temps, retrouver les racines que nous avons perdues. Chacun veut retrouver son passé par peur d'un présent trop agité et d'un futur devenu trop incertain, en un monde où toutes les religions confondues n'apportent plus à l'homme les certitudes qui étaient jadis les siennes en matière de salut. Ne pouvant vaincre le futur, ne pouvant répondre aux questions philosophiques de l'existence, l'homme contemporain, plus alphabétisé que ses pères, mais beaucoup moins croyant qu'eux, cherche à retrouver son passé à travers les papiers, les archives. À l'espérance du Ciel s'est substituée la quête de la Terre.

L'oncle d'Amérique

Rechercher ses ancêtres dans les archives est le plus souvent un plaisir. Ce peut être aussi une nécessité. Qu'un courrier émanant d'un notaire arrive de l'autre bout du monde et la généalogie prend une autre tournure. Soudain, il faut remonter le temps pour établir la preuve qu'on est bien le seul héritier du défunt inconnu. Immédiatement, on procède dans la fébrilité à une généalogie ascendante, puis à une généalogie descendante depuis l'aïeul commun jusqu'au de cujus. Attention : le mort a pu ne laisser que des dettes ! Il faut alors refuser l'héritage ou ne l'accepter que « sous bénéfice d'inventaire » afin d'avoir la certitude que l'actif du défunt (les avoirs) est bel et bien supérieur au passif de sa succession (ses dettes).

La noblesse : une espérance

L'authentique gentilhomme de notre temps connaît ses ancêtres, depuis Henri IV au moins, sinon depuis Saint Louis. Il fréquente peu les dépôts d'archives, car ses ancêtres, il les connaît depuis qu'il est né. Leurs portraits sont au salon ; l'arbre généalogique, dans l'entrée ; les armoiries, gravées dans la pierre sur la clef de voûte du porche ou sur le manteau d'une cheminée. À côté de lui, il y a tous ceux qui cherchent à « valider » de fausses prétentions. Déjà La Bruyère les dénonçait et Saint-Simon ironisait sur ceux qui voulaient « s'ensoucher » sur d'autres tiges que celles qui les avaient portés.

Des parents entre espoir et souffrance

L'enfant né « de père inconnu », voire « de père et de mère inconnus » porte en lui une ineffable douleur. Tout est préférable à l'ignorance. Un père en prison peut se comprendre, tout comme une mère sur le trottoir. Ce qui en revanche s'impose comme au-delà de l'inintelligible, c'est le néant. Comment peut-on être le « premier de sa race » quand quatre-vingts milliards d'hommes nous ont précédés ? Parmi eux, parmi elles, quel est, quels sont les géniteurs ? Il y a là une souffrance terrible inutilement imposée au petit homme. Inutilement, car elle s'inscrit contre les lois fondamentales de la nature.

Autant de raisons, parmi d'autres peut-être, de vouloir retrouver ses ancêtres. Cet ouvrage a pour ambition d'aider à y parvenir.

Commencer une recherche

Toute famille, à l'exception du cas tragique des enfants abandonnés, véhicule en son sein une « tradition » familiale, sorte de mythe oral déformé de génération en génération, à la lisière de l'histoire et de la légende. Cette tradition repose sur plusieurs types de sources : des objets, des écrits, des documents figurés.

Cet ex voto se trouve dans l'église Saint-Agnel, à Rogliano (cap Corse). Il a été réalisé en 1731, après la grande peste de 1728, à la demande des deux fils du défunt.
On lit « Gio Andrea (Jean-André) e Santo (et Toussaint) Figli (fils) del quondam (de feu) Angelo Santo Piacentini (Ange-Toussaint Piacentini) Fatto (m'ont fait : le tableau) E Consegiro La Menre (pour respecter la mémoire) del Testatore (du testateur, leur père, mort de la peste), L'anno 1731 (l'année 1731) ».

Des objets

Il s'agit de la pipe de buis d'un grand-père, du napperon de dentelle d'une grand-mère et rares sont les familles qui n'ont pas hérité de quelques petites cuillères ! Ces objets ne sont pas à négliger : des initiales peuvent être gravées sur le manche des cuillères, ou brodées sur le napperon ; la pipe peut porter un nom de lieu, gravé dans le bois.

Des écrits

Chacun peut avoir chez soi, dans une vieille enveloppe jaunie, quelques papiers racornis par le temps ; un livret de famille des parents, un livret militaire d'un grand-père mobilisé en 1914 à l'issue de trois années de service militaire, un certificat d'études ou un diplôme de baccalauréat resté longtemps encadré, quelques coupures de journaux : avis de décès d'une bisaïeule, article nécrologique paru dans la presse locale lors des obsèques d'un grand-père. Ces « papiers de famille » sont plus ou moins nombreux en fonction des familles, mais chacun possède en général quelques-uns de ces documents : images souvenirs de première communion, avec au dos un nom, une date, un lieu ; acte d'achat d'un appartement urbain en pleine reconstruction de l'après-guerre ; acte de notoriété rédigé par un notaire à la mort d'un grand-oncle…

Ces documents sont autant d'éléments qu'il est nécessaire de lire avec attention avant de se précipiter dans une mairie. Tous donnent des pistes, des dates et des lieux. Or la généalogie est un vrai rallye aux ancêtres : il faut aller de la mairie qui a enregistré la naissance de son père à celle qui a enregistré celle de sa mère, loin ailleurs. Heureusement, avant 1914, le choix des conjoints se faisait en revanche dans un périmètre plus limité : le même département, et, au XIXe siècle, au sein du même village. Mais il faut, grâce à ces premiers souvenirs diffus, retrouver le nom de ces villages.

En l'absence de tout papier, il faut aller à la mairie où l'on est soi-même déclaré : les renseignements portés sur son propre acte de naissance permettent généralement de localiser les lieux de naissance des parents. L'acte de mariage de ceux-ci donne d'autre part leurs propres lieux et dates de naissance ainsi que le nom de leurs parents. Leurs actes de décès aussi.

Aujourd'hui les maisons de retraite sont les patrimoines vivants d'un monde que nous sommes en train de perdre : celui de l'oralité.
Dans ce domaine, la Chine a récemment innové un nouveau concept : la cohabitation des personnes âgées avec des collégiens (prise des repas ensemble, salles communes de jeux de société, donc dialogue). La généalogie est avant tout Mémoire. En Inde, en Chine, dans les pays musulmans, l'individu n'éprouve pas encore le besoin de rechercher ses racines, parce qu'il les côtoie.

Des souvenirs figurés

Ils sont nombreux : c'est une carte postale, avec une signature et l'adresse du destinataire ; ce sont quelques vieilles photographies, avec parfois, derrière, des noms, des dates et des lieux ; c'est un monument aux morts ; ou une vieille tombe sous les ronces d'un cimetière de village.

Dans l'église du village, ce sont aussi les ex-voto ; les peintures sont souvent signées et font toujours référence à des événements précis : un naufrage évité, une guérison obtenue, une épidémie traversée. Tel marin a été sauvé de tel naufrage à bord de tel bâtiment à telle date. À partir des registres de l'Inscription maritime, il sera assez facile de retrouver le capitaine, l'équipage, et l'aïeul concerné.

Le dernier témoin

Avant d'aller prendre des notes en mairie puis aux Archives départementales sur une énorme quantité de registres (état civil, registres paroissiaux, minutes notariales, archives militaires, cadastres), il faut savoir écouter les personnes âgées : grands-parents, grands-oncles, cousins des grands-parents...

Le premier conseil à donner à un généalogiste est d'écouter et de prendre des notes. La personne âgée contactée, y compris un vieux voisin des grands-parents, peut donner les premiers renseignements. Ils doivent être de deux sortes : « datation » et « localisation ».

Le tombeau des morts étant le cœur des vivants (Victor Hugo), à partir de cette première date et de ce premier lieu, le généalogiste peut aller en mairie. Avant toute chose, il faut un point de départ : toute date, même approximative, est indispensable pour pouvoir commencer à « travailler ».

Après la collecte des indices, la vérification des actes aux Archives permet de passer du mythe oral à la réalité écrite.

Se retrouver dans les parentés et les générations

L'établissement d'une généalogie correcte ne peut se satisfaire d'approximations. Ainsi des signes conventionnels permettent-ils de représenter les liens de parenté. Par ailleurs, le droit civil a établi des règles pour mesurer les parentés, tandis que le droit canon de l'Église catholique en adoptait d'autres, plus complexes. Autant de précisions qui se révèlent bien utiles au cours des recherches.

Les représentations anciennes d'arbres généalogiques n'avaient par pour but de clarifier les parentés, mais simplement de les affirmer en représentant différentes personnes sur un même arbre.

Représenter clairement les parentés

Les termes utilisés pour désigner les liens de parenté ne sont pas toujours sans ambiguïté, ce que reflète, par exemple, le terme assez vague de cousin ou cousine employé communément pour désigner une personne avec laquelle on est – ou pense être – apparenté.

Les seuls termes qui définissent sans équivoque un lien de parenté sont ceux de fils, fille, père, mère, époux et épouse. Ceux de frère et sœur, utilisés normalement pour désigner des personnes ayant les mêmes père et mère, s'appliquent en pratique aussi à ceux qui n'ont qu'un seul parent en commun et que l'on devrait au moins désigner par demi-frère et demi-sœur. Toutefois ces termes restent encore imprécis et il faudrait dire « frère utérin » et « sœur utérine » lorsque la mère est commune et « frère consanguin » et « sœur consanguine » lorsqu'il s'agit du père. Et, pour éviter toute erreur, on dira « frère germain » et « sœur germaine » quand les deux parents sont communs.

L'imprécision est plus grande encore s'agissant du beau-père ou de la belle-mère, puisque ces termes peuvent désigner aussi bien le second conjoint de l'un de ses parents que les parents de son conjoint. Quant au beau-frère ou à la belle-sœur, ils seront soit les frères et sœurs de son conjoint, soit les conjoints de ses frères et sœurs, soit encore les conjoints des frères et sœurs de son conjoint…

Oncle et tante s'appliquent aux frères et sœurs des parents, mais également à leurs conjoints et

Lien entre Marcel Proust et François Mauriac

devraient être au moins complétés par l'adjectif paternel ou maternel selon que le lien de parenté s'établit par le père ou la mère. Mais ces termes sont utilisés généralement pour désigner toute personne à laquelle on est apparenté et dont l'âge est suffisamment supérieur au sien pour que le terme de cousin ou cousine ne puisse être employé.

Pour ces derniers, on précisera parfois « germain » (grands-parents communs), « issu de germain » (arrière-grands-parents communs) ou « à la mode de Bretagne (ou de Bourgogne) » lorsque la parenté est plus lointaine. Mais il faut déjà avoir une connaissance précise de sa famille. Si ce n'est pas le cas, on dira simplement un « cousin » lorsque la parenté est proche et un « lointain cousin » lorsqu'elle ne l'est pas.

Les représentations graphiques – La généalogie permet, à l'aide de représentations graphiques simples, de lever toutes ces ambiguïtés.

En fait, on utilisera les trois liens de parenté de base qui sont :

– le lien parent-enfant représenté par un trait vertical,

– le lien frère-sœur représenté par un trait horizontal,

– le lien conjugal (avec ou sans mariage) représenté par un X.

Nous notons que, si les deux premiers sont biologiques, le troisième n'est que juridique, ce qui a de l'importance en droit canon.

L'utilisation de ces trois symboles permet de représenter très exactement les liens existant entre deux ou plusieurs personnes, comme dans le tableau ci-contre où apparaît un lien généalogique inattendu entre Marcel Proust et François Mauriac.

Mesurer les parentés

Le lien parent-enfant (trait vertical) représente une génération et sert en droit civil à mesurer la parenté.

Lorsque deux personnes ont un ancêtre commun, on compte le nombre de générations (ou traits verticaux) en remontant d'une personne à l'ancêtre commun puis en redescendant à l'autre personne et l'on dit qu'il y a autant de degrés de parenté qu'il y a de générations (ou de traits verticaux).

Ainsi la parenté parent-enfant est au premier degré, tandis que celle frère-sœur est au second degré. La parenté oncle/tante-neveu/nièce est au troisième degré et celle entre cousins germains au quatrième degré. Lorsque deux personnes ont plusieurs liens de parenté à des degrés différents, l'usage est de ne retenir que le degré le plus proche.

Degrés de parenté en droit civil

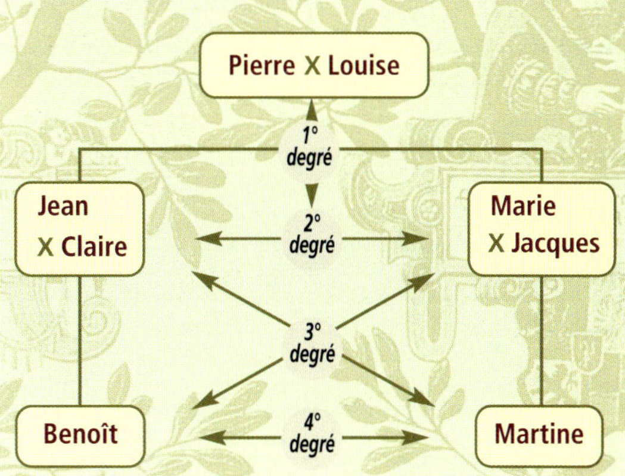

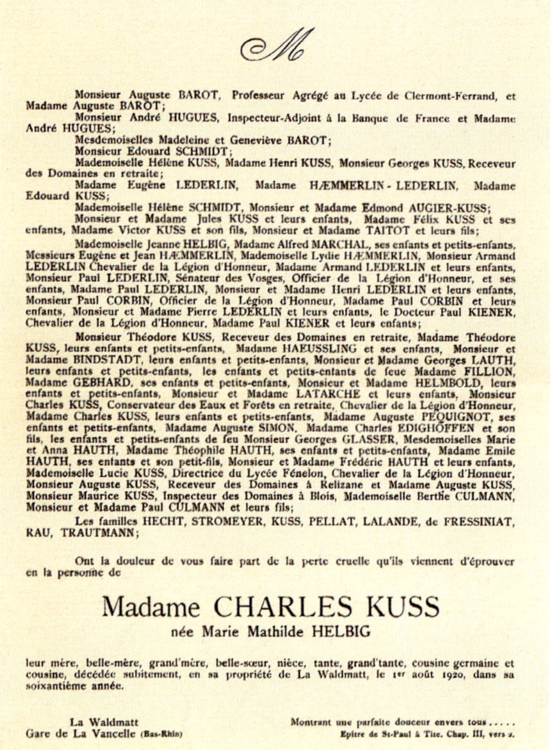

M

Monsieur Auguste BAROT, Professeur Agrégé au Lycée de Clermont-Ferrand, et Madame Auguste BAROT;

Monsieur André HUGUES, Inspecteur-Adjoint à la Banque de France et Madame André HUGUES;

Mesdemoiselles Madeleine et Geneviève BAROT;

Monsieur Edouard SCHMIDT;

Mademoiselle Hélène KUSS, Madame Henri KUSS, Monsieur Georges KUSS, Receveur des Domaines en retraite;

Madame Eugène LEDERLIN, Madame HÆMMERLIN - LEDERLIN, Madame Edouard KUSS;

Mademoiselle Hélène SCHMIDT, Monsieur et Madame Edmond AUGIER-KUSS;

Monsieur et Madame Jules KUSS et leurs enfants, Madame Félix KUSS et ses enfants, Madame Victor KUSS et son fils, Monsieur et Madame TAITOT et leurs fils;

Mademoiselle Jeanne HELBIG, Madame Alfred MARCHAL, ses enfants et petits-enfants, Messieurs Eugène et Jean HÆMMERLIN, Mademoiselle Lydie HÆMMERLIN, Monsieur Armand LEDERLIN Chevalier de la Légion d'Honneur, Madame Armand LEDERLIN et leurs enfants, Monsieur Paul LEDERLIN, Sénateur des Vosges, Officier de la Légion d'Honneur, et ses enfants, Madame Paul LEDERLIN, Monsieur et Madame Henri LEDERLIN et leurs enfants, Monsieur Paul CORBIN, Officier de la Légion d'Honneur, Madame Paul CORBIN et leurs enfants, Monsieur et Madame Pierre LEDERLIN et leurs enfants, le Docteur Paul KIENER, Chevalier de la Légion d'Honneur, Madame Paul KIENER et leurs enfants;

Monsieur Théodore KUSS, Receveur des Domaines en retraite, Madame Théodore KUSS, leurs enfants et petits-enfants, Madame HAEUSSLING et ses enfants, Monsieur et Madame BINDSTADT, leurs enfants et petits-enfants, Monsieur et Madame Georges LAUTH, leurs enfants et petits-enfants, les enfants et petits-enfants de feue Madame FILLION, Madame GEBHARD, ses enfants et petits-enfants, Monsieur et Madame HELMBOLD, leurs enfants et petits-enfants, Monsieur et Madame LATARCHE et leurs enfants, Monsieur Charles KUSS, Conservateur des Eaux et Forêts en retraite, Chevalier de la Légion d'Honneur, Madame Charles KUSS, leurs enfants et petits-enfants, Madame Auguste PEQUIGNOT, ses enfants et petits-enfants, Madame Auguste SIMON, Madame Charles EDIGHOFFEN et son fils, les enfants et petits-enfants de feu Monsieur Georges GLASSER, Mesdemoiselles Marie et Anna HAUTH, Madame Théophile HAUTH, ses enfants et petits-enfants, Madame Emile HAUTH, ses enfants et son petit-fils, Monsieur et Madame Frédéric HAUTH et leurs enfants, Mademoiselle Lucie KUSS, Directrice du Lycée Fénelon, Chevalier de la Légion d'Honneur, Monsieur Auguste KUSS, Receveur des Domaines à Relizane et Madame Auguste KUSS, Monsieur Maurice KUSS, Inspecteur des Domaines à Blois, Mademoiselle Berthe CULMANN, Monsieur et Madame Paul CULMANN et leurs fils;

Les familles HECHT, STROMEYER, KUSS, PELLAT, LALANDE, de FRESSINIAT, RAU, TRAUTMANN;

Ont la douleur de vous faire part de la perte cruelle qu'ils viennent d'éprouver en la personne de

Madame CHARLES KUSS

née Marie Mathilde HELBIG

leur mère, belle-mère, grand'mère, belle-sœur, nièce, tante, grand'tante, cousine germaine et cousine, décédée subitement, en sa propriété de La Waldmatt, le 1er août 1920, dans sa soixantième année.

La Waldmatt
Gare de La Vancelle (Bas-Rhin)

Montrant une parfaite douceur envers tous.....
Epitre de St-Paul à Tite. Chap. III, vers 2.

Autrefois toute la famille était citée dans les faire-part de décès. L'ordre dans lequel étaient nommées les personnes correspondait directement à leur degré de parenté avec le défunt.

L'absence de parenté en droit civil

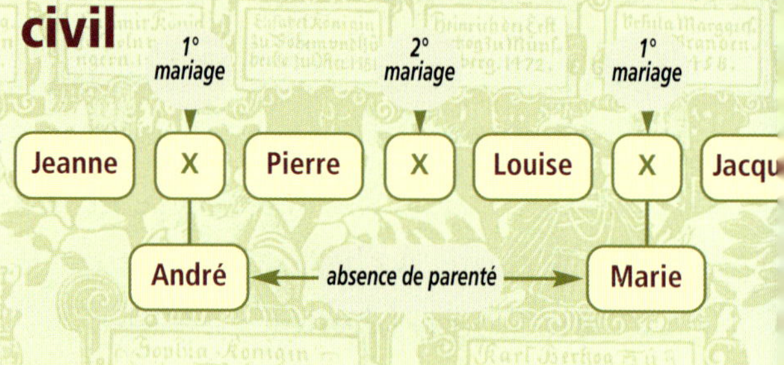

Degrés de parenté en droit canon

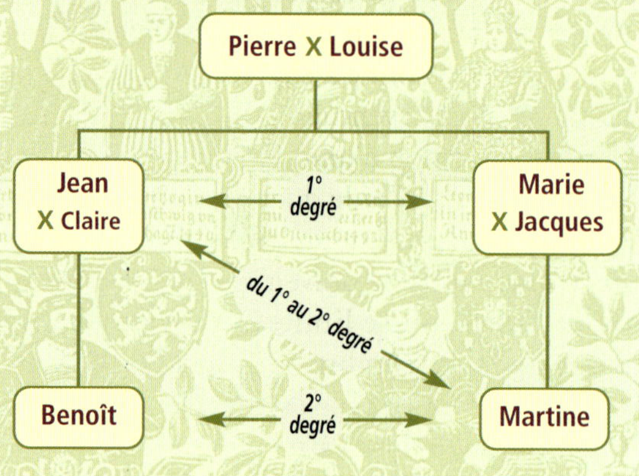

À l'inverse, lorsque deux personnes qui ont eu des enfants séparément se marient, leurs enfants n'ont aucun degré de parenté.

Ainsi il n'y a pas de degré de parenté entre André et Marie puisqu'ils n'ont pas d'ancêtres communs, alors que leurs père et mère sont mariés et que, dans la pratique, on les dit souvent frère et sœur, surtout s'ils sont élevés ensemble.

Du degré de parenté en droit civil résulte, en particulier, l'obligation alimentaire et la possibilité de se marier (sans dispense) ou d'hériter.

Le droit canon de l'Église catholique ne calcule pas la parenté de la même manière et distingue la notion de consanguinité due à un ancêtre commun de celle d'affinité découlant du mariage ou du parrainage.

En effet, le degré de parenté correspond au nombre de générations séparant deux personnes de leurs ancêtres communs. Les frères et sœurs sont alors parents au premier degré et les cousins germains au deuxième degré. Lorsque le nombre de générations n'est pas le même pour les deux, on le précise, en disant comme pour Jean et Benoît « du premier au deuxième degré ».

Lorsque le lien découle d'une union, on parle d'affinité. Ainsi Claire et Benoît sont parents « du premier degré au deuxième degré d'affinité ». Cette affinité est dite spirituelle lorsqu'elle découle d'un parrainage.

Ces considérations assez théoriques avaient une grande importance sous l'Ancien Régime, car elles entraînaient de nombreux empêchements au mariage. Paradoxalement, ceux-ci peuvent se révéler aujourd'hui très utiles dans la mesure où les dossiers de dispense qui étaient alors adressés à l'évêché constituent une source à ne pas négliger.

Une généalogie ascendante

Celui qui se lance dans une recherche généalogique commence par identifier ses ancêtres en remontant de génération en génération. Partant de ses deux parents, il identifie ses quatre grands-parents, ses huit arrière-grands-parents et ainsi de suite. À chaque génération, il multiplie par deux le nombre de ses ancêtres, ce qui le mène bientôt à des chiffres considérables.

L'ascendance agnatique ou patrilinéaire

Il ne s'agit ici que de remonter jusqu'au premier porteur connu de son nom. On ne retient donc qu'une seule personne à chaque génération, ainsi que son conjoint éventuel.

La représentation d'une ascendance agnatique se fait simplement à l'aide du petit trait vertical qui marque le lien unissant un fils à son père. Lorsque tous les individus ne doivent pas nécessairement être indiqués, on se limite à un trait pointillé accompagné du nombre de générations. Mais il existe également dans le commerce des modèles de tableaux agnatiques à remplir.

Ce type d'arbre peut également être utilisé pour souligner la filiation d'un individu avec un personnage illustre dont il ne porte pas le nom. Dans ce cas, un changement graphique (couleur, caractère typographique, etc.) peut marquer les changements de famille chaque fois que les filiations passent par les femmes.

Si cette ascendance établit une « discrimination » parmi les ancêtres, en éliminant les ascendances par les femmes, elle a du moins l'avantage d'être plus claire et de ne pas vous entraîner dans des recherches sans fin.

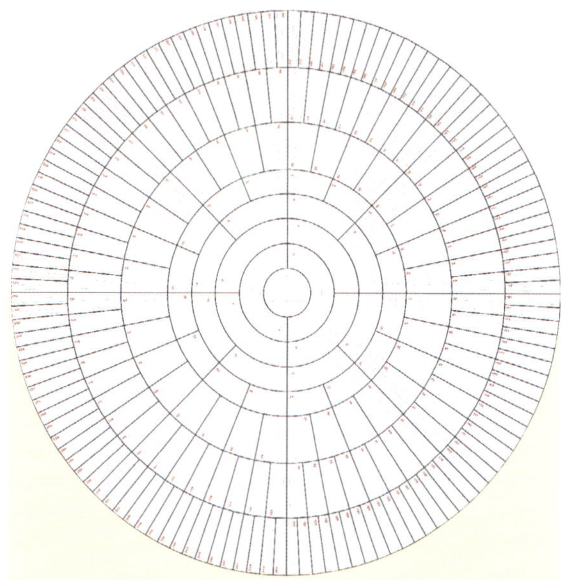

En utilisant au mieux la surface disponible, la roue d'ascendance est la représentation qui permet d'inscrire le plus grand nombre d'ancêtres pour une surface donnée. Chaque cercle concentrique représente une génération d'ascendance.

L'ascendance cognatique

L'ascendance cognatique est celle que recherche la quasi-totalité des généalogistes, car il n'y a aucune raison, ni biologique ni sociale, de privilégier une ligne par rapport à une autre.

On parlait autrefois d'une ascendance par quartier, le mot désignant ici un ancêtre. Ainsi les 16 quartiers représentent-ils les 16 arrière-arrière-grands-parents. Cette expression, devenue désuète, nous vient de l'Ancien Régime, époque à laquelle les nobles devaient faire la preuve de leurs quartiers de noblesse.

Ce type de représentation est aisé et ne pose guère de problème en raison de la progression géométrique du nombre des ancêtres, du moins pour les premières générations, car rapidement les ancêtres deviennent si nombreux qu'apparaît un problème de place, quel que soit le support adopté.

Ascendance agnatique d'Henri de Toulouse-Lautrec

Fulgaud
vers 830

Raymond Ier
comte de Toulouse

7 générations

Raymond V
comte de Toulouse

Baudoin
X Alix de Lautrec

Sicard VI
vicomte de Lautrec

8 générations

Antoine II
de Toulouse-Lautrec
seigneur de Montfa

7 générations

Alphonse
de Toulouse-Lautrec
X Adèle de La Roque-Bouillac

Casimir
de Toulouse-Lautrec
X Gabrielle d'Imbert du Bosc

Alphonse
de Toulouse-Lautrec
X Adèle Tapié de Céleyran

Henri
de Toulouse-Lautrec

Représenter une ascendance

La simplicité des ascendances agnatiques et la progression régulière des ascendances cognatiques offrent aux généalogistes un large choix de représentations graphiques :

Le tableau d'ascendance – Il peut se limiter à quatre ou cinq générations et être imprimé sur des feuilles au format A4. Dans ce cas, il en faut un grand nombre dès que les recherches progressent, puisque chacun des seize ancêtres de la cinquième génération devra être le point de départ d'un nouveau tableau menant à la neuvième génération et qu'il en faut alors deux cent cinquante-six pour continuer !

Mais il existe également des tableaux plus larges et pliables permettant d'enregistrer jusqu'à dix générations.

Les roues d'ascendance – Les roues sont très appréciées également pour représenter une ascendance cognatique, dans la mesure où elles permettent de tirer le meilleur parti de la surface de papier disponible.

La personne dont on représente l'ascendance est inscrite au milieu de la feuille et les générations s'inscrivent dans les cercles concentriques. Il y aura ainsi deux personnes dans le premier cercle (les parents), puis quatre dans le deuxième cercle (les grands-parents) et ainsi de suite, jusqu'à ce qu'il ne soit plus possible d'en ajouter.

Cette représentation permet de distinguer clairement l'ascendance paternelle de l'ascendance maternelle, elles s'inscrivent chacune dans un demi-cercle. Enfin, il est possible d'ajouter la numérotation qui aura été retenue.

Les roues d'ascendance manquent par contre de fantaisie et ne se prêtent guère à une agréable personnalisation, bien qu'il existe des modèles artistiques très originaux. Enfin, il ne faut pas craindre de tourner sa tête, ou sa feuille, pour lire les noms écrits !

L'arbre traditionnel – La plupart des généalogistes préfèrent utiliser un modèle représentant un arbre, d'autant que les modèles sont nombreux et les styles si différents que chacun peut espérer en trouver un à son goût.

L'arbre symbolise la famille. On ne s'arrêtera pas à son utilisation contraire à la nature, puisque les ancêtres sont placés dans les branches et leurs descendants sur le tronc ! On regrettera plutôt que cette disposition ne permette pas de représenter un assez grand nombre de générations pour que nous puissions y inscrire l'ensemble de nos recherches.

Par contre, il sera facile de coller des photos à côté des cases des premières générations, ou d'ajouter des signatures pour les personnaliser.

La numérotation Sosa-Stradonitz

Pour individualiser avec exactitude chaque ancêtre, les généalogistes recourent à une numérotation utilisée d'abord par l'Espagnol Jérôme de Sosa, puis vulgarisée par l'Allemand Stephan Kekule von Stradonitz, d'où le nom sous lequel elle est connue.

La personne dont on veut numéroter les ancêtres – soi-même, le plus souvent – porte le numéro 1 et tous les numéros se calculent en multipliant par 2 le numéro d'un ancêtre pour obtenir celui de son père et en multipliant par 2 et en ajoutant 1 pour obtenir celui de sa mère.

Ainsi les parents du numéro 1 portent les numéros 2 pour le père et 3 pour la mère. Ses grands-parents paternels portent les numéros 4 et 5 et ses grands-parents maternels les numéros 6 et 7.

Cette méthode permet de numéroter les ancêtres au fur et à mesure de leur identification, même si certaines branches restent inconnues, puisque les numéros des parents se déduisent toujours de celui de leur enfant. Remarquons par ailleurs que les pères ont toujours des numéros pairs et les mères toujours des numéros impairs, ce qui permet parfois d'éviter des erreurs de numérotation.

Lorsque des ancêtres apparaissent plusieurs fois dans une ascendance, ils portent chaque fois un numéro différent.

Les ancêtres introuvables

Dans le cas d'ancêtres nés de père ou de mère inconnus, les cases de leur ascendance resteront nécessairement vides. Bien qu'il n'y ait aucune gêne à en ressentir, il est généralement plus esthétique d'inscrire simplement « ancêtre inconnu » plutôt que de laisser des cases blanches.

L'implexe

Dans la mesure où leur nombre double à chaque génération, il est bien sûr inévitable que des ancêtres apparaissent plusieurs fois dans une ascendance. Cette progression géométrique, conduit assez rapidement à des chiffres très importants : 512 ancêtres à la dixième génération, 524 288 à la vingtième génération ! En remontant plus haut, nous aurions 17 milliards d'ancêtres à la trente-cinquième génération (correspondant à peu près à l'an mille), alors que la population de la France était alors inférieure à 10 millions d'habitants. Cela prouve mathématiquement que nous descendons tous plusieurs milliers de fois de toutes les personnes ayant alors vécu et laissé de la descendance.

Arbre généalogique d'ascendance pour photos. Ici, il n'est pas utile de prévoir un grand nombre de générations : bien rares sont ceux qui disposent des portraits de leurs seize arrière-arrière-grands-parents de la cinquième génération...

Pour mesurer cette consanguinité qui apparaît souvent dès les premières générations, les généalogistes utilisent un rapport, appelé « implexe », qui est celui du nombre d'ancêtres réels sur celui du nombre d'ancêtres théoriques.

Lorsque, à une génération donnée, tous les ancêtres sont différents, ces deux nombres sont égaux et ce rapport est égal à 1, mais, dès que des ancêtres apparaissent plusieurs fois, le nombre d'ancêtres réels est inférieur à celui des ancêtres théoriques et ce rapport devient inférieur à 1. Il sera particulièrement faible et traduira une plus grande consanguinité lorsque les familles ont vécu pendant longtemps dans des régions isolées ou lorsqu'elles appartenaient à des minorités sociales ou religieuses.

Une généalogie descendante

Si la première préoccupation des généalogistes est de remonter leur ascendance, beaucoup s'intéressent également à tous ceux qui leur sont apparentés. Les cousins sont en général connus, mais, dès que l'on recherche ceux qui sont plus éloignés, les difficultés commencent. Il est vrai que les familles se sont bien dispersées au cours des deux derniers siècles. Mais la principale surprise est souvent de découvrir combien sont nombreux ceux auxquels nous sommes apparentés.

La descendance agnatique

De même que l'ascendance agnatique consiste à remonter de père en père pour identifier ceux qui nous ont transmis leur nom de famille, la descendance agnatique ne retient que les porteurs d'un même patronyme.

Le point de départ est alors le plus ancien porteur du nom connu et le travail consiste à identifier tous ceux auxquels il a été transmis, de mâle en mâle, jusqu'à l'époque actuelle. Les filles sont notées avec leur conjoint, mais pas leurs descendances, car celles-ci portent des patronymes différents, sauf en cas de naissance naturelle ou de mariage entre cousins.

La descendance cognatique

Aujourd'hui les généalogies descendantes tiennent généralement compte de l'ensemble des personnes

Descendance agnatique de Victor Hugo

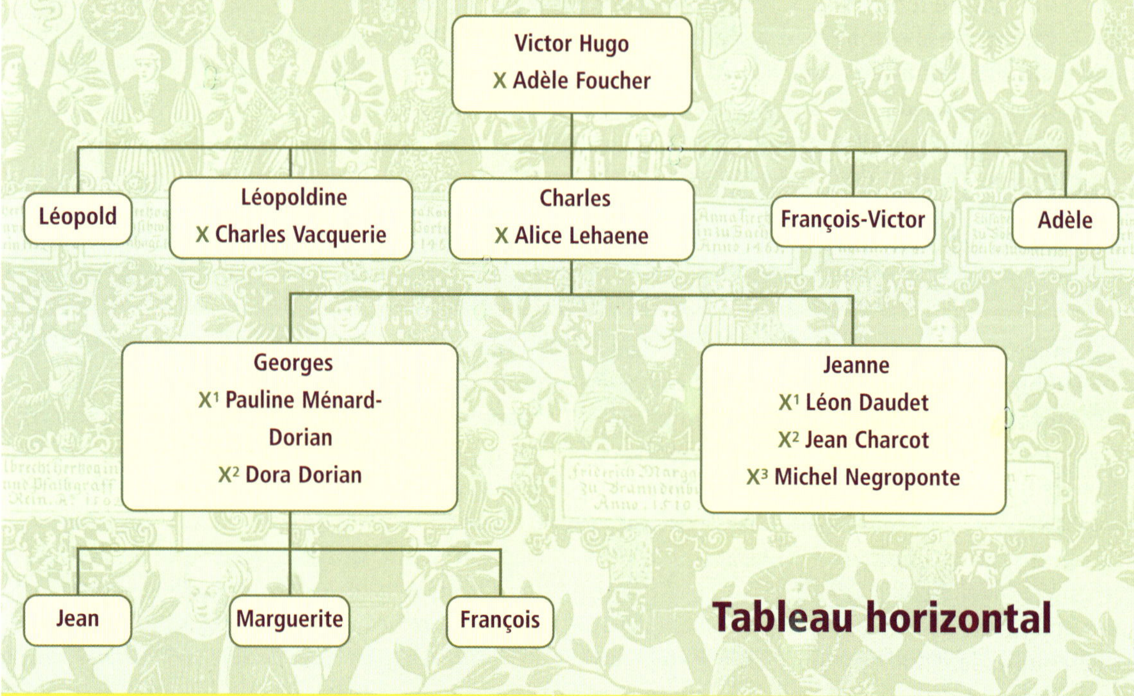

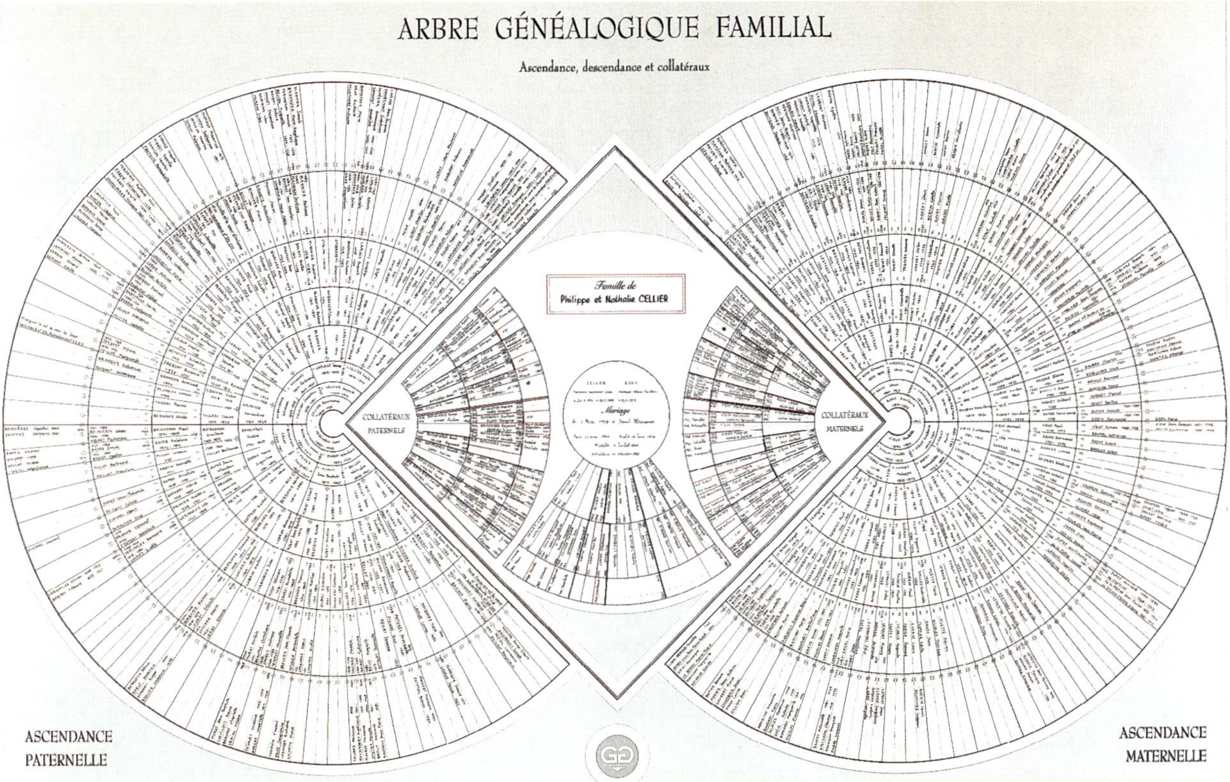

Ce tableau permet de représenter à la fois descendance et ascendance. Au centre du carré est placé un couple, au-dessous ses enfants et petits-enfants. À droite et à gauche, dans le carré, sont inscrits les frères et sœurs du mari et de la femme, avec leurs enfants et petits-enfants, qui sont donc les neveux et nièces du couple. Les deux cercles représentent les ancêtres du mari et de la femme, chaque cercle concentrique correspondant à une génération.

issues d'un couple, quel que soit le patronyme porté. On parle alors de descendances cognatiques.

Ce sont naturellement les plus intéressantes, dans la mesure où elles font encore plus apparaître la diversité des familles et des individus. Mais il faut bien se garder de prendre comme point de départ un couple d'ancêtres trop lointains, car le nombre d'individus à identifier devient vite très important. Un couple marié au début du XIXe siècle a souvent un bon millier de descendants !

Représenter une descendance

La première façon de représenter une descendance est d'établir un tableau. Mais, lorsque la descendance est très nombreuse, sa lecture devient rapidement difficile. Les généalogistes ont donc envisagé d'autres représentations graphiques :

Le tableau horizontal – La manière la plus simple et la plus lisible de représenter une descendance, qu'elle soit agnatique ou cognatique, est d'établir un tableau horizontal.

Le couple de départ est situé en haut et leurs descendants en dessous, chaque génération étant placée au même niveau. Les parentés sont parfaitement lisibles et les cousinages apparaissent clairement.

Malheureusement de tels tableaux ne peuvent s'envisager que pour des descendances peu nombreuses. Ils prennent des dimensions démesurées dès que le nombre des descendants augmente. Certaines réunions de familles nécessitent des tableaux de plusieurs dizaines de mètres de long !

Par ailleurs, ils sont difficiles à mettre à jour dans la mesure où certaines descendances deviennent de plus en plus nombreuses, ce qui force à écrire de plus en plus petit, tandis que d'autres s'éteignent, laissant un grand vide.

Au début du XXe siècle, réunir cinq générations sur une photographie était exceptionnel !

Le tableau circulaire – Certains généalogistes utilisent alors des tableaux circulaires dans lesquels le couple d'origine est placé au centre, tandis que les générations suivantes s'inscrivent dans des cercles concentriques.

Ceux-ci, de plus en plus larges à chaque génération, permettent d'inscrire de plus en plus de personnes et donc de faire face à l'augmentation du nombre des descendants. Ainsi est-il rare d'être gêné pour inscrire les générations nouvelles.

En revanche, il faudra souvent utiliser une feuille très grande pour placer tous les individus et sa lisibilité ne sera pas toujours parfaite parce que les noms seront inscrits « en étoile », ce qui force à tourner la feuille – ou sa tête – pour les lire.

L'arbre – Traditionnellement associé à la notion de famille, l'arbre reste la représentation le plus appréciée.

Le couple d'origine est placé en bas du tronc et chaque enfant est à l'origine d'une branche qui, à son tour, se sépare en branches plus petites pour inscrire la génération suivante. An fil des générations, les branches deviennent de simples brindilles et des feuilles peuvent représenter la dernière génération.

De tels arbres sont souvent dessinés à l'occasion d'une réunion de familles et, s'ils sont reproduits en de nombreux exemplaires, peuvent constituer un excellent souvenir. Mais ils nécessitent de très nombreuses heures de travail ainsi que de véritables dons artistiques, ce qui ne se trouve pas dans toutes les familles. Par contre, ils ne font pas apparaître clairement les parentés et sont difficiles à mettre à jour.

La numérotation descendante

Elle n'est pas aussi simple que la numérotation ascendante dans la mesure où tel individu aura une descendance nombreuse tandis que son frère ou sa sœur n'en aura peut-être pas du tout, ce qui ne permet pas d'attribuer des numéros à l'avance.

La méthode d'Aboville – Elle consiste simplement à numéroter les enfants d'une personne dans l'ordre de leur naissance : 1, 2, 3, etc., puis à recommencer à la génération suivante en ajoutant l'ordre de naissance au numéro déjà attribué au père ou à la mère. Ainsi les enfants du 1 porteront les numéros 11, 12, 13, etc., ceux du 2 les numéros 21, 22, 23, etc., et ceux du 3 les numéros 31, 32, 33, etc. Chaque génération ajoutera de la sorte un chiffre au numéro du parent de la génération précédente.

Cette méthode séduit par sa simplicité, mais ses inconvénients apparaissent vite à l'usage. Elle suppose d'abord qu'il n'y a jamais plus de 9 enfants, ce qui n'était pas le cas autrefois. Toutefois cet obstacle peut être tourné en utilisant des signes supplémentaires. Elle ne permet pas non plus de distinguer les filles des garçons, donc de faire apparaître les descendances agnatiques. Mais, surtout, dès que le nombre des générations augmente, les alignements de chiffres deviennent impossibles à mémoriser et les parentés entre les individus n'apparaissent plus.

Aussi les généalogistes ont-ils introduit quelques adaptations. La première consiste à mélanger chiffres et lettres en attribuant, par exemple, des chiffres aux garçons et des lettres aux filles. Il est alors plus rare d'être gêné lorsque le nombre d'enfants dépasse neuf. Par ailleurs, il est tout de suite possible de distinguer une descendance agnatique, qui ne comportera que des chiffres, d'une descendance cognatique, qui comprendra à la fois des chiffres et des lettres. Mais cela ne fait qu'augmenter l'illisibilité des numéros avec le nombre des générations.

Certains généalogistes introduisent alors une segmentation qui consiste simplement à remplacer les numéros qui comportent cinq ou six chiffres et lettres par des chiffres romains ou des lettres majuscules. Ainsi 154211 deviendra I1 ou A1 et 154221 sera II1 ou B1. La numérotation sera reprise normalement ensuite et l'on pourra parler des branches I ou A et II ou B.

La méthode Pélissier – Inspirée de la méthode d'Aboville, elle consiste simplement à remplacer les chiffres par des lettres.

Il est ainsi possible d'aller jusqu'à vingt-six enfants, ce qui pratiquement supprime la limitation du nombre des enfants. Il est aussi possible d'attribuer, par exemple, des majuscules aux garçons et des minuscules aux filles pour distinguer les descendances agnatiques et cognatiques.

Mais une suite de lettres mélangeant majuscules et minuscules est tout aussi impossible à mémoriser qu'une suite de chiffres et les généalogistes doivent également recourir à une segmentation pour distinguer les différentes branches dès que le nombre des générations augmente.

Descendance de Victor Hugo sur trois générations

MÉTHODE D'ABOVILLE	MÉTHODE PÉLISSIER
Victor Hugo	Victor Hugo
X Adèle Foucher	X Adèle Foucher
1- Léopold Hugo	A- Léopold Hugo
2- Léopoldine Hugo	b- Léopoldine Hugo
X Charles Vacquerie	X Charles Vacquerie
3- Charles Hugo	C- Charles Hugo
X Alice Lehaene	X Alice Lehaene
31- Georges Hugo	CA- Georges Hugo
X 1) Pauline Ménard-Dorian	X 1) Pauline Ménard-Dorian
X 2) Dora Dorian	X 2) Dora Dorian
311- Jean Hugo	CAA- Jean Hugo
312- Marguerite Hugo	CAb- Marguerite Hugo
313- François Hugo	CAC- François Hugo
32- Jeanne Hugo	Cb- Jeanne Hugo
X 1) Léon Daudet	X 1) Léon Daudet
X 2) Jean Charcot	X 2) Jean Charcot
X 3) Michel Negroponte	X 3) Michel Negroponte
321- Charles Daudet	CbA- Charles Daudet
4- François-Victor Hugo	D- François-Victor Hugo
5- Adèle Hugo	e- Adèle Hugo

Des souvenirs

Une grosse enveloppe pleine de papiers jaunis, un beau faire-part de mariage recollé délicatement au verso, des photos anciennes qui ont figé les gestes et le sourire de gens dont on ignore l'identité, la décoration d'un aïeul ayant réchappé de Verdun… À portée de main, tout près nous, dans un grenier ou une vieille malle, autant de souvenirs épars qui donnent envie d'en savoir davantage.

▲ *Une malle dans un grenier peut contenir l'histoire d'une famille sur trois ou quatre siècles…*

épars

En préambule…

Commencer à retrouver ses ancêtres n'est pas très compliqué. Il suffit de rassembler des données : orales, écrites et éventuellement figurées.

Il n'est en effet pas possible de se précipiter aux Archives départementales, qui contiennent, très schématiquement, des fonds antérieurs à la Révolution, sans avoir au préalable réuni un embryon déjà assez bien structuré de généalogie en allant d'abord en mairie.

Mais il n'est pas non plus possible de se précipiter dans les mairies, qui contiennent, très schématiquement encore, des fonds postérieurs à la Révolution, sans avoir au préalable réuni un premier embryon de généalogie familiale.

Tout débutant doit aussi se souvenir qu'une bonne généalogie n'est jamais une œuvre solitaire.

Il doit contacter les cousins, les amis, les parents même éloignés, élargir son champ de recherche le plus possible, à la fois pour recueillir des témoignages et prendre connaissance d'objets, d'images, de lettres…

Contrairement à une idée reçue, il ne doit pas rester replié sur ses vieux grimoires, mais demeurer ouvert au monde.

Souvenirs oraux, témoignages écrits

Il faut interroger les anciens et les écouter attentivement, patiemment. Ils sont le relais, le témoin, entre hier et demain.

De plus en plus, par exemple dans les écoles, on s'attache à la vertu du témoignage des personnes âgées. Un professeur d'histoire demande à tel ancien soldat de venir raconter « pour de vrai » sa Seconde Guerre mondiale à des enfants pour qui cela semble tellement loin.

Un peu plus jeune qu'elle, le voisin de notre arrière-grand-mère a des anecdotes passionnantes à nous raconter sur elle et son époque. Elle est morte depuis déjà longtemps, mais il la fait revivre en nous contant son mariage et le grand bal qui avait suivi. Il avait, rougissant, dansé avec elle.

Témoignages sans doute plus fiables que les souvenirs, il arrive, parfois, que figurent dans les papiers de famille un journal ou les Mémoires de tel ou tel membre de la famille.

Beaucoup de militaires, de soldats ayant participé à l'une ou l'autre des deux guerres mondiales, ont notamment éprouvé le besoin de raconter ce qu'ils ont vécu, soit pour témoigner, soit parfois pour se justifier. Ces cahiers de souvenirs, outre leur intérêt affectif, livrent toujours des faits et quelques dates.

Mais les écrits ne se limitent pas à cela. Ils peuvent être de nature très différente : documents officiels, coupures de journaux, diplômes, billets de rationnement… La liste est très longue et aucun papier n'est à négliger.

La vieille malle qui dort au grenier peut contenir une foule de documents. Les uns sont très anciens, comme les comptes de l'ancêtre apothicaire qui achetait ses drogues et ses plantes à la ville voisine au XVIIIe siècle… Les autres sont plus récents : actes de partages familiaux, copies de cadastre…

Quelle que soit son époque, son contenu, tout document a de l'intérêt et rien ne doit être négligé par le généalogiste.

Le livret de famille

Comme son nom l'indique, tout ce qui constitue une famille est mentionné là : un couple, ses parents, ses enfants. Aussi, avant de commencer une « campagne de fouilles », tout chercheur a intérêt à se procurer le maximum de livrets de famille : ceux de ses parents, de ses grands-parents et de ses arrière-grands-parents. Auparavant, il n'y en a pas.

À l'issue de la célébration du mariage, le maire remet aux jeunes époux le livret de famille. Ce document les suivra toute leur vie. Leur histoire s'y inscrira, au fil des événements familiaux.

Un document précieux remis par le maire

Créé le 18 mars 1877 par le gouvernement de Jules Simon, le livret de famille est, depuis lors, remis aux époux par le maire à l'issue du mariage civil, en présence des parents, des témoins et amis des mariés.

Sur ce livret sont mentionnés : le lieu, le jour et l'heure du mariage, les noms et prénoms des époux, leurs dates et lieux de naissance, les noms et prénoms de leurs parents et la mention de l'existence ou non d'un contrat de mariage avec, si besoin, les nom et adresse du notaire devant lequel ce contrat a été établi.

Sur les autres pages sont mentionnées au fur et à mesure les naissances de tous les enfants issus du couple.

Au vu de ce livret, le généalogiste se trouve immédiatement en possession des éléments datés et localisés qui lui sont indispensables pour commencer sa généalogie. Il peut alors se rendre à la mairie où le mariage a été contracté et dans les mairies de naissance des conjoints.

La famille change, le livret aussi...

Reflets de l'évolution de la société contemporaine, il existe aujourd'hui deux autres types de livret de famille.

Dans le cas d'un couple non-marié – Le livret de famille du père et de la mère naturels leur est remis sur leur demande conjointe lorsque la filiation paternelle et maternelle de l'enfant est établie. La demande en est faite soit à l'officier de l'état civil du lieu de naissance de l'enfant, soit à celui de la résidence du père ou de la mère.

Sur ce livret sont mentionnés les noms et prénoms du père et de la mère, leurs dates et lieux de naissance, les noms de leurs parents respectifs.

Comme dans le cas d'un couple marié, sur les autres pages seront mentionnées les naissances de tous les enfants issus du couple non-marié.

Dans le cas d'une mère ou d'un père célibataire – Le livret de famille est remis à la mère ou au père d'un enfant naturel sur sa demande lorsque la filiation est établie à son égard.

La demande en est faite à l'officier d'état civil du lieu de naissance de l'enfant ou à celui du lieu de résidence du parent qui requiert la délivrance du livret.

Sur ce livret sont mentionnés les nom et prénom(s) du père ou de la mère, ses date et lieu de naissance, le nom de ses parents.

Comme dans le cas précédent, sur les pages suivantes seront indiquées, si nécessaire, les naissances des autres enfants du titulaire de ce livret.

Le journal de famille

S'il y a lieu de ne pas confondre livret de famille et journal de famille, on doit également s'intéresser à ce dernier, car il est relativement fréquent dans la France d'Ancien Régime, du moins au sein des élites alphabétisées.

Certaines familles, pas forcément nobles, mais des notables, des notaires, des apothicaires, des corsaires, tenaient ainsi un « journal de famille » aux XVIe, XVIIe ou XVIIIe siècles, en Bretagne, en Provence, en Corse ou en Île-de-France.

Un condensé de la vie familiale – Ces recueils, généralement hauts et étroits (environ 30 cm sur 10 cm), étaient un jour commencés, un peu par hasard, par un ancêtre bien alphabétisé.

Il mentionnait dessus tout ce qui le touchait de près. Il évoquait ainsi ses comptes, ses achats et ventes de terres, ses prêts de bois ou de blé, déplorait les grands accidents climatiques, comme les hivers rigoureux de 1694 et 1709, ou les chutes anormales de neige.

Il signalait le montant de la dot de son épouse donnée le jour de la signature du contrat de mariage par le père de celle-ci ; les dépenses liées aux noces, et notamment au banquet ; mais aussi les frais liés aux enterrements : cierges, dons aux pauvres de la paroisse, au curé, voire aux religieuses du voisinage.

Il relatait tous les événements familiaux : la mort de ses parents, la naissance de chacun de ses enfants, jour, mois, an, avec assez souvent le nom de leurs parrains et marraines, écrivant lorsqu'ils décédaient au berceau, « en âge d'innocence » : « Il a plu ce jour d'huy au Seigneur de rappeler » tel ou tel de ses enfants, âgé de tant de jours ou de tant de mois.

Ces écrits sont une pure merveille pour l'histoire d'une famille, car ce journal, à la mort du premier auteur, était continué par son fils, puis par son petit-fils, et ses autres descendants. Il peut ainsi s'étendre sur cinq ou six générations et couvrir deux à trois siècles.

Journal de famille au XVIIIe siècle

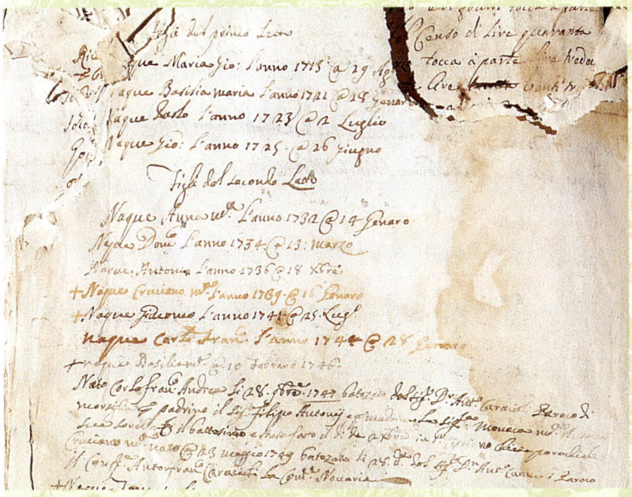

Transcription

Figli del primo letto
Naque Maria Gio l'anno 1715 29 agosto
Basilia Maria l'anno 1721 18 genaro
Paolo l'anno 1723 2 luglio
Gio l'anno 1725 26 giogno
Figli del secondo letto
Naque Anna Maria l'anno 1732 14 genaro
Domenico l'anno 1734 13 marzo
Antonio l'anno 1736 18 Xbre
\+ *Cruciano Maria l'anno 1739 15 genaro*
\+ *Giacomo l'anno 1741 25 luglio*
Carlo Francesco l'anno 1744 28 genaro
\+ *Basilica Maria 10 febraro 1746*
Nato Carlo Francesco Andrea li 28 febraro 1747
Tomaso l'anno 1752 2 marzo

Dans ce journal de famille, écrit en italien et commencé en 1683, le père indique les naissances (« naque », « nato ») de ses 13 enfants. Issus du premier lit (« primo letto ») 4 enfants nés entre 1715 et 1725 ; issus du second lit (« secondo letto ») 9 enfants, nés entre 1732 et 1752. Pour chacun de ses enfants, il indique le prénom et la date de naissance (18 Xbre = 18 décembre, 14 genaro = 14 janvier). Pour certains, il mentionne aussi le parrain et la marraine. La petite croix à gauche indique ceux des enfants morts en bas âge.
Ce document est particulièrement précieux, car les registres paroissiaux de ce village ont disparu pour les années 1713-1752. Ce journal supplée donc aux lacunes des registres paroissiaux conservés aux Archives départementales.

Les diplômes

À force d'entendre dire qu'« avant » le monde était peu alphabétisé, on a parfois l'impression que nos ancêtres étaient analphabètes. Pourtant, nos centenaires parlent sans faute de français, d'accords ou de concordance des temps. L'école gratuite, laïque et obligatoire existe en effet en France depuis exactement cent vingt ans : soit quatre générations.

Au XIXe siècle, les jeunes filles de bonne famille commencent à disputer le savoir aux hommes. Elles peuvent devenir institutrices, comme ces demoiselles de l'école normale de Saint-Brieuc...

La révolution de Jules Ferry

À la fin du XVIIIe siècle, l'analphabétisme avait régressé. En témoignent notamment les registres de mariages et de baptêmes, où plusieurs ancêtres ont su apposer leurs signatures à partir de 1750. Mais il demeurait encore le fait d'une majorité. Ce n'est qu'avec Jules Ferry que la situation va changer. Positiviste et anticlérical, ce dernier multiplie les lois alors qu'il est ministre de l'Instruction publique, ancien nom du ministère de l'Éducation nationale : de février 1879 à novembre 1881, de janvier à août 1882, de février à novembre 1883. Ses principales mesures constituent une véritable révolution. Elles instaurent le caractère obligatoire de l'enseignement primaire (loi du 28 mars 1882), ainsi que sa gratuité et sa laïcité, alors que l'Église et l'État ne seront séparés qu'en 1905 ! Dans un monde essentiellement catholique et rural, le ministre dut toutefois faire des concessions : il prévoit ainsi des congés correspondant aux fêtes religieuses (Noël et Pâques) et aux travaux des champs (moissons de juillet-août, vendanges de septembre). D'où les « trois mois de vacances », les classes ne reprenant que le 1er octobre...

L'enseignement primaire

Jules Ferry fit former nos centenaires actuels par les instituteurs en blouse grise, sortis des écoles normales, ancêtres des actuels IUFM (instituts universitaires de formation des maîtres). Ces instituteurs et institutrices exerçaient leur sacerdoce dans des écoles neuves de briques rouges aux frontons sculptés : « École de Garçons », et, de l'autre côté du logement du maître, « École de Filles ». Derrière les grilles qui protégeaient « la cour des grands » et celle « des petits », et devant le préau sous lequel on les photographiait annuellement, assis au milieu de leurs élèves debout, maîtres et maîtresses incarnaient à la fois le savoir scientifique et la rigueur morale, au point que les rapports entre l'instituteur et sa femme étaient recommandés par « la hiérarchie » dans la nuit du mercredi et du samedi seulement, car les classes vaquaient le jeudi et le dimanche ! Du fait de l'analphabétisme ambiant, maîtres et maîtresses se retrouvaient de facto « des notables ». Ils faisaient aussi souvent office de secrétaires de mairie, enregistrant les mariages et les naissances.

Lecture, calcul et morale républicaine – Bonnets d'âne, mise au coin, coups de règles en fer sur les doigts alternaient avec les « bons points », tandis que l'on apprenait à lire et écrire à la plume sergent-major, trempée à droite (malheur au gaucher !) dans l'encrier de porcelaine blanche rempli d'encre violette. Les instituteurs enseignaient aussi le calcul, un peu de dessin et de chant, un peu de gymnastique, et beaucoup de morale républicaine érigée en nouveau catéchisme. Assis sur son banc de bois relié au pupitre incliné qui renfermait ses livres, l'enfant apprenait « par cœur » des fables de La Fontaine, des tirades de Racine et de Corneille, particulièrement appropriées au temps d'après la défaite de 1870 : « Mourir pour la patrie est un si digne sort, Qu'on briguerait en foule une si belle mort » (Horace). Alors que les cartes de géographie représentaient l'Alsace et la Lorraine en couleur bleu de Prusse, on inculquait aux petits hommes qu'il faudrait mourir pour les reprendre aux Prussiens, car Clemenceau tonnait contre Ferry, alors passé aux Affaires étrangères : « J'ai perdu deux filles [l'Alsace et la Lorraine] et vous m'offrez vingt esclaves [Madagascar et le Tonkin] ».

Jusqu'au certificat d'études – L'immense majorité des enfants du XIXe siècle n'allait pas au-delà du certificat d'études, dont s'enorgueillirent tant de parents flattés et émus. Cet examen créé en 1874 sanctionnait la fin des études primaires. Généralement, l'enfant devenait ensuite paysan comme son père, ou maréchal ferrant, cordonnier, matelassier. Jules Ferry, aidé de Ferdinand Buisson, s'intéressa toutefois à l'ensemble du monde scolaire.

L'enseignement secondaire

Le mot « baccalauréat » vient du verbe latin *laureare* (« couronner de lauriers »), d'où la couronne de lauriers qui figure souvent comme ornementation du diplôme. Il existait déjà au Moyen Âge, les étudiants pouvant être alors bacheliers ès lois, bacheliers ès droits et bacheliers ès lettres. Il réapparaît après une longue éclipse le 17 mars 1808, recréé en quelque sorte par Napoléon. C'est alors le premier grade universitaire. Mais, au début du XIXe siècle, les bacheliers sont très peu nombreux ; la première promotion, celle de 1809, ne compte que trente et un diplômés pour toute la France !

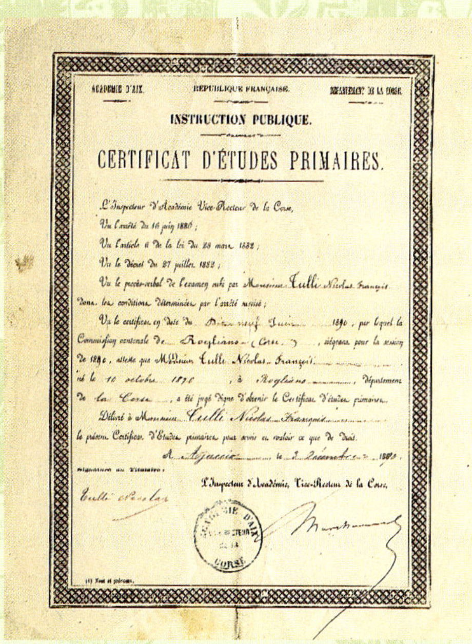

ACADÉMIE D'AIX. RÉPUBLIQUE FRANÇAISE. DÉPARTEMENT DE LA CORSE.

INSTRUCTION PUBLIQUE.

CERTIFICAT D'ÉTUDES PRIMAIRES.

L'Inspecteur d'Académie Vice-Recteur de la Corse,

Vu l'arrêté du 16 juin 1880 ;

Vu l'article 6 de la loi du 28 mars 1882 ;

Vu le décret du 27 juillet 1882 ;

Vu le procès-verbal de l'examen subi par Monsieur Tulli Nicolas François dans les conditions déterminées par l'arrêté susvisé ;

Vu le certificat en date du Dix neuf Juin 1890, par lequel la Commission cantonale de Rogliano (Corse), siégeant pour la session de 1890, atteste que Monsieur Tulli Nicolas François né le 10 octobre 1876, à Rogliano, département de la Corse, a été jugé digne d'obtenir le Certificat d'études primaires.

Délivré à Monsieur Tulli Nicolas François le présent Certificat d'Études primaires pour servir et valoir ce que de droit.

A Ajaccio le 2 décembre 1890.

Signature du Titulaire :

Tulli Nicolas

L'Inspecteur d'Académie, Vice-Recteur de la Corse.

Un certificat d'études primaires délivré en 1905

Remis à une jeune élève de Marseille, ce certificat d'études primaires élémentaires mentionne : les nom et prénoms de l'impétrante, sa date de naissance, en l'occurrence 1891, son lieu de naissance, son adresse.

À treize ans et demi, cette « élève d'une école publique » est auditionnée par une commission cantonale présidée par l'inspecteur primaire. Ce certificat est signé par l'inspecteur d'Académie, sur un papier à en-tête de la République française, ministère de l'Instruction publique.

Sous l'œil vigilant de leur institutrice, treize enfants blancs, noirs et asiatiques font l'apprentissage de l'Égalité.

Les jeunes filles ne sont plus exclues – En 1881-1882, Jules Ferry réorganise l'enseignement secondaire. Il porte la scolarité à six ans, et le « bachot » se divise à la fin du XIXe siècle en première et deuxième parties. Il en sera ainsi jusqu'à la veille de 1968, le baccalauréat continuant à sanctionner jusqu'à aujourd'hui le deuxième cycle de l'enseignement secondaire. Surtout, le ministre étend l'enseignement secondaire d'État aux jeunes filles. En vertu de la loi Camille Sée, en date du 21 décembre 1880, il crée à leur intention des collèges et lycées, une École normale supérieure à Sèvres ainsi qu'une agrégation féminine. Un homme de trente ans aujourd'hui peut donc avoir pour ascendantes quatre arrière-grands-mères et huit trisaïeules qui non seulement savaient lire et écrire, mais qui avaient peut-être aussi effectué des études secondaires.

Les lycées restent payants – Du fait de leur coût, les études secondaires restaient toutefois surtout réservées aux « fils de famille ». Leur baccalauréat en poche, ceux-ci pouvaient envisager des études universitaires après avoir payé un « remplaçant » effectuant le service militaire à leur place, du moins jusqu'en 1905. Des bourses étaient néanmoins accordées au mérite, et non en fonction des seuls revenus familiaux. Ainsi, un homme tel que Joffre, fils de tonnelier de Rivesaltes, a-t-il pu « réussir », entrer à Polytechnique et devenir maréchal de France.

L'enseignement supérieur

Le 12 mars 1880, Jules Ferry retire à l'enseignement privé la collation des grades universitaires. Les adolescents issus de la bourgeoisie faisaient alors leurs études dans les universités : à Paris à la Sorbonne, à Aix-en-Provence, à Montpellier. Ils étudiaient le droit pour devenir notaire ou avocat après l'obtention de leur licence, ou la médecine pour devenir vétérinaire, pharmacien, et souvent chirurgien dans la marine. L'armée, en pleine période de conquête coloniale, attirait à Saint-Cyr ou Navale nombre de jeunes gens « bien nés ». D'autres préféraient le professorat : les grands lycées parisiens recrutaient plutôt des agrégés ; ceux de province acceptaient les licenciés ; ceux des colonies engageaient parfois de simples bacheliers. Les jeunes gens qu'attirait une carrière hors métropole trouvaient maintes possibilités, grâce à la conquête de l'Algérie (1830-1848), à celle de la Tunisie avec le traité du Bardo (1882), au protectorat sur le Maroc, et à l'expansion française à Madagascar et au Tonkin, d'où le surnom de « Tonkinois » donné à Ferry quand il était ministre des Affaires étrangères (novembre 1883-mars 1885).

Ultime étape, le doctorat – À l'issue de trois années d'études supérieures après le baccalauréat, un jeune homme pouvait, comme aujourd'hui, obtenir sa licence. Au Moyen Âge, on disait déjà licencié ès lois, licencié ès droits, licencié ès lettres. Cet étudiant pouvait alors poursuivre jusqu'au doctorat (docteur ès lois, docteur ès droits, docteur en médecine disait-on sous l'Ancien Régime). Il arrivait même que de simples curés de village aient reçu le doctorat en droit canon ou en droit civil à Rome. En 1984, en vue d'une uniformisation européenne, le doctorat de troisième cycle a été supprimé en France, de même que l'ancien doctorat d'État ès lettres. Les universités françaises délivrent aujourd'hui des doctorats qui ne sont plus ni de troisième cycle, ni d'État.

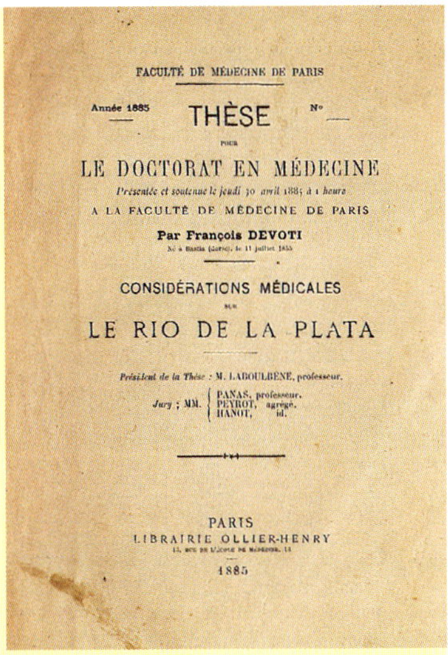

FACULTÉ DE MÉDECINE DE PARIS

Année 1885 — THÈSE — N° —

POUR

LE DOCTORAT EN MÉDECINE

Présentée et soutenue le jeudi 30 avril 1885 à 1 heure

A LA FACULTÉ DE MÉDECINE DE PARIS

Par François DEVOTI

Né à Bastia (Corse), le 11 juillet 1855

CONSIDÉRATIONS MÉDICALES

SUR

LE RIO DE LA PLATA

Président de la Thèse : M. LABOULBÈNE, professeur.

Jury ; MM. PANAS, professeur. PEYROT, agrégé. HANOT, id.

PARIS

LIBRAIRIE OLLIER-HENRY

13, RUE DE L'ÉCOLE DE MÉDECINE, 13

1885

Thèse de doctorat en médecine traitant de « considérations médicales sur le Rio de La Plata », soutenue en 1885 par François Devoti devant la Faculté de médecine de Paris.

Diplôme de bachelier délivré à Paris en 1878 à un jeune homme né en 1859

RÉPUBLIQUE FRANÇAISE.

Diplôme de Bachelier de l'Enseignement secondaire.

Le Ministre de l'Instruction publique ;

Vu le Certificat d'aptitude obtenu le 19 Juillet 1909, devant la Faculté de Marseille,

par le Sieur Baldacci, Jean Baptiste,

né à Bastia, département de la Corse, le 11 juillet 1890,

Confère audit Sieur Baldacci le Diplôme de

Bachelier de l'Enseignement secondaire avec mention : Sciences-Langues vivantes. Mathématiques.

pour en jouir avec les droits et prérogatives qui y sont attachés.

Le Ministre de l'Instruction publique,

Signé : Gaston Doumergue

Fait à Paris, sous le sceau du Ministère de l'Instruction publique,

le 4 Novembre 1909.

Pour expédition conforme :

POUR LE DIRECTEUR DE L'ENSEIGNEMENT SUPÉRIEUR :

Le Chef du 1er Bureau,

Signature de l'Impétrant :

Délivré par le Recteur de l'Académie d'Aix,

le ... 1909

N° 1115.

On lit « RF » (République française). Diplôme de Bachelier ès Sciences. Le Ministre de l'Instruction publique. Vu le certificat d'aptitude au grade de Bachelier ès Sciences accordé le 5 novembre 1878 par les Professeurs de la Faculté des Sciences de Marseille, Académie d'Aix, au sieur…, né à…, département de…, le 4 août 1859. Vu l'approbation donnée à ce certificat par le Recteur de ladite Académie, Ratifiant le susdit certificat, Donne par les présentes, audit Sieur…, le Diplôme de Bachelier ès Sciences pour en jouir avec les droits et prérogatives qui y sont attachés par les lois, décrets et règlements. Fait à Paris, sous le sceau du Ministère de l'Instruction publique le 17 décembre 1878. Signé le Ministre de l'Instruction publique (Bardoux). En bas : signature de l'Impétrant et sceau en papier du Ministère de l'Instruction publique, plus Tampon du recteur. Signatures du Recteur et du Sous-Directeur de l'Enseignement Supérieur.

Le livret militaire

Le livret militaire, qui existe dès le second Empire, est un document généalogique essentiel. Il restait en possession du conscrit une fois ses obligations militaires terminées, et peut donc encore figurer dans les papiers de famille si ses descendants l'ont conservé.

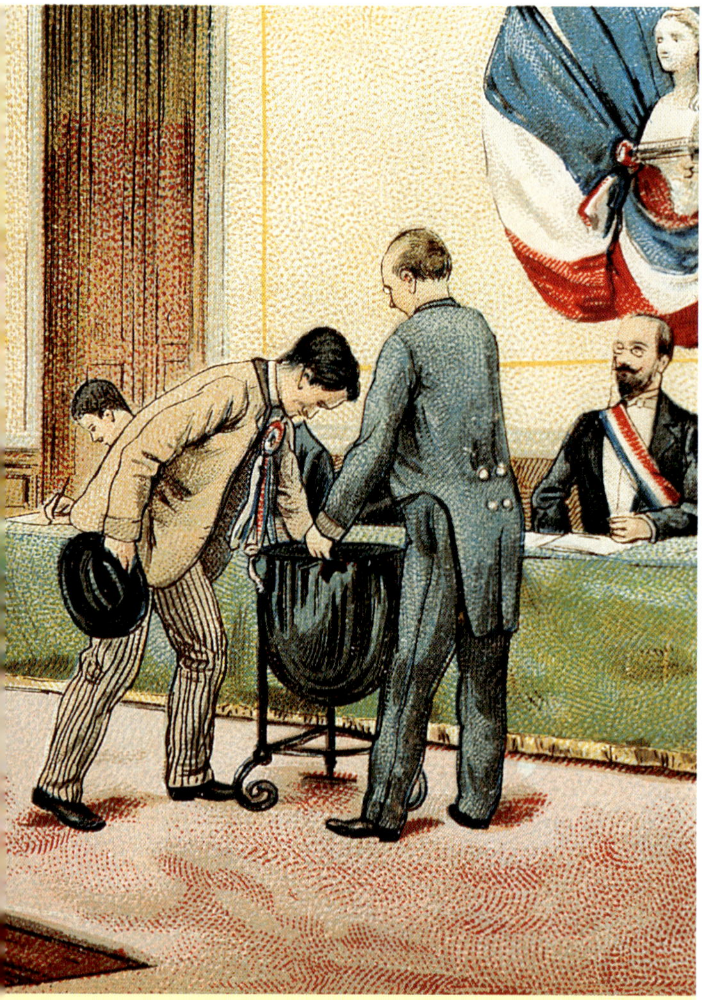

Un jeune homme s'apprête à tirer au sort un bon ou un mauvais numéro. Le maire avec son écharpe et le buste de Marianne donnent à la scène toute sa solennité. Le jeune homme est du reste chapeau bas. Le système du tirage au sort restera en vigueur jusqu'à la loi du 21 mars 1905. Après cette date, le service militaire redevient l'affaire de tous.

L'histoire de la conscription

Le livret militaire, appelé aussi parfois livret individuel, apparaît sous Napoléon III. Il s'inscrit au cœur des dispositions législatives qui régissent les armées et est délivré à toute personne effectuant son service militaire. Il faut néanmoins savoir que la conscription, selon les périodes, pouvait concerner un nombre variable d'hommes. Voici un bref rappel des principales lois…

La première conscription en 1798 – Le 5 septembre 1798, la loi Jourdan institue la conscription. Le racolage n'est plus la base du recrutement, comme sous l'Ancien Régime. Les régiments ne portent plus des noms, notamment ceux de leurs colonels-propriétaires, mais des numéros. Le service militaire devient obligatoire pour tous : les plus jeunes doivent partir.

Le tirage au sort dès 1803 – Le 28 décembre 1803, la loi dite du 8 nivôse an XI instaure la désignation des conscrits par tirage au sort. Ne partent que ceux qui tirent un mauvais numéro ; un « bon numéro » dispense du service. Après un bref intermède – la Charte de Louis XVIII abolit la conscription en 1814 –, la loi Gouvion Saint-Cyr va modifier quelque peu le système. Promulguée en 1818, elle stipule qu'un « fils de famille » ayant tiré un mauvais numéro peut s'offrir « un remplaçant ». Certains fils du peuple, à l'issue de trois remplacements rémunérés par les fils des « bourgeois », se retrouvent ainsi à la tête d'un joli pécule permettant d'acheter une ferme. L'opération, avant 1889, leur coûte toutefois vingt et une années de service (trois fois sept ans !). En 1887, le projet du général Boulanger, surnommé le général La Revanche depuis 1870, restera lettre morte : il envisageait de contraindre les curés au service, d'où le slogan anti-clérical de l'époque : « Les curés, sac au dos ».

Le service militaire pour tous – Le système du tirage au sort restera en vigueur jusqu'à la loi du 21 mars 1905. Après quoi, le service militaire redevient l'affaire de tous. En 1945, il est transformé en service national, lequel sera supprimé en 2000.

Pour la classe 11, recrutée en 1911, à l'âge de vingt ans, et donc née en 1891, l'engagement militaire fut très long : trois années, en vertu de la loi de 1889. À l'issue de ce dernier eut lieu la mobilisation générale de 1914. D'où un total de sept années sous les drapeaux, comme du temps de Napoléon III quand on ne tirait pas au sort un bon numéro. Ce livret comprend trente-quatre pages.

Quels renseignements donne-t-il ?

Le livret militaire contient nombre de renseignements. Certains relèvent de l'état civil, d'autres ne concernent que les états de service militaire. Parmi tous ces éléments, la classe, le régiment, le bataillon, la compagnie, le numéro matricule sont particulièrement importants. Ils permettent ensuite au généalogiste d'effectuer des recherches plus fouillées dans les différents dépôts où sont conservées les archives militaires.

Des indications sur l'état civil – La couverture comprend toujours une date qui indique l'année où la personne a été « recrutée pour le service ». Suivent dans les premières pages intérieures les renseignements suivants :

– le nom du conscrit et, en dessous, ses prénoms, son surnom, ses date et lieu de naissance. S'il est marié, il y a de fortes chances pour que son lieu de naissance soit le même que celui de sa femme : avant 1914, on se marie dans un cercle géographique étroit, et rarement en dehors du département indiqué sur le livret militaire;

– la « profession » ;

– la filiation : « fils de » (...), « et de » (...), « domiciliés à » (...) ;

– la date de son mariage, s'il y a lieu. En ce cas, on peut lire « marié le (...) à (...) », et « mariage contracté sous les drapeaux ».

Des indications sur la personne – Tout conscrit passait au préalable une visite médicale, à l'issue de laquelle on le déclarait « bon pour le service armé ». Cette mention figure sur le livret, accompagnée d'une série d'informations :

– la taille et les « mesures de l'homme » : longueur du dos jusqu'à 33 cm de terre, grosseur sous les bras, longueur d'entrejambes, grosseur de ceinture, tour de tête, longueur du pied ;

– l'équipement fourni : capote ou manteau, pantalon ou culotte, képi, shako ou casque, brodequins, bottes ou bottines, souliers ou guêtres ;

– les dates de vaccinations, par exemple contre la variole ; plusieurs pages de couleur vert-bleu concernant les revaccinations ;

– le degré d'instruction et quelques mentions, comme par exemple « Nageur ordinaire » ;

Des indications d'ordre militaire – Elles varient bien sûr selon les états de service et peuvent être extrêmement détaillées, précisant notamment :

– des mentions telles que « Instruction militaire commencée le (...), suffisante pour que l'homme soit mobilisable le (...). Terminée le (...) » ;

– des campagnes : Algérie, Maroc, Allemagne... ;

– des dates : « Dans la réserve de l'armée active le (...) ». « Dans l'armée territoriale le (...) ». « Dans la réserve de l'armée territoriale le (...) ». « Libération définitive du service militaire le (...) », le tout accompagné de quelques tampons : « bureau de recrutement », « commandant », « chef de corps » ;

– les blessures et actions d'éclat, les citations, les décorations... ;

– les promotions : « Élève caporal le (...) », « Sergent le (...) » ;

– les permissions, éventuellement pour aller se marier ;

– les effets éventuellement emportés par l'homme au moment de son renvoi dans ses foyers.

Des documents épars

Généralement toute famille conserve chez elle quelques documents « inclassables » : une carte d'identité héritée d'un aïeul, une carte de visite ancienne, une carte de rationnement alimentaire, des coupures de journaux, des faire-part, des images pieuses… Autant d'éléments qui peuvent aider à retrouver la trace de tel ou tel ancêtre.

La carte d'identité

Posséder une carte d'identité n'est pas obligatoire. Ce document officiel reste néanmoins le plus classique des « papiers d'identité ». Il doit être produit à la demande d'un représentant de l'autorité, policier ou douanier, mais aussi devant tout commerçant acceptant un paiement par chèque.

La carte indique toujours les nom, prénoms, date et lieu de naissance du titulaire, et comprend son adresse, sa taille, d'éventuels signes particuliers ainsi qu'une photographie. L'usurpation d'identité est aujourd'hui punie de peines correctionnelles. Mais, autrefois, elle pouvait entraîner la peine de mort, comme ce fut le cas lors du retour peu souhaité de Martin Guerre au XVIe siècle, condamné par le parlement de Toulouse. Dissimuler son identité reste pourtant parfois un geste de survie : ce fut le cas pour les Juifs lors de la Seconde Guerre mondiale.

Un document très récent – En temps de guerre, tous les militaires portent sur leur uniforme une plaque d'identité qui permet de les identifier une fois morts, blessés ou restés amnésiques dans les rangs ennemis. Mais l'idée « d'encarter » les individus pour les surveiller (militaires), les connaître (prostituées), ou les aider (femmes enceintes, personnes âgées) est assez récente. La carte d'identité elle-même ne date que de la Seconde Guerre mondiale.

L'ancêtre de la carte d'identité – En 1793, en vertu de la loi du 12 mars, des cartes de sûreté, dites aussi « cartes civiques », sont créées. Desti-

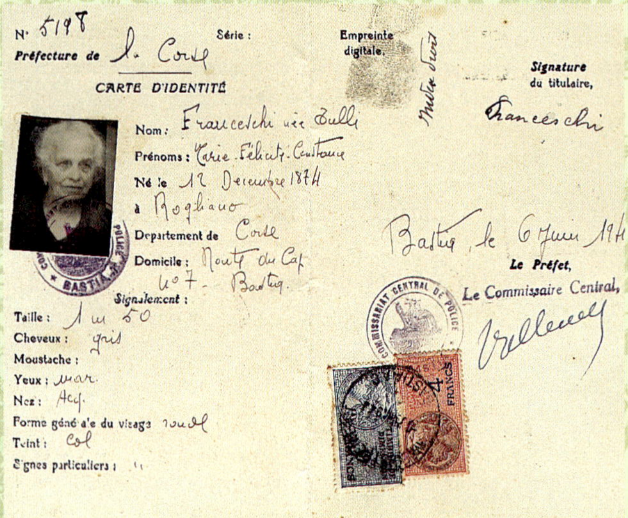
N° 5198 Série :
Préfecture de la Corse
CARTE D'IDENTITÉ
Nom : Franceschi née Bulli
Prénoms : Marie-Félicité-Constance
Né le 12 Decembre 1874
à Rogliano
Departement de Corse
Domicile : Route du Cap n°7 - Bastia
Signalement :
Taille : 1 m 50
Cheveux : gris
Moustache :
Yeux : mar.
Nez : Acq.
Forme générale du visage rond
Teint : Col
Signes particuliers :
Empreinte digitale.
Signature du titulaire,
Franceschi
Bastia, le 6 Juin 1940
Le Préfet,
Le Commissaire Central,
4 FRANCS

Carte d'identité délivrée par l'Administration préfectorale aux citoyens français, le 6 juin 1940

Sur cette carte d'identité, on lit le nom d'une bisaïeule, ses prénoms, sa date de naissance, le 12 décembre 1874, son lieu de naissance, l'adresse de son domicile. Sa taille « 1 m 50 » nous rappelle qu'à cette époque la plupart des gens étaient plus petits qu'aujourd'hui. Ses cheveux « gris » sont le reflet de ses soixante-six ans. Ses yeux sont « marron » ; son nez, « aquilin » ; la forme du visage, « ronde », et le teint, « clair ». Le document qui porte sa photographie est signé du commissaire central. L'empreinte digitale a été prise avec l'index droit.

nées aux étrangers mais aussi aux Français, elles sont délivrées par les comités de surveillance à tout individu qui n'est pas « suspect ». Ces premières cartes seront abolies en 1799.

C'est seulement en 1940 qu'apparaît la carte d'identité nationale attribuée à tous les citoyens français. En 1941, des cartes nationales de priorité sont en outre délivrées par les mairies aux femmes enceintes et aux mères de familles nombreuses. La création de la carte d'identité est enfin confirmée lors du décret du 12 avril 1942.

Après la Seconde Guerre mondiale – En 1955, un décret du 22 octobre fixe l'avant-dernier type de la carte nationale d'identité, document officiel délivré par les préfectures et sous-préfectures, à en-tête de la République française. Valable dix ans à partir de sa date d'émission, elle porte un timbre fiscal et un numéro. Elle est déclarée en 1960 seule carte d'identité officielle.

En 1987, par le décret du 19 mars, apparaît celle que l'on utilise de nos jours, carte dite « sécurisée » ou « infalsifiable » : plus petite, d'un format à peine supérieur à celui d'une carte bleue, avec photographie scannée. Elle est délivrée sur tout le territoire national à partir de 1995 et, depuis 1998, entièrement gratuite.

Apparues en Belgique au XVIIIe siècle, les cartes de visite purent, à l'origine, être richement décorées.

Les premières cartes de visite

La carte de visite apparaît en Belgique au XVIIIe siècle. Elle trouve son origine dans les vieilles cartes à jouer sur lesquelles on inscrivait son nom avant de les déposer chez un ami absent. Ce petit carton devient vite un petit rectangle blanc et imprimé. Il indique alors le nom et le prénom d'un aïeul, parfois sa profession et presque toujours son adresse (sauf pour les femmes « honnêtes »). La gravure varie en fonction de la mode, comme au dos des photographies. Une écriture gothique, par exemple, date des années 1880. Le fait que l'angle inférieur droit de la carte soit corné témoigne d'un ancien code de civilité : une telle carte laissée dans la boîte aux lettres signalait la visite à l'improviste de son propriétaire.

Informer d'une promotion – Au XIXe siècle, l'expéditeur envoie surtout des cartes de visite pour informer ses relations d'une promotion. La mention en caractères imprimés « le lieutenant-colonel Untel », au lieu de « le commandant Untel », suffisait. La carte, expédiée dans une enveloppe tout aussi petite, permettait aux parents, amis et connaissances d'apprendre qu'Untel venait d'être promu au grade supérieur. Les destinataires renvoyaient aussitôt leur propre carte imprimée au promu avec un seul mot : « Félicitations », « Bravo ». Cela se faisait pour l'obtention du baccalauréat, pour une promotion, pour une décoration.

Lancer une invitation – Sur les cartes de visite, entre 1870 et 1930, figurait parfois, imprimé sous le nom des femmes de la bonne bourgeoisie, « premier mardi de chaque mois », par exemple. Cette date était celle du « jour de réception ». Les amies savaient que, ce jour-là, à cinq heures, le thé serait servi avec des gâteaux et les housses retirées des fauteuils du salon. Elles pourraient alors venir sans s'annoncer et seraient les bienvenues.

Un moyen de correspondance – À partir des années 1960, avec l'essor de l'urbanisation et l'exode rural, la carte de visite devient un vrai moyen de liaison entre les différents membres de la famille. Sa taille atteint alors celle de trois cartes à jouer juxtaposées environ. Grâce à ce nouveau format, elle permet une vraie correspondance, brève certes, mais de plusieurs lignes : vœux de bonne année, condoléances, félicitations pour un

AVIS DE DÉCÈS

M. et Mme Dominique Franceschi ; M. et Mme Tulli Nicolas et leurs enfants ; M. et Mme Tulli André ; M. et Mme Antoine Franceschi et leurs enfants ; M. et Mme Bernardi, et leur fille ; M. et Mme Terami J.-B. et leurs enfants ; M. et Mme Leca et leurs enfants ; M. Simonpietri, de Centuri, et ses enfants ; M. et Mme Antoni Mattei, et leurs enfants ;

Les familles Tulli, de Martigues ; Tulli, de Marseille ; Guitera, Pellegrini, Bastiani, Giudicelli ;

Ont la douleur de faire part à leurs parents, amis et connaissances de la perte cruelle qu'ils viennent d'éprouver en la personne de

Mme Vve Tulli Béatrice

leur mère, belle-mère, grand'mère, tante, cousine et alliée décédée le 4 mars 1922.

La levée du corps aura lieu aujourd'hui dimanche, 5 mars, à 8 heures.

L'inhumation aura lieu le même jour à Rogliano.

Maison mortuaire, 7, route du Cap.

Cet avis tient lieu de lettre de faire part.

Voici un avis nécrologique paru dans le journal « le Petit Bastiais » le 5 mars 1922. Le nom de la défunte y apparaît en gras. Elle est « mère, belle-mère, grand-mère, tante, cousine et alliée ». La famille n'a pas souhaité ajouter « et arrière-grand-mère » alors que les arrière-petits-enfants sont mentionnés au-dessus, pour ne pas associer des enfants à la mort, contrairement à ce que l'on fait aujourd'hui. L'âge de la défunte, née en 1845, n'est pas indiqué, car l'âge ne regarde pas « le voisinage ». « Cet avis tient lieu de lettre de faire-part » : le journal est donc ici notre seule source. La famille exprime sa « douleur », fait « part à ses parents, amis et connaissances de la perte cruelle » de l'être cher. Les parents mentionnés dans l'avis le sont jusqu'à un degré éloigné car la famille est alors une réalité.

baptême, une naissance, un mariage. En théorie toutefois, le dos d'une carte de visite ne devrait point être écrit.

Le journal

Au début d'une recherche généalogique, le journal local s'avère un outil particulièrement précieux. La presse contient en effet des avis : parfois de naissance, de baptême, de fiançailles, de mariage, et surtout d'enterrement. C'est encore le cas aujourd'hui avec le carnet mondain quotidien du *Figaro* ou du *Monde*.

Nombre de rubriques nécrologiques figurent depuis le XIXe siècle dans la plupart des grands quotidiens : *Nice-Matin-Corse, Sud-Ouest, le Dauphiné libéré,* mais aussi dans des journaux locaux très anciens, mais à petit tirage, comme *le Petit Bastiais* ou *le Courrier cauchois.*

Cette habitude d'informer le public quant au décès d'un personnage de plus ou moins grande envergure est ancienne : déjà au XVIIe siècle, *la Gazette*, créée en 1631 par Théophraste Renaudot, annonçait la mort des « grands » : maréchaux de France, ambassadeurs du roi, princes et princesses. En quatre siècles, cet usage s'est progressivement démocratisé.

Les avis et articles nécrologiques – L'avis publié dans le journal indique à la fois le jour et le lieu du décès de l'ancêtre ainsi que le jour et le lieu de son inhumation au cimetière de tel ou tel village. Il précise parfois même l'âge du défunt, et le lieu dont il était originaire, s'il n'était pas natif du village où il est décédé. Parfois, pour un notable, un commerçant ou un maire, une petite notice nécrologique paraît dans le même journal deux ou trois jours après les obsèques : on peut apprendre que « le deuil était conduit par le fils aîné du défunt » arrivé de Paris, que l'assistance était « nombreuse », car « le défunt était unanimement connu et estimé ». Notre époque a conservé ces habitudes, et même ce langage apparu à la fin du XIXe siècle.

Des séries de patronymes – Sur les avis de décès antérieurs aux années 1950, la « famille » ne se réduit pas, comme souvent aujourd'hui, au simple noyau parental. Les articles sont relativement longs ; ils mentionnent toute une série de patronymes, pour la plupart aujourd'hui inconnus des descendants : peut-être des neveux du défunt, enfants de

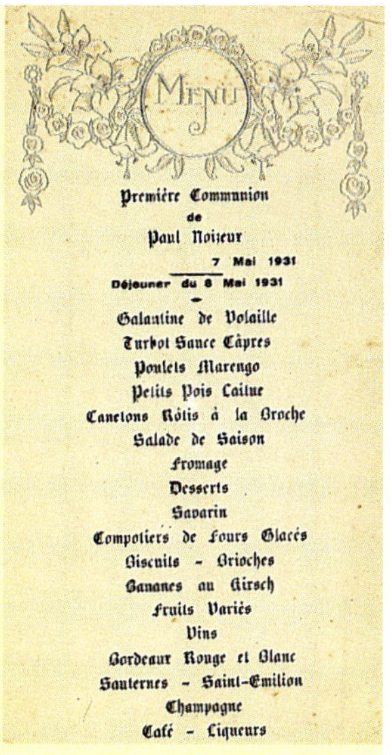
Menu

Première Communion
de
Paul Noizeur
7 Mai 1931
Déjeuner du 8 Mai 1931

Galantine de Volaille
Turbot Sauce Câpres
Poulets Marengo
Petits Pois Laitue
Canetons Rôtis à la Broche
Salade de Saison
Fromage
Desserts
Savarin
Compotiers de Fours Glacés
Biscuits – Brioches
Bananes au Kirsch
Fruits Variés
Vins
Bordeaux Rouge et Blanc
Sauternes – Saint-Emilion
Champagne
Café – Liqueurs

Sur ce menu de Première Communion on peut lire les nom et prénom du jeune garçon et la date de la cérémonie. On peut remarquer aussi le nombre incroyable de plats qui furent servis lors de ce déjeuner !

ses sœurs dont la mémoire familiale a oublié le nom de femme mariée. L'article nécrologique mentionne en effet non seulement « ses enfants, ses petits-enfants », dont le généalogiste descend, mais aussi des « cousins et alliés ». Ces derniers, les parents « par alliance », peuvent être par exemple les parents de son épouse, les frères de celle-ci, apparaissant dans l'avis du journal par ordre de leurs dates de naissance, leurs descendants… Au-delà du nom et du prénom du trisaïeul, c'est donc tout un groupe social qui est mentionné dans la presse.

Les cartons de faire-part

Les faire-part, appelés au XVIIIe siècle « billets de part », sont des cartons imprimés qui annoncent aux parents, amis et connaissances une naissance, un mariage ou un décès. Ils sont parfois encore conservés, accompagnés d'une fleur séchée, dans les papiers de famille, voire dans l'arrière-boutique des vieilles imprimeries de province. Les billets de part de décès sont rarissimes pour le XVIIIe siècle, quoique apparus en France dès 1625. Ornés d'ossements, de crânes et d'autres motifs sépulcraux, ils ne concernaient alors que quelques très grands personnages, comme les princes ou les ministres. Aujourd'hui, les familles possèdent surtout des documents imprimés qui ne sont guère antérieurs à la fin du second Empire. Toujours imprimés en noir et blanc, ils montrent souvent des caractères gothiques quand ils ont été rédigés dans les années 1880.

Les images et papiers illustrés

Multiples et difficiles à classer, ces images éparses, outre leur valeur artistique, peuvent apporter d'importants renseignements :

Les papiers financiers – Ces documents peuvent également fournir un matériau généalogique : actions, obligations, emprunts russes en cours de remboursement, ces derniers permettant éventuellement de localiser un arrière-grand-père ruiné par la révolution d'Octobre.

Ils présentent d'autant plus d'intérêt qu'ils sont nominatifs, ce qui est souvent le cas, notamment, pour les souscriptions d'emprunts réalisées pendant la Grande Guerre.

Les souvenirs de communion – Décorées sur une face d'une hostie, d'un calice doré, d'un cœur, les images pieuses montrent aussi des informations utiles au généalogiste. Les mentions au dos – « Souvenir de première communion de (…) ». « Confirmation du (…) » – comprennent une date, un nom, un prénom, voire une date de naissance, un lieu de naissance, ou encore le nom d'une église. Autant de pistes…

Les menus, les tickets de rationnements… – Là encore, des noms, des dates, des indices tangibles concernant tel ou tel aïeul. Mais aussi le reflet d'une époque lointaine, révélée grâce à ces précieux souvenirs.

A
0.165.611
RÉPUBLIQUE FRANÇAISE
Département de
Mairie de 10e Arrond. de Paris
CARTE DE CHARBON
POUR BESOINS DOMESTIQUES
CHAUFFAGE 1947-1948
Titulaire Cyz Odette
Adresse 94 rue Lafayette
Foyer composé de 2 personnes
Volet à conserver par le Titulaire

Cette carte de charbon, délivrée pendant l'hiver 1947-1948, mentionne les nom, prénom et adresse de son possesseur. Mais elle apporte aussi un témoignage intéressant sur l'époque où elle fut établie.

L'album de photos

Il est rare d'avoir chez soi un ancêtre peint par Mignard ou Mme Vigée-Lebrun. Néanmoins, à partir de 1850, il est possible de savoir à quoi ressemblaient ses ancêtres. La photographie est là pour rappeler leurs traits, leur physionomie, plus rarement leurs attitudes quotidiennes, car la photographie du XIXe siècle est artistiquement figée : on n'est jamais saisi « sur le vif ». On prend la pose dans certaines circonstances solennelles et toujours « pour la postérité ».

Sur cet album de famille de la fin du XIXe siècle, certaines personnes sont nonchalamment assises, d'autres sont appuyées contre un guéridon… un subterfuge afin de garder longtemps la pose !

Dater une photographie

Plusieurs possibilités s'offrent pour parvenir à dater une photographie.

L'attitude des personnages est un moyen de datation. Plus le personnage paraît figé (appuyé sur une canne, la main posée sur une table), plus la photo est ancienne, car la canne et le guéridon étaient des subterfuges utilisés pour permettre au sujet photographié de garder longtemps la pose.

Plus le temps de pose se raccourcit, grâce au progrès technique, plus la photo permet de photographier dans des délais raisonnables : l'enfant peut donc apparaître sur les photos (vers 1880), avant de triompher en 1900 dans la « mignonnette ».

Mais d'autres possibilités de dater une photo existent, notamment grâce à l'épaisseur du carton utilisé, mais aussi grâce à sa présentation (tranches dorées, argentées, filet noir, renseignements mentionnés au dos de la photo, etc.).

L'aspect des photographies au XIXe siècle

La présentation des photographies ne cesse d'évoluer des années 1850 aux années 1900, accompagnant à la fois les évolutions techniques et la mode du temps. Parmi les points les plus significatifs figure l'épaisseur du cartonnage. Celui-ci équivaut à la valeur d'une carte à jouer quand apparaissent les premières photos, de 1854 à 1870, puis de deux ou trois cartes à partir de 1870. Il gagne encore quelques millimètres en 1880 pour atteindre son maximum en 1900, soit la valeur de cinq cartes à jouer : désormais, la tranche devient aussi un élément décoratif. Parallèlement, l'ornementation prend de l'ampleur : des filets apparaissent, le dos se colore, le photographe met plus ou moins en valeur son nom, puis sa signature…

De 1854 à 1870, des angles droits – Les photographies les plus anciennes, au cartonnage fin, montrent des angles droits. Au dos, le photographe mentionne son nom, son adresse, et éventuellement des précisions comme « photographe de la Cour impériale ». Il utilise des caractères d'imprimerie, à l'encre noire ; d'abord très petits, ceux-ci deviennent un peu plus gros à partir de la première Exposition universelle, en 1867.

En 1870, l'arrondi apparaît – Les angles s'arrondissent à partir de 1870. L'encre d'imprimerie est à présent en couleur : violette, mais aussi sépia, voire rouge ou verte ! Un filet encadre de plus en plus souvent la photo. Celle-ci est parfois signée en dessous du nom du photographe, qui indique le lieu où il exerce. À partir de 1875, quelques rares photos sont en outre bombées grâce à une déformation du cartonnage ; d'où des cadres à verre pareillement bombé.

En 1880, le dos se colore – Des couleurs vives, telles que bleu, rouge ou bordeaux apparaissent sur le dos, où le photographe imprime des formules du style : « photographie artistique », « photographie moderne ». Les caractères sont parfois en gothique, pour suivre la mode, car c'est l'époque des châteaux de Louis II de Bavière. Le filet qui entoure la photographie s'épaissit.

– En 1885, le photographe signe souvent sa photo, à l'avant, en un grand paraphe calligraphié qui mentionne son adresse. C'est aussi à cette époque que l'on commence à photographier les défunts sur leur lit de mort.

– En 1890, les photographies en sépia brillant apparaissent.

– En 1895, le dos devient volontiers pastel, tandis que la tranche est biseautée et décorée en doré, sous l'influence du modern style.

En 1900, des motifs à profusion – Les angles redeviennent droits, la tranche est parfois argentée. Des mentions du style « reproduction interdite » commencent à apparaître au dos. Ce dernier se charge de motifs : soleils, médailles, anges, le tout imprimé avec de l'encre bleue ou violette.

L'aspect des photographies au XXe siècle

Suivant la tendance inverse de celle du siècle dernier, les photos, à partir de 1910, s'amincissent et se dépouillent :

En 1910, retour à la sobriété – Le dos, de nouveau blanc, s'épure. Le carton est volontiers grainé à l'avant. Certaines photos s'ornent de bords noirs. Le photographe se borne à mentionner son nom, son téléphone, et, à Paris, la station de métro la plus proche de son atelier d'art.

Ces deux daguerréotypes, très rares, sur coquillages exotiques représentent un couple marié en 1853. L'homme est né en 1818, son épouse en 1829.

Du daguerréotype à la photographie

Le daguerréotype est l'un des premiers procédés de photographie : le système consistait à reproduire l'image des objets sur une plaque argentée. Son nom vient de Jacques Daguerre, inventeur français, né en 1787, mort en 1851. Ce dernier imagina en 1822 le diorama, puis perfectionna avec Nicéphore Niépce l'invention de la photographie. Il obtint ainsi en 1838 les premiers « daguerréotypes », qui donnent les traits de la génération née vers 1830.

– En 1920, le cartonnage s'amincit et représente désormais l'épaisseur de deux cartes à jouer. À la demande du client, la photographie est souvent tirée en carte postale dans un format de 9 cm sur 14 cm, et ce jusque dans les années 1930.

En 1930, marges et papier glacé – Un papier blanc, glacé, mince à présent comme un papier épais et non plus comme un carton mince, s'impose désormais.

Les marges sont souvent déchiquetées. Au dos apparaissent des noms de marques : Vélox®, Ridax®. Ce type de photo perdure jusqu'à la fin des années 1940, malgré la guerre qui entraîne une baisse de la production.

– En 1950, les tirages se font sur papier crème et non plus sur papier blanc. Le bord devient très large et reste déchiqueté.

Le marié debout, en queue-de-pie, tient son épouse tendrement. La vieille mère de celle-ci est assise à ses côtés. Le haut-de-forme est de rigueur lors de ce mariage célébré à Oran en 1900.

– En 1963, les photographes privilégient le papier chamois. Les bords sont droits, les marges, blanches.

En 1965, les photos couleurs – Depuis la fin de la Seconde Guerre mondiale, les photos sont parfois peintes avec des colorants spéciaux. Mais les véritables photos en couleurs ne datent que de 1965. Le tirage se fait sur papier plastique, brillant ou mat. Les marges disparaissent.

À cette même date, les photos d'intérieur commencent à se multiplier grâce au flash. Plus tard, dans les années 1980, le flash électronique incorporé à l'appareil sera la cause de tous ces yeux rouges sur les clichés...

L'album de photographies

Fait relativement récent, il arrive aujourd'hui que l'ancien album de photographies de famille offre à celui qui le contemple un spectacle où pratiquement tout lui est étranger. Pour éviter cela, il faut qu'il ait pris la sage précaution de le feuilleter un jour avec une personne âgée de sa famille, avant qu'elle ne décède. À cette personne, née par exemple vers 1890, tout était encore familier : c'est son enfance d'avant 1914 qui défile à l'intérieur...

S'il est caractéristique de la fin du XIXe siècle, l'album se présente souvent sous l'aspect d'un gros recueil contenant des pages dorées sur tranche et épaisses de près de cinq millimètres chacune. La fermeture en est délicate : il faut généralement remonter la barre horizontale du mécanisme de laiton afin de pousser vers le haut la grosse boule montée sur deux ressorts qui retient la couverture fermée, comme pour les missels d'autrefois.

Cet album contient la quintessence d'une famille disparue, figée dans ses joies (mariages et communions), mais aussi dans ses peines. On allait, au début de la photographie, jusqu'à faire un cliché du nouveau-né mort dans son berceau, pour en conserver le souvenir. Tous les ancêtres sont là : le dandy en pantalon rayé, redingote que l'on imagine verte, gilet de velours assorti, fume-cigarette d'ivoire entre l'index et le médian. Les cousins de province, jeunes gens de vingt ans dont le premier souci de conscrit était de se faire « tirer le portrait » pour envoyer des photos souvenirs à leur mère ou à leur fiancée. L'oncle artiste, cheveux au vent, barbe épaisse, jabot de soie. Et le cousin notaire, haut de forme noir, canne-épée, et col cassé que l'on changeait avec les manchettes, pour que la bonne n'ait pas à laver toute la chemise !

Communiants, soldats et jeunes mariés – L'album offre la vision d'un monde enfui à travers trois séries de photos ; toujours les mêmes, quelles que soient les familles : les communiants ; le soldat en uniforme, photographié pendant son service militaire, avec parfois, au dos de la photo, une mention : « mort pour la France le » ; les mariés.

Sur les photos de mariage, le « jeune » couple, au centre, paraît souvent déjà âgé, bien plus qu'il ne l'est en réalité. C'est en partie dû aux façons de se vêtir avant les Années folles. Les femmes portent robes longues et jupes amples qui descendent jusqu'aux pieds ; elles sont serrées dans les corsets, écrasées sous les crinolines, les mollets enserrés dans des guêtres boutonnées avec un petit outil spécial. Monsieur, avec sa moustache et sa calvitie, peut, à vingt ans, en paraître le double, engoncé dans sa redingote ou queue-de-pie de cérémonie, le haut-de-forme ou chapeau claque sous le bras, avec, à la main, ses gants « beurre frais ». N'oublions pas que, à soixante-dix ans, un homme du XIXe siècle, souvent chauve et édenté, pouvait ressembler à un centenaire d'aujourd'hui.

Tout juste incorporé, le jeune soldat va se faire photographier. Il enverra le cliché à sa mère avec, au dos, « d'affectueuses pensées ». Peut-être aussi à une fiancée, restée au village…

Plus d'hommes que de femmes – Dans les anciens albums de photographies, les hommes en général dominent, car les femmes craignaient souvent la photo souvenir, synonyme de mort. Les grands-mères et arrière-grands-mères, femmes mariées, laissent une image d'elles grâce aux photos de mariage. Mais les demoiselles sont plus rares ; parfois apparaît pourtant une jolie cousine, plumes au chapeau, mains gantées, une broche rectangulaire sous le cou, épinglée sur un ruban de velours noir à la mode Napoléon III.

Missel, gants blancs, costume de petit marin, cheveux soigneusement peignés… Ce jeune communiant semble bien conscient de l'importance et de la solennité de la cérémonie.

Que de sérieux chez cette petite fille photographiée en 1920 ! Elle n'avait pas un mois lors de la signature de l'armistice en 1918.

La carte postale ancienne

Au XIXe siècle, l'usage de la carte postale était fort répandu afin de transporter différents messages d'amour, d'affection ou d'amitié. Au-delà de l'intérêt des mots écrits et des adresses, ces cartes, par leurs seules images, aident à redonner vie à une époque oubliée, à retrouver les ambiances du passé.

La carte postale apparaît à la fin du XIXe siècle. Elle permet de souhaiter une « Bonne Fête » ou de « Joyeuses Pâques ». On peut également, grâce à elle, envoyer un brin de muguet à un être cher...

Une invention des années 1870

Le premier timbre-poste est lancé en Angleterre en 1837, mais c'est en Autriche, à Vienne, qu'apparaissent en 1869 les premières cartes postales, imaginées par Emmanuel Hermann.

Un an plus, un libraire de Sillé-le-Guillaume, le sieur Besnardeau, crée lui aussi un petit carton à expédier, revêtu en outre de dessins et d'ornements.

L'usage des cartes postales se répand dès 1871 en Suisse et en Belgique, et dès 1872 en France, avec la fabrication et la vente par l'État desdites cartes, en vertu de la loi du 19 décembre. Les indiscrétions sont prohibées : le 21 novembre 1874, une postière de Caen est condamnée pour avoir lu à haute voix le contenu d'une carte postale adressé par un curé à une de ses paroissiennes, et ainsi violé le « serment de discrétion » dû par les personnels des Postes depuis 1790.

De plus en plus d'illustrations – En 1877, l'administration des Postes autorise les particuliers à fabriquer et à vendre des cartes postales. Nombre de dessins apparaissent alors, dont les premières publicités, ou « réclames ».

À partir de 1880, en vertu du dépôt légal, tout nouvel exemplaire doit être déposé à la Bibliothèque nationale (qui, dans les faits, ne conserve qu'environ 20 % des modèles...)

Les premières cartes illustrées de reproductions photographiques seront émises en 1891, par le Corse Dominique Piazza, à Marseille. Les collectionneurs de cartes postales du monde entier apparaissent alors et, avec eux, les albums.

La place de la correspondance – Sur les premières cartes, le recto est réservé à l'adresse du destinataire et à l'affranchissement ; le verso à la correspondance, griffonnée au-dessus d'un paysage. Celle-ci est, par conséquent, encore peu lisible. Mais, à partir de 1903, le recto se divise en deux moitiés : l'une réservée à l'adresse et à l'affranchissement ; l'autre à une correspondance.

Celle-ci reste toutefois généralement brève, car le prix du timbre est fonction, comme pour les télégrammes, du nombre de mots ; elle se borne souvent à la seule signature de l'expéditeur, voire à un ou deux mots : « Affections », « Amitiés fidèles », « Bons baisers ».

Le timbre de base est alors la Marianne verte, debout, à 5 centimes, un détail qui peut être utile si l'on veut replacer dans son contexte, par exemple, la dot d'une aïeule...

Un témoignage généalogique

Une série de cartes postales peut fournir bien des points de repère. Elles peuvent rappeler aussi les événements marquants de la vie de nos aïeux, comme l'inauguration de la tour Eiffel ou l'Exposition coloniale de 1931.

Surtout, au dos des cartes postales figurent des renseignements généalogiques. À côté de l'adresse du destinataire, les messages évoquent souvent différents membres de la famille : « Embrasse tante Marie » ; « Une chaude poignée de mains à mon beau-frère François » ; « Ne m'oublie pas auprès de ma belle-sœur Anne-Marie » ; « Tante Annonciade se remet-elle de la mort de l'oncle Nonce ? »

La familiarité n'est point de mise. Pas plus que le tutoiement. Celui qui envoie une carte ne l'adresse pas à Vincent, mais à « oncle » Vincent que l'on vouvoie, et au cousin Paul que l'on tutoie. Belle-Maman n'est ni « Mamie », ni Mireille. Elle est « Mère » comme Beau-Papa est « Père ». Les autres membres de la famille sont affectueusement mentionnés avec des repères précieux pour le généalogiste : « Mon cher filleul » ; « Mon affectionné neveu » ; « Je vous embrasse. Votre neveu » ; « Ma chère Lucie et cousine »...

Quelques illustrations datées

On envoyait des cartes à maintes occasions, et notamment pour présenter ses vœux.

Par exemple, pour la Bonne Année, un fer à cheval à sept trous, le seul à porter bonheur, car un fer à cheval à six trous est celui d'un âne. Ou, encore, un couple surmontant la devise « Un long baiser respectueux cache un amour impétueux ».

La Grande Guerre multiplia les échanges entre soldats partis au front et fiancées restées au village : « Muguet du 1er juin 1916-Porte-bonheur », entouré d'un ruban bleu-blanc-rouge. « À toi ma pensée », brodé en mauve sur tapis de fleurs bleu-blanc-rouge. « L'union fait la Force », devise brodée sur plusieurs étendards : français, anglais, américain.

Puis viennent les cartes des Années folles : des femmes jeunes et pulpeuses, tenant à la main des plumes, un éventail, une lyre ou chantant devant un piano ; des poussins pour Pâques avec une petite fille sortant d'un œuf...

Pas de pornographie ni d'injures

En 1887, un décret en date du 11 juin prescrit que le texte écrit sur la carte postale ne doit pas porter atteinte aux « bonnes mœurs ». La « pornographie » sera poursuivie, tout comme les injures, en vertu de la « violation du secret ». Mais y a-t-il secret pour un texte non cacheté ? L'interdit est complété en 1904 par un décret du sénateur Bérenger qui interdit toute pilosité sur les reproductions anatomiques des cartes postales. Ces prescriptions n'empêcheront pas qu'en 1910 quatorze éditeurs répondront en justice d'outrages aux bonnes mœurs.

Les cartes de Bonne Fête ne manquent pas. Aucune d'anniversaire, par contre, car inutile de dire à quelqu'un d'aimé qu'il se rapproche tous les ans de sa mort !

Par contre, des « 1er avril » nombreux, car, malgré les tragédies, l'air du temps reste *le Temps des cerises*, celui de l'humour et de la facétie.

Cimetières et monuments aux morts

Dernier hommage aux combattants, le monument aux morts se dresse au centre de tout village français. Le cimetière, lui, du grec *koimêtérion*, « le lieu où l'on dort », se trouve hors les murs des villes et des villages, du moins de nos jours. Longtemps, en effet, ce furent les sols des églises qui abritèrent les défunts, sans que leur nom soit toujours mentionné...

Ici, dans le cimetière de Sète, à l'ombre des croix funéraires, quatre angelots de marbre veillent au repos des défunts. Plus la famille est riche, plus le tombeau est ouvragé. Statues, sculptures et bas-reliefs... parfois de véritables œuvres d'art.

La fin des nécropoles antiques

Dans l'Antiquité, le défunt est enterré en général dans une nécropole, ou « ville des morts ». C'est le cas pour les Égyptiens et pour les Grecs dès le VIe siècle av. J.-C. Les Romains font de même et ensevelissent leurs morts extra-muros, en dehors des murs d'enceinte de la cité, parfois le long de voies comme la voie Appienne à Rome.

Avec le christianisme, les pratiques changent. Les disciples du Christ ne veulent plus être inhumés avec les païens polythéistes. Ils placent d'abord leurs morts dans des galeries souterraines, les catacombes. Puis, à partir du IVe siècle, avec l'augmentation du nombre des saints et l'essor du culte des reliques, ils cherchent à se faire enterrer auprès des bienheureux et des vénérables : par exemple, à Arles, dans la nécropole gallo-romaine des Alyscamps, où reposait, selon la rumeur, saint Trophime.

De ce désir naissent alors les cimetières intramuros, à l'intérieur des villes, autour des églises ou dans les édifices religieux. Il en résulte de fortes rivalités entre clergés séculier et régulier, les défunts étant source de profits : dons et legs en échange d'un certain nombre de messes, de trois cents à dix mille, voire à perpétuité.

L'inhumation dans les églises

Jusqu'à Louis XVI, la plupart des défunts reposent à l'intérieur des églises, paroissiales ou conventuelles, et dans les allées latérales des cathédrales. Les édifices religieux ne sont pas réservés aux seules élites. Ces dernières, tel le seigneur haut-justicier, possèdent des caveaux particuliers (les « enfeux »), creusés à leurs frais, parfois sous leur banc, et marqués au sol par des plaques de pierre ou de marbre carrées ; autour, quatre bandeaux de marbre indiquent le nom du fondateur du caveau, le jour de son décès, parfois son âge.

Les autres habitants, eux, sont enterrés dans une fosse sous le chœur, comme le curé, enveloppés d'un simple linceul et sans cercueils. Si le menu peuple n'avait droit ni aux gisants des chevaliers ni aux statues des évêques dans les chœurs des cathédrales, il avait droit, lui aussi, à la maison de Dieu.

La déclaration royale du 10 mars 1776 – C'est la première à interdire l'inhumation dans les églises, sauf pour quelques cas. Mais Louis XVI fut mal obéi.

Tout généalogiste doit donc aller chercher la clef de l'église du village dans lequel il effectue ses recherches. Il doit regarder sous les tapis, dans les chapelles, dans le chœur, dans l'abside, dans la nef. Puis, muni d'une bouteille d'eau, il lui faut laver les bandeaux des dalles afin de déchiffrer les inscriptions, quand elles n'ont pas été usées par les pas des fidèles.

Les cimetières extra-muros

Les morts cohabitèrent longtemps avec les vivants. Ce n'est qu'en 1803 que le jardin du Père La Chaise, en plein Paris, fut transformé en cimetière ! Mais, du fait des risques en période d'épidémies, notamment de peste, on privilégia progressivement les cimetières extra-muros. Paris avait ainsi déjà créé, dès le XIIe siècle, un grand cimetière au nord de la ville : le futur cimetière des Saints-Innocents, fermé en 1780. Entouré de galeries au XVe siècle, décorées d'une *Danse macabre* et surmontées de charniers, il présente des analogies avec le cimetière du cloître Saint-Maclou, à Rouen, et le Campo Santo de Pise, empli de terre ramenée de Jérusalem à l'époque des croisades.

De nos jours, depuis le décret du 31 décembre 1941, toute commune doit avoir un cimetière distant au moins de 35 mètres de l'agglomération. Elle en assure l'entretien en percevant des taxes et en vendant des concessions : perpétuelles, trentenaires renouvelables, ou temporaires, de quinze ans au maximum.

À la recherche de ses aïeux – Tout généalogiste a intérêt à visiter les cimetières des villages dont ses ancêtres étaient originaires. C'est dans la partie la plus ancienne qu'il doit se rendre, là où ne sont plus ni fleurs ni couronnes. De petites plaques de métal émaillé – blanches, ovales, avec des lettres noires – prouvent qu'on est sur la bonne voie. On peut y lire : « Requiescat in pace » (« Qu'il repose en paix ») ; « R.-E. » (Regrets éternels) ; « PPL » (Priez pour lui) ; « PPE » (Priez pour elle).

Quand le patronyme recherché apparaît, il est souvent masqué par les moisissures ; il faut alors humidifier et gratter avec l'ongle en suivant la forme des lettres pour confirmer son intuition. Attention, par terre, détachée, une petite plaque ovale existe souvent, avec, à gauche et à droite, deux trous vides à l'emplacement des vis. Au centre, parfois, une photo : l'aïeul, serti de rouille. Aujourd'hui, tout chercheur peut retrouver les grands-parents de ses grands-parents nés vers 1830, morts vers 1900, à condition que leur manque d'aisance ne les aient point contraints à la fosse commune.

Dalle funéraire de la famille Porrata, église San Cipriano, Morsiglia, cap Corse.

Une dalle funéraire de 1589

On lit sur le bandeau de marbre blanc qui entoure sur les quatre côtés le lion d'or sur fond d'azur (armoiries de la famille) : S. (Sépulture de) Giovani (Jean) et (et) Paulo (Paul) et (et) Orlando (Orlando) Prorata (Porrata, mais un « r » a été inversé par le sculpteur malhabile) Fratelli (Frères). Anno (Année) M. (mille) D. (cinq cents) L. (cinquante) X. (dix), X. (encore X), X. (encore X = 30), V. (cinq), IIII (quatre fois I) = 1589. On trouve souvent la formule « et soi eredi » (« et ses héritiers », du fondateur du caveau) ; ou encore « Hic jacet » (ici repose) ; ou encore « Capella » (chapelle, la sépulture se trouvant dans l'une des huit ou dix petites chapelles qui entourent la nef de l'église paroissiale ou conventuelle) ; ou encore « in perpetum » (à perpétuité). La femme (« uxor ») repose souvent près de l'époux défunt.

Un nom, un prénom, une date, parfois un grade. Le monument aux morts nous invite à ne pas oublier tous ces hommes tombés pour la patrie.

Les premiers monuments collectifs

Le Lion de Lucerne, érigé en 1821 sur les dessins de Thorvaldsen, est l'un des premiers monuments collectifs. Son but était de commémorer le massacre parisien des gardes suisses (au service du roi de France depuis Marignan), le 10 août 1792, sur les marches des Tuileries. La colonne de la Bastille, qui entend rappeler les victimes de la révolution de 1830, procède de la même logique. De même, l'ossuaire de Douaumont, dans l'arrondissement de Verdun, qui porte témoignage des morts de 1916, ou le Mémorial national de la Résistance, érigé depuis 1960 au mont Valérien, à l'ouest de Paris, qui rend hommage aux 4 500 Français fusillés là par les Allemands de 1941 à 1944.

Les cimetières militaires canadiens

Ce n'est qu'en 1999 qu'a été reconnu le seul cimetière militaire situé en sol canadien. Il s'agit du cimetière de l'Hôpital-Général de Québec qui contient les dépouilles de 1 237 soldats canadiens, français et britanniques morts à Québec en 1759 et en 1760. Ce cimetière est le seul au monde qui puisse encore témoigner de la guerre de Sept Ans (1756-1763). Il renferme la plus importante concentration connue de chevaliers de Saint-Louis, soient 18 militaires de haut grade. Depuis 2001, se dresse là un mémorial dédié aux victimes de la guerre de la Conquête, inauguré lors des cérémonies de la translation des restes du général Louis-Joseph, marquis de Montcalm.

Il existe toutefois plusieurs cimetières militaires canadiens en Europe, et notamment en France. Celui de Vimy abrite 11 285 combattants de 1914-1918, tandis que ceux de Bretteville-sur-Mer, de Berny-sur-Mer et de Dieppe comptent quelque 5 537 soldats, morts en 1939-1945. Le site web Mémorial virtuel de la guerre du Canada permet de consulter une base de données qui contient des détails généalogiques sur 116 000 Canadiens morts au cours des deux grandes guerres.

Le tournant de 1870 – C'est après 1870 que sont nés les monuments aux morts élevés dans chaque commune, mais aussi sur des lieux de combats meurtriers et significatifs.

Certains sculpteurs ont œuvré dans ce domaine, tel Maillol, auteur des monuments de Céret, Banyuls, Port-Vendres et Elne, dans les Pyrénées orientales. On peut rapprocher ces monuments des listes apposées ici ou là : « aux élèves et professeurs » de tel lycée, « aux cheminots » de telle gare, « aux mineurs » de tel coron, comme à Montceau-les-Mines.

Les traces de la Grande Guerre

Sur la place, devant la mairie, dans tous les villages de France, sauf un dans l'Eure, le monument aux morts, entouré d'une grille, rappelle les guerres du XXe siècle. Ici, la tragédie est gravée dans la pierre. Elle continue, quatre générations après l'événement, à être l'une des raisons, parmi d'autres, de la mort lente du village désertifié, car les mêmes patronymes sont souvent répétés plusieurs fois, avec des prénoms différents, preuve que quatre ou cinq frères sont morts au combat en quatre ans de guerre.

Le nom de celui tombé au combat figure toujours sur le monument aux morts du lieu où il est né, mais aussi parfois, si son régiment s'est illustré d'une manière particulière, sur le monument commémorant par exemple telle ou telle bataille, érigé dans une ville de province.

Un nom, une date, parfois un grade – Toujours sont mentionnés un nom en majuscules ; un prénom en minuscules, celui d'un apôtre le plus souvent : Pierre, Paul, Jean ; une date : 1914, 1915, 1916, 1917, jusqu'au dernier jour de ce matin de novembre 1918. Et parfois, à côté du nom, un grade : « capitaine », « sergent », « caporal », « soldat ». Ils sont tous « morts pour la France » (mention créée par la loi du 2 juillet 1915), « morts pour la Patrie », ou simplement « morts » en Alsace, parce que la région a été trop disputée entre Français, Prussiens et Allemands pour que l'on puisse mettre autre chose que « à nos enfants », un frère pouvant être mort du côté français, et l'autre, du côté allemand : les « malgré nous ».

Ces monuments sont la plupart du temps ornés d'une pseudo-pyramide, entourée de symboles : la Victoire, soutenue par un poilu, casque sur la tête, baïonnette au fusil.

Les monuments d'ailleurs

Les monuments aux morts mentionnant un arrière-grand-père « tombé au champ d'honneur » en 1914 n'existent pas que sur le sol du territoire national.

En 1927, au Liban, le haut-commissaire français a fait ériger dans la Bekaa, à Kab Elias, un monument à la mémoire d'une partie des 6 000 soldats français tombés là en 1860. En Grèce, dans l'île de Milo ou au Pirée (port d'Athènes), on trouve aussi gravé dans la pierre le nom de Français décédés pendant la guerre de Crimée (1853-1856). Le conflit coûta en effet la vie à plus de 95 000 Français, dont une partie mourut inutilement et tragiquement du scorbut, alors que l'amiral Nelson avait démontré depuis plus d'un demi-siècle comment en prévenir l'apparition par absorption de jus de citron mêlé à de l'alcool.

De même, une stèle du cimetière français de Keelung, à Taïwan, rappelle que 700 Français sont morts là, victimes du choléra et de fièvres, lors de l'expédition de l'amiral Courbet (1884-1885). Le monument de la brigade franco-britannique de Kalamaki (Grèce), le cénotaphe (tombeau vide) de M. de La Pérouse, le mausolée du Dr François Devoti (1855-1896), médecin de la marine, mort de la fièvre jaune à Nouméa, rappellent ici ou là, au-delà des mers, que tel ou tel jeune Français est mort, dévoré par les terribles Maoris ou mangé comme 39 des 87 premiers compagnons de Christophe Colomb.

En 1785, La Pérouse fut chargé par Louis XVI de reconnaître les parties septentrionales des rivages américains et asiatiques. En 1788, son bateau fit naufrage au large de l'île de Vanikoro.

Des actes

Comme preuve formelle, comme témoignage, l'acte est toujours très supérieur au souvenir. Ce dernier est diffus, car il ne repose que sur une mémoire souvent défaillante et parfois mensongère (volontairement ou non). L'acte, dans sa sécheresse, comme dans sa faconde, est, lui, un élément d'une précision exceptionnelle. Le souvenir, c'est Victor Hugo évoquant l'année de sa naissance, « Ce siècle avait deux ans ». L'acte, c'est « Hugo, Victor, Marie, né le 26 février 1802, à Besançon ».

▲ *Naissance, mariage, décès… l'acte est le reflet des étapes qui ponctuent l'existence.*

précis

Trois actes essentiels

Le chercheur, une fois ses souvenirs rassemblés, doit impérativement passer aux étapes suivantes : la localisation des documents à consulter, le dépouillement des actes et la reconstitution de l'histoire d'une famille à partir des actes essentiels.

Quel que soit le pays ou la religion considérés (chrétienne, juive ou musulmane par exemple), un individu de par le monde est toujours connu à travers les trois actes essentiels de sa vie : sa naissance, son mariage (facultatif, mais on descend rarement de célibataires), son décès.

Le généalogiste ne peut remonter l'histoire de sa famille que grâce à ces trois actes. En effet, ils ponctuent l'existence de chacune des générations dont nous descendons.

Des formes différentes mais des renseignements identiques

Que le curé qui tient en France les registres paroissiaux de 1539 à 1792 ait écrit les actes de baptême, de mariage et de sépulture en français ou en latin, que le maire qui tient les registres d'état civil depuis 1792 les ait écrits en français et non en langues régionales n'a pas d'autres incidences que celles liées aux difficultés de lecture ou de traduction.

Tout acte de naissance, de mariage et de décès, quelle que soit l'époque considérée, la langue utilisée, le pays concerné, est en effet appelé à donner des renseignements identiques.

De plus, il est indispensable de savoir que tout acte comprend deux types de renseignements : les renseignements de base : né le (...), marié le (...), mort le (...), et les renseignements complémentaires (« mort à 29 ans, 6 mois, 3 jours, rue des Mathurins, n° 8, à 4 heures trente du matin »).

Des actes à faire parler

Sur le « noyau dur » de l'acte se greffent ou non, suivant les actes, les époques et les pays, toute une série de renseignements « annexes » riches d'informations.

Outre la mention du père et de la mère du nouveau-né, avec leur profession (ou non), on peut retrouver aussi le parrain et la marraine de l'enfant avec leurs liens de parenté (ou non), s'il s'agit d'un acte de baptême ; parfois même le nom du grand-père paternel de l'enfant, le nom du prêtre, du vicaire ou du pasteur qui procède au baptême ou à l'ondoiement.

Il en est de même pour les mariages. L'acte est souvent d'une sécheresse désespérante : tel ancêtre a épousé telle ancêtre le (...). Mais, parfois, l'âge de chacun et leurs domiciles respectifs ainsi que leurs dates et lieux de naissance sont mentionnés avec précision. Avec de la chance, il peut même être fait mention des parents respectifs des mariés présents, absents ou morts (« feu », « feue », « feux »), d'un contrat de mariage passé chez tel notaire, de deux ou quatre témoins, voire l'indication d'un divorce portée en marge.

Comme les actes de naissance et de mariage, l'acte de décès est plus ou moins bavard. Après le nom du défunt apparaissent parfois son âge, le nom de son père et de sa mère, l'endroit et la cause de la mort.

Autant de preuves, d'indices essentiels à la reconstruction d'une histoire familiale.

À propos de l'état civil

Dans les pages qui suivent, nous nous proposons de remonter le temps, en étudiant d'abord les actes de l'état civil puis ceux des registres paroissiaux. Mais, avant d'étudier ces actes essentiels, il faut connaître et comprendre le fonctionnement et les spécificités des fonds où l'on pourra les retrouver. L'état civil et, avant lui, les registres paroissiaux, sont en effet indispensables à qui veut effectuer une recherche généalogique.

L'état civil

Jusqu'à la Révolution française, l'état civil a été, de fait, rattaché à l'administration d'un sacrement (baptême, mariage) ou d'une sépulture catholique. Le décret de l'Assemblée législative du 20 septembre 1792 enlève aux prêtres le soin de tenir les registres, qui sont alors confiés à des officiers de l'État. Ces derniers vont y consigner les naissances, les mariages et les décès de leurs concitoyens.

Quand elles datent de plus de cent ans, les archives de l'état civil sont en libre accès. Notons d'ailleurs, à ce propos, qu'actuellement il existe un projet de réforme visant à réduire ce délai de cent ans.

Tenus en double exemplaire, les registres sont conservés dans trois lieux différents :

- **Pour les registres de moins de 100 ans** – L'original se trouve en mairie. Le double est au greffe du tribunal de grande instance où il n'est consultable qu'avec l'autorisation du procureur de la République.
- **Pour les registres de plus de 100 ans** – En raison du versement qu'en aura fait le greffe du tribunal de grande instance, le double se trouve aux Archives départementales.

En principe, l'original se trouve en mairie. Toutefois, certaines communes, essentiellement celles de moins de 2 000 habitants, ont pu verser la collection de leurs registres de plus de 150 ans aux Archives départementales. Dans ce cas, les Archives départementales détiendront à la fois l'original et son double. Il sera alors utile de se renseigner avant d'entreprendre une recherche.

En mairie, une armoire de fer contient généralement l'état civil de la commune depuis 1793.

Les tables de l'état civil

Par le décret du 20 septembre 1792 est instaurée aussi la tenue d'une table annuelle par ordre alphabétique de tous les actes, ainsi que d'une table décennale rédigée sur un registre séparé. Leur intérêt est capital pour toute recherche, qu'elles rendront plus facile et rapide.

Les tables annuelles – Elles dressent, à la fin de chaque année, et donc à l'intérieur du registre, la liste alphabétique des actes par catégories (naissance, mariage, décès). En fait, dans les premières années, si les noms sont bien tous regroupés par lettre, l'ordre alphabétique n'est pas toujours respecté à l'intérieur d'une même lettre, les noms y étant plutôt classés par ordre chronologique d'événements.

Les tables décennales – Elles reprennent par ordre alphabétique, tous les dix ans, les actes par catégories, en indiquant la date. Tenues elles aussi en double exemplaire, elles sont le plus souvent reliées à part, par catégorie d'actes. Elles vont d'une année finissant par le chiffre 3 à une année finissant par le chiffre 2 : la première table concerne la période 1793-1802 et manque souvent dans les collections ; la dernière s'intéresse, de nos jours, à la décennie 1993-2002.

En plus de deux cents ans, elles ont bien sûr connu quelques modifications. Une des plus importantes à connaître pour un généalogiste concerne les mariages. En effet, jusqu'en 1913, ceux-ci étaient classés alphabétiquement au nom du mari seulement. Depuis 1913, le mariage est également mentionné au nom de l'épouse.

Les modalités de conservation, au-delà de cent ans, sont les mêmes que celles des registres d'état civil. L'exemplaire du greffe est versé aux Archives départementales, l'original reste à la mairie, sauf pour les communes de moins de 2 000 habitants qui, au-delà de cent ans, peuvent aussi le verser aux Archives départementales.

Les tables de l'état civil sont l'outil de travail essentiel pour retrouver les actes dont on ne connaît pas les dates.

Mais, pour les actes datant d'avant 1793, il faudra consulter les registres paroissiaux.

Des limites à la consultation de l'état civil

Un décret du 15 février 1968 précise que «les registres de l'état civil datant de moins de cent ans ne peuvent être directement consultés que par les agents de l'État habilités à cet effet et les personnes munies d'une autorisation écrite du procureur de la République». De même, les tables annuelles et décennales de moins de cent ans «ne doivent pas être consultées directement par les particuliers, les renseignements qu'elles contiennent étant uniquement utilisés par les dépositaires des registres pour leurs recherches».

Les registres paroissiaux

Ces registres sont, pour la période antérieure à 1793, la première source d'information. Ils sont souvent appelés registres de catholicité, car, à cette époque, la quasi-totalité de la population, sauf en Alsace, était catholique, au moins officiellement.

La codification progressive de l'état civil apparaît avec les grandes ordonnances royales consacrées à l'organisation de la justice. C'est à l'initiative de François Ier, dans l'ordonnance de Villers-Cotterêts du 15 août 1539, que seront promulguées les premières instructions gouvernementales sur l'état civil, instaurant de fait les registres paroissiaux. Avant 1539, si la tenue de registres est possible, elle relève d'iniatives personnelles et rarissimes.

Baptêmes, mariages, sépultures – À la création de ces registres, c'est d'abord les baptêmes qui seront enregistrés. C'est seulement à partir d'Henri III et de l'ordonnance de Blois en 1579 que les curés commenceront à enregistrer les mariages et les sépultures. Mais ce n'est que vers le milieu du XVIIIe siècle qu'on trouvera les trois actes enregistrés régulièrement et en deux exemplaires.

Où trouver ces registres paroissiaux ? – Dans la majorité des cas, ils ne sont plus dans les églises, sauf à cause d'un curé désobéissant ou d'un maire négligent. Le double, destiné aux greffes des juridictions d'Ancien Régime, a été versé aux Archives départementales. L'original resté à l'église a dû, en principe, être remis à la mairie en 1793, après la création de l'état civil. Il sera ensuite, comme les autres archives civiles de plus de cent cinquante ans, consultable soit en mairie, soit aux Archives départementales.

Contrairement aux registres d'état civil, et sauf initiative personnelle d'un curé zélé, les registres paroissiaux n'ont pas de tables. Notons toutefois, qu'aujourd'hui, et à l'initiative de plusieurs associations, la plupart de ces registres ont fait l'objet de relevés ou de tables filiatives pour les mariages.

L'acte de naissance

La naissance détermine pour chaque individu son état, sa situation dans une nation et une famille. La preuve de la naissance se fait par l'acte de naissance dressé sur les registres de l'état civil. Cet acte, comme ceux faisant état du décès ou du mariage, est essentiel au généalogiste.

Comment retrouver un acte de naissance ?

L'acte de naissance d'un individu est un acte public enregistré au service de l'état civil d'une mairie par l'officier de l'état civil, c'est-à-dire le maire ou son représentant.

Sous certaines réserves liées au délai de communication des Archives, chacun d'entre nous peut consulter un acte de naissance en mairie.

La copie conforme d'un acte de naissance s'appelle « expédition ». Si la naissance à laquelle on s'intéresse a eu lieu il y a moins de cent ans, et à moins d'une autorisation spéciale délivrée par le juge d'instance, l'expédition ne peut être obtenue que par la personne que cet acte concerne, ses ascendants et descendants en ligne directe, son conjoint ou son représentant légal en cas de minorité ou d'incapacité. En revanche, des « extraits » indiquant, sans filiation, l'année, le jour, l'heure et le lieu de naissance, le sexe, les prénoms et le nom de l'enfant, sa situation matrimoniale, doivent être délivrés à toute personne qui le demande.

Mais, bien sûr, avant de pouvoir demander tel ou tel acte de naissance, il faut savoir où et quand il a été établi :

Le lieu de naissance – Le lieu de naissance de l'aïeul auquel on s'intéresse peut être donné par différents papiers le concernant (livret de famille, carte d'identité...) et toujours par ses actes de mariage et de décès. Si on ne possède aucun de ces documents, il faut chercher dans toutes les communes où ses parents ont résidé... à condition de les connaître. Si ce n'est pas le cas, les témoins des mariages ou les parrains et marraines des baptêmes peuvent se révéler de bonnes pistes. Notons aussi que, fréquemment, l'aîné des enfants naissait au domicile de ses grands-parents maternels.

La date de naissance – Comme pour le lieu, on peut retrouver une date grâce à aux papiers personnels de l'aïeul et aux actes de mariage et de décès. Si le lieu est connu, il faudra simplement consulter les tables annuelles et décennales de l'état civil.

À noter – Si l'on ne connaît ni le lieu ni la date, il faudra se rappeler que, contrairement à ce que l'on peut croire lorsque l'on entreprend une recherche, l'acte de naissance est, en généalogie ascendante, le moins important des trois actes.

Quels renseignements donne-t-il ?

– la date de rédaction de l'acte. La déclaration doit être faite dans un délai de trois jours ouvrables après le jour de la naissance, ce dernier non compris. Si la déclaration excède trois jours, il est interdit à tout officier d'état civil de dresser l'acte de naissance : un jugement du tribunal de grande instance devient nécessaire ;

– le ou les prénoms du nouveau-né. Si au XIXe siècle le prénom usuel était généralement le dernier inscrit, aujourd'hui c'est plutôt le premier. Souvent, l'enfant reçoit trois prénoms. Il peut n'en recevoir qu'un seul et jamais plus de sept ;

– la date et l'heure précise de la naissance ;

– le sexe, masculin ou féminin. En effet, le prénom ne suffit pas à identifier le sexe. Autrefois un garçon pouvait s'appeler Anne, tel le connétable Anne de Montmorency. Pensons aussi à tous les Claude, Dominique, Camille... ;

– le lieu de la naissance ;

– le nom du déclarant. C'est généralement le père de l'enfant qui effectue la déclaration. À défaut ce sera le médecin, la sage-femme ou toute personne qui a assisté à l'accouchement. Si jusqu'à la Seconde Guerre mondiale la naissance avait souvent lieu au domicile des parents, aujourd'hui la mère accouche le plus souvent en milieu médical.

Lorsque la naissance s'est produite hors du domicile de la mère, la personne chez qui l'accouchement a eu lieu doit en faire la déclaration.

Si la naissance a lieu à l'étranger, la déclaration doit être faite aux agents diplomatiques ou aux consuls, sous 10 à 30 jours suivant les pays ;

– les prénoms et noms des père et mère ;

– l'âge des parents;

– la date et le lieu de naissance des père et mère. Ces renseignements ne sont donnés que dans les actes postérieurs à la loi du 28 octobre 1922 ;

– la profession du père et de la mère ;

– l'état matrimonial des parents (mariés ou non) ;

– le domicile des parents ;

– les témoins de l'acte avec, parfois, leurs liens de parenté avec le nouveau-né ;

– le domicile de ces derniers.

Les mentions marginales

Fort utiles aux généalogistes, différentes mentions peuvent être portées en marge de l'acte :

– Adopté le (...), par (...), depuis 1955. En cas d'adoption plénière, la nouvelle filiation se substitue à l'ancienne. L'acte de naissance initial, biffé, n'est alors plus communicable à l'intéressé.

– Adopté par la Nation le (...), depuis un arrêt de 1917 réservé aux pupilles de la Nation.

– Décédé le (...), à (...), en vertu de l'ordonnance du 29 mars 1945. Depuis cette date, la mairie du lieu de décès informe la mairie de naissance qui apposera en marge de l'acte de naissance une mention indiquant la date et le lieu du décès.

– Divorcé le (...), en vertu de l'article 251 de la loi du 18 avril 1886. La mention marginale fait état du jugement de divorce (voire d'annulation du mariage).

– Légitimé le (...), par (...), en vertu de la loi du 17 août 1897.

– Marié le (...), à (...), en vertu de l'article 76 du Code civil, loi du 17 août 1897. Depuis cette date, la mairie qui enregistre un mariage doit adresser aux mairies de naissance de chacun des époux un avis de mention que celles-ci reporteront en bas de l'acte de naissance de chaque conjoint. En cas de remariage, on trouvera donc plusieurs mentions. Cette mention a été créée afin de lutter contre la

Une création de l'Assemblée constituante

Le décret de l'Assemblée constituante du 20 septembre 1792 qui laïcise les anciens registres paroissiaux prescrit que « les actes de naissance (...) seront dorénavant dressés par les municipalités » et non plus par les curés qui avaient jusqu'alors le monopole des actes de baptême ; et que « les actes de naissance (seraient rédigés) sur la déclaration du père ou de l'accoucheur » (médecin, sage-femme). Le 19 décembre 1792, la Convention exigea que ces actes soient établis « dans les trois jours suivant la naissance, sous peine de deux mois de prison, de six, en cas de récidive ».

La déclaration devait, comme aujourd'hui, avoir lieu rapidement afin d'éviter tout risque d'erreur sur l'identité du nouveau-né, et surtout tout risque de substitution d'enfant : autrefois, la reine accouchait en présence de toute la Cour pour éviter ce risque ; d'où la fausseté du prétendu jumeau de Louis XIV, le Masque de fer, légende due à Alexandre Dumas.

bigamie, chaque conjoint devant, avant son mariage, produire un acte de naissance « avec mentions ».

– Mort pour la France le (…), depuis 1945. Mais la mention existe depuis la loi du 2 juillet 1915.

– Reconnu le (…), par (…), en vertu d'un acte de reconnaissance d'un enfant naturel (article 62 du Code Napoléon).

Signalons encore une pratique datant de la Seconde Guerre mondiale : les pointages. Les restrictions de nourriture avaient amené les autorités à mettre en place un système de rationnement. Pour éviter les fraudes, l'acte de naissance de chaque demandeur est « pointé » sur le registre de la mairie. On trouve, suivant les communes, des croix au crayon à papier, des points rouges ou bleus, les lettres « C.A. » (carte d'alimentation), parfois la date de la demande et le lieu de résidence de l'intéressé.

Acte de naissance

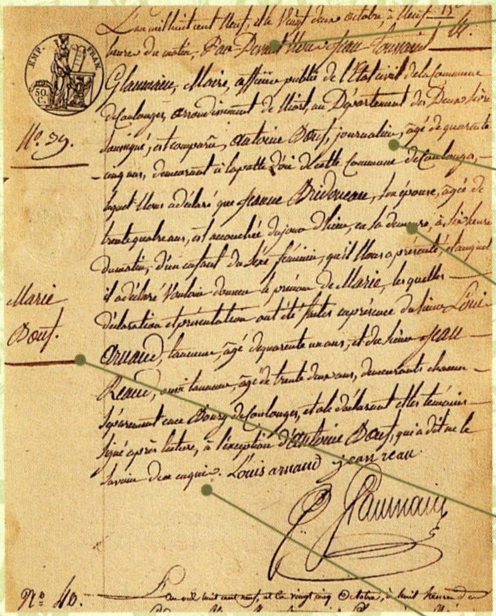

« *L'an mil huit cent neuf* » : comme le montre aussi le cachet, cet acte date du premier Empire (1804-1814).

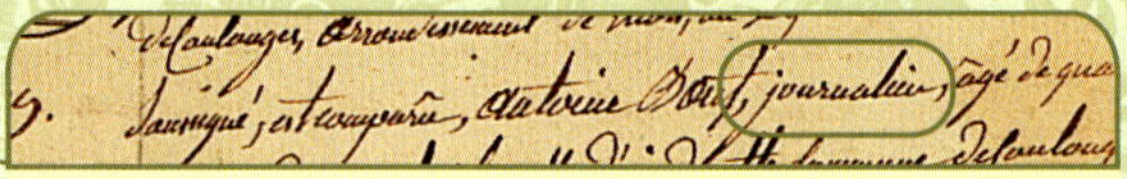

« *journalier* » : le père est ouvrier agricole, payé à la journée.

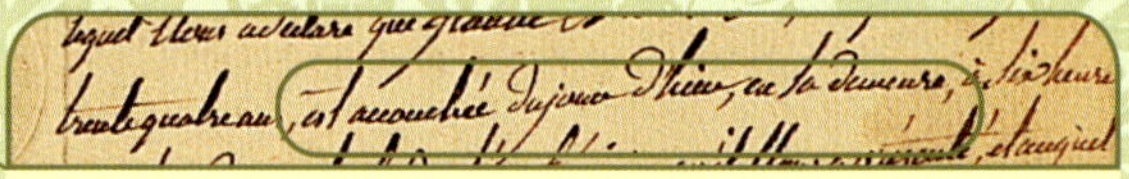

« *est accouchée aujourd'hui en sa demeure* » : jusqu'au milieu du XXe siècle, les femmes accouchaient généralement chez elles.

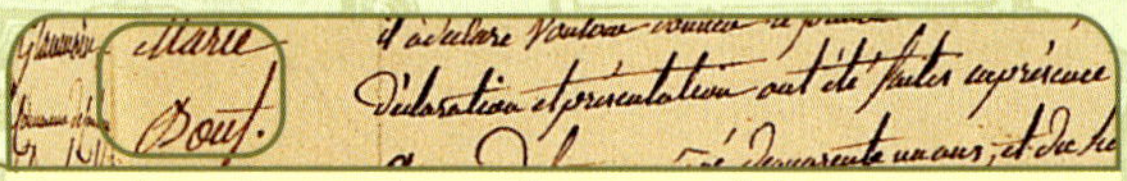

Rappel du prénom et du nom du nouveau-né dans la marge.

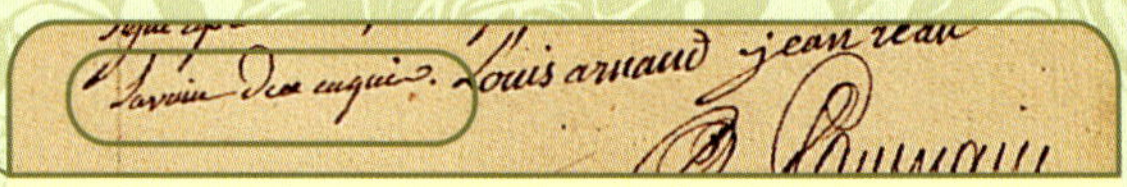

« *ne le savoir de signer* » : comme nombre de ses contemporains à l'époque dans les campagnes, le père de cette petite fille ne sait pas écrire.

Transcription

L'an mil huit cent neuf, et le vingt deux octobre, à huit heures du matin, par devant nous Jean-Toussaint Glaumain, maire, officier public de l'état civil de la commune de Coulonges, arrondissement de Niort, au département des Deux-Sèvres soussigné, est comparu, Antoine Bœuf, journalier, âgé de quarante-cinq ans, demeurant à la patte d'oie de cette commune de Coulonges, lequel nous a déclaré que Jeanne Bridoneau, son épouse, âgée de trente quatre ans, est accouchée du jour d'hier, en sa demeure, à six heures du matin, d'un enfant du sexe féminin, qu'il nous a présenté, et auquel il a déclaré vouloir donner le prénom de Marie, lesquelles déclaration et présentation ont été faites en présence du sieur Louis Armand, homme, âgé de quarante un ans, et de sieur Jean Reau, aussi homme, âgé de trente deux ans, demeurant chacun séparément au bourg de Coulonges, et le déclarant et les témoins signé après lecture, à l'exception d'Antoine Bœuf, qui a dit ne le savoir de signer.

Les premiers actes de naissance n'indiquaient souvent, outre celui du nouveau-né, que les nom et prénoms des parents. Avec la multiplication des mentions portées en marge, l'acte de naissance permet aujourd'hui de retracer la vie civile d'un individu, de reconstruire son histoire.

L'acte de mariage civil

Le mariage civil est, depuis 1792, célébré publiquement devant un officier d'état civil. Seul le mariage civil a des effets juridiques, le mariage religieux demeurant pour sa part un sacrement facultatif. Dès le « oui » du mari, le mariage est valide, avant même que les époux ne soient déclarés « unis par les liens du mariage ». L'acte de mariage est signé par l'officier d'état civil, les conjoints et les témoins, avant la remise aux époux du livret de famille.

Comment retrouver un acte de mariage?

Depuis la Révolution, le mariage civil est signifié par un acte de mariage enregistré dans la mairie où il se déroule.

Comme l'acte de naissance, l'acte de mariage est soumis à la loi des cent ans et ses modalités de communication sont les mêmes.

La première chose à savoir avant de rechercher un acte de mariage, c'est donc, comme pour l'acte de naissance, où et à quelle date cet acte a été dressé :

Le lieu du mariage – Si l'on possède le livret de famille du couple auquel on s'intéresse, le lieu de la célébration y est indiqué. Sans ce document, on commencera par faire des recherches dans la commune où vit l'épouse au moment de son mariage (c'est-à-dire, le plus souvent, dans la commune où résident ses parents). Si l'on ne trouve pas, il faut ensuite chercher dans la commune de résidence de l'époux. Enfin, si ces recherches se sont avérées infructueuses, on pourra essayer de retrouver la trace de ce mariage dans les communes de naissance du ou des premiers enfants du couple.

Notons que de 1798 à 1800, les conjoints devant se marier au chef-lieu de canton, les mairies ne conservent pas les actes de mariage de cette période, mais seulement les publications de bans dans les registres municipaux.

La date du mariage – En général, le mariage est célébré avant la naissance du premier enfant qui est alors qualifié d'« enfant légitime » sur son acte de naissance, ses parents apparaissant sous le terme d'« époux ».

Avec une grande solennité, ceint de son écharpe tricolore et le code civil à la main, le maire est en train d'unir un jeune couple qui, ensuite, va se rendre à l'église pour la cérémonie religieuse.

La date du mariage peut ainsi être située dans une période allant du moment où les parents sont en âge de se marier (18 ans pour le père et 15 ans pour la mère) à la naissance du premier enfant du couple.

À noter – Si l'on ne parvient pas à retrouver le lieu et la date des noces, il se peut que l'on

Divorces, veuvages, et remariages

L'impuissance du mari ne constitue ni une cause de nullité du mariage civil, ni une cause légale de divorce, même si elle peut faire annuler un mariage catholique. L'infidélité ou adultère est en revanche une cause de divorce ou de séparation de corps. Le mariage dissous, la femme doit attendre dix mois après son veuvage ou l'ordonnance de domiciles séparés pour se remarier (au cas où elle serait enceinte) : c'est le délai de viduité qui, évidemment, n'existe pas pour un veuf et peut être réduit sous certaines conditions. Si l'un des conjoints se remarie avant que le mariage précédent soit dissous, il commet un délit de bigamie, ce qui fut un crime jusqu'en 1933. Depuis 1938, la loi impose d'inscrire en marge des actes de mariage la mention « séparés de corps » avec la date du jugement qui a prononcé la séparation, et la mention « réconciliation des époux séparés de corps » avec la date de l'acte notarié.

On voit ici l'acte de divorce d'Henry VIII, roi d'Angleterre (1509-1547) d'avec la première de ses six épouses, Catherine d'Aragon.

connaisse par contre l'existence d'un contrat de mariage. Il faudra alors retrouver le notaire (ou son successeur) qui l'a établi, car ce document est riche de renseignements.

Quels renseignements donne-t-il ?

– le lieu du mariage : de septembre 1792 à1798, dans la commune où habite l'un des deux futurs conjoints ; de septembre 1798 à 1800, à la mairie du chef-lieu de canton, et seulement les décadis (jour chômé, le dixième et dernier de la décade, dans le calendrier républicain). Ces contraintes furent supprimées le 7 thermidor an VIII (26 juillet 1800) ;

– la date et l'heure précise de la célébration;

– les prénoms et noms des conjoints;

– les professions et domiciles des conjoints;

– les date et lieu de naissance des conjoints;

– les qualités de majeur ou de mineur : il existe une majorité civile et une majorité matrimoniale dont les définitions ont maintes fois évolué depuis la Révolution;

– la filiation des conjoints : fils (fille) de ... et de..., avec mention de leur prédécès et parfois des dates et lieux de ce décès : fils (fille) de feu ... décédé à... le... et de... ;

– l'état matrimonial, les professions et domiciles des parents des conjoints;

– l'état matrimonial du conjoint : célibataire, veuf, veuve, divorcé(e), avec les noms, prénoms, profession, domicile du précédent conjoint, son lieu de décès ou la date du jugement de divorce ou d'annulation du mariage précédent ;

– la date de publication des bans ;

– le consentement (éventuel) des père, mère, tuteur ou curateur du conjoint avec sa profession, son domicile, la mention de l'émancipation du conjoint mineur;

– les références du contrat de mariage éventuel : depuis le 10 juillet 1850, le nom du notaire, le lieu de son étude, la date du contrat doivent être mentionnés ;

– les prénoms et noms des quatre témoins, leurs qualités, domiciles, et leurs liens éventuels avec les conjoints : oncle maternel, ami, cousin au 3e degré ;

– la légitimation d'un enfant né avant le mariage, avec son lieu et sa date de naissance, peut aussi être mentionnée.

Acte de mariage civil

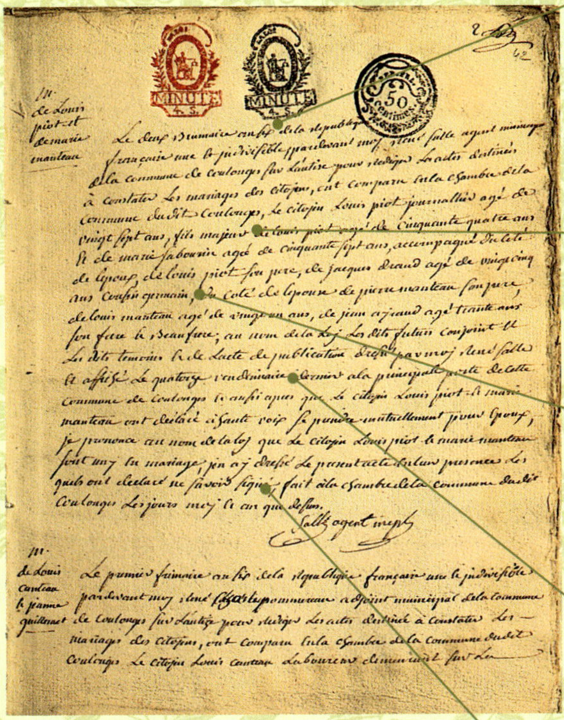

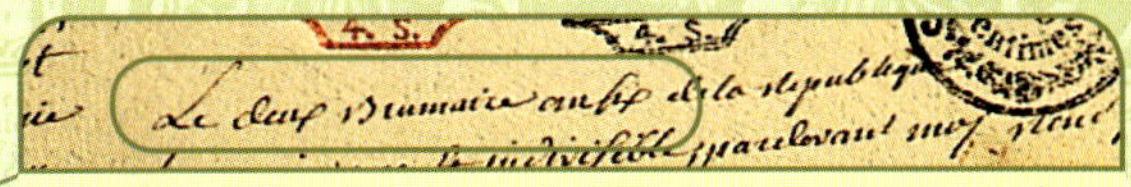

« Le deux brumaire an six ». En 1793, la Convention nationale institue le calendrier républicain. Il reste en vigueur jusqu'en 1806. Cet acte a été rédigé à l'époque révolutionnaire et le 2 brumaire an VI correspond au 23 octobre 1797.

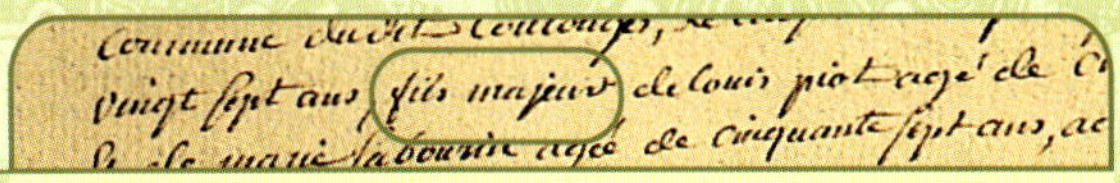

« fils majeur ». Le marié n'a pas besoin du consentement de ses parents, obligatoire en cas de minorité de l'un des époux.

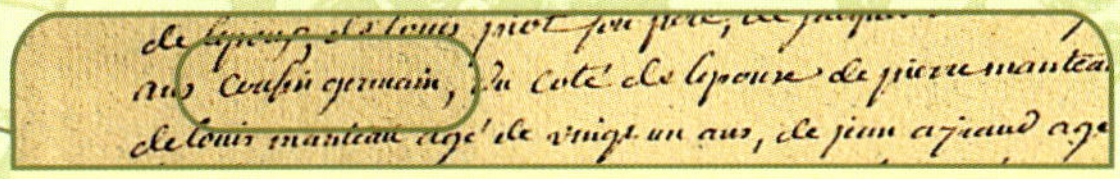

« cousin germain ». L'acte de mariage permet de retrouver des liens de parenté qui pourront s'avérer fort utiles aux recherches.

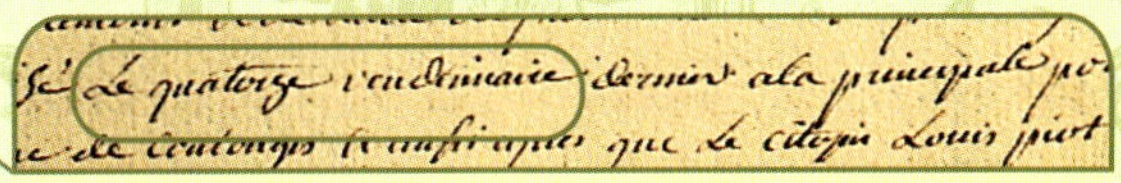

« le quatorze vendémiaire ». C'est la date de publication des bans. Elle correspond au 5 octobre 1797. Le délai de trois dimanches consécutifs pour annoncer le mariage a bien été respecté.

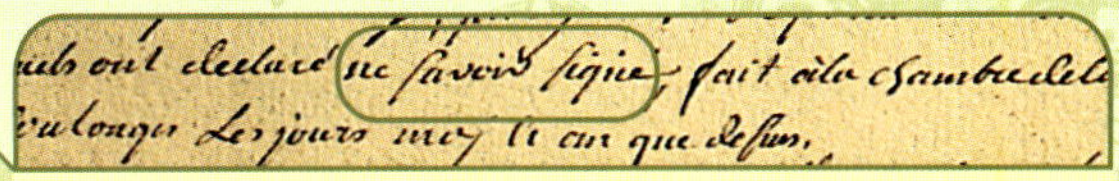

Sur cet acte, aucune signature à part celle de l'officier d'état civil. Ni les époux, ni les témoins ne savent écrire. Ils déclarent *« ne savoir signer »*.

Transcription

Le deux brumaire an six de la République française une et indivisible, par devant moi René Sallé agent municipal de la commune de Coulonges Sur L'Autize pour rédiger les actes destinés à constater les mariages des citoyens, ont comparu en la chambre de la commune du dit Coulonges, le citoyen Louis Piot journalier âgé de vingt sept ans, fils majeur de Louis Piot âgé de cinquante quatre ans et de Marie Sabourin âgée de cinquante sept ans, accompagné du côté de l'époux, de Louis Piot son père, de Jacques Braud âgé de vingt cinq ans, cousin germain, du coté de l'épouse de Pierre Manteau son père, de Louis Manteau âgé de vingt un ans, de Jean Arnaud âgé trente ans son frère et beau frère, au nom de la loi les dits futurs conjoints et les dits témoins et de l'acte de publication dressé par moi René Sallé et affiché le quatorze vendemiaire dernier a la principale porte de cette commune de Coulonges et aussi après que le citoyen Louis Piot et Marie Manteau ont déclaré à haute voix se prendre mutuellement pour époux, je prononce au nom de la loi que le citoyen Louis Piot et Marie Manteau sont uni(s) en mariage, j'en ai dressé le présent acte et les présences des quels ont déclaré ne savoir signé, fait à la chambre de la commune du dit Coulonges.

Avant que les actes de naissance ne rassemblent toute l'histoire civile des individus, grâce aux mentions marginales qui y sont apposées, l'acte de mariage était le plus utile pour poursuivre des recherches généalogiques.

L'acte de décès

L'acte de décès est l'héritier de l'acte de sépulture créé en 1539 par l'ordonnance de Villers-Cotterêts. Il obéit aux règles générales prévues pour la rédaction des actes de l'état civil. Au XIXe siècle, c'est le maire lui-même qui constate le décès, c'était du moins la règle dans les villages et les petites villes. Aujourd'hui, la plupart des décès ayant lieu en milieu hospitalier, cette constatation est généralement confiée à un médecin.

Comment retrouver un acte de décès?

L'acte de décès est dressé sur la déclaration d'un parent (fils, petit-fils, cousin) ou d'une personne renseignée (voisin). Il est enregistré à la mairie du lieu où s'est produit le décès et transcrit intégralement dans les registres municipaux du lieu de résidence du défunt.

Contrairement à autrefois, on meurt de moins en moins « chez soi » et il est de plus en plus fréquent que le lieu du décès (hôpital, clinique, maison de retraite...) soit différent du lieu de résidence. Dans ce cas, les deux mairies seront alors habilitées à communiquer des extraits de l'acte. La mairie du lieu de résidence aura, en effet, transcrit in extenso dans ses registres l'acte reçu de la commune où le décès a eu lieu.

Mais, une fois encore, avant de tenter d'obtenir l'acte, il faut savoir où et quand a eu lieu le décès auquel on s'intéresse :

Le lieu du décès – Dans la plupart des cas, et avant ces dernières années, le lieu du décès est généralement celui du dernier domicile. Il est mentionné sur le livret de famille du défunt. Si l'on ne possède pas ce document, il faudra chercher dans les communes de résidence de tous les enfants de la personne décédée, car, autrefois, les parents finissaient fréquemment leurs jours chez leurs enfants.

Le lieu d'inhumation – Si l'on connaît le lieu d'inhumation du défunt, le bureau de conservation du cimetière (ou parfois la mairie) pourra peut-être également indiquer le lieu du décès s'il est différent. Notons que, à la différence de l'acte de sépulture, l'acte de décès ne fait plus état du lieu d'inhumation. Pour en savoir plus sur ce sujet, il faut avoir recours à la presse locale de l'époque, en quête d'une éventuelle notice nécrologique. Celle-ci mentionne souvent le lieu d'inhumation en signalant éventuellement le « transfert du corps ». Les actes de décès peuvent donc être complétés par les faire-part, les coupures de journaux, les enveloppes bordées de noir conservées dans la famille.

La date du décès – Là encore, et lorsqu'on le possède, la date est indiquée sur le livret de famille. Sans ce document, et quand on connaît le lieu d'inhumation, la pierre tombale peut indiquer, au moins, l'année du décès.

À noter – Pour un décès survenu après 1945, la mention est portée en marge de l'acte de naissance de l'intéressé. Toutefois, certaines mairies, surtout en zone rurale dépeuplée, font preuve de laxisme en la matière : un laisser-aller lié tant au nombre des natifs du village qui décèdent ailleurs qu'aux faibles effectifs municipaux... Il s'ensuit parfois des dérives électorales, un « disparu » pouvant être considéré par un maire abusif comme un électeur potentiel.

Quels renseignements donne-t-il ?

– la date et l'heure précise du décès. Celle-ci est indispensable, notamment pour l'héritage. Qu'un couple sans enfants meure dans un accident, la succession sera dévolue aux héritiers du « dernier des vivants » ;

– le lieu du décès. L'acte est toujours établi dans la commune où a eu lieu le décès. À défaut, il ne s'agit pas d'un acte original mais d'une transcription légale ;

– les prénoms et noms du défunt ;

– l'âge, approximatif au XIXe siècle ; la date de naissance de nos jours ;

– le lieu de naissance : donné en fonction des connaissances qu'en avaient les déclarants, il pouvait donc autrefois être très approximatif ;

– le domicile. Au XIXe siècle, dans les villages, elle se résume le plus souvent à la mention « mort chez lui » ;

– les prénoms et noms des parents du défunt avec mention de leurs décès (ou non) : « fils de feu... et de feue... », renseignements donnés, là encore, d'après ce qu'en savaient les déclarants ;

– l'état matrimonial : si le défunt était marié, le conjoint est indiqué, qu'il soit vivant ou mort ;

– les prénoms et nom du déclarant, sa profession, son âge, sa parenté éventuelle avec le défunt. Le décret du 20 septembre 1792 stipulait : « les actes de décès seront dressés sur la déclaration de deux proches parents ou voisins ».

Tout ce qui concerne les déclarants doit être examiné avec soin. Ceux-ci ont souvent une parenté, indiquée ou non, avec le défunt : petit-fils, gendre, neveux… S'il s'agit d'un homonyme, le maire note : « non parent du défunt ». Au XIXe siècle, il est rare que la veuve vienne déclarer elle-même la mort de son mari. À l'inverse, le veuf apparaît souvent dans les registres, accompagné d'un voisin.

– la date de rédaction de l'acte.

Notons aussi l'existence de certaines mentions attestant de situations particulières :

– les décorations ;

– la mention « Mort pour la France », créée le 2 juillet 1915.

Acte de décès de Victor Hugo

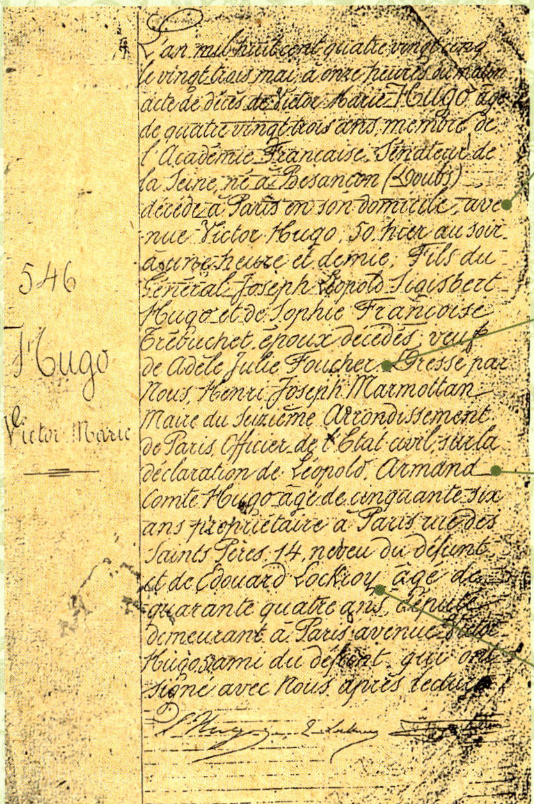
546
Hugo
Victor Marie

L'an mil huit cent quatre vingt cinq le vingt trois mai, à onze heures du matin acte de décès de Victor Marie Hugo âgé de quatre vingt trois ans, membre de l'Académie Française, Sénateur de la Seine, né à Besançon (Doubs) décédé à Paris en son domicile, avenue Victor Hugo, 50, hier au soir à une heure et demie. Fils du Général Joseph Léopold Sigisbert Hugo et de Sophie Françoise Trébuchet époux décédés ; veuf de Adèle Julie Foucher. Dressé par Nous, Henri Joseph Marmottan, Maire du Seizième Arrondissement de Paris, Officier de l'État civil, sur la déclaration de Léopold Armand Comte Hugo âgé de cinquante six ans propriétaire à Paris rue des Saints Pères 14, neveu du défunt, et de Edouard Lockroy âgé de quarante quatre ans, député demeurant à Paris avenue Victor Hugo, ami du défunt, qui ont signé avec Nous après lecture.

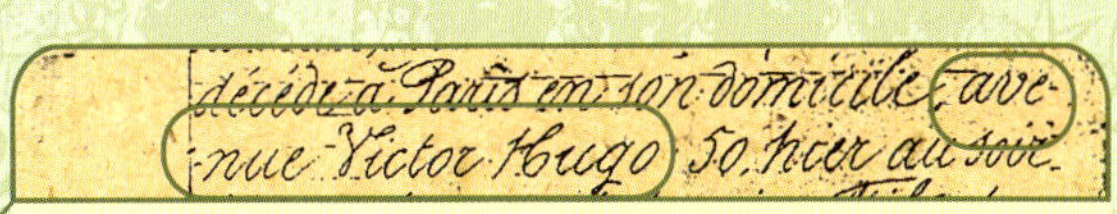

Victor Hugo est mort *avenue Victor Hugo !* Reconnu et honoré, il avait déjà son avenue. La République lui offre des funérailles nationales. Suivi par plus d'un million de gens, le corps de l'écrivain est transporté au Panthéon.

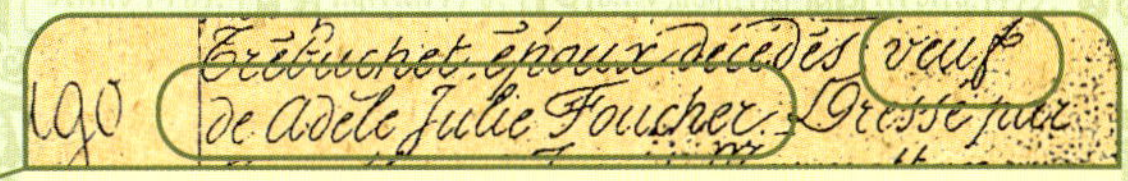

Victor Hugo et *Adèle Foucher* se sont mariés à Paris le 10 octobre 1822. Elle décède à Bruxelles le 27 août 1868.

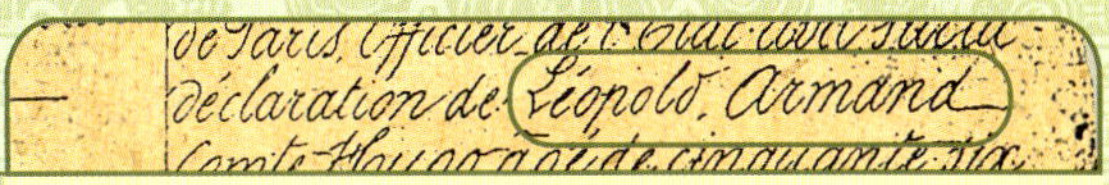

C'est son neveu, ***Léopold Armand Comte Hugo***, qui, avec Edouard Lockroy, vient déclarer le décès. Victor Hugo a eu cinq enfants. Quand il s'éteint, quatre de ses enfants sont déjà décédés et sa dernière fille, Adèle, est internée à cause de son état mental.

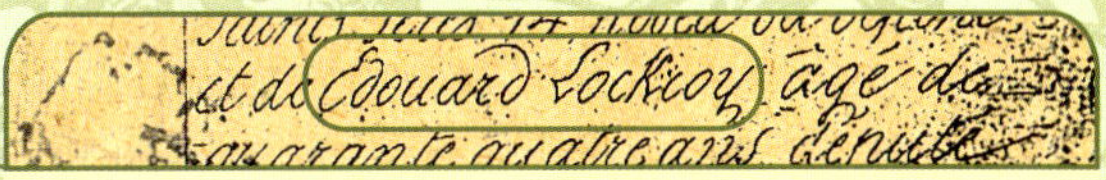

« Edouard Lockroy » : voisin (il habite au 52 avenue Victor Hugo) et familier du clan Hugo, c'est un ami du second fils de l'écrivain, Charles, dont il épousera la veuve.

L'acte de baptême

Pour les chrétiens, le baptême est un sacrement qui, en effaçant le péché originel, marque l'entrée d'un individu dans l'Église. L'acte de baptême est la preuve de cet engagement, le témoignage de l'appartenance à une famille plus large et unie par une même foi. Le généalogiste ne doit pas le négliger, car il contient des informations très intéressantes.

Le baptême chasse le démon de l'âme qu'il tenait esclave par le péché originel. Maintenant qu'elle est purifiée, le Saint-Esprit peut descendre y faire sa demeure.

Où le trouver et comment travailler ?

Dans les sociétés catholiques traditionnelles, l'acte de baptême existe toujours. On aurait tort de le négliger car il permet d'identifier deux personnes supplémentaires, le parrain et la marraine. Or, on ne remonte bien une filiation que si on travaille sur un ensemble plus large, sur un groupe social.

Avant 1793, le chercheur doit consulter les registres paroissiaux, ou registres de catholicité, afin de retrouver ce qui se rapporte aux baptêmes, mariages et sépultures. Ces registres se trouvent parfois en mairie, mais le plus souvent aux Archives départementales.

La manière de tenir l'acte de baptême, les prescriptions royales et religieuses quant à son contenu se sont précisées au cours des temps. Essentiellement conservé aux Archives départementales pour l'Ancien Régime (XVIe-XVIIIe siècle), l'acte de baptême peut également être conservé dans les églises où les baptêmes ont eu lieu (surtout pour le XIXe siècle).

Sous l'Ancien Régime, les couples ont nombre d'enfants et il faut tous les relever. Quand un généalogiste est « dans les baptêmes » d'une génération, il doit faire toute la génération. Il a aussi intérêt à lire les baptêmes de tous les enfants du village.

Quels renseignements donne-t-il ?

– la date de la célébration du baptême. Généralement, le nouveau-né était baptisé juste après sa naissance : le soir même ou le lendemain matin. Dans l'acte, le curé ne mentionne donc parfois que la date du baptême, qui correspond à peu près à celle de la naissance.

– les prénoms du nouveau-né. Ce sont souvent ceux de son parrain, de sa marraine, de son grand-père paternel (pour le premier garçon), ou maternel (pour le deuxième), de sa grand-mère paternelle (pour la première fille), ou maternelle (pour la deuxième) ;

– sa date de naissance ;

– les prénoms et nom de son père et le prénom de sa mère. Plus on « remonte » dans le temps, moins le nom de jeune fille des mères est mentionné, surtout pour les derniers enfants. Mais il peut être mentionné lorsqu'elle a accouché du premier ou du deuxième, le prêtre la percevant encore comme « la fille de » alors qu'avec le temps elle devient « l'épouse de » ;

– l'état matrimonial des parents (mariés ou non). Les mentions « fils (fille) légitime » et « fils (fille) légitime et naturel(le) » sont équivalentes et signifient que les parents sont mariés ;

– leur domicile (parfois) ;

– les prénoms et noms des parrains et marraine (compère et commère) ;

– leurs lieux de résidence et parfois aussi leurs professions ;

– leurs liens de parenté avec le baptisé. Ces renseignements sont très précieux, car les parrain et marraine font souvent partie de la famille. Il peut s'agir des grands-parents, des oncles et tantes, de frères ou sœurs plus âgés, de cousins… Mais les parents ont pu aussi, parfois, choisir parmi les voisins, un « notable » venu honorer la famille de sa présence !

– la signature du célébrant (curé, vicaire) ;

– la signature du père, du parrain et de la marraine. Mais on peut lire fréquemment la formule « ne sachant signer ».

Une date d'ondoiement peut également être indiquée au cas où l'enfant serait né « en péril de mort ». Il a alors été ondoyé avec de l'huile sainte par la sage-femme afin de lui éviter d'errer éternellement dans les limbes où allaient les âmes des petits enfants morts sans baptême.

L'inscription des actes d'ondoiement sur les registres paroissiaux n'était pas systématique. La date et le lieu de l'ondoiement étaient en revanche rappelés soit dans l'acte de sépulture de l'enfant, s'il n'avait pas vécu, soit dans son acte de baptême, lorsque celui-ci était célébré.

Acte de baptême du général Cambronne

Transcription

Le vingt-sept novembre 1770 a été baptisé Pierre Jacques Étienne né d'hier du légitime mariage (de) noble homme Pierre Charles Cambronne négociant (et de) dame Françoise Adelaïde Druon son épouse. Ont été parrains Jaq(ues) Honoraty et Dame Thérèse Daller épouse de noble Louis Jacques Nicolas Cambronne tante de l'enfant, soussignés avec le prêtre, Jacques Honoraty pour Charles Cambronne, Thérèse Daller femme Cambronne.

Le général Cambronne est né à Nantes le 26 novembre 1770. Son acte de baptême, dressé le lendemain, n'indique ni les dates et lieux de naissance de ses parents, ni la date de leur mariage. On peut cependant supposer que tous deux étaient de la paroisse et commencer par chercher leur mariage dans le registre des années précédentes.

Au-dessus des fonts baptismaux, le curé verse l'eau sur le front du petit enfant et prononce en même temps les mots « je te baptise ». Le parrain et la marraine mettent la main sur le baptisé pour montrer qu'ils le prennent sous leur protection.

Notons également que, parfois, sur l'acte de baptême se trouve une croix ou le mot latin « obiit » (mort), suivi d'une date. Cela signifie que l'enfant est décédé en bas âge. Cette annotation vaut alors acte de sépulture, le curé s'étant dispensé de le rédiger.

Des « anonymes » de soixante ans !

En 1539, l'ordonnance de Villers-Cotterêts demande aux curés d'indiquer avec précision le jour de naissance et le jour du baptême. Exigence que reprend l'ordonnance de 1667. Un gros écart peut en effet exister entre la naissance et le baptême : le maréchal de Châteaurenault, né en Touraine en 1637, n'est baptisé que quatre ans plus tard car ses parents attendaient le retour de la guerre de son illustre parrain (le duc de Beaufort) pour le porter sur les fonts.

Si l'oncle prêtre, parrain pressenti, a des chances d'obtenir l'épiscopat, son filleul reste « anonyme » (c'est-à-dire sans prénom), jusqu'au sacre de l'oncle qui peut avoir lieu lorsque l'enfant a dix ou onze ans… Que le parrain meure avant d'avoir obtenu la crosse et l'on oublie de baptiser l'enfant, qui, sexagénaire, continue à s'appeler « Anonyme » Untel ! Certains de ces enfants sont restés « anonymes » longtemps pour avoir eu le malheur de naître en des temps troublés…

Un peu d'histoire

L'impulsion de François Ier – Dans l'Antiquité, Rome déjà conservait ses registres des naissances dans le temple de Saturne. En août 1539, François Ier, par l'ordonnance de Villers-Cotterêts, crée les registres des baptêmes afin que les candidats à un bénéfice ecclésiastique puissent justifier, avec exactitude, de leur âge lorsqu'ils postulent un emploi. Il faut, en effet, avoir 25 ans pour devenir curé, 27 pour devenir évêque, 22 pour entrer dans les chapitres, 16 pour obtenir les bénéfices réguliers et 14 pour les autres bénéfices.

L'apport du concile de Trente – En 1563, le concile de Trente exige heureusement que les baptisés soient enregistrés avec leurs parrains et marraines car les parrains ne peuvent épouser leurs filleules, les marraines leurs filleuls, et les parrains les marraines. D'où la nécessité d'enregistrer ces parentés spirituelles. Les collections démarrent donc plus souvent en 1563 qu'en 1539. Toutefois, peu de registres du XVIe siècle ont subsisté, même si l'article 181 de l'ordonnance de Blois (mai 1579) impose aux curés d'enregistrer les baptêmes.

De 1539 à 1667, ces premiers registres n'ont été tenus qu'en un seul exemplaire déposé (rarement) chaque année au greffe du bailliage ou de la sénéchaussée. Généralement, les curés les conservèrent dans leurs sacristies de bois souvent incendiées au cours des guerres de Religion (1563-1588) et des troubles de la Ligue (1588-1595). Déjà les archives des Hébreux avaient été incendiées par Titus lors de la prise de Jérusalem !

De Louis XIV à Louis XV – En avril 1667, l'ordonnance de Saint-Germain-en-Laye, ou Code

Sur les images de baptême, un prénom, une date et parfois une phrase comme celle-ci : « Le baptême est la fleur du ciel en bouton car il renferme en germe la grâce qui éclorera dans la gloire éternelle. »

Louis, impose la tenue des registres en double exemplaire, habitude déjà prise par plusieurs curés qui voulaient conserver une copie de leurs registres avant de les confier au greffe.

Cotés et paraphés, ces deux registres étaient tenus aux frais de la fabrique. Au Moyen Âge et sous l'Ancien Régime, la fabrique était un groupe de clercs ou de laïcs qui administraient les biens d'une église.

En fin d'année, le curé avait six semaines pour apporter au greffe l'un des deux exemplaires qui devaient être identiques, ce qui est loin d'être toujours le cas, l'exemplaire conservé par le prêtre étant l'original, celui remis n'étant souvent qu'une copie rapide. D'où l'intérêt de consulter en mairie l'original, plus complet que la copie déposée aujourd'hui aux Archives départementales.

À partir de 1674, les deux registres durent être tenus sur papier timbré. En octobre 1691, conscient du surcroît de travail imposé par la législation, Louis XIV créa des offices héréditaires de « greffiers, gardes et conservateurs des registres » dans toutes les villes du royaume. Nombre de collections de doubles débutent donc en 1691. Mais en 1694 et 1709, il fit si froid qu'on a brûlé parfois tout ce que la Fronde avait épargné. En 1721, en Provence, on a préféré brûler nombre de papiers échappés de la peste (40 000 morts) par crainte de réapparition de la « contagion ».

La déclaration royale du 9 avril 1736 est le premier acte législatif français exclusivement consacré aux registres de catholicité.

Conservant la filiation de chacun de nous, les registres qui ont résisté aux bombardements allemands, italiens, américains, au temps et aux souris sont des miraculés. Il faut les consulter avec beaucoup de précautions.

L'ordonnance de Villers-Cotterêts (1539) due à François Ier

ARTICLE 51 : « Aussi sera fait registre en forme de preuve des baptêmes, qui contiendront le temps et l'heure de la nativité, et par l'extrait dudit registre, se pourra prouver le temps de majorité ou de minorité et sera pleine foy à cette fin. » Chapitres cathédraux, communautés religieuses séculières ou régulières, responsables des hôpitaux se mirent donc à tenir des registres.

ARTICLE 52 : « Et afin qu'il n'y ait faute auxdits registres, il est ordonné qu'ils seront signés d'un notaire, avec celui desdits chapitres et couvents, et avec le curé ou vicaire général respectivement, et chacun en son regard, qui seront tenus de ce faire, sur peine des dommages et intérêts des parties, et de grosses amendes envers nous. » Néanmoins, avant 1539, des ordonnances épiscopales avaient déjà ordonné aux prêtres de tenir pareils registres : 378 paroisses françaises ont ainsi des registres bien antérieurs à l'ordonnance de 1539. Parmi elles, 47 sont en Ille-et-Vilaine, mais elles concernent en tout 35 de nos départements. Le registre de Givry, le plus ancien de France (près de Chalon-sur-Saône) couvre même les années 1334-1357 ! En Loire-Atlantique (dès 1464), en Haute-Loire (dès 1469) apparaissent ces premiers registres. L'important était de les conserver.

ARTICLE 53 : « Et lesquels chapitres, couvents et cures seront tenus mettre lesdits registres par chacun an par devers le greffe du prochain siège de bailli ou sénéchal royal, pour y être fidèlement gardés et y avoir recours quand métier et besoin sera. »

L'acte de mariage religieux

Pour l'Église, c'est l'échange de consentements des époux qui fait le mariage. Depuis le concile de Trente, la présence d'un prêtre, témoin du sacrement, est indispensable. À l'issue de la cérémonie religieuse, le curé rédige un acte de mariage. Document riche de renseignements, cet acte est essentiel au généalogiste.

Où le trouver et comment travailler ?

En partant de l'acte de baptême de l'ancêtre le plus ancien connu (A.P.A.C.) et en remontant le temps d'acte en acte, le chercheur va retrouver, généralement, des actes de baptême de frères et sœurs plus âgés. Il faut savoir que des enfants d'un même couple peuvent avoir parfois plus de vingt ans d'écart...

Le lieu du mariage – D'acte en acte, et s'ils se sont mariés dans la paroisse, on retrouvera le mariage des parents. Sinon, les parrains et marraines rencontrés dans les actes de baptême étudiés peuvent fournir des indices et orienter les recherches vers une autre paroisse. Il faut également penser que, sous l'Ancien Régime, comme jusqu'à récemment, le mariage était traditionnellement célébré dans la paroisse d'origine de la mariée. Il ne faut pas omettre non plus la recherche d'un contrat de mariage car il indiquera les paroisses de naissance des époux.

Le mariage est l'occasion d'une véritable kermesse paysanne. Les invités font ripaille et, exceptionnellement, mangent de la viande.

La date du mariage – Les recherches, là encore, s'effectuent par dépouillement. Toutefois, il faut savoir que nos aïeux ne se mariaient pas n'importe quand. En ce qui concerne le jour de la semaine, nos ancêtres se mariaient surtout les mardi et mercredi : le dimanche, jour du Seigneur, il y avait déjà une messe ; le samedi et le lundi étaient trop proches de celle-ci ; le vendredi, jour de la mort du Christ, est jour de maigre ; le jeudi obligeait à consommer les restes du banquet en jour de maigre... Quant au mois, il s'agissait le plus souvent de novembre, janvier ou février : il était interdit de se marier en période d'Avent et de Carême, et l'on évitait également les mois consacrés aux grands travaux de la terre (fenaisons, moissons, vendanges...).

Quels renseignements donne-t-il ?

– la date de la célébration ;

– les prénoms et noms des conjoints ;

– la qualité de mineur ou de majeur ;

– l'âge, à partir de 1667 ; plus rarement, la date de naissance ;

– la profession, à partir de 1667 ;

– le domicile : le plus souvent un hameau ou un village, la France étant, à l'époque, essentiellement rurale ;

– les prénoms et noms des père et mère (le nom

Acte de mariage religieux

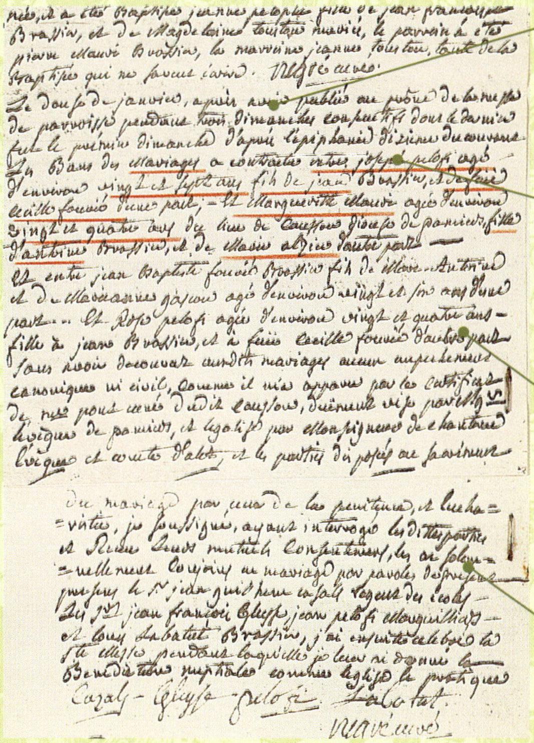

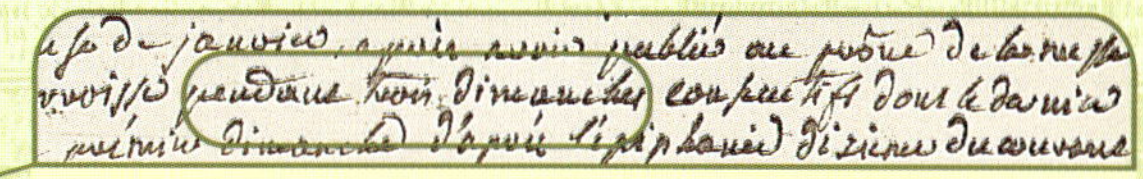

Selon la règle, « *pendant trois dimanches consécutifs* », les bans ont été affichés. Personne ne s'étant manifesté pour s'opposer au mariage, la cérémonie peut avoir lieu.

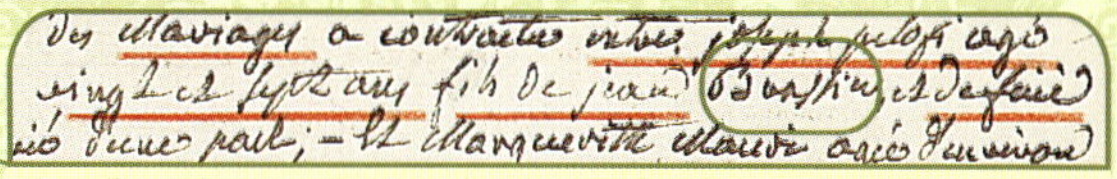

Le « *brassier* » ne tient pas une brasserie... il travaille avec ses bras ! Ce terme est usité dans le sud de la France, dans le nord on emploie le mot « manouvrier », pour désigner celui qui travaille avec ses mains.

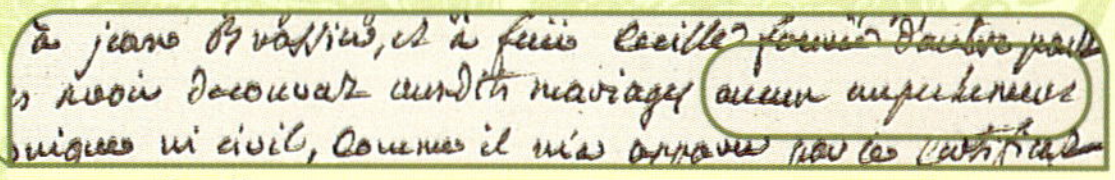

Les mariés n'étant pas parents entre eux, « *aucun empêchement canonique ni civil* » ne s'oppose à leur union.

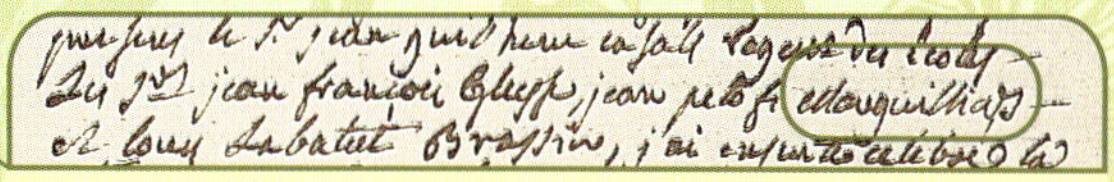

Le « *marguillier* » est un petit notable local qui s'occupe de la fabrique de l'église paroissiale.

Transcription :

« Le douze de janvier, après avoir publié au prône de la messe de paroisse pendant trois dimanches consécutifs dont le dernier fut le premier dimanche d'après l'épiphanie, dixième du courant, les bans des mariages à contracter entre X âgé d'environ 27 ans, fils de..., brassier, et de feue..., d'une part, et Y, âgée d'environ 24 ans, du lieu de Caussou, diocèse de Pamiers, fille de..., brassier, et de..., d'autre part, ... (et mariage de la sœur du marié, le même jour), sans avoir découvert auxdits mariages aucun empêchement canonique ni civil, comme il m'a apparu par le certificat de messire..., curé dudit Caussou, dûment visé par Monseigneur l'évêque de Pamiers, et légalisé par Monseigneur..., évêque et comte d'Alet et les parties disposées au sacrement du mariage par ceux de la pénitence et eucharistie, je soussigné, ayant interrogé lesdites parties et reçu leurs mutuels consentements, les ai solennellement conjoints au mariage par paroles de présents. Présents le sieur... régent des écoles, les sieurs..., marguilliers et... brassier, j'ai ensuite célébré la Sainte messe pendant laquelle je leur ai donné la Bénédiction nuptiale comme l'Église le pratique.»

Tous les actes de mariage étaient à peu près rédigés sous l'Ancien Régime de façon semblable. En voici un datant de 1768 et provenant des Archives départementales de Carcassonne. Il apparaît qu'un frère et une sœur y célèbrent leurs mariages le même jour. C'était monnaie courante pour éviter le partage des terres.

de jeune fille de la mère est rarement indiqué). S'il s'agit d'un remariage, les parents sont omis au profit du premier conjoint ;

– l'état matrimonial des parents : généralement mariés ;

– le domicile des parents ;

– les professions des parents, à partir de 1667 ;

– le consentement des père, mère, tuteur, curateur en cas de minorité du conjoint ;

– les dates et publications des bans ;

– les renseignements donnés par le curé du conjoint qui ne se marierait pas dans sa paroisse (acte de baptême) ;

– la date de délivrance des dispenses de parenté, obligatoire à partir de 1692, mais généralement mentionnée dès le XVIe siècle ;

– les références à un contrat de mariage. Jusqu'au XIXe siècle, le contrat est fréquent, même pour un paysan modeste. Sa mention peut toutefois être omise sur l'acte ;

– les prénoms et noms des témoins ;

– les qualités, professions, domiciles et liens des témoins avec les conjoints (« ami », « cousin »), à partir de 1736 ;

– les signatures du célébrant, des contractants et témoins, et parfois celles d'autres parents et amis présents. Ou la mention « ne sachant signer ».

L'ordonnance de Blois

Par l'article 181 de l'ordonnance de Blois, le roi Henri III place désormais le mariage sous conditions. Outre la création de l'acte de mariage ou l'obligation de célébrer la cérémonie devant témoins, plusieurs points sont ainsi précisés.

La publication de bans – La publication des bans trois dimanches avant la cérémonie fait l'objet de mentions soit dans les registres des mariages, quelques pages avant la célébration, soit dans des registres particuliers. Le but est que si on annonce trois dimanches consécutifs, « au prône de la messe paroissiale », que tel garçon va épouser telle fille, si l'un des deux est marié, ou s'ils sont cousins, quelqu'un le dira. En cas de parenté entre les futurs époux, une dispense de consanguinité devra être demandée à l'évêque.

Le consentement des parents – L'ordonnance précise aussi que seront condamnés à mort « sans espérance de grâce et de pardon (ceux qui détourneraient des mineurs de 25 ans) sous prétexte de mariage, sans le gré, vouloir et consentement exprès des père, mère et des tuteurs ». Dans ce cas, le mariage est assimilé à un « rapt », mais l'ordonnance n'ose pas prononcer la nullité de l'union, le roi ne pouvant s'opposer au droit canon qui n'exige pas l'accord des parents.

Les précisions du Code Louis

Succédant au Code Michau, élaboré en 1639, mais jamais appliqué, le Code Louis, en 1667, précise plusieurs points. Il impose notamment de mentionner les âges et/ou les indications de majorité ou de minorité des époux, leurs professions et leurs domiciles ; il faut également que les parentés des quatre témoins requis soient indiquées : « Aux mariages, seront mis les noms et surnoms, âges, qualités et demeures de ceux qui se marient, s'ils sont enfants de famille en tutelle, curatelle, ou en puissance d'autrui, et y assisteront quatre témoins qui déclareront sur le registre s'ils sont parents, de quel côté et en quel degré. »

Le Code Louis implique aussi que les actes soient obligatoirement signés par les mariés et leurs témoins, et que « si aucun d'eux ne savent signer, ils le déclareront et seront de ce interpellés par le curé ou vicaire dont on fera mention. » Cette obligation est riche d'enseignements. Chacun peut ainsi savoir l'état d'alphabétisation d'un aïeul : en 1789, l'ancêtre sait écrire ; en 1760, son père met ses initiales ou une « marque » ; en 1720 son grand-père « déclare ne savoir signer ». Pour resituer ces données dans leur contexte, des ouvrages comme les *Annales de démographie historique* (sous la direction de Jean-Pierre Bardet et Jacques Dupâquier) sont fort utiles.

Les dispenses de consanguinité

La France de Louis XIV compte vingt millions de sujets. Par conséquent, villes et villages ne comptent qu'une population limitée. De surcroît, la division de la société en clergé, noblesse et tiers état fait que les princes n'épousent les bergères qu'au théâtre, et encore après 1749 seulement. Dans la réalité, on ne marie sa fille que dans son milieu. Même les valets de Marivaux, déguisés en maîtres, finissent toujours par épouser des servantes, elles-mêmes déguisées en dames.

Le choix des conjoints possibles est donc limité. Dans un village, les notables marient leurs enfants entre eux de génération en génération pour éviter les partages et s'assurer la maîtrise des terres avec des dots confortables. Au bout de quelques générations, les mariages ne se célèbrent plus qu'entre cousins.

Or, le droit canon interdit les unions entre parents trop rapprochés. Les mariages qualifiés d'« incestueux » s'étendent même à des parentés que nous jugeons aujourd'hui éloignées : petits-enfants de cousins germains !

D'où la nécessité de demander à Rome, ou à l'évêché, une dispense de consanguinité. Dispenses toujours accordées.

L'évolution du droit canon – Jusqu'au concile de Latran (1215), l'Église interdisait de se marier entre collatéraux jusqu'au 7e degré canonique de parenté inclus, ce qui imposait à un couple de n'avoir aucun ancêtre commun sur sept générations ! Une génération représentant une moyenne de trente ans, un couple marié en 1210 ne pouvait donc pas avoir un seul ancêtre commun en l'an 1000 !

Le maintien d'une règle aussi stricte aurait fini par empêcher n'importe quel villageois de se marier dans un rayon relativement étendu autour de chez lui ! L'interdiction est donc ramenée en 1215 au 4e degré canonique. On pouvait ainsi se marier plus librement à condition de ne pas avoir avec son épouse un de ses seize trisaïeux commun avec un de ses seize trisaïeux à elle !

Aujourd'hui, l'Église impose encore une dispense ramenée au 3e degré canonique (enfants de cousins germains).

Qui délivrait les dispenses ? – Jusqu'au concile de Trente, les dispenses de consanguinité ne pouvaient être accordées que par le pape.

À partir de 1563, le Saint-Siège permet aux évêques de délivrer les dispenses nécessaires pour marier les cousins au 3e degré (enfants de cousins germains), et au 4e degré (petits-enfants de cousins germains). Il ne se réserve que les dispenses entre oncle et nièce (1er degré canonique) et entre cousins germains (2e degré canonique), ainsi que celles accordées aux familles royales.

Le Vatican permet ainsi à Louis XIV d'épouser Marie-Thérèse d'Espagne alors qu'ils ont les mêmes quatre grands-parents ! De fait, les élites continuent à solliciter leurs dispenses plutôt à Rome.

Sur cette miniature du XIIIe siècle, extraite des Pandectes *de l'empereur Justinien, un évêque déclare la nullité d'un mariage.*

Les dispenses d'affinité – Attention, l'affinité est différente de la consanguinité. La formule n'existe que dans les actes de remariage lorsqu'un veuf ou une veuve épouse en secondes noces une cousine ou un cousin du premier conjoint.

Où trouver les dispenses ? – Les dispenses accordées par l'Église étaient toujours établies en deux exemplaires : la minute restait à l'évêché, seule l'expédition était destinée au curé devant célébrer le mariage.

Ces minutes offrent un grand intérêt pour le généalogiste. Elles lui permettent de remonter d'un coup de quatre ou cinq générations supplémentaires : elles étaient en effet accompagnées d'un petit arbre généalogique, lequel faisait remonter les époux à leur aïeul commun.

Les dispenses sont également mentionnées dans les registres des mariages, soit dans l'acte de mariage, soit quelques jours avant la célébration, et ce de façon obligatoire à partir de la déclaration royale de février 1692. Mais, sur ces registres, elles ne sont pas accompagnées du petit arbre généalogique comme dans les Archives diocésaines, et leur intérêt est donc moindre.

La plupart des dispenses de mariage, comme les dispenses de bans, sont aujourd'hui conservées aux Archives départementales dans la série G.

L'acte de sépulture

Les premiers actes de sépulture, créés par l'ordonnance de Villers-Cotterêts, concernent exclusivement les clercs. Enregistrer l'ensemble des sépultures ne sera obligatoire qu'à partir de 1579. Plus sommaire que les actes de baptême et de mariage, l'acte de sépulture est également moins essentiel au généalogiste.

Dans la cathédrale Saint-Denis, François Ier et son épouse Claude de France, fille de Louis XII, sont agenouillés au-dessus de leurs gisants, réalisés par le sculpteur Pierre Bontemps. La reine Claude a laissé son nom... aux prunes qu'elle aimait tant !

Comment travailler ?

L'exploitation des registres d'inhumation impose quelques connaissances élémentaires. Méfiez-vous ! Par exemple, une précision comme « mort de fièvre » reflète surtout les faibles connaissances médicales de l'époque – la cause de la mort était d'ailleurs rarement indiquée. Voici quelques précisions nécessaires avant de lire un acte de sépulture :

Un âge approximatif – Les hommes de l'Ancien Régime se soucient peu des dates de naissance. Ils connaissent le jour : « la Saint-Jean », « la Saint-Michel », la Toussaint. Mais pas l'année, même chez les élites. Lorsqu'un homme meurt à 68 ans, déjà édenté et voûté, le curé lui attribue volontiers « 80 ans ». Ainsi, si un aïeul est décédé en 1750 « à 80 ans », il ne faut pas limiter sa recherche au registre des baptêmes de 1670, mais considérer une fourchette allant de 1660 à 1685. L'âge est en général surestimé. Peu de « centenaires » dépassaient en fait les 85 ans.

Des métiers saisonniers – La profession du défunt ne correspond pas toujours à celle mentionnée sur les actes de baptême des enfants. À l'époque de son mariage, l'aïeul est « journalier », car ses noces ont été célébrées en été : il travaille alors la terre pour autrui. Au moment de sa mort, en décembre, le voilà « tisserand » : l'hiver, chacun se replie sur les métiers d'artisanat (peigneur de laine, teinturier, cardeur). À moins que l'âge ne l'ait éloigné des travaux des champs...

Les lieux d'inhumation – Plutôt qu'au cimetière, le défunt est inhumé souvent au couvent ou à l'église, éventuellement dans le chœur ou la nef. S'il possède une chapelle particulière ou un autel de famille dédié à un saint dans le couvent local, il fait indubitablement partie des notables. S'il est simplement inhumé dans l'église, ce n'est pas nécessairement le cas. Les hommes d'Ancien Régime sont très christianisés. L'incroyance est impensable. Tout mort cherche donc à reposer le plus près possible de Dieu : dans la maison du Père ou contre celle-ci.

Quels renseignements donne-t-il ?

– la date de l'inhumation religieuse ;
– les prénoms et nom du défunt ;
– l'âge, de manière aléatoire ;
– la profession, mention obligatoire à partir de 1736 ;
– la date de décès, obligatoire à partir de 1667 ;
– le lieu d'origine si le défunt n'est pas né dans la paroisse ;
– l'état matrimonial, seulement pour les femmes ;
– les prénoms et nom du père pour les enfants et adolescents ;
– les sacrements ayant été, ou non, administrés : pénitence, eucharistie, extrême-onction ; ondoiement pour les enfants mort-nés ;
– le lieu de sépulture : cimetière, église conventuelle, paroissiale, chapelle castrale ;
– les prénoms et noms des deux témoins ;
– les professions, domiciles et liens de parenté des témoins avec le défunt ;
– les signatures du célébrant et, à partir de 1667, des témoins (s'ils savent signer).

Des actes de plus en plus précis

Les premiers actes de sépulture, créés par l'ordonnance de Villers-Cotterêts (1539), concernent exclusivement les clercs. L'article 50 stipule en effet que les chapitres, collèges, monastères et cures doivent tenir un registre des sépultures des ecclésiastiques pourvus d'un « bénéfice ». François Ier veut alors mettre fin à certains abus… Enregistrer l'ensemble des sépultures ne sera obligatoire qu'à partir de 1579, avec l'ordonnance de Blois.

1667 et 1736, deux nouvelles étapes – En 1667, l'ordonnance de Saint-Germain-en-Laye met en place des règles précises. L'article 9 impose de mentionner « le jour du décès ». L'article 10 précise que les actes « seront signés par deux des plus proches parents ou amis qui auront assisté au convoi ; et si aucun d'eux ne savent signer, ils le déclareront et seront de ceux interpellés par le curé ou vicaire, dont on fera mention ». En 1736, l'article 10 de l'ordonnance de Louis XV fait enfin obligation d'indiquer « la qualité de la personne décédée, ce qui sera observé, même à l'égard des enfants, de quelque âge que ce soit ». Il impose aussi que « l'acte soit signé sur les deux registres, tant par celui qui aura fait la sépulture que par deux des plus proches parents ou amis qui y auront assisté ». Le double fut alors versé régulièrement au greffe du bailliage ou de la sénéchaussée, et ce jusqu'à la Révolution.

Acte de sépulture de Louis XIV

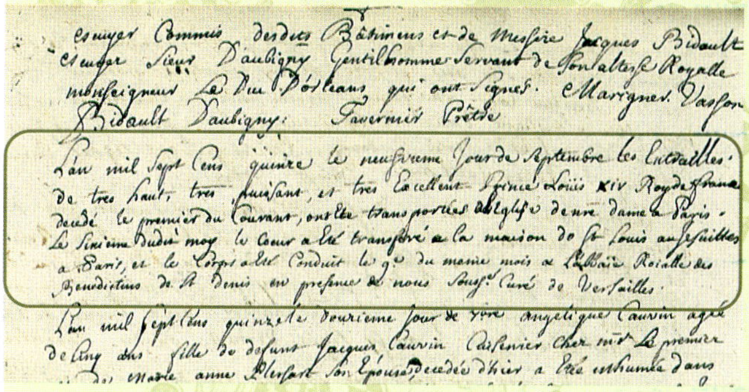

Transcription

L'an mil sept cent quinze le neuvième jour de septembre les entrailles de très haut, très puissant, et très excellent Prince Louis XIV Roi de France décédé le premier jour du courant, ont été transportées à l'église Notre Dame à Paris. Le sixième dudit mois le cœur a été transféré à la maison de St Louis aux Jésuites à Paris et le corps a été conduit le 9e du même mois en l'abbaye royale des Bénédictins de St Denis en présence de nous soussigné curé de Versailles.

Louis XIV, né le 5 septembre 1638, est mort le 1er septembre 1715 à Versailles, à la veille de ses soixante-dix-sept ans. Neuf jours après son décès, son corps a été conduit en la cathédrale de Saint-Denis, alors que son cœur était transféré chez les Jésuites et que ses entrailles étaient transportées à l'église Notre-Dame de Paris.

Quelques cas

Dans les pages précédentes, nous avons remonté le temps au travers de l'état civil. Partant des actes essentiels ponctuant la vie de nos ancêtres, nous avons rencontré les cas les plus fréquents auxquels le généalogiste se verra confronté. Nous allons examiner maintenant quelques particularités importantes et qui ont des répercussions dans les méthodes de recherche.

▲ *Sur cette carte de 1738, l'Alsace, la Savoie, Nice et la Corse ne sont pas encore « françaises ».*

spécifiques

Des ancêtres inconnus

À la recherche de ses racines, on ne trouve pas que des enfants nés d'un père et d'une mère unis légalement, mais nombre d'enfants naturels, abandonnés ou adoptés.

Jusqu'au XVIIe siècle, les abandons d'enfants sont peu nombreux, essentiellement parce que l'Église les interdit formellement. À partir du XVIIIe siècle, l'influence religieuse diminuant, leur nombre augmente fortement car la misère est grande.

Face à ces enfants, la société et, parallèlement, la législation ont évolué suivant les périodes. Les méthodes de recherche ne seront donc pas identiques selon les cas et les époques.

Des particularismes régionaux

Pour des raisons liées à l'histoire politique du pays, certaines régions françaises ont connu des bouleversements qui entraînent des spécificités dans les recherches généalogiques.

C'est le cas en Alsace, en Savoie, à Nice et en Corse, où les recherches, si elles ne sont pas impossibles, sont souvent difficiles à mener.

Difficile aussi de retrouver ses ancêtres quand ils sont nés à Paris avant 1872. En effet, le 24 mai 1871, les communards incendièrent l'Hôtel de Ville qui contenait les deux exemplaires de l'état civil ainsi que les registres paroissiaux antérieurs à 1793.

Malgré tout, grâce à certaines sources spécifiques, on peut parvenir à quelques résultats.

Des différences religieuses

Sous l'Ancien Régime, la France est essentiellement catholique. Il n'en reste pas moins possible de retrouver, dans sa généalogie, des ancêtres d'une autre religion.

Suivant qu'ils sont protestants, juifs ou musulmans, les documents et les fonds à exploiter sont généralement différents de ceux des catholiques. Il faudra en tenir compte pour effectuer les recherches.

Des ancêtres venus de l'étranger

S'il est possible de rencontrer des ancêtres non catholiques en remontant sa filiation, il est encore plus fréquent de découvrir des étrangers.

De tout temps, la France, pays riche et moins peuplé que la plupart de ses voisins, fut un important lieu d'immigration.

Aux mouvements choisis se sont ajoutés, à certaines périodes, des afflux plus importants, liés à des événements politiques.

Avant de poursuivre les recherches dans le pays d'origine de l'aïeul concerné, il faudra étudier, en France, les documents spécifiques aux personnes immigrées.

La Belgique, le Québec et la Suisse

Au cours des recherches, on découvrira peut-être qu'un de nos aïeux a émigré dans un de ces pays francophones.

Ce sera une façon de mieux connaître l'histoire de ces régions qui, à un moment donné, ont subi l'influence française.

Si la recherche généalogique dans ces trois pays ne diffère pas radicalement de la recherche en France, de nombreuses particularités méritent néanmoins d'être examinées avec attention.

Les enfants naturels et abandonnés

Enfants naturels et abandonnés font souvent le désespoir du généalogiste lorsqu'il est contraint d'émailler son arbre de cases blanches. Avec les premiers, celles de la lignée du père, avec les seconds, celles des deux lignées, soit le double... Plutôt que des cases vides, certains généalogistes préféreront peut-être inscrire la mention « ancêtre inconnu ».

Sur cette gravure du XIXe siècle on voit le tour de l'hôpital de la Madeleine. Sorte de tambour pivotant intégré dans le mur, il permettait aux mères de déposer leur enfant anonymement.

Les enfants naturels

La loi désigne ainsi les enfants nés hors mariage et dont l'acte de naissance, s'il indique l'identité d'un ou des deux parents, n'établit en fait pas de filiation juridique.

Un tel enfant ne peut hériter de sa mère si elle ne l'a pas « reconnu », par un acte de reconnaissance, établi dans une mairie quelconque. Cette reconnaissance est différente de la légitimation, intervenant fréquemment lors du mariage ultérieur de la mère, et par laquelle l'époux déclare reconnaître l'enfant, qui se voit alors assimilé à son enfant légitime, même si ce mari n'en est pas le père biologique. Au généalogiste de décider s'il veut ou non intégrer cette filiation...

Au plan pratique, on sera le plus souvent confronté à des actes de naissance, entre 1793 et 1922, se contentant d'indiquer les nom, prénoms, âge, profession et adresse de la mère : l'enfant, né en 1861 à Paris ou à Blois, est fils de « Marie Gaudin, 21 ans, couturière au 31 rue Machin ».

Comment faire une recherche ? – On devra d'abord rechercher les actes de reconnaissance et de baptême de l'enfant, qui peuvent contenir des informations, puis rechercher, dans la commune où l'enfant est né, l'acte de décès de la mère, son éventuel mariage (postérieur), les éventuelles naissances d'autres enfants, et, avec toutes réserves, sa naissance (tout dépend si son identité est ou non banale, comme dans l'exemple donné). On pourra ensuite consulter les recensements et, pour une domestique, travailler sur la famille qui l'employait.

Antérieurement à 1793, les actes de baptême donneront parfois des informations quant au père, apportées par la sage-femme à qui la mère s'était confiée. On peut aussi, à ces époques, rechercher une déclaration de grossesse, que toute mère célibataire devait en principe faire selon une loi destinée à combattre les tentations d'infanticide. Elle sera recherchée dans les archives des notaires ou en série B des Archives départementales. Par chance, la mère y aura peut-être nommé son « séducteur ».

Les enfants abandonnés

De façon très ancienne, l'Église avait organisé l'accueil des enfants abandonnés, essentiellement à travers les hôpitaux (saint Vincent de Paul avait, en 1638, fondé l'œuvre des Enfants trouvés).

Cette photo a été prise à la fin du XIXe siècle dans la cour de l'asile Ledru-Rollin. Par peur du qu'en-dira-t-on, nombre de filles mères accouchaient alors loin de chez elles.

Aux XVIIIe et XIXe siècles, ces établissements s'étaient équipés de « tours », sortes de tambours pivotants, intégrés dans leurs murs et destinés à permettre aux mères d'y déposer leur enfant anonymement. La découverte d'un enfant générait un procès-verbal, à partir de 1793, un acte de naissance où ce dernier était retranscris, et presque toujours un acte de baptême.

Plus tard, en cas d'absence totale d'acte d'état civil, l'enfant, à sa majorité (généralement au moment de son mariage), pouvait demander au juge de lui en établir un, fictif, par un acte de notoriété, le faisant naître à une date et en un lieu arbitraires. L'Assistance publique, de son côté, délivrait aux pupilles de l'État des certificats d'origine.

C'est en 1849 que les hôpitaux avaient reçu l'appellation d'« Assistance publique » et c'est surtout après cette date que l'on a organisé les placements dans des familles nourricières, presque toujours rurales, avant qu'une loi de 1904 ne déclare ces enfants « pupilles de l'État ». Longtemps, donc, les mères ont pu « accoucher sous X », les services recevant l'enfant s'interdisant de communiquer toute information. L'acte de naissance énonçait les date et lieu (adresse) de naissance, le sexe, les prénoms (et éventuellement le nom) de l'enfant. Nom longtemps « fabriqué » selon la plus pure fantaisie, avant de se contenter de prendre pour tel le dernier des prénoms attribués. Tous ces aspects rendaient toute recherche impossible...

Le délai de communication de l'intégralité de ces dossiers a été fixé à 60 ans, à compter de la majorité de l'enfant.

Comment faire une recherche ? – Au plan des recherches, Myriam Provence, spécialiste de ces questions, distingue plusieurs cas, tout en détaillant la marche à suivre dans les fonds d'archives spécifiques (à Paris, celles du Châtelet et de l'Assistance publique), notamment à partir du numéro d'immatriculation figurant dans les actes de mariage.

Pour un enfant abandonné ou assisté sous l'Ancien Régime, il faut rechercher l'acte de baptême, la déclaration de grossesse et exploiter les archives hospitalières ou ces archives spécifiques.

Pour un enfant né après 1793, il faut rechercher les actes de naissance, de reconnaissance et de baptême et exploiter les archives spécifiques. Pour les dossiers de moins de 100 ans, on devra adresser une demande à la Direction de l'action sociale, de l'enfance et de la santé (DASES), démarche réservée à l'intéressé ou à ses descendants s'il est lui-même décédé.

Attention : une adoption aura eu pour effet d'annuler l'acte de naissance, remplacé par un acte fictif, intégrant l'identité des nouveaux parents. On pourra alors rechercher le jugement d'adoption et interroger l'œuvre d'adoption concernée.

Notez enfin que deux associations peuvent vous aider dans ces délicates recherches comme dans la prise de contact avec la famille d'origine :

– DPEAO (Droit des pupilles de l'État et des adoptés à leurs origines), 36 rue Costes-et-Bellonte, 41 000 Blois ;

– GEN-AB, BP 5 010, 38 821 Grenoble Cedex.

Des particularités régionales

Pour des raisons liées à l'histoire politique du pays, certaines régions françaises ont connu des bouleversements qui entraînent des spécificités dans les recherches généalogiques. Il faudra en tenir compte quand on s'intéressera à des ancêtres originaires de ces endroits.

Des cas particuliers

Recherche des ancêtres nés en Alsace avant 1648, à Nice avant 1793, en Corse avant 1768 ou dans le duché de Savoie en 1830 présente quelques particularités inhérentes au statut de ces régions à un moment donné de leur histoire.

Les documents et les fonds à exploiter n'y seront pas toujours identiques à ceux que nous avons déjà rencontrés.

L'Alsace

Terre du Saint Empire romain germanique du IXe siècle à 1648, l'Alsace s'était peu à peu morcelée en une mosaïque de territoires seigneuriaux. Ce manque d'unité s'était accentué par l'adhésion de certains à la Réforme, avec ses conséquences religieuses, mais aussi politiques et juridiques.

À partir de 1648, l'Alsace passe du régime féodal, sous tutelle germanique et impériale, au régime absolutiste de la monarchie française.

En plaçant l'Alsace sous les mêmes lois que toute la France, la Révolution bouleverse habitudes et mentalités. Le XIXe siècle leur permet de se stabiliser, quand survient l'annexion allemande en 1871.

L'état civil – Rédigé en français de 1810 à 1871 et après 1918, l'état civil alsacien fut temporairement écrit en allemand, comme il l'avait souvent été avant 1810. Pour les archives anciennes, au-delà des difficultés de langue que l'on pourra rencontrer, on est confronté à celle que génère la lecture d'une écriture particulière, souvent maladroite et enchevêtrée.

Les registres paroissiaux – Généralement tenus en un seul exemplaire, ils sont le plus souvent rédigés en latin. Mais ils peuvent également avoir été écrits en allemand ou en français.

Les protestants – Comme nous le verrons un peu plus loin, l'Alsace comptait beaucoup de protestants. Ils possédaient leurs propres registres paroissiaux ou bien étaient enregistrés dans les registres catholiques qu'il faudra consulter.

Les juifs – Eux aussi nombreux en Alsace, ils échappent à toute archive. Cependant, lorsque Napoléon les obligea à choisir des noms définitifs, ils firent des déclarations officielles que l'on peut consulter aux Archives départementales.

Notons, enfin, que les archives notariales sont très pauvres en Alsace et n'apportent que peu de renseignements, étant rarement antérieures aux registres paroissiaux.

La Savoie

Correspondant aux actuels départements de la Savoie et de la Haute-Savoie, le duché de Savoie, rattaché à la France en 1792, redevint sarde de 1815 à 1860. Durant cette période, il n'existe pas d'état civil, c'est le clergé qui tient les registres.

Costumes strasbourgeois réalisés par Martin Engelbrecht au XVIIIe siècle.

Cette superbe carte de Corse fut peinte pour le marquis de Maillebois par Hyacinthe de La Pegna (1706-1772). On peut y voir, entre autres, la ville et le port de Bastia.

Les registres paroissiaux – Généralement sans tables décennales jusqu'en 1852, et encore rarement jusqu'en 1882, ces registres ont été tenus en double exemplaire. Il faudra, comme ailleurs en France, les rechercher en mairie ou aux Archives départementales.

Nice

Le comté de Nice fit partie jusqu'en 1793 et de 1814 à 1860 du duché de Savoie, puis du royaume de Sardaigne.

Les registres paroissiaux – Sous l'Ancien Régime, ils ne seront tenus qu'en un seul exemplaire. Pendant la période française (1793 - 1814), puis à partir de 1837, ils seront rédigés en deux exemplaires. La situation des archives de Nice étant très proche de celle de la Savoie, il faudra procéder de la même manière.

La Corse

En 1559, la Corse, rattachée à la France depuis 1553, redevient génoise. En 1768, après que Gênes l'a cédée définitivement, l'île est rattachée à la France. Toutefois, elle fut encore victime d'un chaos administratif et politique, avec notamment une période d'occupation anglaise (1794 - 1796).

Les registres paroissiaux – En Corse, les destructions d'archives furent considérables, ce qui, aujourd'hui, entraîne des lacunes fréquentes dans les collections d'archives.

Les plus anciens registres datent de la fin du XVIe siècle, mais les actes de sépulture n'apparaissent qu'après 1614. Les actes sont rédigés en latin ou en italien.

Autre difficulté, les noms de famille se sont fixés de manière définitive très tardivement, généralement dans le courant de XVIIIe siècle.

L'état civil – La sécularisation de l'état civil ne prendra effet qu'en 1797, après le départ des Anglais. Les registres ne seront rédigés en français, au lieu de l'italien, qu'à partir de 1820. De plus, les tables décennales ne remontent que très rarement au-delà de 1813.

Notons qu'aujourd'hui les archives sont réparties entre les deux dépôts départementaux de Haute-Corse et de Corse-du-Sud.

Le cas de Paris

Le 24 mai 1871, les communards incendièrent l'Hôtel de Ville de Paris. Les deux exemplaires de l'état civil de tous les arrondissements parisiens ainsi que ceux des registres paroissiaux antérieurs à 1793 de toutes les paroisses parisiennes se trouvaient dans ce bâtiment… Plus de huit millions d'actes sont partis en fumée ce jour-là !

Au Minutier central des notaires, la généalogie juxtapose l'ordinateur et des archives des XVIIIe et XIXe siècles.

Les recherches généalogiques à Paris

Durant les années qui suivirent ces destructions, plusieurs campagnes ont été entreprises pour tenter de reconstituer une partie des actes disparus. Seuls deux millions le seront et environ 90 % d'entre eux ne concernent que le XIXe siècle…

Selon les époques et les situations, les recherches dans les archives de la capitale obligent donc le généalogiste à travailler sur des sources particulières. Dans un premier temps, il faut exploiter les documents conservés aux Archives de Paris, avec notamment ce qu'il reste de l'état civil. Ensuite, d'autres sources peuvent s'avérer utiles. Parmi elles, les archives notariales, conservées aux Archives nationales, tiennent une place essentielle.

Les Archives de Paris

On peut y exploiter ce qui reste de l'état civil ainsi que les fonds provenant des diverses campagnes de reconstitution :

– registres et tables décennales des 20 arrondissements (1860-1892), consultables sur microfilms;

– état civil reconstitué, accessible par fichiers, renvoyant à des actes au contenu variable (beaucoup d'actes de décès ne comportent ni filiation ni lieu de naissance). Actes et fichiers microfilmés ;

– « Collection Mayet » (collection de fiches de mariage, classées alphabétiquement dans 219 registres), consultable en salle de lecture (près du tiers des mariages de 1795 à 1862) ;

– Table des mariages parisiens (1793-1802, alphabétique, cotée V10E : environ un mariage sur cinq) ;

– collections des registres diocésains (baptêmes et mariages 1793-1860, avec fichiers alphabétiques microfilmés des actes pour 25 des 63 paroisses) ;

– divers actes, notamment ceux de la paroisse Saint-Eustache (154 volumes), sachant que d'autres

Deux sources à connaître

- **Le fichier des cartes de sûreté, proposé par la Bibliothèque Généalogique, fournira notamment les lieux de naissance des Parisiens de 1793.**
- **Les tables filiatives des mariages parisiens (1740-1802) de la collection Andriveau, accessibles sur microfilms, uniquement consultables à la General Library des Mormons, à Salt Lake City.**

« miettes » de registres sont éparpillées entre plusieurs lieux de conservation ;

– de très riches sources concernant les enfants abandonnés ou assistés ;

– les recensements de population postérieurs à 1926 (microfilmés) ;

– les listes électorales (à partir de 1848) ;

– les registres de recrutement et de recensement militaires (avec des tables, à partir de 1868) ;

– les tables des décès et les déclarations de succession.

Formée à Paris après la levée du siège de la ville par les Prussiens et l'installation à Versailles de l'Assemblée, la Commune fut renversée au cours de la « semaine sanglante » (21-27 mai 1871). L'entrée des troupes de Thiers fut suivie par l'incendie de nombreux édifices, dont les Tuileries et l'Hôtel de Ville.

Le Minutier central des notaires parisiens

Ce département des Archives nationales rassemble les répertoires chronologiques et les minutes des 122 anciennes études parisiennes. Au CARAN, on recherche les contrats de mariage, dont on trouve souvent les références dans les inventaires après décès à la rubrique « papiers de famille » (partir d'un premier acte notarié, puis penser ensuite à l'habituelle fidélité des familles à un notaire, dont on dépouille alors les répertoires chronologiques).

La conduite concrète des recherches

Suivant la période concernée, les démarches à effectuer sont différentes :

Pour le XIXe siècle – À partir d'une date de décès parisien, il faut travailler, aux Archives de Paris, sur les tables alphabétiques des décès (série DQ8) du bureau de l'Enregistrement dont dépendait le domicile du défunt (identifié à partir de l'adresse). Si le défunt a laissé un actif, on y trouve la référence de la déclaration de mutation par décès, que l'on recherche alors dans les registres chronologiques de la série DQ7, laquelle mutation indique ensuite, entre autres, le nom du notaire ayant dressé l'inventaire.

Pour le XVIIIe siècle – On doit utiliser les Insinuations du Châtelet, donnant les références de bien des actes postérieurs à 1704 (notamment des contrats de mariage et des testaments). On s'appuie sur divers fichiers consultables en salle des Inventaires des Archives nationales (périodes 1539-1682 [inventaire]), 1682-1704 [index], 1704-1730 [index sur fiches], 1761-1791 [répertoire en 5 volumes], mais manquant pour la période 1730-1760).

On peut aussi utiliser différents fichiers et listings, comme la base informatisée ARNO (portant sur la totalité des actes notariés des années 1551, 1751, 1761 et 1851, soit 25 000 actes, fichiers consultables sur le site des Archives nationales), ou d'autres fichiers (concernant surtout la fin du XVIIIe siècle et la période révolutionnaire), mais existant aussi pour les tontines (titres de rentes), les artistes, les appositions de scellés (1720-1790), etc.

Des ancêtres protestants

En raison des persécutions dont les protestants furent victimes, il n'est pas toujours possible de trouver les mêmes documents que pour les catholiques. Toutefois, et même si les sources sont dispersées, il est généralement possible de remonter les filiations.

Si les luthériens d'Alsace purent pratiquer leur culte sans inconvénient majeur, il n'en fut pas de même pour les réformés qui subirent de quasi permanentes persécutions de la part de l'autorité royale qui voulait restaurer le catholicisme. Leur histoire est si mouvementée, qu'il n'est pas toujours possible de retrouver des documents les concernant.

Un peu d'histoire

C'est de la première moitié du XVIe siècle que datent les premières actions des réformateurs qui menèrent à la création de nouvelles Églises, connues aujourd'hui sous le vocable de « protestantes ».

En Allemagne et en Alsace, c'est Martin Luther (1517) qui est à l'origine de l'Église de la confession d'Augsbourg, dite Église luthérienne, tandis qu'en Suisse et dans le reste de la France Jean Calvin (1534) organisa l'Église réformée. Ces deux Églises ont eu des histoires très différentes, de sorte qu'elles doivent être abordées séparément.

Par ailleurs, seul l'Ancien Régime nous intéresse ici, car, à partir de la création de l'état civil en 1792, tous les citoyens ont été regroupés dans les mêmes registres quelle que soit leur religion.

Les luthériens

La réforme luthérienne s'est très tôt implantée en Alsace, qui était alors intégrée au Saint Empire romain germanique. Aussi, lorsque cette province passa sous domination française, en 1648, à la suite du traité de Westphalie, Louis XIV ne put y imposer le catholicisme et les luthériens n'eurent pas à subir les persécutions que connurent les réformés.

Les recherches généalogiques concernant les luthériens peuvent donc être effectuées normalement, car leurs pasteurs ont tenu des registres de baptêmes, mariages et sépultures. Toutefois, ceux-ci sont rédigés en langue allemande et en écriture gothique, ce qui en rend impossible la consultation lorsqu'on ne maîtrise ni l'une ni l'autre. Mais les associations généalogiques alsaciennes ont réalisé de nombreuses transcriptions pour mettre, à terme, le contenu de ces registres à la disposition d'un public plus large.

Après la révocation de l'édit de Nantes, les mariages protestants furent interdits. Beaucoup de couples préférèrent alors vivre en concubinage après avoir passé un contrat devant un notaire.

Les réformés

L'histoire des réformés est si mouvementée qu'il n'est pas toujours possible de trouver des documents les concernant.

De 1559 à 1685 – Organisé en 1559, le culte réformé fut aussitôt interdit. Il ne sera toléré qu'à partir de 1562 et dans certains lieux seulement. Ce n'est en fait qu'à partir de l'édit de Nantes de 1598 qu'il sera plus largement autorisé. Mais Louis XIV, après la mort de Mazarin, inaugure une politique de restrictions progressives qui s'achèvera par de brutales persécutions et la révocation de l'édit de Nantes en 1685.

Durant cette période, des registres paroissiaux ont donc été tenus par les pasteurs réformés, mais un très petit nombre seulement nous sont parvenus.

De 1685 à 1787 – À partir de 1685, les réformés n'ont plus d'existence légale. En fait, certains se sont effectivement convertis, tandis que d'autres se sont exilés au péril de leur vie et que la majorité continue à pratiquer en secret. Cette situation durera jusqu'à l'édit de tolérance de 1787 par lequel Louis XVI autorise l'enregistrement des actes concernant les réformés par une autorité civile et non religieuse.

Ainsi, de 1685 à 1787, les réformés sont souvent désignés par le terme de « nouveau converti » ou membre de la « R.P.R. » (religion prétendue réformée). Leurs enfants sont baptisés de force par les curés et on les trouve donc dans les registres paroissiaux catholiques. Par contre, les mariages sont plus rares et les réformés vivent en concubinage après avoir passé un contrat de mariage auprès d'un notaire « nouveau converti » comme eux. C'est donc dans les minutes notariales qu'il faut rechercher les mariages que l'on ne trouve pas dans les registres paroissiaux. Mais c'est au moment de leur mort que les réformés affirment le plus fortement leurs convictions. Ils refusaient la présence des prêtres qui ne pouvaient ensuite qu'enregistrer l'ensevelissement en précisant que le défunt avait persisté « dans l'hérésie de Calvin », ce qui permet aujourd'hui de n'avoir aucun doute sur ses convictions religieuses.

Pour cette période, on peut également consulter des listes d'abjuration de 1685, puisque tous y furent contraints, des listes d'enfants retirés à leur famille pour être élevés dans la foi catholique lorsque la conversion des parents paraissait trop douteuse, des listes de « nouveaux convertis » établies par les curés, des états des biens confisqués par l'administration royale à ceux qui s'étaient réfugiés à l'étranger, des états des amendes infligées à ceux qui ne fréquentaient pas les offices catholiques ou participaient à des cultes clandestins, ainsi que des rapports de police sur les personnes surveillées.

Indiquons enfin que pendant cette période, dite « du Désert » en raison des lieux isolés où avaient lieu les cultes clandestins, des pasteurs itinérants venus de Genève ont célébré de nombreux baptêmes et mariages qu'ils ont consignés sur des registres. Mais ceux-ci n'ont pas toujours pu être conservés.

De 1787 à 1792 – À partir de 1787 et jusqu'en 1792, en application de l'édit de tolérance, les réformés font inscrire les naissances, les mariages et les décès dans des registres qui permettent de suivre normalement leur histoire familiale. Mais on trouve en plus des registres de réhabilitation de mariage dans lesquels ils ont inscrit la date, souvent très antérieure, à laquelle ils se sont mariés et les enfants qu'ils ont eus ensemble. Ces registres permettent souvent la reconstitution de familles entières.

Des ancêtres juifs

Les généalogies des familles juives sont généralement difficiles à établir en raison des persécutions qu'elles ont subies et des destructions qui en ont découlé. Leur intégration dans la communauté nationale, amorcée lors de la création de l'état civil, sera facilitée par Napoléon Ier qui les encouragera à s'organiser en consistoires et les obligera à adopter, en 1808, un nom de famille définitif.

En préambule…

En France, les juifs étaient très peu nombreux sous l'Ancien Régime. En fait, on ne trouvait des communautés juives qu'en Alsace et en Lorraine, provinces récemment rattachées au royaume, à Avignon et dans le Comtat Venaissin, territoires faisant partie des États pontificaux, et à Bordeaux et Bayonne, où ils s'étaient établis pour pratiquer le commerce et où ils n'étaient que tolérés. Au début du XIXe siècle, moins de 50 000 juifs vivaient en France.

Deux origines distinctes

On distingue les Sépharades et les Ashkénazes en fonction de l'origine géographique des familles.

Les Sépharades – En hébreu, « Sépharade » signifie « Espagne ». Les Sépharades sont les descendants des juifs expulsés d'Espagne en 1492. Mais en fait on désigne ainsi aujourd'hui tous les juifs originaires du bassin méditerranéen et d'Orient dont la langue traditionnelle est le judéo-espagnol ou le judéo-arabe.

Les Sépharades d'Algérie ont acquis la nationalité française en 1870 par le décret Crémieux. Ils ont été nombreux à s'installer en métropole, surtout après l'indépendance de l'Algérie en 1962.

Les Ashkénazes – En hébreu, « Ashkénaze » signifie « Allemagne ». Les Ashkénazes sont originaires de tous les pays d'Europe centrale. Leur langue, le yiddish, est un mélange d'allemand et d'hébreu. Leur installation en France s'est échelonnée sur des décennies à partir du XIXe siècle, souvent à la suite des persécutions dont ils étaient victimes. Les juifs d'Alsace et de Lorraine se rattachent à ce groupe.

Établie lors du mariage, la kétouba précise les noms et les prénoms des mariés et de leurs pères, ainsi que le lieu de la cérémonie. Certaines sont très précises, pouvant indiquer plusieurs générations d'ascendance.

Des documents peu nombreux

Si des registres ont sans doute été tenus par les communautés juives, bien peu ont été conservés. On ne compte pratiquement aucun document datant du XVIIe siècle et fournissant des informations généalogiques. Pour le XVIIIe siècle, quelques registres concernent les naissances, les circoncisions, les mariages ou les décès, mais ils datent le plus souvent de la seconde moitié du siècle. Bordeaux (1707) et Metz (1717) disposent des registres les plus anciens.

Les registres de circoncision étaient tenus par les rabbins circonciseurs et n'ont pas toujours été conservés. Rédigés en hébreu, leur lecture est souvent difficile.

Les mariages donnaient lieu à l'établissement d'une *kétouba* (pluriel *kétoubot*), sorte d'acte de

Lors de la cérémonie du mariage (qiddoushim), les futurs époux sont placés sous un dai (houppa) symbolisant la protection divine.

mariage qui n'était signé que par les hommes et qui avait pour but de protéger l'épouse en cas de divorce. Elle était donc remise à la famille de celle-ci. La *kétouba* précise les noms et prénoms des mariés et de leurs pères, le lieu du mariage et les conditions d'un éventuel divorce. Certaines sont même très précises et indiquent plusieurs générations d'ascendance. Les qualités esthétiques de ces *kétoubot* en ont fait des objets de collection de sorte qu'un grand nombre ont été conservées.

Les communautés ont également tenu des registres dans lesquels étaient inscrits tous les événements familiaux : naissances, bar-mitsva (majorité religieuse des garçons à 13 ans), mariages et décès. Mais ces registres n'ont pas toujours pu être conservés et les indications qu'ils contiennent sont souvent moins précises que celles des registres de l'état civil, du moins après 1792.

Des documents spécifiques

En France, quelques documents spécifiques aux familles juives peuvent également être consultés. Le plus important est l'ensemble des registres établis en application du décret de Bayonne du 20 juillet 1808 par lequel Napoléon obligeait tous les juifs de France à choisir un nom de famille et un prénom fixes. Pour certains ce décret ne fit que légaliser un nom déjà utilisé, mais pour la majorité il s'agissait d'en adopter un totalement nouveau. Ces registres étaient établis dans les mairies en double exemplaire. Ils constituent un instrument de recherche incontournable.

Plus ancien, mais partiel, est le dénombrement des juifs d'Alsace, datant de 1784. Il s'agit de listes nominatives comprenant pour chaque famille les noms et prénoms de chaque personne et la fonction du chef de famille. Environ 19 000 personnes sont ainsi présentées.

Il existe également des registres à partir de 1763 concernant les naissances, les circoncisions, les mariages et les décès pour les quatre « carrières » que constituaient, dans le Comtat Venaissin, les villes d'Avignon, Carpentras, Cavaillon et L'Isle-sur-la-Sorgue.

Une internationalisation

Du fait de la dispersion des familles juives dans le monde entier, des initiatives ont été prises à l'étranger qui peuvent intéresser des familles françaises.

Ainsi, le musée de la Diaspora à Tel-Aviv abrite un centre de généalogie très actif qui rassemble des informations provenant de tous pays et qui peut fournir des copies des généalogies déjà établies.

Des ancêtres musulmans

Les musulmans étaient totalement absents du royaume de France sous l'Ancien Régime. Ils n'apparaissent dans l'histoire de France qu'à partir de la conquête de l'Algérie en 1830. Plus tard, la Tunisie et le Maroc seront, l'un après l'autre, sous protectorat français. Ainsi, les musulmans qui résident actuellement en France sont essentiellement originaires de ces trois pays.

Un patrimoine oral

Il n'y avait pas dans les pays musulmans de registres analogues à nos registres paroissiaux, de sorte que les recherches sont rapidement interrompues par le manque de documents. Par contre, les traditions orales étaient très vivantes et, du moins dans les familles importantes, les généalogies se transmettaient de génération en génération. Malheureusement, l'émigration vers la métropole s'est souvent accompagnée d'une perte de ce patrimoine oral, de sorte que les musulmans ne disposent pas de sources très anciennes pour remonter leur ascendance.

Bien qu'avec le Coran, les civilisations musulmanes se soient très tôt familiarisées avec l'écrit, il n'était pas dans leurs traditions d'enregistrer les naissances, mariages et décès.

L'Algérie

L'état civil que nous connaissons en France a été institué en Algérie dès les premières années de la conquête et il a été tenu jusqu'à l'indépendance de ce pays en 1962.

Toutefois des registres différents étaient tenus pour les Européens, les juifs et les musulmans, et leur instauration s'est faite de manière progressive. Comme toujours, les villes importantes ont été plus rapides que les villages à ouvrir des registres.

Ceux-ci étaient tenus en double exemplaire, mais tous deux sont restés sur place lors de l'indépendance. Une campagne de microfilmage a été lancée pour que ceux-ci puissent également être consultés en France, mais elle ne concerne pour l'instant que deux tiers environ des registres. De nombreux musulmans originaires d'Algérie, comme d'ailleurs les descendants des Européens qui s'y étaient installés, sont ainsi actuellement privés de la possibilité de retrouver leurs racines. Les microfilms disponibles sont conservés et consultables à Nantes, au Service central de l'état civil, mais ils concernent très minoritairement les musulmans.

Ainsi, pour la ville d'Alger, les registres disponibles commencent pour les Européens en 1832 pour les mariages et en 1871 pour les naissances, pour les juifs en 1836 pour les naissances, mariages et décès, mais ne couvrent que les années 1855-1856 et 1858 pour les musulmans.

Il est alors nécessaire d'avoir recours à d'autres sources, telles que les dénombrements de la population. Quatre ont été effectués en 1906, 1911, 1931 et 1954. Les imprimés comportent des colonnes précisant l'origine des individus. On distinguait ainsi :

– les Européens français : français d'origine, naturalisés par décret individuel, naturalisés par la loi de 1889, naturalisés par le décret de 1870, juifs et fils de naturalisés par le décret de 1870 ;

– les Européens étrangers : Espagnols, Italiens, Maltais et les autres ;

– les indigènes : Algériens et sujets français ;

– les étrangers : Marocains, Tunisiens et autres.

Ces précisions peuvent orienter les recherches vers d'autres sources, telles que les listes électorales. Il est en effet possible d'y avoir recours, mais celles-ci ne concernent que les citoyens de nationalité française pour la période antérieure à 1894, et bien peu de musulmans l'avaient alors acquise. Ceux-ci pouvaient en effet devenir français sous les conditions définies par un sénatus-consulte de 1865 : être âgé de 21 ans et bénéficier d'un décret rendu en Conseil d'État.

En 1919, une loi a modifié les conditions d'obtention de la nationalité française : être âgé de 25 ans, célibataire ou monogame, avoir deux ans de résidence consécutive dans la même commune et n'avoir pas subi de condamnation ou de peine disciplinaire pour des actes d'hostilité envers la souveraineté française. Enfin, après 1944, tout musulman de sexe masculin pouvait devenir français s'il appartenait à des catégories bien définies.

Après 1894, les listes électorales distinguaient donc les « Français » – regroupant les citoyens français et les musulmans ayant acquis la nationalité française – et les « Musulmans » – dénommés successivement indigènes, musulmans puis français musulmans – membres du 2e collège.

Enfin, les autres documents concernant l'Algérie, tels que transactions, partages, titres de propriété ou demandes de concessions ne concernent pratiquement jamais la population musulmane.

La Tunisie

Des registres d'état civil ont été établis par les autorités françaises de 1884 à 1956. Ils concernent la totalité de la population, qu'elle soit d'origine européenne ou tunisienne.

Après la fin du protectorat français, ces registres sont restés sur place, mais il en a été établi des microfilms qui sont conservés et consultables à Nantes.

Le Maroc

De même que pour la Tunisie, des registres ont été tenus en trois, puis deux exemplaires de 1915 à 1956. Un de ceux-ci est conservé et consultable à Nantes.

Avant la présence française, l'état civil était tenu dans les consulats et ne concernait donc, comme dans tous les autres pays étrangers, que les citoyens français résidant dans le pays, à l'exclusion de tous les musulmans marocains.

En droit musulman, le mariage est un contrat dont les clauses sont définies dans le Coran et la tradition du Prophète. L'islam fait à l'homme, mais non à la femme, une obligation de se marier quand rien ne l'en empêche. Le mariage ne peut avoir lieu entre parents au « degré prohibé ». L'homme ne peut avoir simultanément plus de quatre épouses. La femme ne peut se marier qu'avec le consentement de son tuteur matrimonial, père, frère, grand-père paternel, oncles paternels. Le contrat exige la présence de témoins : deux hommes, ou un homme et deux femmes, ou quatre femmes. Le mariage doit être public sinon il n'est pas valide.

Des ancêtres immigrés

Pays riche, la France a toujours été l'objet d'un constant mouvement d'immigration. Il est donc fréquent que des étrangers apparaissent dans une généalogie ascendante. Les recherches devront logiquement se poursuivre dans le pays d'origine de l'aïeul concerné. Non sans avoir auparavant consulté un document riche en renseignements : le dossier de naturalisation.

Un peu d'histoire

Au Moyen Âge, celui qui n'était pas originaire d'une ville mais désirait s'y installer définitivement demandait aux autorités municipales une « lettre de bourgeoisie » qui lui permettait d'obtenir les mêmes privilèges que les habitants de la cité.

Avant que cette pratique ne disparaisse, vers le XVIIe siècle, était apparu l'usage de demander au roi des « lettres de naturalité ». Ces lettres permettaient de jouir de tous les avantages des « naturels français », et en particulier d'échapper au droit d'aubaine qui, depuis le Moyen Âge, exigeait qu'à la mort d'un étranger en France ses biens reviennent au roi et non à ses héritiers. Ces lettres ne répondent à aucun droit particulier ; le roi les accorde à qui bon lui semble, sans avoir à en justifier ni l'octroi ni le refus.

Dans ce domaine, comme dans bien d'autres, la fin de l'Ancien Régime sera marquée par une profonde évolution du droit et des pratiques. Pour le XIXe siècle, les généalogistes consulteront donc le dossier de naturalisation disponible.

Les lettres de naturalité

Lorsqu'elles précisent pour quelles raisons le souverain les a accordées, ces lettres donnent alors de précieuses indications sur le bénéficiaire. Quoi qu'il en soit, elles mentionnent au moins, et presque toujours, l'origine géographique du bénéficiaire, sa profession, le nom de ses parents, sa situation matrimoniale et le nom de ses enfants.

L'octroi de ces lettres se faisait en plusieurs étapes. L'étranger devait d'abord adresser une requête qui était examinée par le Conseil du roi. Si la décision était favorable, la lettre était rédigée par la Grande Chancellerie de France et le bénéficiaire devait venir la retirer lui-même. Pour devenir effective, la lettre devait encore être vérifiée par la Chambre des comptes, puis enregistrée à la Chambre (ou Cour) du Trésor.

Ces lettres sont difficiles à retrouver car elles sont dispersées dans des fonds divers. Le travail du généalogiste sera cependant facilité par le fait que ces différents fonds sont regroupés aux Archives nationales et que de nombreux inventaires et index ont été publiés.

Les dossiers de naturalisation

Ils étaient souvent précédés par une admission à domicile qui conférait au bénéficiaire la jouissance de droits civils. Cette première procédure devint obligatoire en 1849 et ne disparut qu'en 1927.

L'étranger qui désirait être naturalisé français devait remplir un dossier à la préfecture du département où il résidait. Ce dossier est aujourd'hui consultable aux Archives départementales (série M). Mais, jusqu'en 1945, un autre dossier, découlant du premier, était transmis au ministère de la Justice. Ce deuxième dossier est conservé aux Archives nationales (sous-série BB11).

Le dossier des Archives nationales – Il comprend la lettre manuscrite de l'intéressé demandant l'admission à domicile, puis celle, manuscrite également, demandant la naturalisation. Si le demandeur est marié, une lettre identique de son conjoint peut également s'y trouver ainsi qu'un extrait de leur acte de mariage.

Le dossier des Archives départementales – Beaucoup plus riche, il contient en particulier un extrait d'acte de naissance de l'intéressé, et éventuellement de son conjoint et de ses enfants, avec, si nécessaire, leur traduction.

On y retrouve aussi : des extraits de feuilles d'imposition ; pour les hommes, une attestation de service militaire accompli dans le pays d'origine ; un extrait de casier judiciaire français ; les attestations des employeurs successifs en France ; l'attestation du maire du lieu de résidence certifiant que le demandeur habite bien et depuis combien de temps à l'adresse indiquée.

Rempli par le demandeur et transmis au ministère de la Justice, le questionnaire est commun aux deux dossiers. On y retrouve les raisons de la requête, l'« attitude politique » du demandeur ainsi que son éventuel désir de retourner un jour dans son pays d'origine. La réponse à cette dernière question devait naturellement être négative...

Enfin, l'avis favorable ou défavorable de la préfecture figure sur ce questionnaire, ce qui peut encore apporter des informations intéressantes.

Naturalisation du père de Verlaine

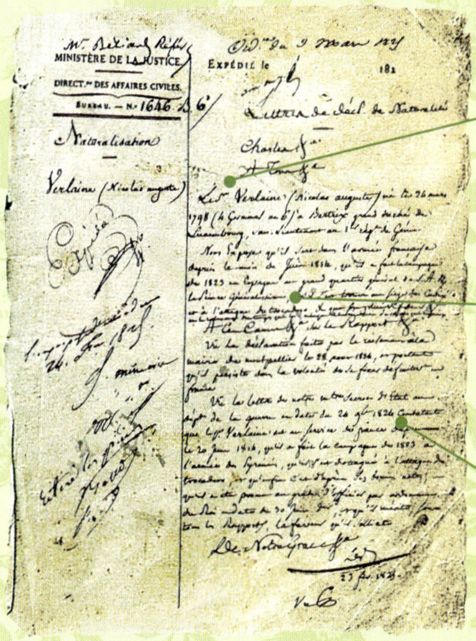

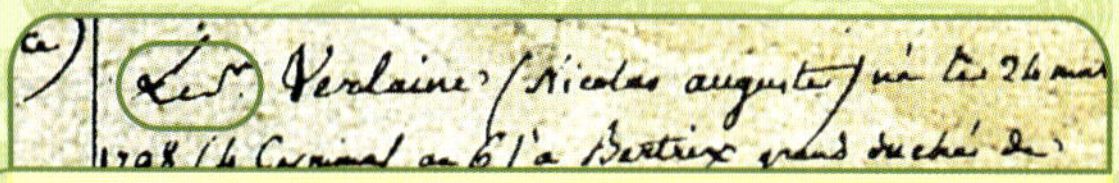

Sr. Abréviation de « sieur » et non de « seigneur », employé comme « monsieur » actuellement.

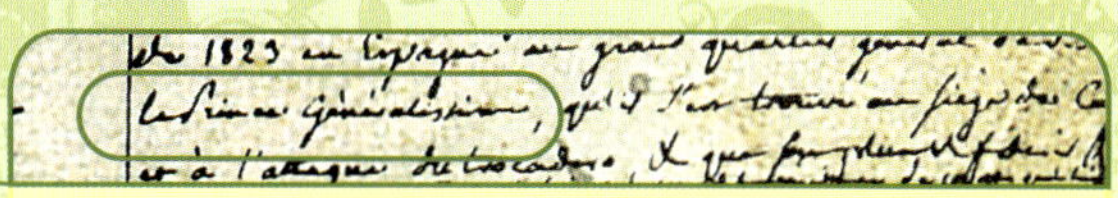

S.A.R. le Prince Généralissime. Il s'agit de Louis de Bourbon, duc d'Angoulême, qui commanda l'expédition d'Espagne en 1823. S.A.R. est l'abréviation de Son Altesse Royale.

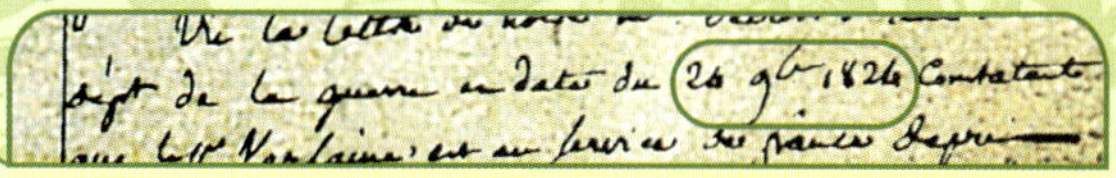

24 9b. 1824. 24 novembre 1824. 9b. est l'abréviation de novembre, 7b. celle de septembre, 8b. celle d'octobre et 10b. celle de décembre.

Transcription

Lettre de décl. de naturalité
Charles X
À tous
Le Sr. Verlaine (Nicolas Auguste) né le 24 mars 1798 (4 Germinal an 6) à Bertrix grand Duché de Luxembourg, sous-lieutenant au 1er régt de Génie Nous expose qu'il sert dans l'armée française depuis le mois Juin 1814, qu'il a fait la campagne de 1823 en Espagne au grand quartier général de S.A.R. le Prince Généralissime, qu'il s'est trouvé au siège de Cadix et à l'attaque du Trocadéro et que son plus vif désir (une ligne illisible)
A ces C(illisible) sur le rapport
Vu la déclaration faite par le réclamant à la mairie de Montpellier le 28 janv. et portant qu'il persiste dans la volonté de se fixer définivt en France.

Vu la lettre de notre Mtre Secrét. d'Etat au Dépt. de la guerre en date du 24 9b. 1824 constatant que le Sr. Verlaine est au service de France depuis le 20 juin 1814, qu'il a fait la campagne de 1823 à l'armée des Pyrénées, qu'il s'est distingué à l'attaque du Trocadéro et qu'enfin c'est d'après ses bonnes notes, qu'il a été promu au grade d'officier par ordonnance du roi en date du 30 juin der, et qu'il mérite, sous tous les rapports, la faveur qu'il sollicite.

Dans les lettres de naturalité, on retrouve le plus souvent les raisons qui ont conduit le souverain à les accorder. Parfois elles reprennent même toute la biographie du bénéficiaire et revêtent alors un grand intérêt.

Les recherches en Belgique

Instauré par la Constitution de 1831, le royaume de Belgique n'est que partiellement francophone. L'influence française y est toutefois très marquée en ce qui concerne les recherches généalogiques. En effet, en 1796, l'occupation française entraîne l'application de la loi de 1792 concernant l'état civil dans les provinces belges conquises.

En 1515, Charles Quint hérite des Pays-Bas. Pendant son règne, il porte à dix-sept le nombre des provinces qui les constituent.

Les documents essentiels

La laïcisation des registres paroissiaux est due à la France, qui instaure l'état civil moderne dès 1796. Le premier registre est celui des mariages de la collégiale Saints-Michel-et-Gudule de Bruxelles, en 1482. Mais l'enregistrement des baptêmes, des mariages et des sépultures ne se généralise qu'au XVIIe siècle. La tenue des registres en deux exemplaires remonte à 1779, durant le règne de Marie-Thérèse (d'où leur surnom de doubles « thérésiens »). Ces registres anciens ont été dotés d'une table alphabétique, selon une loi de 1865 alors que l'état civil moderne possède les tables décennales instaurées en France.

Spécifiques à la Belgique, signalons l'existence des registres de population. Ces documents sont très intéressants car, pour chaque commune dès 1846, ils permettent de suivre les ménages d'un lieu de résidence à un autre.

Les difficultés d'une recherche ne résident donc pas dans la nature et le contenu des actes, pas plus que dans les délais de consultation des documents : la loi sur les archives de 1955 les rend accessibles au-delà de 100 ans. Toutefois, il faut noter l'absence de mentions marginales dans l'état civil moderne et la rareté des filiations dans les actes anciens (sauf ceux de baptême).

Le problème linguistique

Pour le chercheur francophone, la langue utilisée dans les actes est souvent source d'inquiétude.

En fait, la situation est variable. Sous l'Ancien Régime, les registres paroissiaux sont généralement en latin ; entre 1795 et 1823, le français est la langue officielle, mais le néerlandais est d'usage courant dans l'état civil des provinces flamandes après 1815 ; le français est à nouveau la langue officielle en 1830 ; les lois linguistiques permettent l'utilisation du néerlandais dans l'administration en 1878 ; cela n'empêche pas de trouver des registres urbains de Flandre encore en langue française ; le néerlandais ne devient une langue officielle qu'en 1898… Mais il reste la partie germanophone du pays où les actes sont en allemand gothique jusqu'à la Seconde guerre mondiale !

Si le bilinguisme – voire le trilinguisme – est de mise dans les guides d'archives nationaux, les publications régionales ne sont disponibles que dans la langue officielle.

Toute démarche auprès d'un service public flamand peut être effectuée en français, mais la réponse (en dehors des Archives de l'État) sera très souvent donnée en flamand. Il existe trois à quatre guides de généalogie en français dont l'un porte sur l'intégralité des anciens Pays-Bas.

Un réseau associatif en pleine expansion

La recherche est facilitée par l'existence d'un réseau associatif très efficace.

Trois organismes sont devenus de véritables institutions, sans équivalent en France, et leurs publications ont acquis un caractère scientifique : l'Office généalogique et héraldique de Belgique (OGHB), fondé en 1942, doté d'une revue depuis 1936 ; le Service de centralisation des études généalogiques et démographiques de Belgique (SCGD), constitué en 1944 avec des sections dans 4 provinces de Wallonie ; la Vlaamse Vereniging voor Familiekunde (VVF), fondée en 1964, avec près de 30 sections et plus de 4 000 membres, sans doute l'une des associations les plus puissantes en Europe.

Ces trois organisations offrent de multiples services à leurs membres (bibliothèques, cours, groupes spécialisés en héraldique ou en informatique, publications diverses).

Une passion qui perdure

L'engouement pour la généalogie, pratiquée dans tous les milieux, a été plus précoce en Flandre. La « fièvre généalogique » dont parlent certains auteurs français a touché la Belgique à partir de 1990.

En dix ans, près de vingt cercles sont nés, sections parfois issues des anciennes sociétés d'histoire et de folklore.

Cette multiplication des structures est l'un des trois faits marquants de la recherche contemporaine en Belgique et a abouti, entre autres choses, à la création d'un « Salon de la généalogie en Belgique francophone », organisé par l'ASBL Géni-Wal depuis 1998.

Ensuite, l'usage de l'informatique (CD-Rom, sites Internet, « encodage » des données), mouvement né en Flandre, s'est généralisé.

Enfin, l'État a suscité une décentralisation des archives, dans un contexte de renforcement des pouvoirs régionaux et communautaires. Les généalogistes y ont perdu (provisoirement ?) le service d'un dépôt central de microfilms situé dans le centre de Bruxelles.

Les registres de population

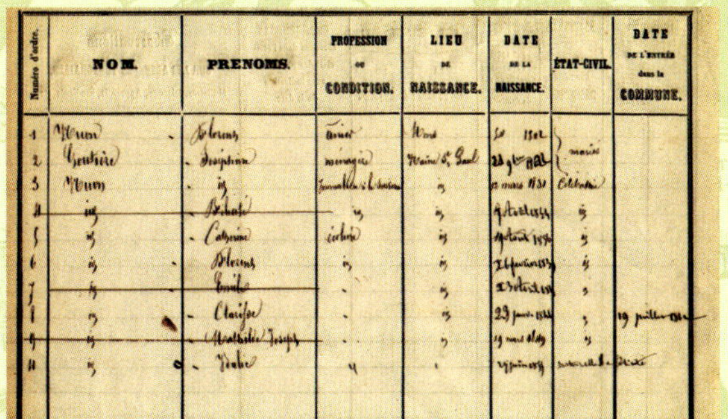

Registre de population de la ville de Haine-Saint-Paul.

En 1846, année du premier recensement général du royaume, l'État belge institue la tenue dans chaque commune d'un registre de population. On y trouve pour chaque individu un numéro d'ordre, le nom, les prénoms, la profession ou condition, le lieu de naissance, la date de naissance ou l'âge, l'état matrimonial, la date de l'entrée dans la commune, l'indication selon laquelle la personne est inscrite à titre de domicile [légal] ou de simple habitation [de fait], la désignation de la dernière résidence ou du lieu où l'habitant va s'établir, la date de la sortie ou du décès, les changements survenus dans l'état civil, les observations sur les absences temporaires (militaires, détenus, apprentis, étudiants, etc.). Les conditions de consultation sont variables : les originaux ne sont parfois plus accessibles et sont remplacés par des microfilms ; ils peuvent aussi être conservés dans les Archives de l'État. Aujourd'hui, les registres de population ont disparu, remplacés par des fiches mécanographiques dans la seconde moitié du XXe siècle, puis par un fichier national informatisé dans les années 1970.

Les recherches au Québec

La documentation québécoise est abondante, exhaustive, variée et accessible. Pour ces raisons, il n'est pas difficile pour un Québécois de souche de remonter, en l'espace de quelques heures seulement, les dix ou douze générations qui le séparent de son premier ancêtre établi en sol canadien, ce qui fait l'envie des généalogistes américains et français.

Un rameau de la famille française

Le Québec et l'Acadie sont les creusets de la civilisation française en Amérique. Des 14 000 émigrants français établis aux XVIIe et XVIIIe siècles descendent aujourd'hui quelque sept millions de francophones et plusieurs millions de descendants dans les États de la Nouvelle-Angleterre et de l'Ouest des États-Unis.

Il n'est donc pas étonnant qu'au Québec les généalogistes s'intéressent tant au premier ancêtre à avoir foulé le sol du Nouveau Monde. Pour les Québécois de souche, il s'agit du porteur de patronyme, celui qui revêt un intérêt particulier, sur lequel on écrit la biographie, on se remémore l'ancienne patrie avant de s'y rendre un jour pour visiter le village natal. Dans cette recherche, le projet franco-québécois du Fichier Origine permet aux Québécois de retracer quelques jalons de l'histoire familiale en France et aux Français d'établir des filiations avec des ancêtres qui ont tenté l'aventure en Amérique.

BAS-CANADA. No. 14

PERMIS D'OCCUPATION.

Permission est par ces présentes accordée à Guillaume Théberge, cultivateur de Armagh de prendre immédiatement possession d'une certaine étendue de terre, étant le lot Numéro quatorze dans le premier Rang du Township de Armagh N.E dans le Comté de Bellechasse contenant cent neuf acres et d'occuper la dite étendue de terre aux conditions suivantes :

1°—L'occupant fera et entretiendra en bon ordre la moitié de la largeur du chemin sur tout le front de la dite étendue de terre, si le chemin principal passe sur la devanture d'icelle, et, si tel chemin passe ailleurs que sur la devanture de la dite étendue de terre, il fera et entretiendra telle partie du dit chemin qu'il serait tenu de faire et entretenir s'il était propriétaire de la dite étendue de terre, ou dans l'absence de réglements municipaux à l'égard de tel chemin, il fera et entretiendra telle partie du dit chemin qui lui sera indiquée par écrit par l'Agent des Terres de la Couronne, dans l'arrondissement duquel la dite étendue de terre se trouve située ; et le dit occupant fera et entretiendra de plus les fossés et clôtures sur la dite étendue de terre.

2°—L'occupant tiendra feu et lieu sur la dite étendue de terre pendant tout le temps qu'il l'occupera, et défrichera sur icelle au moins 2 acres et demi en superficie par an, pendant quatre ans à compter de la date de ces présentes.

3°—L'occupant ne vendra ni ne coupera, et ne permettra à qui que ce soit de vendre ou de couper, du bois sur la dite étendue de terre, excepté pour le défrichement de la terre, pour son chauffage et pour les bâtisses et clôtures qu'il érigera sur icelle. Tout le bois coupé pour d'autres objets sur la dite étendue de terre sera censé avoir été coupé par l'occupant, et pourra être pris et emporté par toute personne duement autorisée par le Gouvernement à cet effet, sans aucune formalité quelconque.

4°—L'occupant pourra, de préférence à tout autre, devenir l'acquéreur de la dite étendue de terre ci-dessus désignée, pour le prix et somme de dix louis & dix huit chelins courant, en payant la dite somme par quatre versements égaux de £ 2-14-6 chaque, dont le premier devra être fait dans cinq ans de la date des présentes, et les trois autres, de deux ans en deux ans, à compter de l'expiration de la dite période de cinq années, le tout avec intérêt.—Bien entendu, que rien dans ces présentes ne donnera, et ne sera interprété de manière à donner, l'effet d'un titre translatif de propriété : que ni l'occupant, ni ses hoirs et ayants cause, n'auront et ne pourront prétendre avoir aucun droit de propriété dans la dite étendue de terre, jusqu'à ce que toutes les conditions contenues dans ces présentes aient été bien et duement remplies, et que la Couronne ait transporté ses droits de propriété en icelle par Lettres Patentes.—Bien entendu aussi que, faute par l'occupant de remplir aucune des conditions ci-dessus spécifiées et faute par lui de se prévaloir de la préférence qui lui est accordée par ces présentes, en faisant les paiements ci-dessus mentionnés, de la manière et aux époques spécifiées ci-haut, le soussigné, ses successeurs en office, ou tout autre officier duement autorisé, pourra reprendre la dite étendue de terre, en expulser l'occupant, ses hoirs ou ayants cause, et en disposer comme bon semblera aux autorités compétentes.—Mais il est de plus entendu que, si l'occupant remplit fidèlement les conditions ci-dessus énoncées, tous les argents qui seront reçus par le Gouvernement pour droits sur des bois coupés dans les limites de l'étendue de terre ci-dessus désignée, soit de l'occupant, soit de toute autre personne, seront portés à l'acquit de l'occupant, et à compte des paiements qu'il aura à faire pour devenir l'acquéreur et propriétaire de la dite étendue de terre.

St Thomas 8 mars 1852

Agent T. Couronne

N.B.—Les Agents ont droit d'exiger des Commissionaires un honoraire de Cinq Chelins pour l'expédition de chaque Permis d'Occupation.

Permis d'occupation en faveur de Guillaume Théberge, cultivateur d'Armagh pour le lot numéro 14 du premier rang du canton d'Armagh, comté de Bellechasse, 8 mars 1852.

Des sources essentielles

Au Québec, les sources utiles pour remonter une filiation ne sont pas éloignées de celles qui sont nécessaires en France.

Les registres paroissiaux – Les prêtres qui accompagnaient les colons ont respecté les règles d'enregistrement des baptêmes, mariages et sépultures.

La première source à consulter sera donc, comme en France, les registres paroissiaux. Ces registres sont conservés dans les différents centres régionaux des Archives nationales du Québec.

Les recensements – Les autorités françaises, puis anglaises, désirant connaître le nombre et les noms des colons, plusieurs recensements furent organisés aux XVIIe et XVIIIe siècles.

Si certains ne donnent que le nom du chef de famille, d'autres apportent des renseignements utiles sur la composition de la famille et son lieu d'établissement.

Au XIXe siècle, les recensements mentionneront même l'origine, la profession et la religion des individus.

Les actes notariés – Au Québec, le peuplement se fit sous le même régime seigneurial qu'en

France. Le roi octroyait des seigneuries à des personnages puissants, qui, à leur tour, concédaient des terres à leurs vassaux.

Tous les actes concernant ces transactions étaient enregistrés par des notaires. Il est donc possible de déterminer la première installation d'un aïeul ou de connaître les exploitants successifs d'une terre.

Notons que plusieurs inventaires de concessions ont d'ailleurs été publiés et sont aujourd'hui consultables dans les dépôts d'archives.

Jean Talon, premier intendant de la Nouvelle-France, rend visite à des colons. Entre les mois de février et août 1666, il dirige le premier recensement du Canada.

La généalogie québécoise

La généalogie au Québec a pris son véritable envol à la fin du XIXe siècle par la publication du *Dictionnaire généalogique des familles canadiennes* de Mgr Cyprien Tanguay, considéré comme le père de la généalogie canadienne. Sans cette œuvre monumentale, la généalogie n'aurait jamais atteint aussi rapidement l'ampleur qu'on lui connaît aujourd'hui.

Par la suite, plusieurs auteurs, des ecclésiastiques et des notaires surtout, publient des généalogies familiales ou des généalogies assimilant plusieurs familles d'un village, d'une ville ou d'une région. En complément à ces travaux, d'autres chercheurs concentrent leurs recherches sur nos origines.

Parallèlement à ces généalogistes qui œuvrent souvent en solitaire, l'Institut généalogique Drouin, fondée en 1933, microfilme et compile des milliers d'actes de l'état civil et publie des généalogies familiales.

Au cours des années 1940, la généalogie se démocratise et prend un essor considérable avec la fondation, à Montréal, en 1943, de la Société généalogique canadienne-française par le père Archange Godbout. Ce dernier avait effectué deux longs séjours en France afin d'y dépouiller les archives à la recherche des fondateurs de son pays. Son fonds d'archives conservé à la Société généalogique canadienne-française est d'une richesse inestimable pour les généalogistes.

Les sources informatisées

Depuis 1980, le développement de l'informatique contribue de façon déterminante à l'essor de la généalogie québécoise. La création de deux banques de données majeures a amélioré notablement la recherche des ancêtres. La banque de données du Programme de recherche en démographie historique contient l'ensemble des actes de l'état civil et des recensements anciens de 1621 à 1800, tandis que la banque de données Parchemin regroupe les actes notariés pour la période de 1630 à 1780.

Signalons encore la base de données BMS 2 000, qui contient quelque 2,3 millions d'actes de mariage pour la période de 1620 à 1994, et celle de l'Institut de la statistique du Québec, qui compte près de 5 millions d'actes de mariage et de décès entre 1926 et 1997.

Enfin, plusieurs généalogistes possèdent un site Internet dans lequel on retrouve de nombreuses informations sur la généalogie des Québécois et des Acadiens.

Le site Internet www.genealogie.com est probablement, à ce jour, le plus explicite sur les recherches généalogiques au Québec.

Les recherches en Suisse

La place originale que tient la Suisse en Europe se retrouve aussi au niveau de la recherche généalogique. Non seulement son organisation fédérale en 26 cantons disposant d'une large autonomie entraîne une certaine diversité à laquelle nous ne sommes pas habitués, mais surtout l'existence dans chaque commune de « registres de familles » permet aux généalogistes de disposer de documents irremplaçables.

Une commune d'origine

Chaque famille suisse a une commune d'origine, même si elle l'a quittée depuis plusieurs générations et que ses membres n'y sont jamais allés. Dans cette commune, un registre de familles, dont une loi de 1929 a généralisé la pratique, répertorie toutes les familles disposant du droit de bourgeoisie dans la commune, et un système de numérotation permet de trouver les ascendants et les descendants de chaque couple.

Ces registres de familles ont succédé à des « registres de bourgeoisie » beaucoup plus anciens (Fribourg dès 1343, Genève dès 1445, etc.) dans lesquels étaient notés les citoyens disposant du « droit de bourgeoisie », c'est-à-dire payant un certain impôt et pouvant participer à l'administration de la cité.

La consultation de ces registres de familles permet de se reporter aux registres de l'état civil qui sont apparus en Suisse de 1830 à 1876 selon les cantons. Ceux-ci sont tenus par un officier d'état civil assermenté qui seul est autorisé à dresser les actes de naissance, mariage et décès. Toutefois, dans certains cantons c'est l'administration com-

Les registres de bourgeoisie

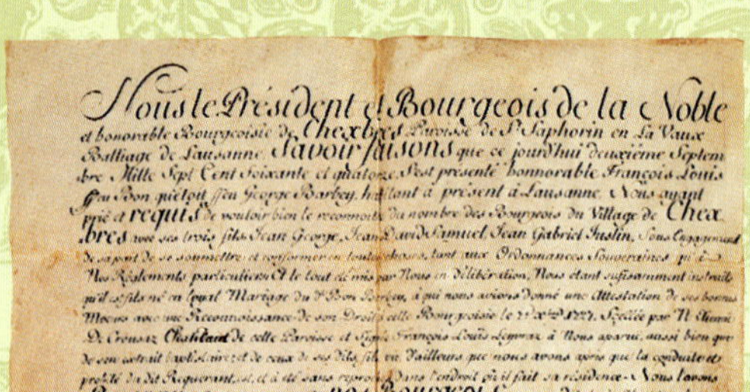
Nous le Président et Bourgeois de la Noble et honorable Bourgeoisie de Chexbres Paroisse de St Saphorin en La Vaux Balliage de Lausanne Savoir faisons que ce jourd'hui deuxième Septembre Mille Sept Cent Soixante et quatorze s'est présenté honnorable François Louis

Une particularité du « droit de bourgeoisie » est de permettre à un descendant dans la misère d'obtenir une aide sociale de la commune d'origine de son ancêtre.

Dans les villes d'une certaine importance, les chefs de famille les plus puissants ont, dès le Moyen Âge, obtenu un certain nombre de libertés et, en particulier, la possibilité de participer directement à l'administration de la cité. Ce « droit de bourgeoisie » était toutefois subordonné au paiement d'une somme d'argent qui pouvait être importante, ce qui limitait nécessairement le nombre des bénéficiaires. Les autres n'étaient qu'habitants et ne bénéficiaient pas des mêmes prérogatives. Il existe ainsi des listes de bourgeois et d'habitants dans de nombreuses régions, mais leur utilité reste limitée lorsqu'il s'agit de simples listes nominatives où seul le chef de famille est cité, ce qui est, en général, le cas. Plus intéressants sont les registres de bourgeoisie sur lesquels on inscrivait les nouveaux bourgeois lorsqu'ils accédaient à ce statut et souvent le montant de la somme qu'ils versaient à cette occasion.

munale qui en est responsable. Pour la tenue de l'état civil, la Suisse est découpée en arrondissements pouvant regrouper plusieurs villages, alors qu'au contraire les grandes villes peuvent être divisées en plusieurs arrondissements.

Les actes de naissance indiquent les noms, prénoms, professions, domicile, âges et communes d'origine des parents.

Les actes de mariage précisent, outre la date et le lieu de celui-ci, les noms, prénoms, dates et lieux de naissance, domiciles, professions et communes d'origine des conjoints, ainsi que les noms, prénoms, professions et domiciles de leurs parents.

Les actes de décès indiquent les nom, prénom, commune d'origine, domicile, profession, date et lieu de naissance du défunt, ainsi que les noms et prénoms de ses parents et de son conjoint ou sa qualité de célibataire.

Par ailleurs, les registres d'état civil sont de type A ou B. Les registres A regroupent les naissances, mariages et décès survenus sur le territoire de l'arrondissement, tandis que les registres B enregistrent ceux survenus en dehors de l'arrondissement, y compris à l'étranger, à l'aide des extraits que les familles ne manquent pas d'adresser. Ce sont les registres B qui permettent la mise à jour des registres de familles lorsque celles-ci ont quitté la commune, voire le pays.

Mais il se peut que l'on ignore la commune d'origine. Dans ce cas, un ouvrage de référence, le *Répertoire des noms de famille suisses*, indique l'orthographe officielle du nom de chaque famille avec sa commune d'origine, l'année au cours de laquelle le droit de bourgeoisie a été obtenu et l'éventuelle ancienne commune d'origine.

L'organisation fédérale de la Suisse en cantons disposant d'une large autonomie entraîne des différences dans la façon de mener des recherches généalogiques.

Les registres paroissiaux et le notariat

Pour les périodes antérieures à la création de l'état civil, entre 1830 et 1876 selon les cantons, il faut avoir recours aux registres paroissiaux.

Ceux-ci peuvent être très anciens (fin du XVe siècle), mais, dans la majorité des cas, ils ne permettent pas de remonter au-delà du début du XVIIe siècle. Leurs modalités de conservation et de consultation varient d'un canton à l'autre. Ils peuvent ainsi avoir été gardés par les curés et les pasteurs ou déposés dans les Archives cantonales. Toutefois, dans le premier cas, les dépôts d'archives en détiennent une copie sur microfilm qui dispense de se rendre dans les paroisses.

Quant au notariat, il permet généralement de remonter plus haut que les registres paroissiaux. Les plus anciens actes datent du XIIIe siècle. Ils sont rédigés, pour la plupart, en latin jusqu'en 1536, puis dans les différentes langues parlées en Suisse : français, allemand, italien ou romanche. Ils ne sont consultables par tous qu'au-delà d'un délai de cent ans, comme en France. Outre les documents habituels, achats et ventes, contrats, donations, etc., le notariat contient également des actes de « réception bourgeoisiale » qui intéresseront particulièrement les généalogistes.

Des archives

« **Les archives** sont propriété de la Nation et tout citoyen y a accès dans la mesure où la communication des documents ne porte préjudice ni à l'État ni aux personnes. » Ainsi, le 7 messidor an II, la Convention fixe les principes de la communication des archives aux particuliers. Des principes toujours en vigueur… Comme le sont également la gratuité des consultations et le respect des fonds.

▲ *Déjà, à Rome, on avait pris soin de classer et de conserver les documents anciens.*

à consulter

Conserver, une volonté ancestrale

Déjà les Égyptiens possédaient des archives publiques, conservées par les prêtres. Les Hébreux placèrent les leurs dans l'arche d'alliance puis dans le Temple de Jérusalem. Les Perses, les Babyloniens, les Phéniciens les déposaient dans des temples censés les protéger de toute profanation. Les Grecs les enfermaient dans le Trésor de chaque cité, au cœur d'un temple.

Rome a commencé à « classer » les archives : dans le temple de Jupiter Capitolin et dans le temple de Junon, les actes du peuple et du sénat ; les jugements, contrats des particuliers, testaments, dans le temple de la Liberté ; le rôle des censeurs contenant les nom, âge, famille de chaque citoyen, dans le temple des Nymphes ; les registres des naissances, dans le temple de Saturne ; le dénombrement des jeunes citoyens qui prenaient la robe virile, dans le temple de la Jeunesse ; et les registres mortuaires, dans le temple de la déesse Libitine.

En France, un principe déjà ancien

En France, les archives royales, héritées des archives du palais des empereurs romains, ont été conservées au palais dès les Mérovingiens (VIIe siècle). On y conservait, par exemple, les rôles des impôts, les états des revenus du fisc et des redevances des vassaux.

Lorsque les rois voyageaient, les archives suivaient. Charles Quint a perdu nombre d'actes de sa chancellerie dans le naufrage de l'un de ses navires en revenant d'Alger en 1541. En 1194, ayant perdu ses archives et son sceau lors de la bataille de Fréteval contre Richard Cœur de Lion, Philippe Auguste fonda le Trésor des chartes. Saint Louis fixa, en 1246, les archives à la Sainte-Chapelle. Elles y restèrent jusqu'à la Révolution, confiées au trésorier des chartes de France jusqu'en 1582 puis au procureur général du parlement de Paris.

Sur ce manuscrit du début du XVIe, on découvre la généalogie des rois du Portugal. Dans ce pays, comme ailleurs, toute recherche généalogique doit s'entreprendre suivant le même parcours.

Ailleurs, le même parcours

À l'étranger, toute recherche généalogique doit s'entreprendre suivant le même parcours qu'en France. Il faut commencer par faire des recherches locales (cimetières, mairies ou équivalents, églises ou temples), dans un deuxième temps des recherches régionales (équivalent des Archives départementales), enfin des recherches nationales (équivalent des Archives nationales).

Les Archives municipales

Les municipalités sont propriétaires de leurs archives et en assurent la conservation et la mise en valeur. La mairie de la commune où vivaient vos ancêtres est donc le premier endroit où il faudra vous rendre. Mais toutes les mairies n'offrent pas les mêmes conditions de recherche et il sera nécessaire de se renseigner avant de se déplacer.

Que contiennent-elles ?

Les Archives municipales ont été créées le 26 octobre 1796 (5 brumaire an IV). Les communes se voient alors confier le soin de conserver à la fois les registres paroissiaux de l'Ancien Régime, le nouvel état civil, les registres des délibérations des autorités municipales et autres papiers de l'administration locale.

À quelques exceptions près, tous ces fonds sont donc aujourd'hui accessibles en mairie. Normalement, les communes de moins de 2 000 habitants, en effet, ne conservent plus les documents anciens. Si elles ont respecté la loi du 21 décembre 1970, elles les ont versés aux Archives départementales.

Les archives anciennes (antérieures à 1790)

Depuis une circulaire datant du 25 août 1857, tous les documents antérieurs à la Révolution sont classés dans les séries nommées par des lettres doubles, de AA à II. La plus intéressante au départ d'une recherche généalogique est la série GG.

Les renseignements essentiels de la série GG – Malgré sa sécheresse administrative, la série GG contient une multitude d'informations. Elle est consacrée aux cultes, aux écoles et à l'assistance publiques. On y retrouve donc :

– les registres paroissiaux, ou registres BMS ;

– tout ce qui a rapport au culte, aux enquêtes, bulles, mandements émanant de religieux, aux églises et chapelles, au clergé, y compris régulier, au culte israélite ;

– tout ce qui a trait à l'assistance publique mais aussi à la santé : épidémies, pestes, et autres « contagions » ;

La mairie de la commune où vivaient vos ancêtres est le premier endroit où il faut vous rendre. Si elle a plus de 2 000 habitants, elle conserve les registres paroissiaux et le nouvel état civil.

– les documents relatifs à l'Instruction publique, à la surveillance de la vente des livres.

L'intérêt des autres séries – Les autres séries contiennent des renseignements plus spécifiques, aidant à mieux cerner l'ancêtre auquel on s'intéresse :

– la série AA : les actes constitutifs de la commune (chartes, privilèges, correspondance générale…) ;

– la série BB : l'administration communale (personnel, registres de délibérations…) ;

– la série CC : les impositions diverses, la comptabilité de la commune (cadastre ancien, ou compoix) ;

– la série DD : les biens communaux et ce qui concerne la voirie et les travaux publics ;

– la série EE : les affaires militaires ;

– la série FF : la justice et la police ;

– la série HH : l'agriculture, le commerce et l'industrie (mercuriales, corporations) ;

– la série II : des documents divers (cartes et plans, dons et legs, titres de famille, manuscrits…).

Les archives modernes (de 1790 à 1940)

Tous les documents postérieurs à la Révolution sont classés dans des séries identifiables par des lettes simples, allant de A à S.

L'état civil dans la série E – Pour toute recherche postérieure à 1790, la série E est la plus utile. C'est celle de l'état civil. Elle contient non seulement les registres de naissances, mariages et décès, mais aussi les tables décennales, qui regroupent par ordre alphabétique toutes les personnes nées, mariées et décédées, de dix ans en dix ans. Tous ces documents ne peuvent toutefois être consultés que s'ils datent de plus de cent ans.

Les séries à exploiter en complément – Deux autres séries postérieures à 1790 donnent souvent des renseignements intéressants, une fois que l'on a étudié la série E. Par exemple :

– la série F contient les recensements de population, les recensements de citoyens actifs (c'est-à-dire qui pouvaient participer à la vie politique au XIXe siècle car fortement imposés), des dénombrements d'habitants par maison et par rue. Mais aussi tout ce qui a trait à l'agriculture, au commerce et à l'industrie ;

– la série H conserve tout ce qui a trait à l'administration militaire : conscription, tableaux de recensement, dispenses de service militaire pour « soutiens de famille », réfractaires, absents, disparus, inscrits maritimes ;

– la série I contient les documents concernant la police, l'hygiène publique et les prisons ;

– la série Q conserve ce qui a trait au culte.

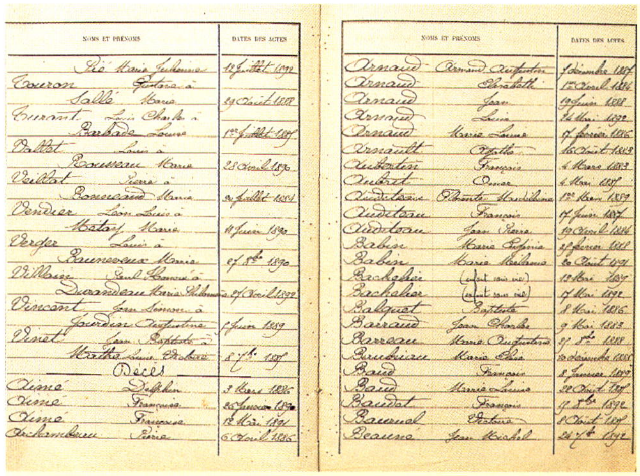

Les tables décennales sont une aide précieuse. Elles regroupent, par ordre alphabétique, toutes les personnes nées, mariées et décédées, de dix ans en dix ans. Comme les autres pièces de l'état civil, elles ne sont toutefois librement consultables que passé un délai de cent ans.

Comment travailler ?

Rien ne vaut d'effectuer les recherches soi-même. Certes, par courrier, on peut parfois obtenir des renseignements auprès des mairies des petits villages : bulletins de naissance, extraits d'actes, voire même des photocopies d'actes dans leur intégralité.

Mais rien ne vaut de travailler sur place. En montrant un peu d'amabilité avec le/la secrétaire de mairie, le chercheur aura à disposition une somme colossale de registres, bien supérieure à celle qu'il pouvait, en droit, espérer.

S'intéresser aux collatéraux – Tout généalogiste débutant a intérêt à commencer par les tables décennales, appartenant à la série E. Une fois ses ancêtres directs identifiés, il pourra chercher les collatéraux (frères et sœurs).

En effet, sur l'acte de naissance d'une arrière-grand-tante peuvent figurer des renseignements absents de l'acte de naissance d'une arrière-grand-mère (sa sœur), surtout si celle-ci est la cadette : par exemple, le village d'origine de leur père.

S'il veut remonter très haut, tout bon généalogiste doit donc recomposer la totalité des familles dont il descend.

Les Archives départementales

Une fois épuisées les ressources des fonds municipaux, il est nécessaire de se rendre aux Archives départementales. Là se trouvent notamment les doubles des registres paroissiaux déposés par les curés aux bailliages et sénéchaussées entre 1539 et 1792. D'ailleurs, pour la quasi-totalité des documents antérieurs à 1792, leur fréquentation est indispensable.

Que contiennent-elles ?

Les Archives départementales ont été créées par la loi du 26 octobre 1796 (5 brumaire an IV), afin de remplacer les éphémères dépôts de districts (1789-1796), supprimés le même jour. L'objectif était notamment de centraliser dans les chefs-lieux tous les « anciens » textes et titres, et ce à « moins d'une journée de cheval » du public le plus éloigné du département. La France compte, aujourd'hui, un dépôt par chef-lieu de département, soit plus de 1 800 kilomètres de rayonnages…

Les documents en mauvais état

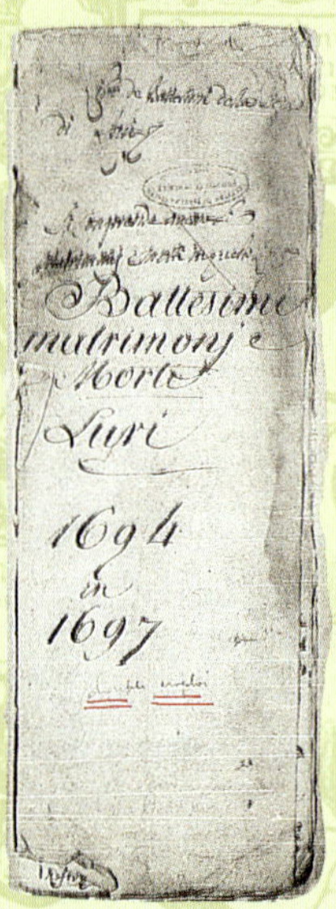

Le papier utilisé pour les anciens registres paroissiaux ne se conserve « bien » qu'à certaines conditions, dont une température avoisinant 13°C. Si l'atmosphère est trop humide, le papier boit et l'encre s'efface. Si, à l'inverse, la température est trop forte, le papier se dessèche, devient sec et cassant. Les armoires en fer, notamment, peuvent devenir de vraies fournaises. Le généalogiste ne doit jamais hésiter à alerter la mairie, et conseiller le « dépôt » aux Archives départementales en insistant sur le fait que la mairie reste « propriétaire » du fonds « déposé ».

Les archives anciennes (antérieures à 1790) – Les séries essentielles à consulter :

– la série E contient l'état civil, soit la plupart des doubles des registres paroissiaux. Mais certains registres originaux sont aussi gardés là, confiés par les mairies qui ne disposent pas de moyens de conservation adéquats. Concernant la famille, cette série contient aussi des fonds familiaux et les archives notariales ;

– la série B conserve ce qui a trait à la justice et aux parlements (procès et insinuations) ;

– la série C contient les documents relatifs à l'administration provinciale et aux impôts ;

– la série D conserve tout ce qui touche à l'Instruction publique, aux sciences et aux arts ;

– la série I renferme des fonds divers se rattachant aux archives ecclésiastiques (y compris les archives protestantes).

Les archives modernes (de 1790 à 1940) – Les renseignements les plus utiles au généalogiste sont ceux contenus dans les séries suivantes :

– la série J réunit différents « papiers de famille » provenant de dons ou de dépôts de fonds privés. Notons que cette série, à la différence des autres, couvre toutes les périodes ;

– la série K comprend les changements de noms, naturalisations, nominations et promotions des fonctionnaires, listes des décorés, de pensionnés civils ou militaires ;

– la série L regroupe les documents relatifs aux administrations de départements, de districts et de cantons pour l'époque révolutionnaire (1790 -1800) ;

– la série M concerne l'administration générale (recensements, listes électorales, fonctionnaires…) ;

– la série Q contient ce qui a trait aux domaines (dont les archives de l'Enregistrement et des Hypothèques) ;

– la série U concerne la justice (procès, répertoire des notaires…) ;

– la série X contient les documents relatifs à l'assistance publique ;

– la série Y, enfin, concerne les prisons (registres d'écrou).

Comment travailler ?

Avant d'entamer une recherche aux Archives départementales, il est nécessaire de se rappeler deux points importants :

Pas de photocopies – Les registres paroissiaux sont très précieux, ils sont la seule « mémoire des humbles ». Il faut en prendre grand soin et ne rien souligner, ne rien marquer, ne rien écrire. En outre, depuis 2002, les photocopies de registres paroissiaux ne sont plus autorisées. Des photographies et des microfilms peuvent toutefois être obtenus.

Si vous ne parvenez pas à déchiffrer certains actes, les conservateurs, tous issus, depuis 1850, de l'École nationale des chartes, peuvent éventuellement vous aider.

L'*Inventaire*, un outil précieux – Chaque dépôt comprend un *Inventaire des archives départementales antérieures à 1790*. Cet outil de travail très utile inclut notamment un index des noms de famille.

Ce notaire a dû remplir bien des registres, enregistrer de nombreux contrats de mariage et dresser autant d'inventaires après décès… Normalement, ces documents sont aujourd'hui conservés aux Archives du département dans lequel il tenait son office.

Pourquoi une recherche n'aboutit pas ?

Les Archives départementales garantissent aux fonds qu'elles conservent une vraie « sécurité » et des facilités de consultation.

Toutefois, le généalogiste peut ne pas trouver là tout ce qu'il souhaite obtenir, et ce pour plusieurs raisons.

Des registres restés dans les églises – Certaines églises, propriétés des communes depuis 1905, ont préféré garder leurs registres, plutôt que de les déposer aux Archives départementales.

Pour les documents cela peut s'avérer catastrophique, les sacristies de campagne étant souvent très humides.

Des fonds toujours dans les villages – Malgré la loi de décembre 1970, toutes les communes de moins de 2 000 habitants n'ont pas nécessairement déposé leurs fonds aux Archives départementales, refusant de se dessaisir de ce qu'elles considèrent comme une partie de l'histoire communale. Là encore, les documents peuvent en pâtir... Dans l'intérêt de leur patrimoine, les municipalités devraient toutefois ne pas oublier que la mairie reste propriétaire du fonds déposé.

Des actes dans les fonds privés – Les prêtres de l'Ancien Régime gardaient parfois les registres paroissiaux à domicile, et ces derniers y restaient souvent après leur mort. Le *Bottin mondain* peut alors constituer une piste pour tenter de retrouver ces documents, car, à l'époque, beaucoup de prêtres étaient issus de familles nobles.

Les gens du village pourront également vous aider, car, en général, les familles détentrices de ces fonds les laissent consulter sans difficulté.

Les Archives nationales

Installées à Paris, les Archives nationales, comprenant notamment des manuscrits du haut Moyen Âge, constituent l'un des plus beaux fleurons du patrimoine national. Leur intérêt reste toutefois limité pour le généalogiste commençant ses recherches.

Pour répondre à l'augmentation constante du nombre de visiteurs, le CARAN a été créé en 1998. Ici, on peut voir la salle de lecture et imaginer le silence qui y règne.

Les plus anciens documents français

Parmi tous les trésors des Archives nationales, figurent : 47 originaux mérovingiens venant en majorité de l'abbaye de Saint-Denis, le plus ancien est un papyrus de 625 ; 5 documents datant de Pépin le Bref ; 31 de Charlemagne ; 28 de Louis le Pieux ; 69 de Charles le Chauve ; 1 d'Hugues Capet ; 21 de Robert le Pieux ; plus de mille pour Philippe Auguste ; plusieurs milliers pour Saint Louis...

L'origine des Archives

En 1789 et 1790, décrets et lois de la Constituante créent un dépôt national pour centraliser tous les titres historiques et administratifs de l'Ancien Régime, à savoir essentiellement les papiers de l'État. C'est le début des Archives nationales.

En 1793, la Convention nomme le premier archiviste de la République. Trois ans plus tard, l'ensemble trouve enfin son organisation définitive avec la création et l'organisation des dépôts d'Archives départementales.

Une première Direction des Archives de France est créée en 1897. Elle sera remplacée en 1945 par une nouvelle Direction des Archives de France, rattachée depuis 1959 au ministère de la Culture. La loi sur les archives qui fixe la législation actuelle, notamment les conditions de communication au public, date, quant à elle, du 3 janvier 1979.

Que contiennent-elles ?

Les Archives nationales présentent pour les généalogistes moins d'intérêt que les Archives départementales. Elles touchent à des domaines très spécifiques. Pour vous aider dans vos recherches, n'hésitez pas à vous reporter aux cinq volumes de l'*État général des fonds* (1970-1980) et à l'*État des inventaires* (1986-1987).

Les archives anciennes – Les fonds pouvant apporter quelques renseignements au chercheur sont contenus dans les séries suivantes :

– les séries M et MM renferment les preuves de noblesse de tous ceux qui ont postulé pour une place dans l'ordre de Malte, de Saint-Lazare, du Saint-Esprit, et de la Toison d'or. Ces séries n'offrent un intérêt généalogique réel que pour les familles qui ont « compté » à l'échelon du royaume.

Mais, même pour ces familles-là, l'essentiel des fonds utiles se trouve plutôt à la Bibliothèque nationale, ancien cabinet des Titres (titres des familles nobles ou notables) ;

– la série O conserve les lettres de naturalité, celles de légitimation et les lettres de cachet ;

– la série TT, la liste des biens des protestants émigrés au lendemain de la révocation de l'édit de Nantes ;

– la série Y, des déclarations de grossesse, des émancipations, des mises en tutelle concernant les Parisiens.

Les archives modernes – En ce qui concerne les documents postérieurs à 1790, il faut signaler essentiellement l'intérêt du Minutier central des notaires parisiens (série MC). Il contient les archives des notaires qui ont enregistré les testaments, inventaires après décès et contrats de mariage de personnes mariées ou mortes il y a plus de cent vingt-cinq ans.

On pourra s'intéresser également à la série BB, dans laquelle il faudra consulter plus particulièrement les sous-séries BB11 (naturalisations), BB12 (changements de noms), BB13 (successions en déshérence), et BB15 (dispenses pour mariage).

Toujours au sein du CARAN, la salle des Inventaires (ci-dessus la section XIXe siècle) offre elle aussi de nombreuses possibilités de recherche aux généalogistes.

Comment travailler ?

Le volume des archives ne cesse d'augmenter. En 1850, elles représentaient environ 25 kilomètres de rayonnages, pour 350 kilomètres en 2000. Parallèlement, le nombre de visiteurs ne cesse de s'accroître. D'où la création, en 1998, du Centre d'accueil et de recherche des Archives nationales (CARAN), où peuvent se rendre aujourd'hui les chercheurs…

Les conditions d'accès – Les conditions d'accès au CARAN sont les suivantes : présenter à l'accueil une carte d'identité ; fournir une photo d'identité pour obtenir soit une carte annuelle (20 euros), soit une carte hebdomadaire (5 euros), soit un laissez-passer gratuit d'une journée. Attention, les documents devront être réservés préalablement. Les salles des Inventaires, de lecture et des microfilms sont ouvertes du lundi au samedi.

La reproduction des documents – Il est possible de réaliser des photocopies au CARAN, mais seulement avec l'accord du président de salle. Des photocopies de microfilms peuvent aussi être obtenues. Enfin, les photographies sont autorisées, mais seulement sur rendez-vous, dans un studio équipé sur place.

Notons enfin que le CARAN n'est pas le seul dépôt des Archives nationales. Ces dernières ont également ouvert au public la Cité des archives contemporaines, à Fontainebleau, et le Dépôt des archives du monde du travail, à Roubaix.

Les archives du Conseil du sceau

Les Archives nationales abritent également les archives du Conseil du sceau. Le Conseil du sceau, établi sous l'Empire, était amené à se prononcer sur les changements de nom, les concessions et transmissions d'armoiries, les confirmations et reconnaissances de titres de noblesse.

Les Archives des Affaires étrangères et le Centre des Archives d'outre-mer

Il peut arriver que l'un de nos ancêtres ait, un jour, vécu hors de la métropole. Dans ce cas, et suivant l'endroit où était parti cet aïeul, il faudra fréquenter des dépôts d'archives spécifiques, ceux des Affaires étrangères ou celui qui concerne l'outre-mer.

Le Centre des Archives diplomatiques de Nantes conserve les doubles des registres d'état civil des français nés, mariés ou décédés à l'étranger.

Les Archives des Affaires étrangères

Ces archives ne sont pas toutes centralisées dans un même lieu. Parmi elles, les Archives de l'Occupation française en Allemagne et en Autriche, situées à Colmar, abritent des dossiers nominatifs, non communicables.

Toutefois, la plupart des dépôts sont accessibles au public.

Les Archives du ministère des Affaires étrangères – Situées à Paris, elles abritent les fonds suivants :

– Fonds de l'Émigration, ou Fonds Bourbons. Voir l'inventaire publié en 1960 des *Archives du ministère des Affaires étrangères, inventaire des mémoires et documents,* France, volumes 588 à 647 et 1891-1892.

– Fonds du personnel diplomatique. Il abrite 600 volumes reliés, débutant au XVIIIe siècle et antérieurs à 1816 ; s'y ajoute un fichier alphabétique à partir de 1816. Ces dossiers sont consultables cent vingt ans après la naissance de l'intéressé. Voir également l'*Almanach royal* annuel, impérial ou national ensuite, et les *Annuaires diplomatiques et consulaires,* publiés depuis 1858.

– Mémoires et documents. Ce fonds contient différents volumes : sur les permissions de mariage de Français à l'étranger de 1750 à 1790 (volumes 1445-1453 bis) ; sur les étrangers naturalisés français du XVIe siècle à la fin du premier Empire (volume 1454) ; sur les Français à l'étranger de 1712 à 1813 (volumes 1455-1457). Quelques passeports sont également conservés. Voir aussi la série Étrangers en France (1772-1792).

Le Centre des Archives diplomatiques – Situé à Nantes et créé en 1987, il abrite les doubles des registres d'état civil consulaires de plus de cent ans et concerne les Français nés, mariés ou décédés à l'étranger ; les originaux demeurent dans les consulats de France.

On trouve aussi dans ce centre d'une part les registres paroissiaux des églises françaises de l'étranger, rapatriés sous la Révolution, à l'exception de ceux qu'ont gardés Lisbonne et Rome ; d'autre part, les registres ouverts pour les émigrés en Grande-Bretagne (1792-1815), à l'exception de ceux des émigrés protestants, conservés par Londres.

Le Service central de l'état civil – Situé à Nantes, il accueille les registres d'état civil de moins de cent ans, notamment ceux des anciennes colonies. Parmi les documents intéressants figurent aussi quelques microfilms d'état civil de communes algériennes (microfilmage arrêté en 1972), les registres des anciens pays sous mandat (Syrie, Liban) et des anciens protectorats (Maroc, Tunisie), parfois également avec des microfilms.

Le Centre des Archives d'outre-mer

Situé à Aix-en-Provence depuis 1966, il regroupe des archives de différentes origines et qui concernent toutes l'ancien empire colonial français et les actuels territoires d'outre-mer.

On y trouve des registres paroissiaux et d'état civil, mais, peu nombreux, ils ne remontent guère avant le milieu du XVIIIe siècle et ne concernent ni l'Algérie, ni les anciennes colonies.

Les actes notariés conservés concernent essentiellement la Guadeloupe, la Guyane, la Martinique, la Réunion et Saint-Domingue, mais également les anciennes colonies indiennes.

Parmi les autres documents les plus intéressants figurent encore : les dossiers de l'administration pénitentiaire en Guyane et en Nouvelle-Calédonie, les dossiers de demandes et d'attribution de concessions de terres en Algérie, des états d'indemnisation de colons rapatriés, les dossiers personnels de fonctionnaires, des listes de recensement, etc.

Des archives européennes homogènes

Que l'on soit Français de souche n'empêche pas d'avoir un arrière-grand-père sur quatre italien, belge ou russe. Heureusement, l'Europe, héritée du partage de Verdun (843) entre les trois petits-fils de Charlemagne, offre une grande homogénéité en matière archivistique.

Déjà, au VIe siècle, Justinien avait posé les premiers jalons en ordonnant d'établir des Archives dans chacune des villes de l'Empire romain.

Bien plus tard, la première colonisation française (Canada, Martinique, Guadeloupe, comptoirs de l'océan Indien), les conquêtes de Napoléon Ier et la deuxième colonisation française (Algérie, Maroc, Tunisie, Tonkin, Madagascar) contribueront à cette homogénéisation, véritable « mondialisation » archivistique.

Le modèle français – Lié au « rayonnement de la France des Lumières », à l'influence de la langue française, mais aussi aux victoires napoléoniennes, un « modèle français » va s'imposer.

Sous l'Empire, un butin archivistique colossal est rapatrié à Paris, pris à Rome, en Piémont, dans une grande partie des États allemands et en Espagne.

En 1815, ces archives seront restituées à leurs anciens propriétaires. Le « modèle français » n'en demeure pas moins dans de nombreux pays, en Belgique par exemple.

Au Québec, les Canadiens français remontent leur généalogie comme les généalogistes français d'aujourd'hui, à partir de registres paroissiaux quasi identiques.

Mais, en ce qui concerne les autres régions d'Amérique du Nord, un contact avec les Mormons s'avère souvent fructueux.

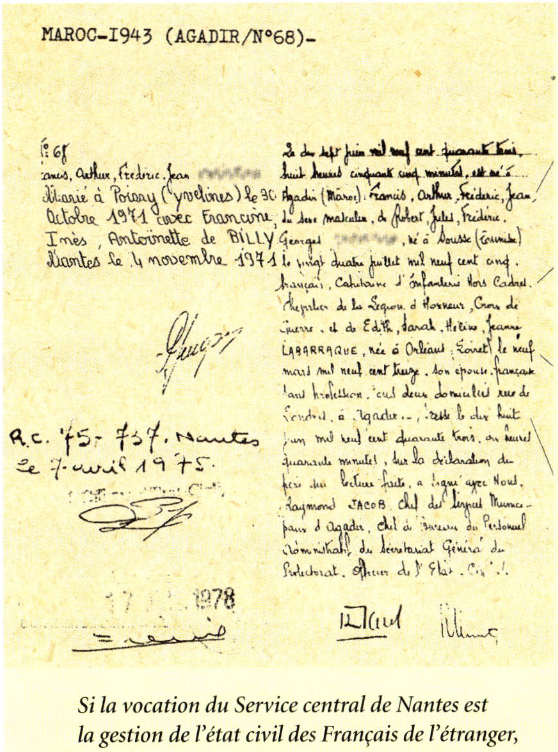
MAROC-1943 (AGADIR/N°68)-

N° 68
Francis, Arthur, Frédéric, Jean [illegible]
Marié à Poissy (Yvelines) le 30 Octobre 1971 avec Francine, Inès, Antoinette de BILLY
Nantes le 4 novembre 1971

Le dix sept juin mil neuf cent quarante trois, huit heures cinquante cinq minutes, est né à Agadir (Maroc) Francis, Arthur, Frédéric, Jean, du sexe masculin, de Robert, Jules, Frédéric, Georges [illegible], né à Sousse (Tunisie) le vingt quatre juillet mil neuf cent cinq, français, Capitaine d'Infanterie Hors Cadres, Chevalier de la Légion d'Honneur, Croix de Guerre, et de Edith, Sarah, Hélène, Jeanne LABARRAQUE, née à Orléans (Loiret) le neuf mars mil neuf cent treize, son épouse, française sans profession, tous deux domiciliés rue de [illegible], à Agadir. Dressé le dix huit juin mil neuf cent quarante trois, à heures quarante minutes, sur la déclaration du père qui lecture faite, a signé avec Nous, Raymond JACOB, Chef des Services Municipaux d'Agadir, Chef du Bureau du Personnel Administratif du Secrétariat Général du Protectorat, Officier de l'État Civil.

R.C. 75- 737. Nantes le 7 avril 1975.

17 [illegible] 1978

Si la vocation du Service central de Nantes est la gestion de l'état civil des Français de l'étranger, la plupart des actes qu'il détient aujourd'hui concerne essentiellement les territoires devenus indépendants après le départ de la France. Ces actes, qui peuvent être de naissance, de mariage ou de décès, représentent un nombre approximatif de 10 millions.

Les archives militaires

Les militaires au service de l'État, qu'il soit monarchique, impérial ou républicain, sont mentionnés dans une somme d'archives exceptionnelle : ils perçoivent une solde, participent à des combats, obtiennent des pensions… Il est ainsi peu probable qu'un aïeul militaire échappe à ses descendants.

À l'ombre du donjon de Vincennes, le Pavillon du Roi abrite le Service historique de l'armée de terre (S.H.A.T.). En face, dans le Pavillon de la Reine, est installé le Service historique de la marine (S.H.M.). C'est là que meurt Mazarin, le 7 mars 1761.

Les fonds municipaux et départementaux

Les Archives municipales et départementales contiennent nombre de documents. Le descriptif des séries suivantes ne se prétend pas exhaustif, il donne les sources de renseignements essentielles.

Pour la période antérieure à 1790 – La série EE des Archives municipales concerne les ancêtres ayant appartenu aussi bien à des milices bourgeoises qu'à différentes compagnies.

On peut y trouver de très anciennes « montres militaires », les dossiers de passage des troupes, tout ce qui a trait aux instructions militaires, à l'armement, au casernement, aux billets de logement, aux sièges et blocus, aux dépenses de guerre…

Pour la période postérieure à 1790 – La série H des Archives municipales apporte maintes informations sur la conscription : les tableaux des jeunes gens recensés, à l'âge de vingt ans, la mise en activité de leurs classes d'âge, puis leur versement dans les réserves. Figurent là aussi les dispensés en qualité de « soutien de famille », les réfractaires au service, les disparus, les absents, les prisonniers de guerre…

Cette série comprend en outre les listes d'inscrits maritimes, les hommes de la Garde nationale et les sapeurs-pompiers.

La série R des Archives départementales – C'est une source fondamentale. Elle comprend notamment les registres de contrôle des troupes (en vigueur de 1716 à 1867) et les registres matricules (de 1867 à 1922).

Ces documents sont essentiels au généalogiste. Au fil du temps, ils apporteront de plus en plus de renseignements. Ils indiquent bien sûr l'état civil de l'aïeul, mais aussi, à partir de 1867, sa filiation et sa situation de famille (avec nom et prénom du conjoint et nombre d'enfants).

Les registres matricules donnent, notamment, des indications physiques que l'on ne trouve nulle part ailleurs : couleur des cheveux, des sourcils, des yeux, de la peau, forme du visage, du front, du nez…

C'est un signalement très complet, incluant aussi les défauts, tels les pieds plats, voire les affections qui ont éventuellement permis au recensé d'être dispensé. Il fait aussi mention du niveau d'instruction du conscrit et de ses aptitudes pouvant être utiles à l'armée (musicien, cavalier, palefrenier, colombophile, puis, plus tard, conducteur d'automobile…).

On retrouvera également dans cette série, les listes de tirages au sort, mode de désignation des conscrits de 1803 à 1905, ainsi que les dossiers des anciens combattants et victimes de guerre, ceux de la Garde nationale et autres corps spéciaux, des prisonniers de guerre ennemis, ou encore les archives des organisations temporaires (1914-1918), et les listes de réfugiés (1939-1945)…

Le Service historique de l'armée de terre

Le Service historique de l'armée de terre, à Vincennes, contient essentiellement les dossiers individuels : ceux des officiers (1715-1870), des officiers généraux (1730 à aujourd'hui) ou encore des pensionnés (1801-1914). Ils ne peuvent toutefois être consultés qu'après un délai de cent vingt ans à compter de la naissance de l'intéressé. Le fonds abrite également les registres des contrôles des sous-officiers et des hommes de troupe (1716-1876) ainsi que les archives des Gardes-françaises et des Invalides (même antérieures à 1716).

Il est toutefois important de détenir quelques renseignements avant de se rendre à Vincennes, notamment l'appartenance à tel ou tel régiment, indiquée soit sur le livret militaire, soit sur l'acte de naissance ou de baptême d'un enfant, soit sur l'acte de mariage du militaire. Sans le nom ou le numéro de ce régiment, il ne vous sera pas possible de mener à bien vos recherches.

D'autres centres d'archives de l'armée – Des éléments complémentaires figurent également au sein du ministère des Anciens Combattants et Victimes de guerre, à la Délégation à la mémoire et à l'information historique : il s'agit du fichier de tous les combattants morts pour la France.

Quant au Bureau central des archives administratives militaires, situé caserne Bernadotte, à Pau, il conserve tout ce qui a trait au recrutement et les notices individuelles des non-officiers, tels les registres matricules, et ce à partir de l'année 1923 incluse.

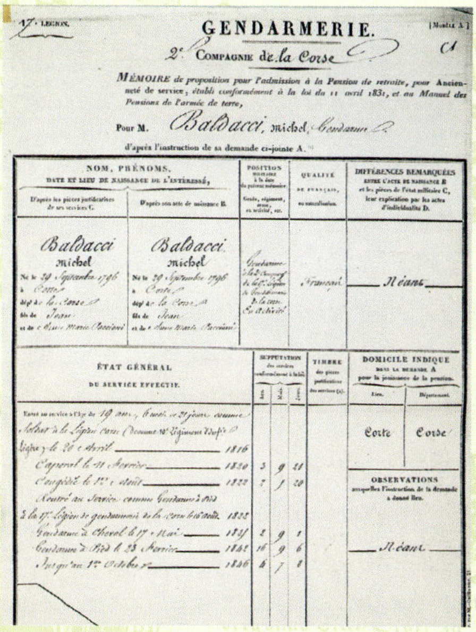

17e Légion. GENDARMERIE. [Modèle A.]

2e Compagnie de la Corse

MÉMOIRE de proposition pour l'admission à la Pension de retraite, pour Ancienneté de service, établi conformément à la loi du 11 avril 1831, et au Manuel des Pensions de l'armée de terre,

Pour M. Baldacci, Michel, Gendarme

d'après l'instruction de sa demande ci-jointe A.

NOM, PRÉNOMS, DATE ET LIEU DE NAISSANCE DE L'INTÉRESSÉ, d'après les pièces justificatives de ses services C.	d'après son acte de naissance B.	POSITION	QUALITÉ DE FRANÇAIS, ou naturalisation.	DIFFÉRENCES REMARQUÉES ENTRE L'ACTE DE NAISSANCE B et les pièces de l'état militaire C, leur explication par les actes d'individualité D.
Baldacci Michel	Baldacci Michel		Français	Néant

ÉTAT GÉNÉRAL DU SERVICE EFFECTIF.		Ans.	Mois.	Jours.	DOMICILE INDIQUÉ — Lieu.	Département.
Caporal le 11 Février	1820	3	9	21	Corte	Corse
Congédié le 1er Août	1822	2	5	20		
Gendarme à Cheval le 17 Mai	1825	2	9	1		
Gendarme à Pied le 23 Février	1842	16	9	6		
Jusqu'au 1er Octobre	1846	4	7	8		

OBSERVATIONS auxquelles l'instruction de la demande a donné lieu. Néant

Mémoire pour l'admission à la pension de retraite d'un gendarme à cheval (1846)

Nom, prénom, né le… 1796, à…, fils de… et de…, de nationalité : française. La colonne « Différences remarquées entre l'acte de naissance et les pièces de l'état militaire » est vide. Suit la carrière. Entré au service à 19 ans, 6 mois et 21 jours comme soldat à la Légion corse (devenue 10e régiment d'infanterie légère) : 1816. Caporal : 1820, après 3 ans, 9 mois et 21 jours. Congédié : 1822, après « 2 ans, 5 mois et 20 jours ». Rentré au service comme Gendarme à pied à la 17e légion de gendarmerie de la Corse : 1822. Gendarme à cheval : 1825. Gendarme à pied : 1842. Admis à recevoir une pension de retraite : 1846 après 30 ans, 4 mois, 26 jours de carrière…

Les archives maritimes

Bien des familles comptent au moins un marin pour ancêtre, qu'il ait été matelot, pêcheur de corail, capitaine au long cours, chef d'escadre ou pirate. Pour retrouver la trace de ces « gens de mer », les sources abondent, réparties dans des lieux spécifiques.

La Corderie royale de Rochefort est l'un des fleurons de l'architecture militaire française du XVIIe siècle. Les documents qui s'y trouvent peuvent pallier les lacunes des fonds conservés à Paris.

Où consulter les différents fonds ?

Les premières listes nominatives de capitaines de vaisseau datent de 1566. C'est néanmoins Colbert qui crée les archives de la marine vers 1661, à une époque où l'on ne comptait pas moins de 50 à 60 000 « gens de mer »…

Depuis le 23 février 1897, les archives maritimes sont classées en séries anciennes, désignées par des lettres simples, et en séries modernes, désignées par des lettres doubles. Les premières sont conservées aux Archives nationales ; les secondes, placées sous l'autorité du Service historique de la marine. À quelques détails près…

Voici les principaux documents de chaque fonds :

Les Archives nationales – Pour la période antérieure à 1790, elles abritent un fonds comprenant huit séries (Marine de A à G). La sous-série C7, entre autres, concerne les dossiers personnels des officiers de vaisseau de l'Ancien Régime. Mais elles conservent aussi trente-deux séries (AA1 à 10 JJ) de documents plus récents.

Le Service historique de la marine – Les archives les plus récentes, postérieures à 1790 et surtout à 1870, dépendent du Service historique de la marine, installé depuis 1974 à Vincennes. Cette institution est aussi en charge de cinq dépôts portuaires : Cherbourg, Brest, Lorient, Rochefort et Toulon.

– Le fonds conservé à Vincennes représente environ un tiers des archives de la marine, à savoir les archives centrales depuis 1870, celles des opérations des deux guerres mondiales, des guerres d'Indochine et d'Algérie, les dossiers personnels, ainsi que la bibliothèque historique, riche de 175 000 volumes.

– Chaque dépôt portuaire possède des séries palliant les lacunes des fonds conservés à Paris, surtout pour l'Ancien Régime. À Cherbourg, Brest et Lorient, plusieurs documents du XIXe siècle et du début du XXe siècle ont été détruits lors de la Seconde Guerre mondiale, mais les séries anciennes ont pu être sauvegardées. À Toulon et Rochefort, les archives ont été moins éprouvées.

Comment travailler ?

Au début de sa recherche, tout généalogiste aura intérêt à consulter l'*État sommaire* de Didier Neuville, qui recense les archives antérieures à la Révolution, et le *Guide du lecteur des Archives de la marine* qui fournit des renseignements bibliographiques.

Pour commencer sa recherche – Les archives maritimes abondent en renseignements précieux pour reconstituer les familles. Nombreuses sont les « apostilles » du genre : « Un frère enseigne de vaisseau (…) Un autre dans l'Inde avec M. le commandeur de Suffren », « Un frère et trois cousins germains morts au service ».

Néanmoins, pour commencer une recherche, rien ne vaut l'étude de l'état civil et celle des registres paroissiaux. Le premier est accessible aux Archives communales du port, complété parfois de documents intéressants, comme à Toulon les *Tables annuelles* du marquis de Boisgelins (fin XIXe siècle) et le *Fonds* du père Béthenod. Les seconds sont conservés aux Archives départementales dont relève le port.

Jeune Cap-Corsin, le capitaine François Tulli (1837-1884), fut embarqué à vingt ans. Pour retrouver la trace d'un ancêtre marin, les sources sont nombreuses.

Pour en savoir davantage – Le généalogiste peut ensuite compléter ses recherches grâce aux archives de l'Inscription maritime, des écoles d'hydrographie, ou grâce aux séries des Ports : « Soldes et Revues » (série 2E4), « certificats, commissions, provisions » des personnels (série L), « correspondances de la Cour à l'intendant et au commandant de la marine » (série A), avec les réponses de ceux-ci, séries « Campagnes », etc. On pourra également fouiller les archives judiciaires des amirautés, notamment pour les prises contestées qui auront donné lieu à des procès. Pour finir, il faudra penser à consulter le Centre des Archives d'outre-mer d'Aix-en-Provence qui contient, entre autre, les dossiers des personnels civils et des officiers coloniaux, ainsi que les registres matricules des troupes coloniales.

Marine et Colonies.

Brevet de Maître au petit Cabotage.

DE PAR LE ROI.

Le Ministre Secrétaire d'État, ayant le Département de la Marine et des Colonies,

Brevet de maître au petit cabotage.

Un brevet de maître au petit cabotage

« Ministère de la Marine et des Colonies. De par le Roi, le Ministre Secrétaire d'État au département de la Marine et des Colonies certifie que le sieur Terami (Augustin), né à Rogliano, le 4 décembre 1793, a été admis à commander les bâtiments du Commerce destinés pour le cabotage. En conséquence, le présent Brevet a été délivré pour servir audit Sieur Terami à se faire reconnaître, lorsqu'il y aura lieu, en qualité de Maître au cabotage, par les Commandants des Escadres, Vaisseaux, Frégates et autres Bâtiments de l'État, Officiers civils et militaires de la Marine, Tribunaux de Commerce, Corps administratifs et tous autres qu'il appartiendra. Ledit brevet sera enregistré au Bureau de l'Inscription maritime du quartier de la Corse. Paris, le vingt et un septembre mil huit cent vingt cinq ».

Les archives hospitalières, policières et judiciaires

Les archives hospitalières, policières et judiciaires présentent, en général, un grand intérêt généalogique. Lorsqu'une recherche est déjà bien avancée, elles donnent des renseignements variés et riches qui sont autant d'indices nécessaires à la reconstitution d'une histoire familiale souvent étonnante.

Longtemps, l'hôpital ne fut pas le domaine des malades au sens contemporain du terme, mais celui de la misère et de l'exclusion.

Les archives hospitalières

Les archives hospitalières, comme les archives policières, sont « tristes », car il n'est jamais agréable d'avoir un aïeul « mendiant » mort à l'hospice ou mentionné sur un registre d'écrou. Mais elles sont précieuses, car elles contiennent bien souvent les seules traces qu'ont laissées sur terre les « pauvres gens ». Longtemps, en effet, l'hôpital ne fut pas le domaine des malades au sens contemporain du terme, les riches se faisant soigner chez eux. Il fut plutôt celui de la misère et de l'exclusion.

L'inventaire et le classement des archives hospitalières a été organisé par une circulaire de Napoléon III en date du 10 juin 1854. Ces archives sont très riches. Mais leur localisation est extrêmement variable. Certaines se trouvent dans les hôpitaux eux-mêmes et, à Paris, aux Archives de l'Assistance publique, qui centralisent les fonds de l'Hôtel-Dieu et des autres établissements parisiens.

Plus souvent, elles sont disponibles aux Archives départementales (série H ou H Supplément pour la période antérieure à 1790, série X pour la période postérieure).

La série GG des Archives municipales – C'est la série à consulter pour tout ce qui a trait aux hôpitaux avant 1790. C'est également là que l'on retrouvera la trace de tous ceux pour qui l'hôpital fut l'ultime rempart face à la misère : les mendiants, les orphelins, les enfants trouvés et abandonnés mis sous tutelle, les prostituées, les infirmes et les pauvres « incurables » entretenus « dans un lit » à l'hospice grâce aux legs pieux de tel ou tel notable du lieu, les vieillards...

La série Q des Archives municipales – Elle concerne la période postérieure à 1790. On y retrouve le nom de l'aïeul hospitalisé, le nombre de jours d'hospitalisation, son âge, et des bribes d'état civil, comme son lieu de naissance (approximatif) et, encore plus rarement, sa filiation. Les enfants nés à l'hôpital figurent aussi sur ces registres, la date de naissance correspondant alors à la date d'admission ! En procédant par élimination, il est parfois possible de retrouver la filiation des enfants abandonnés nés à l'hôpital : le nom de la mère figurera forcément au nombre des admises dans les heures, voire dans les jours précédents…

Les archives pénitentiaires et policières

Les archives des prisons et autres établissements pénitentiaires se trouvent pour la plupart aux Archives départementales, classées dans la série Y. Elles mêlent des informations sur les « mauvais garçons », les bourgeois ruinés emprisonnés pour dettes, les jeunes « engagés » politiquement face aux pouvoirs monarchiste ou impérial, mais aussi les gardiens de prison et les fonctionnaires de l'administration pénitentiaire.

Les archives de la préfecture de police de Paris – Autre source d'information, ces archives comprennent quatre séries : les pièces relatives à l'administration des lieutenants généraux de police de 1667 à 1789 ; à l'administration de la police pendant la Révolution de 1789 à 1800 ; à l'administration de la police sous l'Empire et au commencement de la Restauration, de 1800 à 1820 ; enfin une exceptionnelle collection de livres d'écrou des prisons du département de la Seine.

En 1926, des forçats quittent le bagne de Saint-Martin-de-Ré. Pas pour retrouver leur liberté, mais pour se rendre en Guyane, dans l'enfer du bagne de Cayenne, qui ne sera définitivement fermé qu'en 1946.

Les archives judiciaires

Les archives judiciaires de l'Ancien Régime sont conservées en série B des Archives départementales et en série G pour celles des « officialités », c'est-à-dire des tribunaux ecclésiastiques.

Les archives judiciaires de Paris et du département de la Seine sont, quant à elles, conservées aux Archives nationales, qui disposent de plusieurs fichiers (notamment pour les appositions de scellés) et d'inventaires.

Les archives des justices de paix du XIXe siècle sont les plus intéressantes. Elles contiennent des pièces telles que des scellés, des tutelles et curatelles (c'est-à-dire les personnes désignées par la loi pour administrer les biens et les intérêts d'un mineur émancipé ou d'une personne empêchée), des « jugements déclaratifs d'absence » (faute d'acte de décès, en cas de disparition d'archives), etc. Pour retrouver ces archives, il faut préalablement connaître le canton et le juge qui s'occupait de la commune où l'on effectue des recherches. En possession de ces indications, il faudra ensuite se rendre aux Archives départementales et y exploiter la série L (pour la période 1790-1800) et la série U (pour la période 1801-1840).

Ces anagrammes datent du XVIIe siècle. Ils ont été relevés sur les murs de la cellule 27 de la prison de Vincennes. Ceux surmontés d'une couronne sont-ils l'œuvre d'« hôtes » royaux ?

Les Archives diocésaines

Constituées par l'Église catholique en 1801 après la signature du Concordat, les Archives diocésaines sont des archives privées, conservées par l'évêché. Il ne faut pas les négliger, car les documents qu'elles contiennent pourront parfois se révéler très utiles.

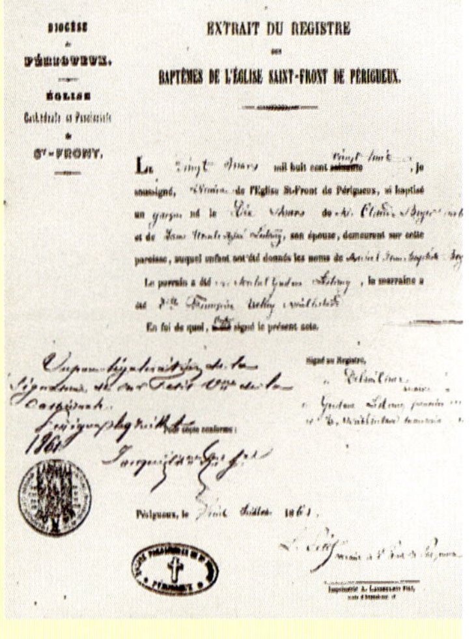
DIOCÈSE de PÉRIGUEUX. ÉGLISE Cathédrale et Paroissiale de St-FRONT.

EXTRAIT DU REGISTRE des BAPTÊMES DE L'ÉGLISE SAINT-FRONT DE PÉRIGUEUX.

Les Archives diocésaines conservent les registres dans lesquels les prêtres ont enregistré les actes religieux et continuent de le faire.

Que contiennent-elles ?

Essentiellement les registres (que l'on appelle aussi post-concordataires) dans lesquels les prêtres ont continué, et continuent, à enregistrer leurs actes religieux de baptêmes, bénédictions nuptiales et, durant un certain temps, les sépultures.

Comme les registres d'avant 1793, ceux-ci ont été tenus en double exemplaire, l'original restant à l'église ou au presbytère, le double étant déposé aux Archives diocésaines, c'est-à-dire à l'évêché (sauf dans le cas où ce dernier les a déposées aux Archives départementales).

Jusqu'à des circulaires de 1954, leur contenu est resté variable, et très proche de ceux d'avant 1793, notamment longtemps dépourvus de tables, qui n'apparaîtront qu'au début du XXe siècle, et ne seront jamais que des tables annuelles. C'est d'ailleurs à cette même époque que l'on voit l'instauration de mentions marginales de mariage, imitées des mentions laïques, que les actes de mariage donnent les références des baptêmes et que l'on arrête la tenue des actes de sépulture.

Notons encore que ces archives peuvent conserver également des procès-verbaux de visites pastorales, des dossiers concernant l'enseignement catholique, les œuvres paroissiales, etc.

En principe accessibles sur place, généralement à l'évêché et sur rendez-vous, ces archives sont soumises au délai classique de cent ans rencontré pour les archives laïques. Le chercheur ne doit pas espérer obtenir des renseignements par correspondance (ni à l'évêché, ni moins encore de la part des prêtres desservant les paroisses, qui n'en ont généralement pas le temps).

L'intérêt des Archives diocésaines

Elle sont souvent capitales, et cela à plusieurs niveaux.

En premier lieu, en cas de lacunes d'archives, elles peuvent suppléer aux carences des registres d'état civil. C'est notamment le cas à Paris, où elles ont d'ailleurs été quasiment toutes déposées aux Archives de Paris.

En second lieu, on peut, grâce à elles, contourner puis résoudre certains blocages. Ainsi, en exploitant les actes de baptême, les mentions concernant les parrains et marraines fournissent des pistes souvent décisives vers une paroisse du voisinage, lieu d'origine de la mère ou de la famille. On peut ensuite aller rechercher l'acte de mariage des parents. Et travailler de même à partir des témoins, cités dans les actes de mariage, qui orientent à leur tour les recherches vers des lieux où la famille avait des attaches.

La Bibliothèque Généalogique

Située à Paris et fondée en 1986, la Bibliothèque Généalogique a pour vocation de centraliser la documentation la plus complète possible en généalogie comme en histoire sociale et familiale. Elle s'est très rapidement affirmée comme un lieu de recherche incontournable.

Un espace de recherche et de documentation

Réunissant à ce jour la plus importante documentation existante, la Bibliothèque Généalogique a su proposer des modalités d'accès de plus en plus performantes.

Elle est devenue un lieu de passage nécessaire à tout généalogiste, du chercheur confirmé au débutant, qui, voulant savoir si sa famille n'a pas déjà fait l'objet d'études, évitera ainsi de se fourvoyer inutilement à la Bibliothèque nationale.

Outre ses collections uniques, la Bibliothèque Généalogique accueille des conférences et organise des cours pratiques, notamment en paléographie.

Trois jours par semaine, la salle de lecture de la Bibliothèque Généalogique accueille un nombre croissant de chercheurs, confirmés ou débutants.

Ses collections

Elle réunit, sur plus de 1 000 mètres linéaires :

– des ouvrages généraux ainsi que des milliers de monographies familiales, réalisées par des généalogistes amateurs ;

– la quasi-totalité des bulletins et revues publiés par les cercles généalogiques, les dépouillements de registres paroissiaux et de nombreux dictionnaires patronymiques ;

– des annuaires, armoriaux et nobiliaires.

Pour faciliter les recherches dans ces fonds, elle propose un catalogue général comportant un fichier par patronyme, qui en recense plus de 400 000 (et répertorie chaque référence où une famille est étudiée sur au moins trois générations).

Elle propose aussi une collection de plus de 450 000 faire-part, complétée par des notices nécrologiques, et plus de 4 000 bobines de microfilms (concernant essentiellement l'état civil ou les registres paroissiaux).

Elle possède des fichiers et bases de données divers, notamment sur les militaires invalides et les bagnards, le plus remarquable étant celui des Parisiens de 1793. Établi d'après les 185 000 « cartes de sûreté », sorte de cartes d'identité que délivraient, aux hommes de l'époque, les Comités de salut public, il rend d'immenses services aux chercheurs travaillant sur Paris.

Comment y travailler ?

Les recherches sont possibles sur place, aux jours et horaires d'ouverture (se renseigner).

Le catalogue et les fichiers sont disponibles sur cédéroms et accessibles tant sur Minitel que sur Internet. En outre, un intéressant et efficace système de commande des références par courrier permet aux provinciaux de pouvoir travailler depuis chez eux.

La Bibliothèque nationale de France

Décrire les richesses de la Bibliothèque nationale de France, c'est, il faut l'admettre, évoquer un « paradis » inaccessible au plus grand nombre. Détenant plus de 12 millions de livres imprimés, 225 000 volumes de manuscrits et 350 000 collections de périodiques, elle est, malgré tout, une bibliothèque de dernier recours.

La Bibliothèque nationale, un temple du savoir

La première Bibliothèque royale est issue de la « Librairie » de Charles V qui fut, malheureusement, dispersée à sa mort. Développée ensuite par François Ier à Blois et au château de Fontainebleau, elle est transférée à Paris par Charles IX, puis installée au XVIIe siècle par Louis XIII, rue de La Harpe, près de la Sorbonne, dans le quartier dit « Latin » car on n'y parla longtemps que cette langue des clercs, des « escholiers » et autres savants. C'est toutefois sous l'impulsion de Louis XIV et de son ministre Colbert que la bibliothèque devient l'établissement prodigieux que l'on connaît aujourd'hui.

L'œuvre de Louis XIV – Installée rue Vivienne en 1666, la Bibliothèque annexe progressivement tout le quartier : une partie de l'ancien palais Mazarin (c'est-à-dire l'hôtel de Nevers, avec notamment la galerie Mazarine élevée par Mansart en 1645), l'hôtel de Chivry, l'hôtel Tubœuf, dû à Le Muet (1633).

Sous Louis XV, à partir de 1735, elle sera ouverte au public deux fois par semaine. Remaniée sous Napoléon III à partir de 1854, notamment par l'architecte Labrouste, elle est divisée en huit départements. Parmi eux, signalons le département des Cartes et plans (880 000 cartes et globes), le Cabinet des estampes (cinq millions d'estampes, onze millions d'images) et le Cabinet des médailles

Le Cabinet des titres

La fonction du Cabinet des titres, situé dans le département des manuscrits, consistait essentiellement à vérifier les généalogies de la noblesse et les armoiries des familles nobles. Mais on trouve aussi de nombreuses généalogies roturières au sein des principales séries : Pièces originales, D'Hozier, Nouveau d'Hozier, Carrés d'Hozier, Chérin, Dossiers Bleus, Preuves pour les Écoles militaires, Preuves pour les demoiselles de Saint-Cyr, Preuves pour les pages de la Grande Écurie et de la Petite Écurie du Roi.

Extrait de la Généalogie des Rois de France de Pharamond Ier à Charles IX. Ouvrage imprimé à Paris en 1562.

(580 000 dont les monnaies). Trois départements détiennent des fonds pouvant, plus spécifiquement, apporter nombre d'éléments de réponse au généalogiste. L'un contient les périodiques (revues savantes), l'autre les imprimés (400 000 volumes en libre accès, 10 millions de volumes en magasins), le dernier, enfin, conserve les manuscrits du Cabinet des titres.

La Bibliothèque nationale de France aujourd'hui – Établissement public, la B.N.F. s'est, pour une part, installée depuis 1996 dans des bâtiments neufs construits à Tolbiac, dans le XIIIe arrondissement à Paris.

Ce nouvel édifice, appelé « Bibliothèque François-Mitterrand », comprend des espaces accessibles au public et d'autres réservés aux chercheurs. Mais les bâtiments de la rue de Richelieu conservent toujours les collections d'estampes, de cartes, de médailles et de manuscrits susceptibles d'intéresser les généalogistes.

Comment y effectuer une recherche ?

Avant d'entamer ses recherches, tout généalogiste a intérêt à d'abord bien identifier l'origine géographique de sa famille. Il devra ensuite s'informer sur les publications qui existent dans « sa » région. Si une famille a donné des « personnages » quelque peu sortis du commun, il y a de fortes chances qu'un érudit local se soit déjà penché sur cet ancêtre intéressant.

Plus de 500 000 revues savantes – Suivant l'importance de la famille considérée (famille de Cour ou de petit hobereau de province), ces généalogies donnent lieu à un gros livre, dit « imprimé », ou à un petit article publié dans une revue savante, dite « périodique ».

Tout généalogiste peut proposer, en effet, son travail à telle ou telle revue locale. Celui-ci parviendra automatiquement à la B.N.F., puisque celle-ci s'enrichit de tout ce qui paraît chaque jour en vertu du « dépôt légal », institué par l'ordonnance de Montpellier de 1537 et réglementé par la loi du 21 juin 1943.

Pas de prêt – La B.N.F. autorise les photocopies, sous certaines conditions : en fonction des reliures, de l'état de conservation, de la rareté de l'ouvrage. Mais, à la différence des bibliothèques municipales, elle ne consent aucun prêt.

Installé au 1er étage de la rue de Richelieu, le département des manuscrits conserve environ 225 000 volumes.

Les autres bibliothèques

Toute bibliothèque, nationale, universitaire ou municipale, contient en son sein nombre d'ouvrages intéressant le généalogiste.

Quelques ouvrages incontournables – La « Bible » des généalogistes reste la *Bibliographie généalogique, héraldique et nobiliaire de la France, des origines à nos jours, imprimés et manuscrits* de Gaston Saffroy. Mais des ouvrages anciens comme celui du père Anselme ou le *Dictionnaire* de Moreri demeurent également fondamentaux. On pourra également consulter les *Dictionnaires* d'Artefeuil (1757-1759) ou de Robert de Briançon (1693) pour la noblesse de Provence ; les *Dictionnaires* de Potier de Courcy (1846) ou de Frotier de La Messelière (1912-1924) pour la noblesse de Bretagne.

Le généalogiste devra également songer aux revues comme *Héraldique et Généalogie* ou l'*Annuaire des chercheurs et des curieux*. De plus, la collection du *Journal officiel*, que reçoivent quotidiennement toutes les bibliothèques municipales, présente aussi un certain intérêt, car cette publication fait, entre autres, état de tous les changements de noms.

Les archives en Belgique

Les Archives de l'État ont été instituées en Belgique en 1796 sous le régime français. Il n'y a pas eu avant cette date de réelle centralisation des archives, les Pays-Bas, dont l'actuelle Belgique faisait alors partie, constituant un ensemble de principautés ayant chacune leur capitale et des archives organisées de manière différente.

L'organisation des archives

Il n'y a pas en Belgique de cadre de classement alphabétique systématique des fonds, ce qui déroute le chercheur français habitué à trouver une même classification pour tous les dépôts publics d'archives.

Par contre, comme ses voisins français et néerlandais, la Belgique est dotée d'un réseau d'archives publiques constitué de trois niveaux principaux : un dépôt central situé à Bruxelles et appelé « Archives générales du royaume » (AGR), qui conserve les fonds des institutions centrales de l'Ancien Régime et du gouvernement belge ; des dépôts provinciaux appelés « Archives de l'État » (AE), situés dans chaque chef-lieu de province et dans quelques chefs-lieux d'arrondissement ; des dépôts communaux placés sous la surveillance des AE, mais qui dépendent entièrement de l'administration communale.

En dehors de la législation initiale qui remonte à 1796, la loi sur les archives date de 1955. Elle prévoit l'accès public aux documents de 100 ans et plus déposés aux AE par les cours et tribunaux, les administrations de l'État et les provinces. Depuis 1963, les répertoires et les minutes des notaires peuvent aussi être déposés, par contrat, aux AE.

Les Archives générales du royaume

La « salle de la généalogie » des AGR (Bruxelles) a été supprimée en 2001 et, avec elle, la consultation de l'ensemble des microfilms belges des registres paroissiaux et d'état civil.

Dans le nouveau dépôt d'Anderlecht devraient être transférées les collections de la Région de Bruxelles (ancienne province du Brabant) et de Wallonie. Cela n'est pas assuré pour la Flandre, qui est déjà consultable en totalité au dépôt de Beveren-Waas. Le chercheur doit régulièrement consulter le site Internet des AGR pour suivre l'évolution des transferts de fonds entre Bruxelles, Leuven et Anderlecht (outre Louvain-la-Neuve à l'avenir).

En Flandre, les archives ont longtemps été conservées dans les hôtels de ville dont les beffrois (ici, celui de Bruges) symbolisaient la puissance des cités drapières au Moyen Âge.

Les Archives de l'État

Les Archives de l'État (« Rijksarchief » en Flandre) dans les provinces constituent le lieu de recherche essentiel pour le généalogiste, qui y trouve les microfilms des registres paroissiaux, ceux de l'état civil moderne et du notariat. Ces dépôts sont au nombre de 18 (8 en Flandre dont celui de Leuven ouvert en décembre 2001, 8 en Wallonie dont 1 non encore construit dans la ville universitaire de Louvain-la-Neuve, 1 pour la Communauté germanophone à Eupen, 1 pour la Région de Bruxelles-Capitale en construction à Anderlecht).

Notons que les Archives de l'État viennent d'être divisées en trois départements (Flandre, Wallonie, Bruxelles-Capitale), ce qui préfigure un mouvement de décentralisation au profit des Régions et Communautés. Cela explique que les guides généraux des fonds parus en 1955 pour les AGR et en 1975 pour la Flandre et la Wallonie n'aient pas été réédités. Depuis 1995, ils sont remplacés par des guides thématiques (aux AGR) et des guides spécifiques pour chaque dépôt des AE (version papier ou mises à jour téléchargeables sur Internet).

Les dépôts d'Archives communales

Ils sont bien plus nombreux en Flandre qu'en Wallonie, où les villes (Mons, Namur) ont versé leurs archives aux AE. Parmi les plus importantes, Bruxelles, Anvers, Bruges, Gand, Charleroi et Liège possèdent leurs propres dépôts (avec des conditions d'accès propres à chacun).

En Flandre, les archives ont longtemps été conservées dans les hôtels de ville, avec leur beffroi symbolisant la puissance des cités drapières au Moyen Âge. De cette époque datent les plus anciens registres de bourgeoisie (Poortersboeken), qui ont fait l'objet de retranscriptions et analyses tant en Flandre belge que dans le nord de la France. On y trouve aussi les dénombrements de populations, registres fiscaux, états de biens, archives scabinales (des échevins) et autres cartes et plans.

D'autres sources à exploiter

La Bibliothèque royale de Belgique à Bruxelles conserve dans son Cabinet des manuscrits des fonds intéressant les généalogistes chevronnés : fonds Goethals, fonds Merghelynck, fonds Houwaert, manuscrit Ghys… pour lesquels les références bibliographiques sont nombreuses.

Les bibliothèques universitaires renferment également des documents touchant à l'histoire des grandes familles bourgeoises et nobles.

Le ministère des Affaires étrangères possède des fonds intéressants (Archives de la noblesse, section Héraldique, service des Ordres nationaux), d'accès réservé.

En 1815, les futures provinces belges et les anciennes Provinces-Unies sont réunies en un royaume des Pays-Bas sur lequel règne Guillaume Ier. En 1830, la politique maladroite de ce dernier provoque la sécession des provinces belges, qui proclament leur indépendance. En 1831, la conférence de Londres reconnaît l'indépendance de la Belgique, monarchie constitutionnelle et héréditaire, dont Léopold Ier devient le premier souverain.

Pour les archives militaires, il faut se rendre au centre de documentation du musée royal de l'Armée et d'Histoire militaire, sachant que les documents nominatifs conservés et classés sont postérieurs à la création de l'État belge (dossiers des officiers à partir de 1830 ; dossiers des soldats à partir de 1875).

Enfin, les trois associations généalogiques les plus importantes (OGHB, SCGD et VVF), sans compter le « Vlaamse Centrum voor Genealogie en Heraldiek », et les sociétés savantes les plus anciennes (Nivelles, Wavre, par exemple, pour le Brabant wallon) possèdent des bibliothèques riches aussi de fonds d'archives (collection de faire-part, journaux, cartes et plans…).

Les archives au Québec

Le Québec est l'un des endroits au monde où les archives sont le plus riches, les guerres et les incendies ayant peu altéré les collections au cours des quatre derniers siècles. Dès l'instauration du régime royal en 1663, c'est aux gouverneurs, aux intendants et aux hauts fonctionnaires qu'incombe la responsabilité de préserver les archives relatives à l'administration de la colonie, à la concession des terres, aux tribunaux, à l'état civil et aux actes notariés.

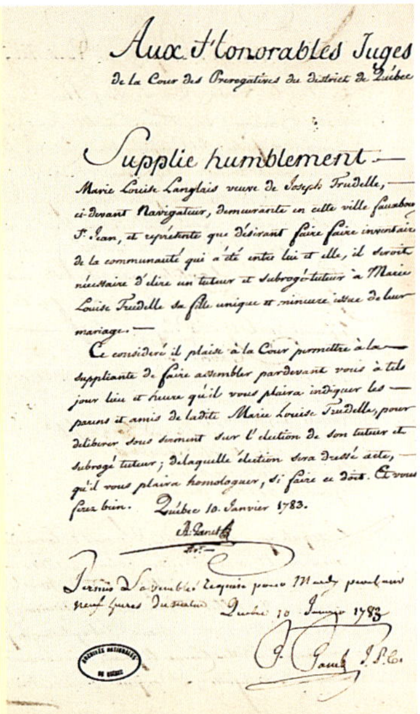
Aux Honorables Juges
De la Cour des Prerogatives du district de Québec

Supplie humblement —
Marie Louise Langlais veuve de Joseph Trudelle, — ci-devant Navigateur, demeurante en cette ville faubourg S^t. Jean, et représente que désirant faire faire inventaire de la communauté qui a été entre lui et elle, il devoit nécessaire d'élire un tuteur et subrogé-tuteur à Marie Louise Trudelle sa fille unique et mineure issue de leur mariage. —

Ce considéré il plaise à la Cour permettre à la suppliante de faire assembler pardevant vous à tels jour lieu et heure qu'il vous plaira indiquer les parens et amis de ladite Marie Louise Trudelle, pour délibérer sous serment sur l'élection de son tuteur et subrogé tuteur ; delaquelle élection sera dressé acte, — qu'il vous plaira homologuer, si faire se doit. Et vous ferez bien. Québec 10. Janvier 1783.

Québec 10 Janvier 1783

Requête en élection de tutelle de Marie-Louise Langlois, veuve de Joseph Trudelle, navigateur, pour Marie-Louise Trudelle, sa fille unique et mineure, issue de leur mariage (10 janvier 1783).

Les dépôts d'archives

À la Conquête, en 1760, les archives dites « personnalisées » demeurent au Canada tandis que d'autres sont rapatriées en France. Sous le régime anglais, les archives relèvent du secrétaire de la Province et du greffier du Conseil exécutif.

En 1867, la Constitution du Canada confère au gouvernement fédéral la responsabilité de la gestion des archives canadiennes qui voit à la création d'un service d'archives en 1872. Au Québec, les archives sont sous la responsabilité du secrétariat de la Province qui hérite, entre autres, des anciennes archives de l'époque française. En 1920, les Archives du Québec sont créées pour en assurer la conservation.

Les Archives nationales du Canada

Les Archives nationales du Canada (ANC) conservent plus de 102 kilomètres de documents textuels, des millions de cartes géographiques et photographies anciennes. Ces fonds sont constitués d'archives des ministères fédéraux, de dossiers militaires, de dossiers d'immigration, de recensements nationaux et de plusieurs fonds privés.

Dès leur fondation, les Archives nationales du Canada ont procédé à de nombreuses transcriptions d'archives, surtout en France et en Angleterre, afin de constituer une importante documentation sur l'histoire coloniale du Canada. Les collections iconographiques et d'art documentaire revêtent un intérêt particulier pour la recherche généalogique.

Les Archives nationales du Québec

Les Archives nationales du Québec (ANQ) ont été créées pour assurer la conservation des documents remontant au début du régime français et préserver les archives historiques gouvernementales. Entre 1971 et 1981, les Archives nationales du Québec ont ouvert huit centres dans les principales régions du Québec.

Ces dépôts conservent près de 45 kilomètres de documents d'archives dont les registres de l'état civil du Québec et les actes notariés depuis la fon-

Les centres de recherches généalogiques

Il existe au Québec 36 cercles de généalogie regroupés au sein de la Fédération québécoise des sociétés de généalogie. La plupart des sociétés possèdent des centres de recherche spécialisés qui mettent à la disposition de leurs adhérents des imprimés, des microformes, des fonds d'archives, des banques de données informatiques, des dossiers de famille ainsi que différents fichiers généalogiques qui permettent aux généalogistes de retracer l'histoire de leur famille.

La Société généalogique canadienne-française, fondée à Montréal en 1943, est la plus importante de la francophonie. Elle gère la *Maison de la Généalogie*, une bibliothèque spécialisée sur l'histoire des familles québécoises, qui accueille près de 14 000 chercheurs chaque année.

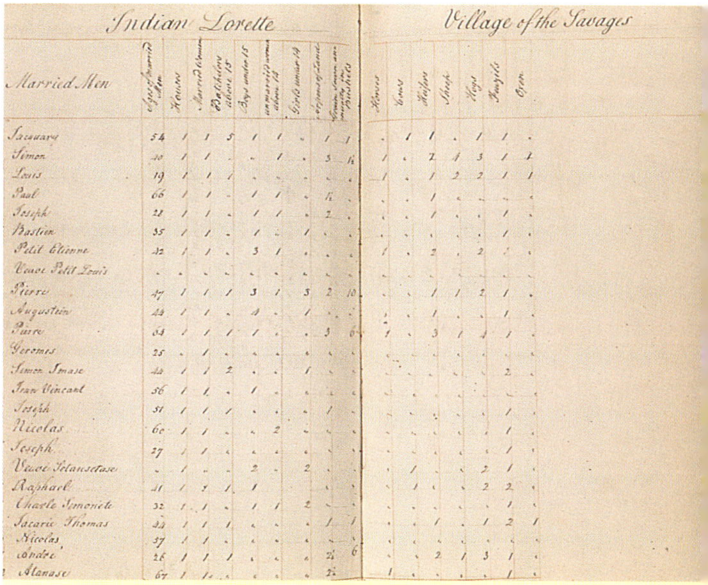
Indian Lorette — Village of the Savages
Married Men

Recensement des Amérindiens du village huron de Lorette, près de Québec (1784). Vivant à l'origine entre les lacs Huron et Ontario, partenaires au XVIIe siècle des Français qu'ils fournissaient en fourrures, les Hurons furent chassés de leur territoire (la « Huronie ») par les Iroquois, leurs ennemis. Ils se réfugièrent pour la plupart près de Québec, où ils forment aujourd'hui une collectivité urbanisée d'environ 2 700 membres.

dation de Québec jusqu'au début du XXe siècle, les archives judiciaires des origines à 1970 et plusieurs fonds privés.

Le centre d'archives de Québec, à la tête du réseau, conserve les anciennes archives françaises, de nombreux fonds relatifs à la concession des terres, à l'administration gouvernementale ainsi qu'une imposante collection de cartes géographiques originales et quelque douze millions de photographies anciennes.

Les centres d'archives privées

Depuis 1989, le Québec s'est doté d'un réseau de 23 centres d'archives ayant reçu l'agrégation gouvernementale.

Ces dépôts conservent, selon leur spécificité, des fonds relatifs à l'histoire locale et régionale, aux archives religieuses, ethniques, muséologiques et même industrielles. Certains centres offrent des collections de journaux anciens et des fonds sur l'histoire des familles.

Les archives religieuses

L'histoire du Québec repose en grande partie sur l'apport du clergé et des nombreuses communautés religieuses.

Les archives paroissiales contiennent des registres de catholicité, des listes confirmées et de paroissiens tandis que les archives des communautés religieuses conservent des listes d'écoliers, des registres d'hospitalisation et des archives concernant les membres de leurs ordres.

Comme il s'agit d'archives privées, l'accès n'est pas toujours facile pour les chercheurs.

Les archives municipales

Les grandes agglomérations du Québec possèdent un service d'archives généralement dirigé par un archiviste.

Dans les plus petites municipalités, ce service est sous la responsabilité du service du greffe. Les municipalités conservent un certain nombre de documents comme les rôles d'évaluation, les dossiers du personnel et les procès-verbaux des délibérations du conseil municipal.

Les archives en Suisse

La structure fédérale de la Suisse et l'autonomie dont disposent ses différents cantons entraînent une certaine variété dans l'organisation des archives. Aussi le chercheur ne devra-t-il pas être surpris si les modalités de conservation et de consultation varient d'un canton à un autre. Tout déplacement devra donc être précédé d'une enquête par téléphone ou par lettre pour éviter une éventuelle déconvenue…

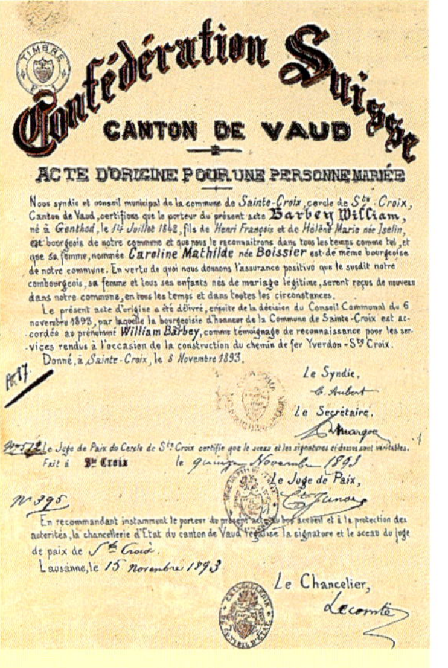
Confédération Suisse
CANTON DE VAUD
ACTE D'ORIGINE POUR UNE PERSONNE MARIÉE
Nous syndic et conseil municipal de la commune de Sainte-Croix, cercle de Ste Croix, Canton de Vaud, certifions que le porteur du présent acte Barbey William, né à Genthod, le 14 Juillet 1842, fils de Henri François et de Hélène Marie née Iselin, est bourgeois de notre commune et que nous le reconnaitrons dans tous les temps comme tel, et que sa femme, nommée Caroline Mathilde née Boissier est de même bourgeoise de notre commune. En vertu de quoi nous donnons l'assurance positive que le susdit notre combourgeois, sa femme et tous ses enfants nés de mariage légitime, seront reçus de nouveau dans notre commune, en tous les temps et dans toutes les circonstances.
Le présent acte d'origine a été délivré, ensuite de la décision du Conseil Communal du 6 novembre 1893, par laquelle la bourgeoisie d'honneur de la Commune de Sainte-Croix est accordée au prénommé William Barbey, comme témoignage de reconnaissance pour les services rendus à l'occasion de la construction du chemin de fer Yverdon-Ste Croix.
Donné, à Sainte-Croix, le 8 Novembre 1893.
Le Syndic,
Le Secrétaire,
Le Juge de Paix du Cercle de Ste Croix certifie que le sceau et les signatures ci-dessus sont véritables.
Fait à Ste Croix le quinze Novembre 1893
Le Juge de Paix,
No 395
En recommandant instamment le porteur du présent acte au bon accueil et à la protection des autorités, la chancellerie d'Etat du canton de Vaud légalise la signature et le sceau du juge de paix de Ste Croix.
Lausanne, le 15 Novembre 1893
Le Chancelier,
Lecomte

Une commune pouvait attribuer sa « bourgeoisie », voire sa « bourgeoisie d'honneur » – et donc un nouvel « acte d'origine » – au bourgeois d'une autre commune.

Les Archives cantonales

Il existe en Suisse 26 cantons ou demi-cantons et chacun possède ses archives. Suivant l'endroit, les cantons ayant conservé une large autonomie, il est possible que ces archives ne détiennent pas exactement les mêmes documents. Il conviendra donc de s'informer avant d'entreprendre des recherches.

Les registres paroissiaux – Outre les exemplaires conservés encore dans certaines paroisses, les actes religieux (baptême, mariage, décès) qui couvrent la période 1550-1876 ont été déposés aux Archives cantonales. Vous pouvez y effectuer vos recherches vous-même à l'aide de microfilms. Et, s'il n'y a pas beaucoup de place, notons que l'accès aux Archives cantonales est gratuit.

Pour les actes de la période ancienne (1300-1550), registres d'allégeance et autres, il faut l'autorisation du conservateur des Archives cantonales afin de pouvoir manipuler ces précieux documents.

Les registres notariés – Les plus anciens registres de notaires remontent au XIIIe siècle et sont, pour la plupart, rédigés en latin jusqu'en 1536. Par la suite, ils seront tenus en français, italien, allemand ou romanche. Pour la plupart, ils sont conservés aux Archives cantonales et sont grevés d'une réserve de consultation de cent ans.

Pour le canton de Fribourg, les Archives cantonales abritent environ 11 000 registres allant du XVIe siècle à nos jours et proposent un répertoire imprimé, par notaire, datant de 1869, un répertoire manuscrit datant de 1912 et un fichier par notaire qui est tenu à jour. Pour Genève, il existe des répertoires complets jusqu'en 1536, puis sélectifs de 1536 à 1798. Par contre dans le Valais, il n'y a pas de répertoire général et les registres notariaux sont dispersés dans plusieurs dépôts cantonaux, communaux ou privés. Dans le canton de Vaud, un inventaire permet d'exploiter les registres antérieurs à 1837, tous regroupés aux Archives du canton. À Neuchâtel, les registres des notaires sont consultables aux Archives de l'État.

L'état civil

La laïcisation de la tenue des registres et l'apparition de l'état civil se sont mises en place, petit à petit et d'un canton à l'autre, entre 1830 et 1876.

Où le consulter ? – Les actes rédigés de 1876 à nos jours sont conservés dans les bureaux de l'état

L'ancienneté de la recherche généalogique en Suisse, fait que le chercheur dispose de nombreux ouvrages pouvant lui éviter des démarches inutiles.

civil. Ces bureaux sont généralement distincts des mairies des communes et peuvent d'ailleurs regrouper plusieurs communes ou, au contraire, ne concerner qu'un seul arrondissement d'une grande ville.

De ce fait, il est nécessaire de s'informer avant d'entreprendre un déplacement. Ces bureaux figurent sous la rubrique « état civil » dans les annuaires téléphoniques. Toutefois, dans quelques cantons, l'état civil est tenu par l'administration communale et c'est alors dans les mairies qu'il faut se rendre !

Comment faire une recherche ? – En Suisse, on ne peut pas effectuer de recherches soi-même. C'est un officier d'état civil qui s'en charge et ce service est payant. Il faut également savoir que :

– On doit prouver son ascendance avant de pouvoir chercher un document.

– Il faut une autorisation cantonale. Elle s'obtient auprès des Archives cantonales contre un émolument, elle est valable une année et peut être renouvelée.

– Il faudra peut-être en plus une dérogation, toujours provenant des Archives cantonales, si l'acte est dans la période couverte par les lois sur la protection de la vie privée (entre 80 et 120 ans suivant les cantons).

– Au lieu de demander directement l'acte auquel on s'intéresse, il est recommandé de demander le « Familienschein », ce qui correspond à un résumé pour un couple et tous ses enfants.

– Les offices de l'état civil tiennent les registres de familles depuis 1876, mais parfois des familles y sont inscrites depuis 1850 environ.

La Société suisse d'études généalogiques (S.S.E.G.)

Le fonds de la Société suisse d'études généalogiques se compose de plus de 5 000 ouvrages qui sont consultables à la Bibliothèque nationale suisse de Berne. Par ailleurs, cette société, fondée en 1933, comporte dix sections régionales ou cantonales qui pourront apporter une aide efficace. Pour connaître les responsables de ces sections, le chercheur peut s'adresser au Bureau central pour les informations généalogiques (Vogelausstrasse 34, CH 8953 Dietikon). Enfin, la Société suisse d'études généalogiques édite un grand nombre de publications qui sont proposées à la vente.

Une histoire

Si le travail de recherche de filiation est évidemment essentiel, il faut néanmoins le compléter par une seconde étape, sans doute plus passionnante encore. Après avoir retrouvé nos ancêtres, tentons de reconstituer leur passé, chacun de nous étant le résultat provisoire et unique d'une longue série d'histoires définitives et collectives…

▲ *Sur cette toile de Watteau (1684-1721), un notaire dresse le contrat de mariage d'un jeune couple.*

retrouvée

512 aïeux !

Une fois tous les actes retrouvés, lus, analysés, retranscrits, le généalogiste a achevé la première étape de son travail. Il connaît à présent tous ses quartiers paternels et maternels : 16 trisaïeux, 32 quatrièmes aïeux, et leurs 64 parents, 128 grands-parents, 256 bisaïeux, 512 trisaïeux. Il est par conséquent devant toute une série de feuilles A4, manuscrites ou tirées sur imprimantes ; cela n'a guère d'importance : elles sont toujours reliées entre elles par du ruban adhésif tant est devenu large le tableau, même s'il n'est jamais très haut : dix, quinze, voire vingt générations, c'est un maximum. À raison de trois générations par siècle, cela représente six siècles et conduit le généalogiste aux années 1400.

Mais cette foule de cases remplies d'un nom, d'un prénom, d'une date de naissance et d'une date de décès, reliées à une autre case (celle du conjoint) par un trait qui passe sous la date de leurs noces, n'offre de la généalogie qu'un schéma très réducteur et quelque peu stérile. Rechercher ses ancêtres, c'est vouloir en savoir plus encore.

Dans l'« Apocalypse de Saint Sever», réalisée au XIe siècle et conservée à la Bibliothèque nationale, on découvre la généalogie... d'Adam et Ève, forcément descendante !

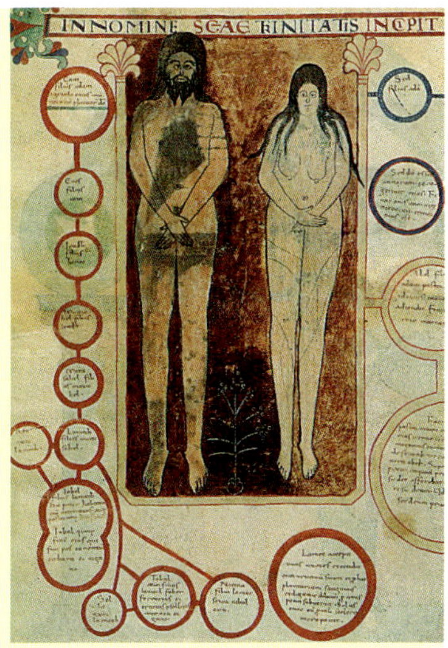

Un passé recomposé

D'autres sources vont alors permettre d'aller plus loin, d'enrichir la recherche et de faire ressurgir le passé. Il faudra, par exemple, rechercher dans les minutes notariales ce que possédaient les ancêtres : les terres, les meubles, et ce à travers les dots des filles, les testaments, les inventaires après décès. Les recensements militaires donneront la taille des hommes, la couleur de leurs cheveux et de leurs yeux, de leurs sourcils, leurs signes particuliers, leur niveau d'instruction. Les recensements livreront l'instantané d'un village à une époque donnée. Les archives religieuses dresseront de longues listes de confirmés, de communiants, de mariés de l'année, de notables rencontrés lors de visites pastorales... C'est à ces sources de renseignements que nous voulons maintenant nous intéresser.

C'est grâce à elles, qu'à ce moment-là, celui ou celle qui figure dans une case au-dessus de deux dates n'est plus simplement « un ancêtre », mais redevient ce qu'il était, avant nous et comme nous : un être de chair et de sang. Replacé dans son village, dans son quotidien, dans son monde, dans son contexte, il ressuscite pour être à nouveau une parcelle d'éternité.

Les recensements

Un recensement est une liste qui rassemble des données destinées à une autorité supérieure : l'État, le fisc, l'Église, l'armée. Il a progressivement évolué vers une collecte des faits démographiques : état présent de la population, mouvements migratoires, éléments de confort d'une société… Si l'on sait les lire, ces listes sont bavardes et riches d'indications.

De tout temps, les prêtres ont eu besoin de bien connaître leurs fidèles. Très tôt, ils ont donc établi des listes, notamment celles des adolescents qui, dans leurs paroisses, devaient recevoir la communion ou la confirmation.

Une pratique très ancienne

Chez les Hébreux, Moïse et Aaron ont fait le premier recensement au monde dans le désert, en comptant les Israélites : 603 550 hommes « en état de porter les armes ». Toutes les tribus y furent comprises, excepté celle de Lévi. Le roi David ordonna le recensement du peuple : 1 300 000 hommes selon le Livre des Rois. Chez les Grecs, Hérodote attribue 1 700 000 combattants à l'armée de Xerxès ! Chiffre exagéré ! À Rome, Servius Tullius institua l'usage du dénombrement quinquennal de la population : 80 000 hommes en état de porter les armes, avec leurs noms, âge, qualité, profession des citoyens, de leurs femmes et enfants, et plus tard avec le nombre des esclaves et des biens du chef de famille. 400 000 soldats furent dénombrés sous Pompée et Crassus. 4 137 000 hommes « en état de porter les armes » le furent sous Auguste, qui fit recenser à trois reprises toute la population de l'Empire (28 av., 2 av., 14 apr. J.-C.). C'est d'ailleurs pour se faire recenser que Joseph et Marie allèrent à Bethléem, où Marie accoucha de Jésus.

Recenser pour savoir qui doit payer

Sous l'Ancien Régime, les rôles d'impôts étaient de nature variable selon les régions : « estimes », « compoix » et « certificat d'habitantage » dans le Midi, « cherches de feux » en Bourgogne, « rôles de fouages » en Normandie… Quel que soit leur nom, ces listes n'avaient d'autre but que de recenser qui devait payer et combien.

Les états des feux – En France, les recensements ont été précédés par l'état des « feux ». Le « feu » est en quelque sorte l'ancêtre de l'actuel foyer fiscal ; il réunit « à pot et feu commun » un groupe familial, à savoir le chef de famille, son épouse et sa descendance, souvent aussi sa mère veuve, ses neveux, sa belle-sœur… Sous Saint Louis, Charles VI et Charles VIII, les états des feux sont réalisés dans chaque paroisse. Une tentative de recensement de tous les feux du royaume sera faite en 1328 : c'est la première vraie évaluation de la population.

Ces dénombrements comptabilisaient les foyers, mais rarement l'entourage (enfants, domestiques) et l'indication sociale. Les registres de taille sont bien plus riches en renseignements.

Les registres de taille – La taille est un impôt qui a connu de multiples évolutions. Lorsque ces registres sont conservés (essentiellement pour les

XVIe, XVIIe et XVIIIe siècles), ils sont en principe annuels et établis par paroisse. Donnant la liste des habitants de chaque paroisse, ils peuvent permettre de connaître le montant de l'imposition d'un aïeul et, grâce à cela, de déterminer ses ressources en comparaison des autres foyers de la paroisse. Lorsqu'ils sont annuels, ces registres permettent également de définir la date d'arrivée dans la paroisse, celle de l'installation dans le hameau et, parfois même, la date d'un décès jusqu'alors ignorée.

Notons que tous les documents concernant les archives fiscales sont, en principe, classés en série C des Archives départementales.

La situation au XVIIe siècle

Au XVIIe siècle, obsédé par la nécessité des « enquêtes », ou recensements généraux, Colbert

Les états des âmes de l'Église

Les prêtres, très tôt, ont eu besoin de bien connaître leurs ouailles. Ils listaient notamment les adolescents devant recevoir la confirmation ou la communion. Ces listes figurent parfois encore, sans âge ni filiation, à la fin de certains registres de baptême conservés aux Archives départementales. Mais surtout, les prêtres, dans certaines régions, dressaient des états des âmes. Ces derniers leur permettaient de chiffrer le nombre d'habitants pour une année donnée. Pour bien connaître la population, en effet, les registres de baptême ne suffisaient pas. La mortalité infantile est telle sous l'Ancien Régime qu'un enfant sur deux décède dans l'année qui suit sa naissance : seul un enfant sur quatre atteint ses vingt ans. Les registres de mariage ne permettent pas non plus de connaître tous les paroissiens, car ce serait négliger les célibataires, qui représentent environ 5 % de la population, et les personnes mariées en dehors de la paroisse, même si celles-ci sont très peu nombreuses. Les états des âmes, quand ils étaient effectués une fois par an par le curé, permettaient de combler ces lacunes. Ils listaient tous les feux de la paroisse et mentionnaient pour chacun le nom et l'âge de tous ses membres. Cette pratique s'est poursuivie dans certaines paroisses jusqu'aux années 1900.

Le recensement de 1901 réalisé, il reste encore à classer les archives ! Jusqu'en 1851, le recensement ne mentionne que le sexe et l'état civil des individus. À partir de cette date seront également indiqués l'âge, la profession, la nationalité et le culte. En 1876, la liste nominative est remplacée par un bulletin individuel.

À l'époque à la pointe de la technologie, ces rouleaux Bilterer furent utilisés pour le recensement de la population française en 1906.

fait effectuer plusieurs inventaires des provinces, auxquels succédèrent au XVIIIe siècle les mémoires des intendants de chacune des généralités. En 1664, il envisage notamment de recenser les gens de mer, marins et pêcheurs, maîtres et pilotes de navires. En 1666, il organise le recensement des vrais nobles et par conséquent celui des usurpateurs de noblesse. Mais ces efforts ne permettront pas de chiffrer l'ensemble des Français.

Les recensements militaires

Les militaires ont fait très tôt des recensements, soit des hommes, soit du matériel : dénombrements d'équipements, munitions, chevaux, véhicules en état… C'était nécessaire pour accélérer tout ordre de mobilisation générale. Les recensements des classes d'âge étaient liés à la conscription. Chaque année, les maires dressaient la liste des jeunes gens de leur commune qui devaient atteindre l'année suivante l'âge requis pour accomplir leur service. C'est lors de ces recensements que les jeunes gens se voyaient attribuer un registre matricule, document si précieux pour le généalogiste.

Les rôles de la capitation – En 1694, Louis XIV fait lancer enfin le premier dénombrement général de la population. Son objectif est d'établir un nouvelle contribution, la capitation, ou impôt « par tête ». C'est grâce aux données recueillies lors de cette opération que seront établis en 1695 les rôles de la capitation : ceux-ci divisent les contribuables en 22 classes, dont la première commençait par Monseigneur le Dauphin. La capitation allait de 10 000 livres à 20 sols. Elle fut supprimée en 1698 et rétablie en 1701.

Les premiers recensements – De fait, les premiers « vrais » recensements ne commencent qu'à la fin du XVIIe siècle. Cela vaut pour la France, mais aussi pour de nombreux pays dans le monde : l'Islande fut recensée en 1701, la Finlande en 1749, la Suède en 1750, la Norvège et le Danemark en 1769, les États-Unis en 1790…

Les recensements après la Révolution

La loi du 22 juillet 1791 ordonnait aux maires de dresser annuellement l'état de leurs administrés : noms, prénoms, âge, sexe, profession, moyens d'existence. Mais elle ne fut jamais appliquée, chacun craignant d'être imposé sur sa fortune ! Les circulaires de 1793 n'eurent pas plus d'effet.

Le premier recensement en 1801 – Effectué par département et par arrondissement, le premier recensement des Français eut lieu en 1801. Préparé par Lucien Bonaparte et Chaptal, il dénombra plus de 33 millions d'habitants dans un pays qui comptait alors 98 départements. Ce premier recensement fut suivi de celui de 1806, simple dénombrement par commune. En 1815, lors de la signature des traités de paix, la France vaincue fut ramenée à ses frontières et ne totalisa plus alors que 27 349 000 habitants.

La périodicité définie en 1822 – Le principe du recensement quinquennal est adopté en 1822, en vertu de l'ordonnance du 16 janvier de Charles X. Le recensement eut lieu dès lors toutes les années terminées par 1 et par 6 : en 1831, 1836, 1841, 1846, 1851, 1856, 1861, 1866, et enfin 1872 au lieu de 1871 à cause de la guerre. Les premiers recensements n'allèrent toutefois pas sans troubles, notamment en 1836, dans le Midi : on reprochait au gouvernement de chercher des renseignements afin de répartir différemment les impôts entre les départements.

Des questions plus précises dès 1851 – Jusqu'en 1851, le recensement ne fait état que du sexe et de l'état civil. À partir de cette date sont mentionnés l'âge, la profession, la nationalité, le culte. En 1851, on obtint ainsi pour la première fois le chiffre de la population par années d'âge. En 1876, la liste nominative est remplacée par un bulletin individuel. Puis la guerre empêchera à nouveau de recenser les Français en 1916 et 1941.

Après la Seconde Guerre mondiale – Après 1946, les recensements eurent lieu de manière moins régulière : en 1954, 1962, 1968, 1975, 1982, 1990, 1999. Ce dernier fut le trente-troisième recensement opéré en France. Conduit par 115 000 agents recenseurs, dont 5 000 à Paris, il a coûté 1,2 milliard de francs, soit cinq fois plus que celui de 1975.

Les recensements au Canada

La Nouvelle-France a été l'une des premières colonies françaises à faire l'objet d'un recensement. Un premier recensement nominatif est effectué en 1666, suivi d'un second dénombrement en 1667, puis d'un autre plus détaillé et plus complet en 1681. À la Conquête, en 1760, des recensements de chefs de famille ont été réalisés dans les districts de Québec, Montréal et Trois-Rivières. Les premiers recensements du régime anglais sont effectués en 1825, 1842, 1851 et 1861. À partir de 1851, ils sont nominatifs et contiennent des données agraires. Depuis la Confédération de 1867, des recensements nationaux se tiennent tous les dix ans. Tous ceux effectués entre 1666 et 1901 sont disponibles sur microfilms.

Outre ces recensements, le généalogiste peut aussi consulter les comptes rendus des visites paroissiales, faites par les prêtres. Ces documents permettent d'identifier avec précision les paroissiens d'une ville ou d'un village à un moment donné, les plus célèbres étant ceux de 1744, 1792 et 1818 pour la ville de Québec. En France, les comptes rendus de visites paroissiales ne mentionnent que les listes de notables visités par les évêques. Ils sont accessibles aux Archives départementales dans la série G.

Une source précieuse, mais…

Pour un généalogiste, les recensements de population du XIXe siècle constituent une piste utile : les ancêtres y sont presque toujours mentionnés. Mais recenser certaines populations a toujours été difficile : les vagabonds et les prostituées notamment. Et certaines catégories de personnes sont souvent « oubliées » : les populations carcérales, les aliénés des asiles publics, les infirmes des hospices, les sourds-muets, les ecclésiastiques réguliers, les internes de lycée, les réfugiés, les marins en mer, les soldats sous les drapeaux… Toute source, même excellente, a ainsi ses lacunes.

N'oubliez pas non plus que l'INSEE ne peut communiquer aucun résultat individuel des questionnaires avant un délai de cent ans.

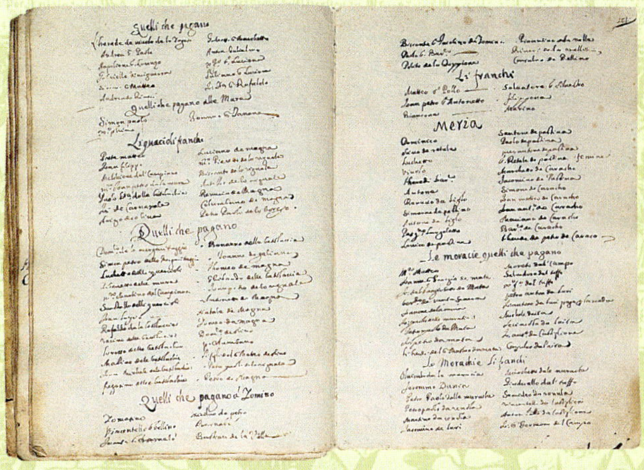

Les listes du Fonds Corsica

Comparables aux états des âmes, les listes génoises du Fonds Corsica des Archives d'État de Gênes (1524-1673) comportaient la mention « franco » pour tout chef de famille « franc d'impôt ». Ces ancêtres « franchi » ne payaient pas la taille. Pour ce faire, ils devaient régulièrement prouver qu'ils descendaient d'un exempté : par exemple en 1626 et en 1641, tous les exemptés du cap Corse présentèrent au Sénat de Gênes leurs généalogies jusqu'au premier aïeul exempté ; ces confirmations des franchises de taille remontent, pour celles de 1626 à l'année 1397, et pour celles de 1641 à l'année 1418.

Liste d'exemptés de taille au cap Corse en 1523.

Cadastres et terriers

Jusqu'au XIXe siècle, il n'existe pas de cadastre général en France, mais seulement des documents limités à telle ou telle zone géographique. Parmi eux, les livres-terriers dénombrent tous les biens fonciers d'une seigneurie. Ils mentionnent, entre autres, chaque parcelle de terre et les noms des différents tenanciers qui l'exploitent.

Les cadastres, un principe ancien

Un cadastre est un registre qui contient l'état des biens-fonds avec leur consistance et l'estimation de leur produit ordinaire. Ses liens avec l'imposition de la propriété foncière ont toujours été très étroits.

Les premières versions en sont très anciennes : une tablette chaldéenne donne ainsi avec exactitude le plan coté, la superficie et la description de la ville de Dunghi, vers 4 000 av. J.-C. Les Égyptiens aussi faisaient exécuter des documents de ce type, et les utilisaient comme base à l'impôt. De même, les Romains sous Auguste effectuèrent un cadastre général de l'Empire.

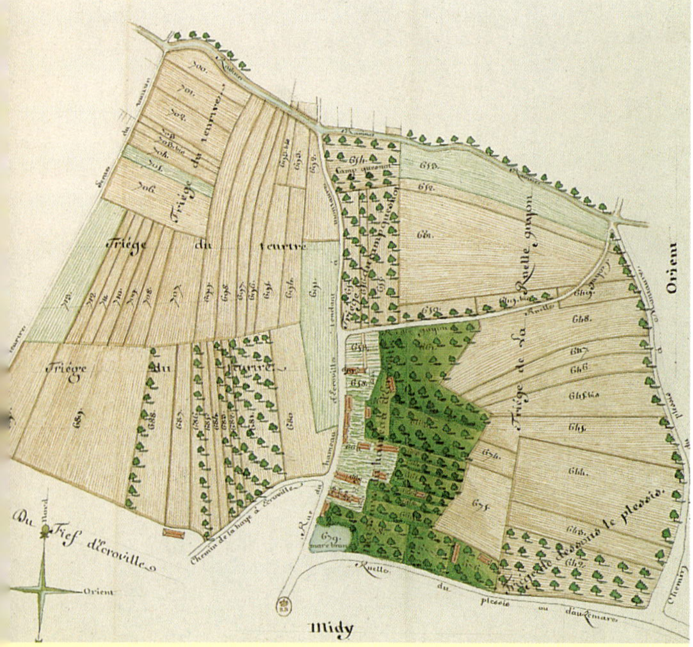

Le livre-terrier est un recueil qui comporte les plans des terres d'une seigneurie et les redevances afférentes. Cette aquarelle de 1763, conservée à la Bibliothèque nationale, représente la seigneurie de Montaure, dans l'Eure. En bas, au centre, on voit le village, les bois et l'étang.

La situation en France au XVIIe siècle – En France pourtant, encore au XVIIe siècle, il n'existe pas de cadastre général pour le royaume. Seules quelques provinces en possèdent un, surtout dans les pays de taille réelle où l'impôt est levé sur les biens et non sur les personnes : Languedoc, Provence, Dauphiné, Flandre. Le cadastre de l'élection d'Agenais, rédigé en 1621, fut l'un des premiers de France.

En 1659, par règlement du 26 mars, Louis XIV ordonna bien de rédiger un livre-terrier, afin de dénombrer les domaines du roi dans l'ensemble du royaume, mais le travail ne put être mené à bien à cause de la résistance des usurpateurs de terres royales. Restent donc des documents très localisés, comme le terrier du roi concernant Paris, réalisé de 1700 à 1705. Il indique toutes les propriétés des vingt nouveaux quartiers de Paris, avec le nom des propriétaires et parfois des locataires ; il donne également le classement par rue en indiquant, de temps en temps, les enseignes.

Les cadastres, une réalisation récente

Les premières tentatives de cadastres s'appuyaient soit sur les compoix ou registres d'enregistrement des biens-fonds d'une communauté ou juridiction, soit sur les livres-terriers et censiers.

Le livre-terrier, abusivement appelé du seul adjectif « terrier », est un recueil in-folio qui contient le dénombrement des droits et des biens seigneuriaux. Il peut concerner un duché, par exemple. Relié, souvent bien calligraphié et parfois orné, c'est un document superbe qui contient des plans d'arpentage précis. Le « plan-terrier », lui, mentionne plus particulièrement les travaux publics : place, route, chemin, rue.

Les livres-terriers ont beaucoup souffert au cours de la Grande Peur de l'été 1789, les paysans les brûlant afin de ne plus payer de redevances à leurs (anciens) seigneurs. D'autres disparurent aussi en 1793 quand la Convention ordonna leur destruction. Quand ils sont parvenus jusqu'à nous, ils sont conservés aux Archives départementales ou dans des fonds privés.

Les livres-terriers – Entre autres informations, le livre-terrier contenait la liste notariée des tenanciers de chaque tenure (parcelle de terre) ainsi que le montant des redevances que ces derniers devaient au seigneur. Pour chacun de ces tenanciers, le notaire royal indiquait, tous les vingt ou trente ans, en vertu du dénombrement trentenaire, les renseignements suivants :

– le prénom ;
– le nom ;
– le nom du père ou des ascendants ;
– l'avant-nom si l'homme en a un ;
– la profession le cas échéant ;
– les co-tenanciers en cas d'indivis ;
– les titres de possession de la tenure (acquise d'un autre tenancier par acte d'achat ou par voie d'héritage) : le tenancier a la propriété utile de la terre, mais le seigneur, seul vrai rentier, en garde la propriété éminente, d'où le paiement d'un cens annuel (sorte de loyer) ;
– le montant du cens payé en vertu d'un bail notarié contracté entre les parties pour trois, six ou neuf ans, ou les services dus par le tenancier (corvée) ;
– la liste des parcelles ; avec leur description (bâtiments, jardins, vergers, bois, pâtures, prairies, labours, vignes, chènevières), leur superficie, leurs confins.

La création du cadastre national

L'Assemblée constituante établit le principe d'un cadastre national en 1790, lorsqu'elle supprime les anciens impôts pour les remplacer par une contribution foncière unique. Une commission est constituée le 30 juin 1802 à cet effet, mais le projet ne prend forme qu'en 1807, quand la loi du 15 septembre ordonne l'établissement d'un cadastre général parcellaire. Cette opération d'envergure prévoit l'arpentage et l'évaluation de toutes les parcelles de toutes les communes !

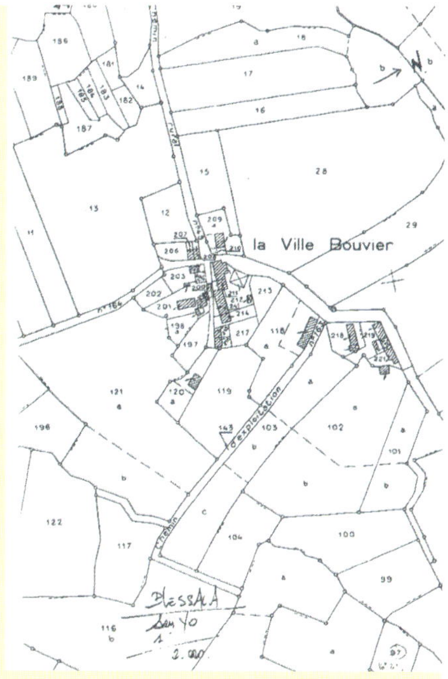

S'ils n'ont plus la même valeur artistique que les terriers du XVIIe siècle, les relevés cadastraux que l'on trouve aujourd'hui apportent toutefois des renseignements identiques.

En 1808, 1 248 communes étaient cadastrées ; 5 243 en 1811 ; plus de 10 000 à la chute de l'Empire. La loi du 23 septembre 1814 maintiendra ces travaux cadastraux.

On appelle aujourd'hui les documents qui en sont issus « anciens cadastres », par opposition aux « nouveaux », qui ne sont que des cadastres révisés, en vertu de la loi du 16 avril 1930.

Ils peuvent être consultés en mairie et constituent d'intéressantes pistes généalogiques, dans la mesure où ils mentionnent les noms des propriétaires et leurs héritiers successifs.

Les cadastres peuvent ainsi permettre de recomposer l'histoire d'une famille en reconstituant l'histoire d'une terre partagée ou demeurée indivise. On lit du reste souvent la mention « untel héritier » sur plusieurs d'entre eux, preuve que tous les descendants du propriétaire défunt sont demeurés cohéritiers indivis.

Le contrat de mariage

Soumis à peu de règles au Moyen Âge, au point de ne faire l'objet d'aucune cérémonie particulière, le mariage tend à devenir, vers la fin du XVIe siècle, une alliance tenant compte des intérêts familiaux. Point d'orgue de cette évolution, le contrat de mariage notarié se répand au XVIIe siècle. Retrouver celui de l'un de ses ancêtres est une aubaine pour le généalogiste.

Peu à peu, le mariage va glisser de l'union entre deux jeunes gens à une union calculée par deux familles.

Le droit canon à l'époque féodale

De l'an mille à la Réforme, les choses changent peu en matière d'union entre deux personnes. L'Église n'exige en fait qu'une seule chose : qu'elles soient de sexe opposé afin de pouvoir procréer. Selon le droit canon, tout homme peut en effet dire devant Dieu à toute femme, même très jeune – et ce sans témoins – qu'il la prend pour épouse, et réciproquement !

Ni solennité, ni bénédiction, ni présence d'un prêtre ne sont obligatoires. La seule condition est que les jeunes gens agissent de leur seul consentement, sans subir aucune violence ou pression, ni physique ni morale. Preuve de ce laxisme, l'ordonnance de Villers-Cotterêts n'exige pas d'enregistrer les mariages ! Et peu d'actes de mariage existent en effet entre 1539 et 1563, en dehors de quelques grandes villes, dont Paris.

Un premier tournant sous Henri II

L'un des premiers grands tournants est un édit promulgué par Henri II en février 1556 : il exige que tout homme jusqu'à 30 ans, et toute femme jusqu'à 25 ans auront besoin du consentement parental pour convoler en justes noces. En cas de désaccord familial, l'avis du père prévaudra.

Cette décision fait suite à un tout récent scandale, au sein même de la cour de France. La veille du mariage prévu entre François de Montmorency et Diane, fille naturelle du roi Henri II (1547-1559), Jeanne de Piennes fait savoir que François – le futur – l'avait épousée depuis des années ! Mariage clandestin certes, mais mariage valide ! De tels « désordres » sont monnaie courante à l'époque, et ce dans toute la chrétienté. À Rome, le pape Alexandre VI Borgia multiplie les liaisons et engendre plusieurs cardinaux ! À Rotterdam, la fille d'un médecin est engrossée par un prêtre et accouche d'Érasme. En Angleterre, Henri VIII (qui régna de 1509-1547) se marie pas moins de six fois, notamment avec Anne Boleyn, qu'il fait décapiter pour adultère, avant d'épouser le jour même Jane Seymour. En 1557, alléché par le désir de devenir gendre du roi, François de Montmorency niera avoir épousé la pauvre Jeanne et se marie avec Diane triomphante...

Une pression sociale forte

Dès le XVIe siècle, les parents de la haute société insistent auprès de l'Église pour que cessent ces scandales et surtout pour faire valoir les droits des parents.

En l'absence de prêtre et de témoins lors du mariage, disent-ils, le principe de base de l'indissolubilité court un risque majeur. Si l'union n'est accompagnée d'aucune solennité publique, comment une épouse délaissée peut-elle prouver que l'homme volage qui la quitte est son mari ? Comment peut-elle prouver que leurs enfants sont « légitimes » ?

Les demandes sont donc les suivantes : consentement des parents, présence obligatoire d'un prêtre et de témoins. Il est aussi souhaité qu'un notaire, le cas échéant, enregistre les conditions financières, afin d'empêcher les mésalliances et d'écarter les coureurs de dot. En 1563, les pères du concile réuni à Trente depuis 1545 reconnaissent le bien-fondé de quelques-uns de ces arguments. Ils affirment, d'une part, que le mariage est un sacrement indissoluble, qui ne peut être défait que par la mort ou la profession solennelle des conjoints ; et, d'autre part, que les mariages clandestins ne répondent pas à la règle de l'indissolubilité. Par conséquent, en vertu du décret *Tametsi*, ils font du mariage un acte solennel, avec célébration publique et présence d'un prêtre. Si l'un des époux est étranger au village, une autorisation de célébration émanant du curé de sa paroisse devra même être fournie, et ce pour éviter la bigamie. Tout autre mariage devient nul.

Toutefois, les pères du concile n'admettent pas l'ingérence des familles dans ce qui reste avant tout, en vertu du droit canon, une affaire de couple. Par conséquent, ils rejettent le consentement des parents, qui dissimule mal l'idée de contrat notarié.

Meubles, linges, vêtements, effets donnés par une mère à sa fille lors de son mariage le 24 juin 1890.

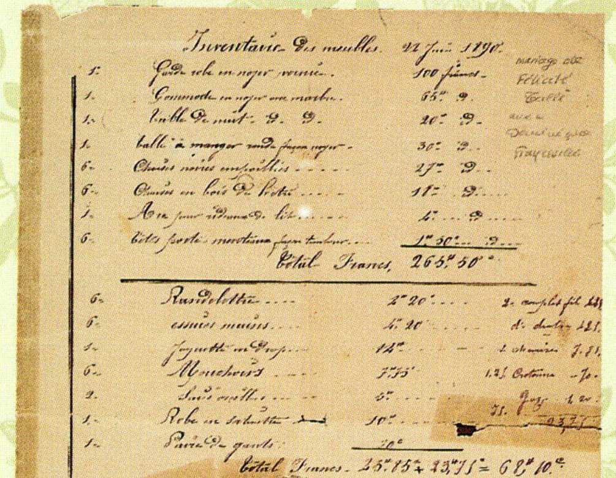
Inventaire des meubles [illegible] juin 1890.
1. Garde robe en noyer verni . . . 100 francs
1. Commode en noyer avec marbre . . . 65 f
1. table de nuit d° d° . . . 20 f
1. table à manger ronde façon noyer . . . 30 f
6. Chaises noires empaillées . . . 27 f
6. Chaises en bois de hêtre . . . 11 f
[illegible]
Total Francs 265 f 50 c
6. Mouchoirs . . . 7,75
1. Paire de gants
[illegible]
1. Douzaine draps de lit . . .
6. Mattinées de nuit . . .
6. Paires de calçons . . .
[illegible]

Née en 1845, cette veuve mentionne tout ce que lui coûte la noce : les « frais de voyage », les « droits de notariat », les « droits d'Église », la somme qu'elle a donnée à sa fille « PSN » (= « pour ses noces »), la somme qu'elle a versée « à l'homme charger de tuer le mouton», aux « demoiselles assistant au mariage » (demoiselles d'honneur), et pour le « transport des effets ». Les gâteaux ont coûté 50 francs, le tailleur pour elle 70 francs. Sur les pages précédentes, elle a fait l'inventaire du trousseau : « robes en soie », « robes en laine », « robe de mariage », « robes en satin », « jaquette en drap », « jupons blancs », « caches-corsets », « paires de calçons », « mattinées de nuit », « paires de gants », « mouchoirs », « douzaines de draps de lit », « serviettes », « essuies-mains », « chemises », « nappes pour table », « couvre-lit », « rideau de lit » pour « le ciel de lit », « oreillers » et « taies d'oreillers », « garde-robe en noyer verni », « commode en noyer avec marbre », « tables de nuit », « chaises noires empaillées », « grande table à manger, ronde, en acajou », etc. La mariée, née en 1874, n'a que seize ans. La noce a coûté 1 813 francs et 40 centimes, soit plus de 90 louis d'or à vingt francs. (Aujourd'hui, 90 louis à 400 F l'un font 36 000 F, soit 5 488 euros).

L'autorité royale s'impose

Les décisions du concile de Trente demeurent lettre morte en France, et ce pour plusieurs raisons : les guerres de Religion agitent le royaume (1563-1588) ; les parlementaires gallicans sont hostiles à ce qui vient de Rome ; et, surtout, les pères du concile n'ont pas exigé le consentement parental ! Henri III décide donc de légiférer en personne.

L'ordonnance de Blois – Rédigée en 1579, elle impose de nouvelles règles : le mariage doit être enregistré par les curés, et la cérémonie, donner lieu à la rédaction d'un acte qui mentionne les époux, généralement sans filiation. Le roi ne peut toutefois s'opposer au droit canon et est contraint de reconnaître que l'absence de prêtre et de témoins n'enlève pas sa validité au mariage. Les unions « clandestines » sont néanmoins dénoncées, et avec elles certains abus : mariages entre parents trop proches ; bigamie ; épouses répudiées au profit de femmes plus jeunes. Les parents pourront à l'avenir déshériter leur enfant marié clandestinement. Quant aux prêtres qui procéderaient à ces unions sans l'accord parental, ils pourront être punis comme complices de rapt !

Vers des unions calculées – Tout alors est mis en œuvre pour introduire au sein du mariage le pouvoir de la « puissance paternelle », qui s'accroît parallèlement à la puissance du roi : on a appelé ce phénomène général « montée de l'absolutisme ».

De fait, le mariage va glisser de l'union entre deux jeunes gens à une union calculée par deux familles. L'amour supposé entre deux jeunes gens par le droit canon est peu à peu remplacé par l'argent souhaité par les deux familles. L'union entre deux êtres devient une alliance entre deux clans. Le notaire apparaît.

Du sacrement au contrat

À partir du XVIIe siècle, et pratiquement jusqu'au XXe siècle, le mariage sera de plus en plus conçu comme une « alliance » qu'il faut inscrire dans un contexte social favorable. Il se doit d'être « assorti », ce qui signifie qu'il faut unir deux personnes d'égale « extraction » : un « damoiseau » avec une « damoiselle », un cordonnier avec la fille d'un cordonnier, la fille du riche laboureur de La Fontaine avec un laboureur. La mésalliance était proscrite, même de la littérature !

Le mariage, sans être exclusivement affaire « d'argent », est devenu une affaire de « famille », et non de « couple ». Que deviennent les veuves, une fois veuves ? Qui doit les nourrir en un monde qui ignore les pensions de retraite et de reversion ? Qui a la tutelle des mineurs ? Face à ces questions d'intérêt, la royauté, à partir de l'ordonnance de Blois, a ainsi progressivement accepté que le mariage, initialement sacrement, s'inscrive finalement dans une triple logique : religieuse ; civile, avec l'introduction du consentement parental ; et notariée, avec le contrat de mariage.

Les régimes matrimoniaux

Un contrat de mariage est toujours établi auprès d'un notaire, soit avant la cérémonie du mariage, soit après. De nos jours encore, il définit le régime matrimonial, à savoir tout ce qui touche au patrimoine au sein du couple : séparation des biens, communauté universelle des biens, ou communauté réduite aux acquêts, c'est-à-dire réduite aux biens acquis pendant le mariage. Ce dernier régime est celui qui s'applique automatiquement en France aux couples mariés quand ils ne sont pas passés devant un notaire. S'ils veulent en changer, ils devront conclure… un contrat de mariage.

Estimer la fortune de ses ancêtres

La plupart des archives notariées sont aujourd'hui regroupées dans les Archives départementales. Il ne faut pas hésiter à les consulter. Même si l'acte de mariage n'en fait pas nécessairement mention, un contrat était souvent conclu entre époux, y compris chez les paysans modestes. Ce document renseigne notamment le généalogiste sur la fortune des ses ancêtres. Il les situe ainsi dans l'échelle sociale de leur village et de leur temps.

L'apport du futur époux – Le futur apporte généralement la part de bien héritée de feu son père (on était souvent orphelin à vingt-six ans, sous l'Ancien Régime…). En ce cas, il possède une maison « paternelle », à condition toutefois d'être l'aîné, deux ou trois petits champs, plus un grand champ indivis avec ses frères. Ces derniers habitent dans la maison du père de leur épouse, s'ils ont eu la chance d'épouser une fille unique.

L'apport, ou dot, de la mariée – La dot est en réalité d'une valeur quasi identique aux biens

Un notaire rédige à la plume d'oie le contrat de mariage des futurs époux. Affaire de cœur aujourd'hui, le mariage était surtout une affaire d'argent autrefois.

apportés par l'époux : deux ou trois champs, un grenier à foin, un « coffre avec sa clef » (les armoires n'apparaissent qu'à la fin du XVIIIe siècle). À cela, il faut ajouter le trousseau : cinq ou six « linceuls » (draps), quelques vêtements, dont une jupe noire et un corsage pour le jour des noces, une paire de sabots, quelques serviettes, neuves et usagées…

Dans la noblesse, la dot peut atteindre plus d'un million de livres, comme ce fut le cas pour les filles de Colbert devenues duchesses. Elle peut comprendre alors des pierreries, des robes, un château, des terres, des fermes, un bois, des équipages…

La situation des veuves

Le contrat de mariage, de fait, précise tout, et notamment que faire en cas de veuvage. Il faut en effet que des ressources soient prévues pour l'épouse « en état de viduité ». En général, c'est le fils aîné, héritier de la maison « paternelle », qui a sa mère à charge et doit la loger et la nourrir « tant qu'elle vivra ». Si la bru et la belle-mère ne se supportent pas, le fils devra donner l'équivalent en argent pour qu'elle aille vivre ailleurs, seule, ou chez une fille. Si ladite pension n'est pas payée régulièrement, des problèmes peuvent survenir entre beaux-frères. D'où ces kilomètres d'archives judiciaires, amusantes, émouvantes et généralement douloureuses, quand elles évoquent la misère.

Le montant du douaire – Dans la noblesse, cette pension annuelle versée par le fils aîné, principal héritier de ses père et mère, est appelée le « douaire ». Une marquise douairière est donc une veuve qui vit avec la pension que son fils aîné lui verse tous les ans. Portant le titre de marquise *douairière*, elle ne peut être confondue avec sa bru, la jeune marquise en titre. C'est dans le contrat de mariage des époux que le montant du douaire a été indiqué dix ou vingt ans plus tôt.

Le testament

Il est assez fréquent aujourd'hui de décéder « ab intestat », c'est-à-dire sans avoir pris la précaution de rédiger un testament. Sous l'Ancien Régime, c'était un fait assez rare. Même les paysans, représentant 80 à 85 % de la population, avaient pour habitude de dicter leurs dernières volontés à un notaire de village, faute d'alphabétisation suffisante pour rédiger eux-mêmes un testament.

Trois types de testaments

Le testament est un acte de libéralité qui ne produit aucun effet tant que le testateur vit. En outre, il peut être révoqué jusqu'au dernier moment par un nouveau testament ou modifié par codicilles successifs. Il doit être individuel : plusieurs personnes ne peuvent tester par le même acte. Mais n'importe qui peut faire un testament s'il est sain d'esprit et s'il a plus de seize ans. Le testament peut être :

– olographe, c'est-à-dire écrit et signé par le testateur qui doit le dater : jour, mois, an ;

– public ou authentique, c'est-à-dire dicté à un notaire en présence de deux témoins, puis lu au testateur en présence des témoins ;

– mystique ou secret, c'est-à-dire écrit par le testateur ou par un tiers, mais signé du testateur, remis clos et scellé à un notaire qui en présence de deux témoins dresse un acte de suscription sur l'enveloppe.

Où les consulter ? – Comme les autres actes notariés, il faudra rechercher les testaments aux Archives départementales. Ils aident à reconstituer non seulement l'histoire d'une famille, mais aussi celle d'un monde encore très éloigné de la société de consommation, où un homme lègue sa blouse, son chapeau et ses sabots, au même titre que ses champs ou sa maison. Quand ils ont été précédés de contrats de mariage, le généalogiste dispose alors d'une belle somme d'informations.

Décédé en 1674, Agostino Agostini a demandé que l'on grave sur sa pierre tombale son leg de 2 000 lires à la fabrique de Rogliano (cap Corse), afin que soient célébrées 300 messes à sa mémoire.

Une prière devant notaire

Comme le riche laboureur de La Fontaine, l'aïeul malade, « sentant sa mort prochaine », avait pour habitude de convoquer un notaire. « Gisant au lit », sain d'esprit mais plus de corps, avant d'envoyer quérir le curé, il dictait à l'homme de loi « ses dernières volontés », ne sachant probablement pas, s'il était paysan, écrire lui-même.

Avant de préciser les modalités du partage entre cohéritiers, le testament contient d'abord une sorte de « prière enregistrée devant notaire » selon la formule de Pierre Chaunu. Le testateur invoque en préambule le nom de Dieu tout-puissant, son saint patron à qui il doit son prénom, la Vierge, le saint local de la paroisse. Il invoque enfin l'Esprit-Saint : invocation trinitaire (le Père, le Fils et le Saint-Esprit), et christocentrique (Christ rédempteur). Cela ne prouve pas qu'il soit d'une piété rare. Les formules qu'il énonce sont toutes prêtes : un condensé en dix lignes de la religion du concile de Trente. Tous les testaments d'un même registre se ressemblent.

La transmission des biens

Le corps du testament contient, bien entendu, les dispositions du testateur concernant la répartition de sa fortune. Dans le monde rural, elles suivaient en général le schéma suivant :

La maison pour le fils aîné – Le père lègue sa maison à son fils aîné, qui y vit déjà avec sa femme et ses enfants. On croit souvent qu'autrefois « on gardait les vieux ». C'est faux, les vieux étaient chez eux. C'étaient eux qui hébergeaient les jeunes.

L'aïeul donne aussi à ce fils aîné deux ou trois champs, dont celui-ci jouit déjà depuis son mariage. Il en lègue deux ou trois autres à ses autres fils. La répartition avait été faite en général lors des contrats de mariage de chacun des enfants.

Les dots pour les filles – Ses filles, le testateur les exclut de sa succession puisqu'elles ont déjà reçu leurs dots, qui sont en fait des « avancements d'hoiries » (héritage). Mais il confirme ces dots, dont elles vont enfin pouvoir jouir, au grand soulagement des gendres, généralement furieux de voir leur beau-père s'éterniser en « estat de vétusté » (très âgé). Un vieillard qui ne participe plus aux travaux de la famille devient vite une « bouche » de trop à nourrir en ces temps de disettes…

C'est aussi pour une question de subsistance que les femmes n'entraient généralement en possession de leurs dots qu'à la mort du père : ce dernier n'aurait plus pu se nourrir, lui, sa femme et ses fils, s'il leur avait donné jouissance de tel ou tel champ dès le mariage. La situation patrimoniale du père devait en outre impérativement se rétablir lorsque les fils se mariaient, les dots des épouses de ceux-ci compensant les pertes des dots faites à ses propres filles. D'où la nécessité de mariages « assortis » pour raison alimentaire…

Le partage des objets – S'il est veuf, le testateur répartit tout ce qu'il possède : deux ou trois jupes de feue sa femme à chacune de ses filles, la plus belle robe de la morte à sa petite-fille « pour ses noces », sa plus belle arme (fusil) à son fils aîné, de même que ses « landiers » (chenêts).

Les dernières volontés…

Dans son testament, l'agonisant indique le lieu où il veut être enseveli. Confiant en la résurrection, il précise aussi fréquemment le nombre de messes qu'il veut entendre depuis le ciel : dix mille s'il est très riche, cinq mille s'il est aisé, une seule tous les ans pour le jour de sa fête ou de l'anniversaire de sa mort s'il n'a que peu de revenus.

Enfin, pour racheter ses fautes d'ici-bas et gagner plus vite le paradis, le testateur multiplie les legs pieux. Il laisse donc, suivant ses moyens :

– quelques sous ou quelques livres aux pauvres qui devront suivre ses obsèques, avec ou non un cierge allumé à la main ;

– un peu d'argent aux « pauvres honteux » du village : vagabonds et mendiants ;

– un peu d'argent pour instruire les jeunes garçons pauvres ;

– un peu d'argent pour marier les filles du village dépourvues de dots ;

– un jardin aux religieuses voisines ;

– une forte somme pour soigner à perpétuité « un incurable à l'hôpital »…

Un agonisant dicte son testament à un notaire assis au pied de son lit. Un homme de Dieu, mains jointes, l'assiste en ces derniers instants, alors que la famille se presse à son chevet.

L'inventaire après décès

L'inventaire après décès était surtout fréquent au sein des élites : noblesse, négociants, parlementaires, bourgeoisie urbaine et rurale. Mais ces documents existaient aussi pour les familles moins aisées. Ces précieuses pièces d'archives restituent notamment les intérieurs de nos ancêtres, et sont autant d'indications sur leur mode de vie.

Jean Bart (1650-1702), né roturier, est mort chevalier, riche et anobli. Corsaire puis officier de la marine royale française, il remporta de nombreuses victoires contre les Anglais et les Hollandais.

La législation actuelle

Rien de tel qu'un inventaire après décès pour connaître le milieu social et l'environnement quotidien d'un ancêtre. Sous l'Ancien Régime, sa rédaction était confiée à un notaire ou au jureur-priseur. De nos jours, ces inventaires sont aussi en principe dressés soit par un notaire, responsable envers le fisc de la sincérité des inventaires, soit par un commissaire-priseur. Le Code civil impose la rédaction d'un inventaire après décès dans certains cas, par exemple :

– à l'usufruitier (qui jouit d'un bien sans en être propriétaire) au début de l'usufruit ;

– au tuteur ;

– au conjoint survivant, sous peine, s'il y a des enfants mineurs, de déchéance de l'usufruit légal ;

– à l'héritier qui veut accepter la succession « sous bénéfice d'inventaire ».

L'intérieur des élites

Les inventaires des élites, de la noblesse ou de la haute bourgeoisie urbaines par exemple, montrent nombre d'objets précieux, tels des miroirs, qui figurent aux XVIIe et XVIIIe siècles parmi les objets les plus « prisés », du mobilier estampillé Jacob ou Boulle, un pianoforte, une harpe, des cartels, des pendules, un secrétaire à tambour, une table de trictrac, des tableaux...

Ces familles jouissaient indéniablement d'un certain niveau de richesse. Pour une estimation plus fine, il faut comparer ces inventaires avec d'autres datant de la même période, documents publiés dans certains ouvrages spécialisés.

Des généalogies de porcelaine – Certains de ces objets ont été transmis de génération en génération. Parmi eux, les pièces d'argenterie armoriée ou les couverts de table chiffrés peuvent constituer un vrai matériau généalogique. Tout comme les noms inscrits sur les toiles de tableaux ou sur de petites plaques de cuivre doré. Sur telle chocolatière d'époque Louis XV, par exemple, les armoiries écartelées font mention des quartiers du propriétaire : ses quatre grands-parents, ses huit arrière-grands-parents. Assiettes, tasses ou soupières de la Compagnie des Indes constituent même de véritables généalogies de porcelaines avec la couleur des émaux, alors que les armoiries gravées dans de l'argent massif ne font que suggérer les couleurs en vertu d'un système de gravure héraldique : des traits horizontaux pour azur (bleu), obliques pour sinople (vert), des points pour or (doré)...

L'intérieur plus classique

Le tiers état représentant 95 % de la population avant 1789, il y a de grandes chances pour que le mobilier ancestral ne soit somme toute qu'assez banal.

Dans les inventaires de la petite ou moyenne bourgeoisie rurale, on trouve par exemple nombre d'ustensiles de cuisine : des landiers, ou chenêts dont la partie haute contient des récipients où l'on gardait au chaud les sauces pour qu'elles ne figent pas ; des chaudrons de cuivre rouge ou jaune, qui provoquaient parfois des intoxications au vert-de-gris ; des lèche-frites ; des casseroles de cuivre ou de fer blanc. On y trouve des lits avec matelas de laine (deux ou trois par lit pour les plus riches), ou de simples matelas de paille, ou « paillasses », chez les moins aisés. On y énumère des traversins de plume ou de crin ; des coussins, des oreillers, des « ciels de lit », des moustiquaires, des couvertures de laine. Ces dernières étaient données naguère à la mariée ou simplement prêtées pour une dizaine d'années, lesdites couvertures devant ensuite revenir à la « masse successorale » à la mort des parents, en vertu du contrat dotal de l'épousée ! On y trouve des « draps de maître » en étoffe fine et des « draps de domestique » en drap grossier. Ici, les meubles sont rustiques, ce sont essentiellement des tables, des bancs ou des coffres, qui servent aussi bien à s'asseoir qu'à ranger ses affaires, mais ni commodes ni bibliothèques de prix...

René Duguay-Trouin (1673-1736), corsaire né lui aussi roturier, est mort riche, à Paris. Il s'illustra pendant les guerres de Louis XIV contre la flotte portugaise (1711), devint chef d'escadre (1715) puis lieutenant général (1728).

Les « trésors » des brocantes

Les brocantes font l'objet aujourd'hui d'un engouement populaire, exactement parallèle à celui de la généalogie. Ce n'est pas un hasard. En rachetant un vieux pétrin sur une route de Bresse ou un lit clos breton, l'acquéreur originaire de la région a d'une certaine manière l'impression de « rentrer » dans ses meubles. Ce n'est peut-être pas tout à fait faux. Dans les familles non nobles, nombre de meubles, bien que partagés entre les enfants à parts égales, sont souvent restés dans les villages…

Si l'on remonte en 1760, chacun de nous a 1 024 ancêtres directs, et, s'ils sont tous originaires d'une même région, il n'est pas impossible que tel ou tel meuble ait effectivement appartenu à l'un des 512 couples dont on descend. Il est conseillé de se renseigner auprès du brocanteur. Où l'a-t-il acheté ? Dans quel village ? Dans quelle maison ? En retournant à la mairie, en consultant le cadastre, il n'est pas impossible d'obtenir la certitude que ce meuble bas-normand appartenait bien aux Fauchon venant de l'actuelle Fauchonnière ou aux Paris sortis de l'actuelle Parisière, toutes deux dans la région de Coutances…

Inventaire après décès

RÉALISÉ CHEZ JEAN BART, À DUNKERQUE, EN 1702
rente diverses reposant sur un capital de 14 000 livres
sept immeubles dunkerquois 38 150 livres
argent liquide 53 000 livres
mobilier 15 000 livres
argenterie 5 300 livres

RÉALISÉ CHEZ RENÉ DUGUAY-TROUIN, À PARIS, EN 1736
mobilier 8 398 livres, 10 sols
argent liquide en sac 8 428 livres, 13 sols
bijoux et objets précieux 721 livres, 19 sols, 1 denier
vêtements 265 livres
argenterie armoriée 19 518 livres, 11 sols, 2 deniers
capital placé 78 000 livres

Les décorations

Les traces des ancêtres décorés se retrouvent dans de nombreux dépôts, telles les Archives de la Légion d'honneur. Auparavant, dans celles de l'ordre royal et militaire de Saint-Louis, par exemple. Pour l'Ancien Régime, les fonds de l'ancien cabinet des Titres, à la Bibliothèque nationale, demeurent essentiels.

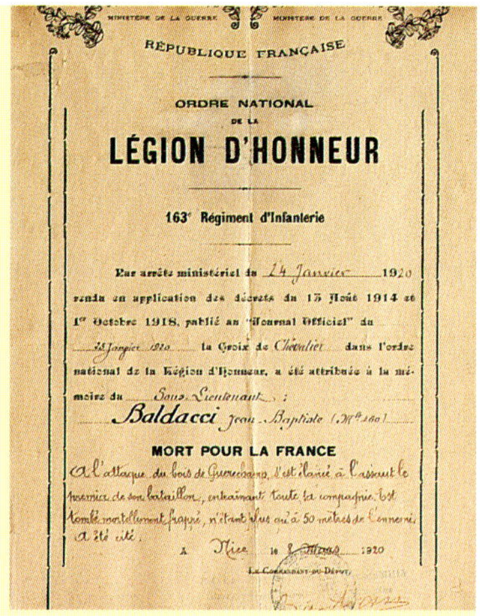
MINISTÈRE DE LA GUERRE MINISTÈRE DE LA GUERRE

RÉPUBLIQUE FRANÇAISE

ORDRE NATIONAL DE LA

LÉGION D'HONNEUR

163e Régiment d'Infanterie

Par arrêté ministériel du 24 Janvier 1920 rendu en application des décrets du 13 Août 1914 et 1er Octobre 1918, publié au "Journal Officiel" du 23 Janvier 1920 la Croix de Chevalier dans l'ordre national de la Légion d'honneur, a été attribuée à la mémoire du Sous-Lieutenant : Baldacci Jean-Baptiste

MORT POUR LA FRANCE

A l'attaque du bois de Guerrecourt, s'est élancé à l'assaut le premier de son bataillon, entraînant toute la compagnie. Est tombé mortellement frappé, n'étant plus qu'à 50 mètres de l'ennemi. A été cité.

A Nice le 8 Mars 1920

Le Commandant du Dépôt

Légion d'honneur délivrée à titre posthume en 1920 à un jeune soldat tombé en 1914. Derrière la mention « Mort pour la France » on peut lire le récit de son acte de bravoure, justifiant la distinction qui lui est faite.

La Légion d'honneur

La Légion d'honneur a été créée par Napoléon Bonaparte en 1802. Elle comprend les classes suivantes : chevalier, officier, commandeur, grand officier, grand-croix.

Les dossiers de ses détenteurs peuvent être consultés aux Archives nationales, où ils ont été déposés en 1953. Ils forment une série à part et comportent un fichier alphabétique qui s'étend de 1802 à nos jours. Il est à noter que la Légion d'honneur, dans un certain nombre de cas, peut être donnée à titre posthume. La date qui figure alors sur le brevet d'attribution de la Légion d'honneur peut donc être postérieure au décès de la personne : même tombé au combat en 1914, tel aïeul aura peut-être reçu ladite distinction en 1920.

Les décorés des « ordres du roi »

Sous l'Ancien Régime, le roi récompensait ceux qu'il estimait comme de bons serviteurs en leur décernant l'un des « ordres du roi ». Pour retrouver la trace des bénéficiaires, les fonds de l'ancien cabinet des Titres, à la Bibliothèque nationale, restent essentiels.

L'ordre de Saint-Michel – Créé par Louis XI en 1469, il jouit d'un énorme prestige jusqu'à la mort d'Henri III. Ses membres doivent appartenir en théorie à la noblesse et avoir effectué un service d'au moins dix ans, soit militaire, soit civil, dans les cours souveraines. Réformé en août 1665, il est limité à cent chevaliers, qui doivent avoir fourni les preuves de trois degrés de noblesse paternelle.

L'ordre du Saint-Esprit – Familièrement appelé le « cordon bleu », il est créé en 1578 par Henri III. Les titulaires doivent être déjà chevaliers de Saint-Michel et gentilshommes (ancienne noblesse). Aucune dispense de preuve ne fut accordée sous l'Ancien Régime, d'où de fausses preuves, comme celles produites par le maréchal de France Alphonse d'Ornano, en 1595. La dernière promotion date du 31 mai 1830.

L'ordre royal et militaire de Saint-Louis – Familièrement appelé le « cordon rouge », il est créé par Louis XIV en 1693. Il récompense les officiers militaires en activité sans aucune distinction de naissance.

À partir de 1750, il devient un ordre anoblissant « par trois générations successives de chevaliers de Saint-Louis ». Dissous en 1791 par la Constituante, rétabli par la Restauration en 1814, il est supprimé en 1830. Presque tous les chevaliers de l'ordre figurent dans les trois volumes de l'*Histoire de l'ordre royal et militaire de Saint-Louis (1693-1830)*, d'Alexandre Mazas (1860).

Les autres décorations

Comme aujourd'hui, les décorations portés sous l'Ancien Régime sont nombreuses.

L'ordre du Christ – Ordre portugais successeur de l'ordre du Temple, il fut porté par certains officiers français ou ingénieurs du Roy tel Massiac, père du ministre de la marine de Louis XV. Les premiers templiers se nommaient du reste *milites Christi*. L'ordre du Temple étant supprimé en 1312, une branche portugaise de celui-ci fut recréée dès 1319 sous le nom d'ordre du Christ.

L' ordre de Malte – Dit aussi ordre hospitalier et militaire de Saint-Jean-de-Jérusalem, il est fondé vers 1099. L'ordre se fixe à Jérusalem à partir de 1187, puis à Saint-Jean-d'Acre, avant de se réfugier à Chypre, à Rhodes puis, en 1530, à Malte, où il demeure jusqu'à la prise de l'île en 1798 par Bonaparte. Pour être admis dans l'ordre, il fallait en théorie prouver la noblesse de ses huit arrière-grands-parents. Mais les exceptions furent très nombreuses. Tout chevalier pouvait se faire relever de son vœu de célibat et se marier après avoir quitté l'ordre.

L'ordre de Saint-Lazare – Créé en 1120 sous le nom d'ordre des chevaliers hospitaliers de Saint-Lazare-de-Jérusalem, il s'établit dans les lieux saints. Réfugié à Saint-Jean-d'Acre, il se fixa en Orléanais au XIVe siècle. En 1608, il fut réuni à celui de Notre-Dame du Mont-Carmel. Dissous en 1791, il imposait aux chevaliers huit générations de noblesse paternelle sans anoblissement, non compris le présenté.

L'ordre de Saint-Étienne de Toscane – Créé en 1562 par le grand-duc Cosme Ier de Médicis, il commémore sa victoire de Marciano sur les Français le 2 août 1554, jour de la fête de saint Étienne. Les chevaliers devaient respecter la règle de saint Benoît, défendre la religion catholique et combattre les Barbaresques. Les archives peuvent être consultées au palais conventuel à Pise, en Italie.

L'ordre du Saint-Sépulcre – Créé du temps des croisades et réinstitué par le pape Alexandre VI Borgia, il honorait les personnes nobles et riches ayant fait un pèlerinage en Palestine. À partir de 1561, Pie IV a autorisé le gardien des religieux de Saint-François, en Terre sainte, à ordonner des chevaliers du Saint-Sépulcre.

Les principales décorations françaises

Croix de la Légion d'honneur

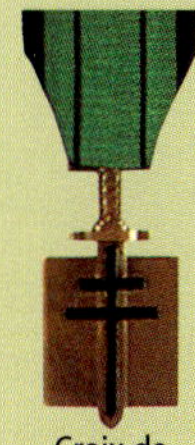
Croix de la Libération

Médaille militaire

Ordre national du mérite

Croix de guerre 1914-1918

Croix de guerre 1939-1945

Croix de guerre TOE

Croix de la valeur militaire

Médaille de la Résistance

Croix du combattant

Médaille commémorative 1914-1918

Médaille commémorative 1939-1945

Campagne d'Indochine

Médaille d'honneur des actes de courage et de dévouement

Mérite agricole

Palmes académiques

L'ordre des Saints-Maurice-et-Lazare – Il naît de la fusion en 1572 de l'ordre de Saint-Lazare et de celui de Saint-Maurice, fondé par Amédée VIII, duc de Savoie, en 1434. Cet ordre est devenu celui de la « Couronne d'Italie » lors de l'arrivée sur le trône de Victor-Emmanuel II, en 1861.

Des clés pour

Retrouver les documents est une chose. Les lire en est une autre. Savoir les interpréter, une troisième. Collecter des noms, prénoms et des dates constitue une sorte de gigantesque mots-croisés, intéressant certes, mais le jeu atteint rapidement ses limites. Ce qui est par-dessus tout important c'est de comprendre comment fonctionnaient les sociétés qui nous ont précédés.

▲ *Aussi beau soit-il, l'arbre ne saurait être l'aboutissement de la recherche.*

comprendre

La « nouvelle histoire »

À partir des années 1960, l'exploitation scientifique des registres paroissiaux a révolutionné l'étude de l'histoire. « Marignan, 1515 » est devenu soudain le symbole caricatural d'une « histoire-bataille » périmée. L'étude des humbles, inscrits dans ces registres paroissiaux – brassiers, manouvriers, savetiers, forgerons… – s'est soudain substituée à celle des rois : Mérovingiens, Carolingiens, Capétiens.

Du registre paroissial, devenu source historique essentielle, des minutes notariées a soudain été tirée la « nouvelle histoire », alors baptisée « histoire des mentalités ». À partir des qualificatifs qui existent dans les actes rencontrés (« sieur », « messire », « noble homme », « baron »), à partir des métiers les plus fréquemment mentionnés (et très majoritairement liés à la terre : métayers, bûcherons, manouvriers, vignerons), l'histoire du passé prend un relief totalement nouveau. Et le généalogiste se fait chaque jour davantage historien.

Ici des boulangers et des tisserands, ailleurs des brassiers, des tonneliers, des ciriers, des blanchisseuses… Retrouver le métier de ses ancêtres permet de mieux comprendre comment ils vivaient.

De la généalogie d'un individu à la connaissance d'un milieu

De chasseur d'ancêtres il devient historien quantitativiste, car il se met à compter : combien de laboureurs ou de maîtres forgerons dans le village, combien d'ébénistes dans le quartier, combien de marins au port, combien de prêtres ou de pasteurs dans la famille… ?

Si l'âge des ancêtres apparaît dans l'acte nuptial, quelques premières conclusions peuvent être tirées. À quel âge se mariaient les ancêtres ? Sans doute pas adolescents comme le roi et les ducs et pairs, mais probablement vers vingt-cinq ans pour les hommes, vingt-trois pour les filles, avant de « coiffer sainte Catherine », sinon les voilà « catherinettes » (à 25 ans). Et dans quel milieu surtout se mariaient ces ancêtres ? Entre familles de libraires, de laboureurs, de cordonniers, de sieurs ou de seigneurs de terre.

La généalogie de l'individu débouche alors sur la connaissance d'un milieu. Dans telle famille, chacun est « noble homme ». Dans telle autre, on est « maître » de père en fils ; y compris les beaux-pères, les oncles, les frères, gendres et cousins. Ailleurs on est « ménager », « tonnelier », « maître poissonnier ».

La généalogie, science des puissants

Sous l'Ancien Régime, la généalogie était une science indispensable, non seulement aux prétendants au trône, mais aussi à l'aristocratie. Il existait un réel fossé entre la noblesse et le tiers état, auxquels s'appliquaient des règles différentes. Prouver que l'on était « bien né » était une nécessité.

La généalogie, science royale

Longtemps, seuls les puissants eurent une généalogie, à l'instar de celle des dieux grecs détaillée dans la *Théogonie* d'Hésiode.

Vinrent ensuite les rois, représentants de Dieu sur terre. Ce furent en France les Mérovingiens, issus de Mérovée ; les Carolingiens, issus de Carolus, surnommé « magnus » ; puis les Capétiens, issus d'Hugues Capet (987), Hugues signifiant le « chef », et le latin *caput*, la « tête ». Chef d'une « lignée », sa dynastie régna sans interruption jusqu'à Louis XVI, le roi « décapité ».

Les titres se rapportant aux familles servant cette dynastie furent conservés par les familles d'abord, puis dans le cabinet des Titres.

L'ordre de succession – La généalogie s'est d'abord intéressée aux dynasties.

Qui doit régner et dans quel ordre ? L'ordre de succession au trône imposé fut celui de la primogéniture : le fils premier né du roi succède au père défunt.

En 1328, la loi salique imposa en France la succession de mâle en mâle, afin d'empêcher la couronne de tomber dans les mains du roi d'Angleterre, issu d'une princesse française.

La généalogie était ainsi source de tous les enjeux politiques ! Elle n'était pas *liée* au pouvoir. Elle était *le* pouvoir. Tout pouvoir monarchique européen – en dehors de quelques couronnes électives, comme la couronne de Pologne – appartenait à tel ou tel prince en fonction de sa place dans l'arbre généalogique familial.

Des Capétiens aux Capétiens-Bourbons – À l'intérieur des dynasties, il fallut donc distinguer les « branches » issues du même tronc. Une fois éteints les Capétiens directs – qui se sont succédé de père en fils jusqu'en 1328 –, leurs cousins Capétiens-Valois héritèrent de la couronne. Quand ceux-ci s'éteignirent, un très lointain cousin, issu du neuvième fils de Saint Louis – Robert, comte de Clermont –, hérita du royaume : Henri de Navarre, devenu roi sous le nom d'Henri IV (1589-1610). Ce dernier appartenait à la branche des Capétiens-Bourbons, à laquelle seront rattachés tous les rois jusqu'à Charles X (1824-1830) inclus.

La succession se faisait par substitution : en cas de prédécès de l'aîné, la couronne ne revenait pas au cadet, mais au fils aîné du fils prédécédé…

La généalogie, science aristocratique

Science royale, la généalogie était aussi aristocratique. Sous l'Ancien Régime, c'était une nécessité pour la noblesse.

Pour bénéficier de certains privilèges, il fallait fournir des preuves, garantir que l'on n'appartenait pas au tiers état roturier, établir sa généalogie.

En effet, seuls payaient la taille ceux qui n'avaient pas de généalogie : les vilains, attachés au domaine (la villa). « Taillables et corvéables à merci », ces derniers restaient sur le domaine de génération en génération, d'où leur nom de « manants » (du latin *manere*, rester). Hommes libres, ils étaient supérieurs aux serfs, qui tiraient, eux, leur appellation d'une condition précaire (*servus* signifie « esclave ») : ces derniers ne « s'appartenaient » pas ; se suicider était voler son maître, d'où la pendaison posthume.

Des charges et places réservées aux nobles – Prouver son « extraction » pouvait aussi s'avérer nécessaire pour entrer au service du roi.

En nombre de cas, il fallait prouver au moins quatre degrés de noblesse paternelle ou « trois races nobles » : père, grand-père, bisaïeul du nom, l'impétrant constituant le quatrième degré. Par exemple :

– La Petite et la Grande Écurie : les « trois races » s'imposaient pour servir comme page dans la Grande ou la Petite Écurie du Roi, distinctes l'une de l'autre depuis 1582. Les dossiers afférents sont conservés à la Bibliothèque nationale depuis 1643.

– Les « honneurs de la Cour » : ceux-ci furent réglementés seulement à partir de 1759, du fait de la multiplication des demandes. Ils consistaient à être « présenté au Roi », « monter dans ses carrosses » et l'accompagner à la chasse.

– Les chapitres nobles : il fallait pour ces charges prouver la noblesse de ses huit arrière-grands-parents (huit quartiers). Les filles devenaient alors chanoinesses de Remiremont au diocèse de Toul, de Saint-Louis de Metz, de Neuville en Bresse, d'Alix en Lyonnais, de Leigneu en Forez, de Maubeuge en Cambrésis.

N'étant pas des religieuses, elles pouvaient, toutefois, se marier et faire souche. Les garçons, eux, devenaient chanoines-comtes de Lyon, de Brioude, de Mâcon, de Saint-Claude.

– L'école de Saint-Cyr : cet établissement, créé en 1686 par Mme de Maintenon, n'accueillait que des jeunes filles de la noblesse pauvre ; il fut fermé en mars 1793.

– L'accès à la marine : en vertu de l'ordonnance de 1689, seuls les nobles pouvaient devenir gardes de la marine à Brest, Toulon ou Rochefort, compagnies créées en 1683. Mais, de fait, peu nombreux furent ceux qui fournirent des preuves.

– L'accès aux armées : à partir de l'édit de Ségur, en 1780, l'obtention d'un emploi dans les armées, et, par conséquent, l'accès aux écoles militaires furent réservés à l'aristocratie. Bonaparte a ainsi dû prouver la noblesse ajaccienne de ses ancêtres.

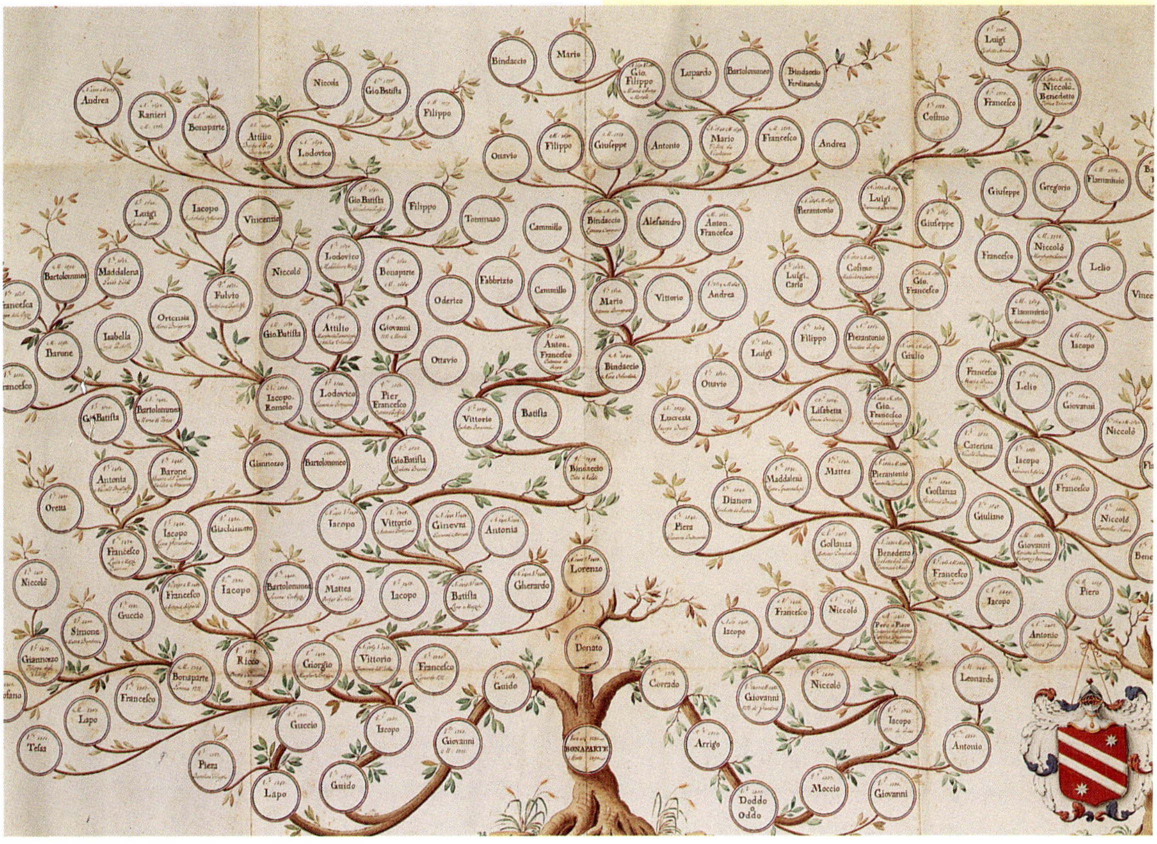

Calligraphié sur feuille de parchemin au début du XIXe siècle, cet arbre retrace la généalogie de la famille Bonaparte. Le premier membre mentionné est Moccio Bonaparte, né en 1241 à Florence.

Les titres de noblesse

Le titre de noblesse fait référence à une possession. À l'origine, on est duc, marquis ou comte de telle ou telle terre. Sous l'Ancien Régime, seule une partie de la noblesse était titrée. Aujourd'hui, 900 titres environ existent en France, hors ceux de duc. Deux cents datent de l'Ancien Régime ; sept cents n'ont été créés qu'au XIXe siècle.

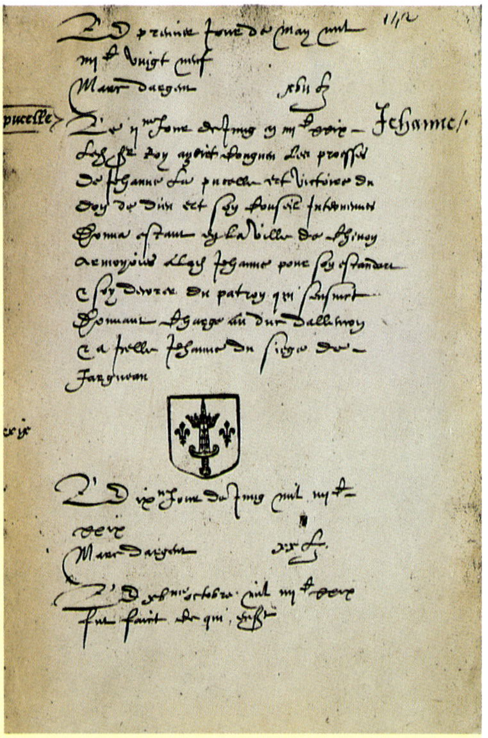

Dans cette lette manuscrite, datée de Chinon le 2 juin 1429 et conservée à Donrémy, le roi Charles VII anoblit la famille de Jeanne d'Arc. Béatifiée en 1909, Jeanne sera canonisée en 1920.

La noblesse, une « nébuleuse »

La noblesse forme sous l'Ancien Régime un ordre unique : le second ordre. Elle bénéficie de privilèges, comme l'exemption de la taille, et obéit à certaines règles, comme le « partage noble », qui, en matière d'héritage, avantage l'aîné. Par certains aspects, ses membres présentent les mêmes modes de vie : ils pratiquent la chasse, possèdent un colombier ou pigeonnier, disposent d'un banc à l'église… Mais cet ensemble n'en présente pas moins d'énormes disparités.

La noblesse est une « nébuleuse »… Les nobles d'épée, d'ancienne noblesse, côtoient les robins, anoblis récemment par charges ; autant que par l'ancienneté, ils se distinguent par la façon dont eux ou leurs ascendants se sont illustrés : dans de hauts faits militaires, ou lors de charges civiles ou ecclésiastiques…

Tandis que les hobereaux vivent repliés sur leurs terres, les courtisans, eux, sont proches du roi. Cette proximité peut jouer un rôle non négligeable : une Gabrielle d'Estrées, un Colbert, un Pontchartrain, une Mme de Maintenon ne descendent pas de croisés, et pourtant leur poids fut écrasant.

Des niveaux de fortune très différents – Le noble couvert de quartiers de noblesse peut n'être qu'un modeste hobereau, lieutenant de vaisseau réduit à mille livres de solde annuelle, alors que le noble récent, petit-fils d'un marchand d'eau-de-vie, peut devenir chancelier de France et second personnage de l'État, comme d'Aligre. Le robin de médiocre naissance peut acheter une charge de 250 000 livres, alors que le gentilhomme de vieille souche vit mal dans son manoir ruiné !

Cette hétérogénéité s'atténue cependant par le jeu des alliances, le noble récent donnant volontiers à un noble plus ancien sa fille en mariage pour qu'elle ait « un nom » ; en compensation, la forte dot de la demoiselle « redore le blason » du gentilhomme déchu…

Quelques étapes importantes

Du XVIe au XVIIIe siècle, la monarchie va prendre divers édits ou ordonnances concernant la noblesse. Les uns visent à limiter les usurpations, fort nombreuses ; les autres, au contraire, élargissent ses rangs par anoblissement.

Aux XVe et XVIe siècles – Les principales décisions sont les suivantes :

– 1485 : les secrétaires du Roi obtiennent une noblesse de chancellerie au premier degré.

– 1560 : aux états généraux d'Orléans, la noblesse se plaint d'un trop grand nombre d'usurpateurs. Elle récidive à Blois en 1576-1577, mais le roi refuse l'idée d'un inventaire des nobles par bailliage et sénéchaussée.

– 1579 : l'ordonnance de Blois précise que seuls les nobles ont droit aux qualificatifs « écuyers », « chevaliers ». Elle interdit l'agrégation au second ordre par « la tierce foi » (la possession de fiefs pendant trois générations, ou quarante ans en Normandie).

– 1583 : un édit distingue d'une part les « nobles de race », qui ont quatre degrés de noblesse mais peuvent avoir un trisaïeul roturier, et d'autre part les anoblis et issus d'anoblis, qui n'ont pas encore « la race ».

Au XVIIe siècle – D'autres changements interviennent :

– 1600 : l'édit des tailles légalise l'existence d'une noblesse de robe, dont le nom apparaît dans un édit de 1602.

– 1661 : alors que Louis XIII s'était opposé à un inventaire des nobles du royaume, Louis XIV décide le 8 février de faire rechercher tous les usurpateurs. C'est Colbert, par arrêt du conseil du 22 mars 1666, qui fera entreprendre la grande recherche, ou réformation. Cette vaste entreprise se prolongera jusqu'en 1727. Mais ce long recensement fut effectué par des intendants plus ou moins scrupuleux, d'où d'énormes disparités entre les provinces. Au final furent maintenus nobles 2 084 Bretons, 3 008 Normands, 1 627 Languedociens, 514 Champenois, 766 gentilshommes du Limousin, 693 nobles de Touraine, Anjou et Maine, et 358 Provençaux ; la Navarre et le Béarn en furent exemptés.

– 1696 : Louis XIV vend 500 lettres de noblesse, puis deux cents en 1702 et cent en 1711.

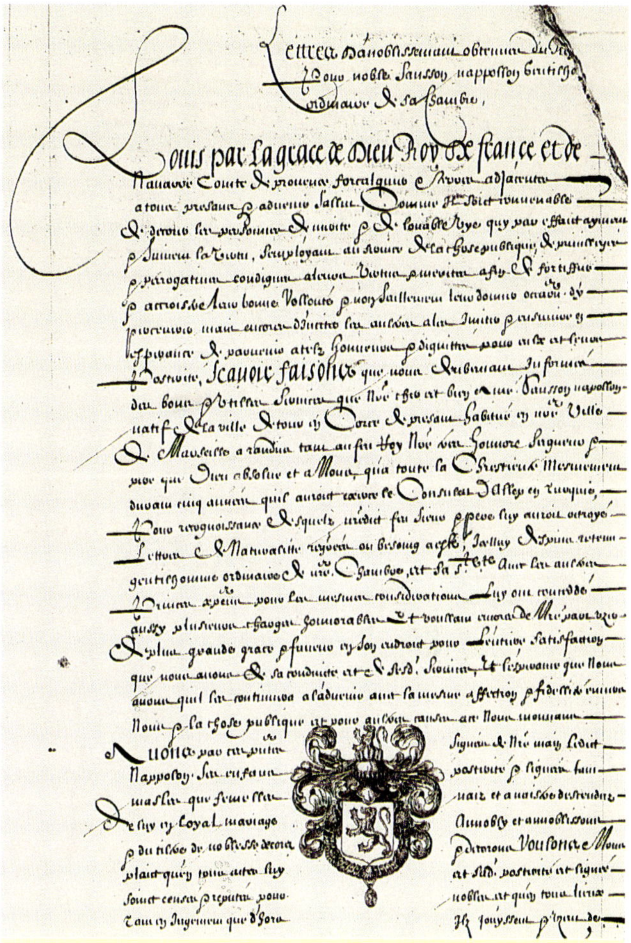
Louis par la grace de Dieu Roy de France et de

Ces lettres de noblesse furent offertes par le roi Louis XIII à Sanson Napollon, consul de France à Alep. Ses armes sont « d'azur au lion d'or ».

– 1714 : Louis XIV fixe la preuve de noblesse à cent ans.

Au XVIIIe siècle – Quelques précisions :

– 1732 : pour être présenté à la Cour, un édit impose d'être noble depuis trois cents ans « de noblesse militaire sans principe connu ». En 1759, les exigences deviendront plus fortes : il faudra prouver que l'on est noble depuis 1400 sans anoblissement connu.

– 1750 : un édit permet de devenir noble par trois générations successives de chevaliers de l'ordre de Saint-Louis.

– 1781 : l'édit de Ségur exige quatre quartiers de noblesse pour briguer une sous-lieutenance.

– 1790 : par le décret du 19 juin, l'Assemblée constituante, sur proposition du vicomte Mathieu de Montmorency, abolit la noblesse héréditaire, les titres, les noms de terres et de fiefs, les armoiries, décorations et ordres militaires. Louis XVI ratifia ce décret le 22 juin.

Du bon usage des titres de noblesse

Les titres de noblesse constituent un patrimoine lié à la perception des revenus de la terre du nom. Leur transmission dans les familles suivait, sous l'Ancien Régime, des règles très précises. Deux personnes, même père et fils, ne pouvaient en aucun cas porter le même titre.

Pas de hiérarchie entre les titres – Sous l'Ancien Régime, les titres de marquis, comte, vicomte, baron n'étaient nullement supérieurs les uns aux autres. Seul le titre de duc était sévèrement réglementé. Les ducs et pairs sont au sommet de la hiérarchie : les princes du sang, « pairs nés », en font partie – le titre de « prince » en France ne concernait d'ailleurs que les princes du sang, membres de la famille royale. Puis viennent les ducs non pairs. En 1589, la France compte seulement onze ducs, mais près d'une centaine de titres de ducs ont été ensuite créés avant 1715.

Chaque titre est unique – Un noble concédait les appellations de son choix à chacun de ses fils et à chacune de ses filles. Tant qu'un père vit, son fils aîné ne peut avoir le même titre que lui, de même que tant que le roi est roi, son fils aîné est Monseigneur le Dauphin. Le même individu est

Les titres sous l'Empire

Les différents titres se situent tous sur le même rang avant l'Empire, celui de duc excepté. Seul Napoléon introduira une hiérarchie. En 1808, il crée par décret les princes d'Empire. Il leur donne la préséance sur les ducs ; viennent ensuite les comtes, puis enfin les barons d'Empire. De 1804 à 1815, la noblesse d'Empire comptait 239 familles, dont seulement 8 ducs. Sous la Restauration (1815-1830), 267 familles furent anoblies, dont 6 ducs ; sous Louis-Philippe (1830-1848), l'anoblissement ne concerna plus que 85 familles ; et sous Napoléon III (1852-1870), seulement trente-six, dont 2 ducs.

donc amené à porter plusieurs titres successifs. Pour exemple, du vivant du duc d'Estrées, le fils aîné porte un titre en rapport avec une autre terre familiale : il est comte de Nanteuil (1623-1626) ; puis marquis de Coeuvres (1626-1670) ; il ne devient 2e duc d'Estrées (1670-1687) qu'au décès de son père. Son fils aîné sera lui-même successivement comte de Nanteuil (1648-1670), marquis de Cœuvres (1670-1687), puis 3e duc d'Estrées, jusqu'à sa propre mort (1687-1698).

À chaque décès, chacun monte d'un cran dans la hiérarchie des titulatures familiales. Le puîné, deuxième dans l'ordre de naissance, change de titre quand l'aîné décède, et ainsi de suite...

L'épouse prend le titre du mari – Tant qu'elle est célibataire, la jeune fille noble est soumise au même régime que ses frères. Mais dès qu'elle se marie, elle prend le titre de son mari : duchesse, marquise, comtesse, vicomtesse, baronne.

En France, elle ne porte jamais le titre de son père, sauf si elle n'a pas de frère et qu'elle épouse un parent à qui reviendra le titre dans l'ordre de succession.

À la mort de son mari, c'est l'épouse du fils aîné qui devient tenante du titre, et le sien est alors suivi de la précision « douairière ».

Le titre de nos jours – Aujourd'hui, les titres indiqués dans les avis nécrologiques n'ont plus la même signification, dans la mesure où tous les fils s'emparent du titre paternel, qu'ils portent même parfois du vivant de leur père ! Néanmoins, un

HISTOIRE
HÉROÏQUE
ET UNIVERSELLE
DE LA
NOBLESSE
DE PROVENCE.

GUERIN.

CETTE Famille est originaire de Brignolle, & établie à Aix depuis

I. François de Guerin reçû Conseiller au Parlement, l'an 1580. Il eut de son mariage avec Batistine d'*Alazardy*,

II. Alexandre I. de Guerin qui acquit la Terre du Castellet des Sausses, & qui fut reçû Conseiller au Parlement, le 2 Juin

Tome II. A

Page de garde du dictionnaire de la noblesse de Provence réalisé par Louis Ventre, seigneur de La Touloubre, dit Artefeuil. Cet ouvrage fut réalisé entre 1757 et 1759 à Avignon.

titre demeure une propriété privée, et il demeure interdit d'usurper le titre d'une autre famille. Pour une bonne part, les titres portés actuellement, à défaut d'être usurpés, ne sont que des titres de courtoisie.

Des familles plus ou moins anciennes

À l'image de ce qu'elle était aux XVIIe et XVIIIe siècles, la noblesse française montre des arbres généalogiques remontant plus ou moins loin dans le temps : avant le XVIe siècle pour les gentilshommes, après pour les autres.

Aux différents groupes recensés ci-dessous s'ajoutent les nobles issus de régions intégrées tardivement au territoire national, soit environ 300 familles aujourd'hui.

Les gentilshommes – Ils sont d'ancienne noblesse, et réputés « nobles d'épée ». Ils peuvent bénéficier de l'une de ces quatre qualifications :

– Ancienne chevalerie ou noblesse immémoriale : leurs aïeux ont pu participer aux croisades, et ils sont nobles depuis 1250. Cette qualification concerne peu de familles.

– Extraction chevaleresque : le premier aïeul connu est chevalier, l'arbre généalogique remonte avant 1400 sans trace d'anoblissement. Moins de 400 familles aujourd'hui.

– Ancienne extraction : la filiation remonte à 1400 sans trace d'anoblissement. À peine plus de 400 familles aujourd'hui.

– Extraction : ce sont les familles dites « nobles de race », telles que les a définies un édit de 1583, exigeant quatre degrés de noblesse paternelle. Environ 800 familles aujourd'hui.

Les anoblis par lettres patentes – Ils ont reçu du roi des lettres patentes d'anoblissement : tel Jean Bart, fils de pêcheur, en 1694, ou Duguay-Trouin, fils d'armateur, en 1709. Ces lettres sont données à eux et « à leur descendants nés et à naître en légitime mariage ». Le roi préférait un anobli illustre à un hobereau ancien, mais sans gloire. Environ 600 familles aujourd'hui.

Les robins, anoblis par charges – Ce sont des parlementaires qui ont acheté leurs charges dans le cadre de la vénalité des offices. Ils siègent dans les cours souveraines, devenues supérieures sous Louis XIV : parlements de Paris, Bordeaux, Rennes et Rouen ; chambres des comptes et cours des aides. Ils sont issus d'élites bourgeoises ou paysannes : laboureurs, marchands d'eau-de-vie, tels les ancêtres des chanceliers d'Aligre ; riches maçons, tels les Colbert.

De génération en génération, d'abord maires ou échevins, ils sont devenus « présidents à mortier », et enfin parfois ministres et secrétaires d'État, comme Pontchartrain, Le Tellier, Louvois. Ces nobles récents sont majoritairement plus riches que les nobles anciens aux fortunes féodales érodées par le temps. Ils représentent environ 350 familles aujourd'hui.

D'autres anoblis par charges – Les anoblis peuvent l'avoir été aussi par charges de secrétaires du roi. Quant aux nobles de cloche, ils doivent leur noblesse à un aïeul consul, maire, échevin, c'est-à-dire à la cloche de son beffroi, anoblissante dans une quinzaine de villes. Ils représentent aujourd'hui, pour les premiers, environ 450 familles, et pour les seconds environ 250 familles.

La noblesse aujourd'hui

Sous l'Ancien Régime, les nobles formaient 1 % de la population. Aujourd'hui, ils ne représentent plus que 0,2 % des Français.

Le pays comptait environ 5 000 familles nobles en 1900, et environ 4 000 familles en 1975, dont 3 400 remontent à l'Ancien Régime et 600 au XIXe siècle. Mais seulement 2 000 familles sont inscrites à l'Association de la noblesse française, qui vérifie l'authenticité des titres.

Les outils indispensables

En matière de recherche nobiliaire, les meilleurs points de départ sont les dictionnaires de la noblesse et armoriaux, bien recensés dans certains guides, tels les trois volumes du Saffroy. Les nobiliaires sont nombreux, nationaux (le d'Hozier, le Père Anselme, le La Chesnaye-Desbois), ou régionaux (l'abbé de Briançon et Artefeuil pour la Provence, Potier de Courcy et Frotier de La Messelière pour la Bretagne). Leur qualité est inégale, car leurs auteurs faisaient souvent rédiger les notices par les familles elles-mêmes, qui enjolivaient la réalité.

Les armoiries

Les armoiries s'inspirent des écus armoriés peints sur les boucliers des chevaliers. Ainsi l'on pouvait distinguer sur le champ de bataille les combattants, ceux tombés de cheval, ou capturés en vue d'être rançonnés. On emploie parfois le mot « blason » comme synonyme d'armoirie, alors qu'en réalité le blason est la science des armoiries et de ce qui se rapporte à l'héraldique.

Les armoiries sont le « nom dessiné et colorié » de leurs propriétaires. Sur cette miniature on peut voir celles de la reine Claude de France, épouse de François Ier.

Les armoiries depuis le Moyen Âge

Initialement propres à des chevaliers armés sur le champ de bataille, les armoiries deviennent le symbole héréditaire d'une famille entre 1100 et 1130. À partir du XIIe siècle, elles s'étendent aux communautés : villes et corporations. Au XIIIe siècle, c'est l'ensemble de la société sans distinction sociale qui y accède.

François Ier essaiera, trois siècles plus tard, de réglementer le port des armoiries. En 1535, il réserve par mandement le timbre (heaume ou couronne) aux armoiries des nobles. Cependant, cette injonction n'est guère obéie, et nombre de roturiers continuent à faire figurer cet ornement sur leurs armoiries.

L'Armorial général de France – Louis XIII crée, en 1615, un juge d'armes chargé d'approuver les armoiries concédées par le roi et celles des nouveaux anoblis. L'ensemble des documents et preuves est conservé dans le cabinet des Titres. Louis XIV, voulant réglementer l'utilisation des armoiries et augmenter les recettes de l'État, promulgue en novembre 1696 un édit obligeant tout propriétaire d'armoiries à les faire enregistrer auprès de l'*Armorial général de France,* ou dépôt public des armes du royaume. Cette collection en 70 volumes, dont 35 d'armoiries coloriées, se trouve aujourd'hui au cabinet des Titres de la Bibliothèque nationale. En compulsant ces documents, il apparaît que posséder des armoiries n'implique pas que l'on soit noble. En 1696, sur les 116 944 personnes enregistrées, 80 000 sont des roturiers ! S'y ajoutent aussi les armoiries de 2 171 villages, de 934 villes, de 28 généralités.

Les armoiries depuis la Révolution

Par le décret du 19 juin 1790, l'Assemblée constituante abolit les armoiries. Les années suivantes, en 1791 et 1792, plusieurs décrets en ordonnent la destruction. Les armoiries réapparaîtront sous l'Empire.

De 1808 à 1814, les armoiries créées pour la nouvelle noblesse sont soumises à un code strict représentant leurs fonctions et leurs titres. Les armes sont soumises à l'approbation de l'Empereur par le Conseil du Sceau.

Lors de la Restauration, Louis XVIII exige que les villes, les associations, les académies, les sociétés et les firmes commerciales ne puissent prendre d'armoiries qu'avec l'accord de l'État.

Porter des armoiries de nos jours – Les familles restent propriétaires de leurs armoiries car elles sont le « nom dessiné et colorié ». Les tribunaux civils sont compétents pour statuer sur les usurpations. Cependant, la chancellerie ne délivre ni concession, ni autorisation, ni même confirmation.

Depuis 1936, l'État précise que l'épouse n'a droit aux armes de son mari qu'à titre exclusivement viager. Le mari peut, quant à lui, porter les armoiries de son épouse associées aux siennes, et ce à titre personnel.

La fleur de lis

Les fleurs de lis deviennent, en 1147, sous le règne de Louis VII, le symbole de la dignité capétienne. Elles sont semées à profusion sur les armoiries et les bannières ou sur le manteau du sacre de Philippe Auguste en 1179. Leur nombre est ramené à trois sur le sceau royal par Philippe III en 1285. Le roi pouvait offrir le port de la fleur de lis en remerciement de services exceptionnels rendus à la monarchie : la famille d'Estaing porte ainsi les fleurs de lis d'or royales sur fond d'azur, pour avoir relevé le roi à Bouvines, et Sampiero Corso reçut une fleur de lis de François Ier pour avoir sauvé le futur Henri II lors du siège de Perpignan en 1542. Jeanne d'Arc a également reçu des armoiries de concession, proches de celles du roi. En 1697, Louis XIV interdira par arrêt à tout sujet le port d'une fleur de lis d'or sur champ d'azur.

Une œuvre d'art codifiée

Peintes, gravées, ou encore sculptées, les armoiries constituent un élément de décoration orné parfois de manteaux, lambrequins, cimiers, supports et colliers des différents ordres. On les retrouve représentées par exemple sur un heaume, sur une croix de Malte, sur un bouclier, parce que les armoiries sont héritées des enseignes militaires.

Les couleurs – L'héraldique, ou science des armoiries, utilise le plus fréquemment six couleurs, séparées en deux groupes : les métaux et les émaux. Les métaux sont représentés en jaune (or) et blanc (argent). Les émaux comprennent le rouge (gueules), le bleu (azur), le noir (sable) et le vert (sinople). La règle veut que des couleurs d'un même groupe ne puissent être juxtaposées ou superposées. Cependant, quelques rares cas d'armoiries présentent de telles associations, elles sont alors appelées « armes à équerre ».

Les partitions et pièces honorables – Le champ ou fond de l'écu peut être d'une seule couleur ou de deux, séparées par des traits horizontaux (coupé), verticaux (parti) ou obliques (tranché et taillé), se référant à quatre mouvements d'épée. Ces séparations, appelées « partitions », permettent, lorsqu'elles sont associées, de constituer un grand nombre de formes géométriques. Les pièces honorables, qui s'inspirent des ferrures des boucliers des chevaliers, se superposent aux partitions. Elles sont composées de motifs horizontaux (fasce), verticaux (pal) et obliques (bande et barre). Elles peuvent également se combiner et représenter de nombreuses formes. L'ensemble des partitions et des pièces honorables permet des centaines de combinaisons possibles.

Les meubles – Les meubles sont plus petits que les pièces honorables. Seul le meuble se place au centre de l'écu. Plusieurs fois représentés, les meubles peuvent former un triangle, un quadrilatère ou reprendre la forme de certaines pièces honorables, voire s'insérer dans les pièces honorables. Enfin, ils peuvent, comme un papier peint, être « semés sur le champ de l'écu ». Les meubles peuvent être des plantes, des objets célestes, des animaux, des êtres imaginaires, des hommes, des inventions et des constructions.

L'ornementation extérieure – Autour de l'écu se développe une ornementation extérieure :

Dans ce livre de piété, on retrouve, au-dessus de délicates marguerites, les armes d'Henri IV et de son épouse... Marguerite de Valois.

elle aura d'abord une fonction décorative, avant d'indiquer avec précision la position sociale de son possesseur. Au-dessus, l'écu se timbre d'une couronne, d'un heaume avec son cimier parfois surmonté d'un cri de guerre. Sur les côtés, des humains (tenants) ou des animaux (supports) maintiennent l'écu. En dessous, un listel, sorte de banderole, indique la devise de son propriétaire. Les armoiries des ecclésiastiques sont ornées de glands et de houppes. Celles des militaires sont souvent encadrées de bâton de commandement, d'épée, de sabre, de bâton de maréchal de France. Les marins ornent fréquemment les leurs d'ancres. Ces armoiries de dignité mettent souvent sur la piste de l'aïeul recherché : un écu entouré du cordon de Saint-Étienne, du cordon de Saint-Louis, ou de l'ordre des Saints-Maurice-et-Lazare ne peut correspondre qu'à un seul ancêtre, et non à un de ses frères.

Les noms des armoiries – Les armoiries pleines sont portées par l'aîné de la maison, « chef de nom et armes ». Les armoiries brisées (avec une brisure en leur centre) définissent à partir de Louis XIII les branches bâtardes. Les armoiries dites « parlantes » symbolisent le nom de la famille et se lisent comme un rébus. Les armoiries substituées expliquent comment une famille éteinte tels les Grimaldi continue néanmoins d'exister, ses descendants en ligne féminine (les Gouyon-Matignon au XVIIIe siècle, les Polignac jusqu'au prince Rainier), ayant été autorisés par leurs ancêtres maternels Grimaldi à « relever leur nom et armes ». Les armoiries de succession sont héritées d'un aïeul maternel ou d'un testateur étranger. Quant aux armoiries d'alliance (accolées), elles prouvent l'union d'un aïeul à une aïeule.

Où trouver des armoiries ?

Les familles qui portaient des armoiries les affichaient sur les portes d'entrée du château, au-dessus du pont-levis ou de la herse ; celles sur les bornes indiquaient les limites des propriétés. Les armoiries décorent aussi des objets plus courants, comme les livres, les couverts en argent, les bijoux, les pièces de forme (chocolatières), les porcelaines (les Compagnies des Indes), ou ornent parfois les angles des portraits peints.

Durant l'Ancien Régime, la plupart des portes de carrosses et des chaises à porteurs arboraient les armes de leur propriétaire. Parmi les objets dédiés aux armoiries, la « chevalière », bague portée par les chevaliers au petit doigt et servant de sceau, reste d'un usage courant dans l'aristocratie. On trouve enfin des armoiries au pied des arbres généalogiques, ou en médaillon au-dessus de chacun des ancêtres sur les arbres par quartiers.

Utile au généalogiste, dans la mesure où elle permet de dater ou de connaître l'appartenance d'un objet, d'un monument ou d'un document orné d'un blason, l'héraldique est elle-même un art par l'extrême richesse de son écriture et de sa symbolique. ▸

PARTITIONS PRINCIPALES DE L'ÉCU
CHEF
canton dextre du chef
point du chef
canton senestre du chef
DEXTRE
flanc dextre
centre, cœur ou abîme
flanc senestre
SENESTRE
canton dextre de la pointe
pointe
canton senestre de la pointe
POINTE
DIVISIONS DE L'ÉCU
parti
coupé
tranché
taillé
écartelé
écartelé en sautoir
gironné
tiercé en fasce
équipolé
8 quartiers
16 quartiers
ÉMAUX
COULEURS
gueules
pourpre
azur
sinople
sable
orangé
MÉTAUX
or
argent
FOURRURES
hermine
contre-hermine
vair
contre-vair
PIÈCES HONORABLES
chef
champagne
pal
fasce
bande
barre
écu en cœur
bordure
croix
sautoir
chevron
pairle
gousset
orle
franc-quartier
escarre
canton
vêtement (vêtu de gueules)
chape (chapé d'argent)
chausse (chaussé d'argent)
embrasse senestre (embrassé d'argent)
mantel (mantelé d'argent)
giron
emmanche (emmanché d'argent)
REBATTEMENTS
vergettes
burèles
cotices en barre
chevronné
bande engrêlée
fasce bretessée
bordure componée
trescheur
MEUBLES
besants
tourteaux
billettes
fleur de lis
guivre
senestrochère
lion
léopard
rencontre
aigle
alérions
rais d'escarboucle
armes à enquerre (Jérusalem)
brisure (armes de Dunois)
losanges
tour

Les qualificatifs

La qualité d'un individu est une distinction publique. Sous l'Ancien Régime, il existe de nombreux qualificatifs à connaître et reconnaître, qui font référence au statut exact de tel ou tel ancêtre : les uns sont nobiliaires, comme « écuyer » ou « chevalier », les autres sont roturiers. Il serait toutefois risqué de toujours s'y fier…

Les qualificatifs nobiliaires

Sous l'Ancien Régime, en France, la société comprend trois ordres : clergé, noblesse et tiers état. Mais surtout, « il y a deux sortes de personnes : les uns sont nobles, les autres sont roturiers et non nobles », écrit en 1582 le juriste Jean Bacquet.

Deux conceptions s'opposent alors en matière de noblesse. Soit elle est « vertu de race », comme l'écrit François de L'Alouëte dans son *Traité des nobles* en 1577, et elle se confond avec la notoriété reconnue par l'opinion publique. Soit elle est « une qualité conférée par le prince », et non le fait de la nature.

Un peu d'histoire… – À partir de 1560, date de la réunion des états généraux à Orléans, la noblesse se trouve de plus en plus délimitée par le pouvoir monarchique. L'ordonnance d'Orléans, en 1561, évoque le « titre de noblesse ».

L'ordonnance de Blois en 1579 précise que seuls les nobles ont droit au qualificatif de « chevalier » ou d'« écuyer » : si un roturier s'en empare, il devient un « usurpateur de noblesse ».

Le 8 février 1661, Louis XIV entreprend de faire rechercher ces usurpateurs de noblesse « qui, n'étant point gentilshommes, prennent néanmoins les qualités de chevaliers et d'écuyers, portent armoiries timbrées et s'exemptent du paiement des tailles et autres charges dont les roturiers sont sujets, au préjudice de Sa Majesté et des véritables gentilshommes… et à l'oppression des sujets taillables ».

Chérin écrit en 1788 que les qualificatifs d'« écuyer » et de « chevalier » sont « entièrement caractéristiques de noblesse dans tout le royaume ».

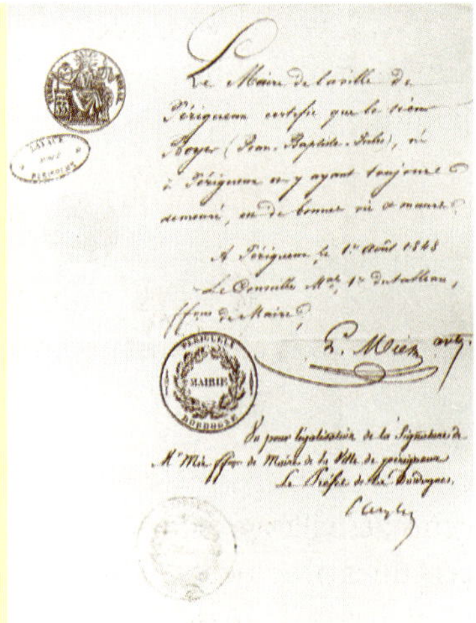

Sur ce « certificat de bonne vie et mœurs », établi à la mairie de Périgueux en 1848, le « sieur » Boyer dont il est question n'est pas « seigneur ». L'expression n'est rien de plus que notre actuel « monsieur ».

Écuyers et chevaliers – Le titre d'« écuyer » peut qualifier des nobles de différentes origines. L'écuyer n'est pas forcément un noble d'épée, à la différence du chevalier. Depuis l'édit des tailles de mars 1600, un noble de robe peut en effet devenir aussi « écuyer ». Cet édit défend notamment « à toutes personnes de prendre le titre d'écuyer, et de s'insérer au corps de la noblesse, s'ils ne sont issus d'un aïeul et père qui aient fait profession des armes ou servi au public en quelques charges honorables ».

Une information sujette à caution

En matière de généalogie, seul compte un principe de base : la filiation. La qualification, elle, est une information à manier avec précaution, car souvent mensongère. Nombre d'usurpateurs de noblesse se qualifient « écuyers » au XVIIe siècle, alors qu'ils ne sont que riches marchands. Beaucoup de personnages ont pris au cours des siècles des titres divers sans fondement aucun, ni lettres patentes, se faisant donner du « marquis », du « comte », voire du « duc » au XXe siècle.

Nombre de parvenus se sont dotés de particules à partir du XVIe siècle, la croyant à tort indice nobiliaire ! Tel Agrippa d'Aubigné, petit-fils d'un cordonnier de Loudun et grand-père de la marquise de Maintenon.

Le généalogiste doit aussi se méfier des homonymies avantageuses, qui permettent ce que Saint-Simon appelait l'« ensouchement » à telle ou telle autre famille, éteinte ou complice. Il était tentant pour un « sieur de » telle ou telle terre, qualificatif roturier, de qualifier son grand-père de « sire de » ladite terre en grattant habilement un vieux parchemin.

Les archives fiscales n'apportent pas toujours des éclaircissements en la matière. De manière générale, les nobles sont exemptés de taille. Mais, dans les pays de taille réelle, ils paient cet impôt pour leurs biens roturiers ! À l'inverse, les bourgeois des villes privilégiées ne la paient pas, et dans certaines provinces, le droit de chasse, réservé à la noblesse, était aussi ouvert aux roturiers… Il faut savoir aussi que la noblesse est soumise à l'impôt de la capitation à partir de 1695, avant de payer le dixième puis le vingtième.

Nombre de qualificatifs ambigus

Outre les titres d'« écuyers » et « chevaliers », nombre de personnes sous l'Ancien Régime portaient des qualificatifs, parfois difficiles à interpréter. Pour connaître leur statut réel, leur place dans leur région ou leur village, la seule solution est d'effectuer une monographie familiale complète : étude d'actes notariés, des cadastres, des exemptions de tailles…

Ainsi peut-on arriver à mieux cerner le niveau de fortune, les alliances, le pouvoir politique et religieux de tel ou tel ancêtre. Ces qualificatifs sont nombreux : « chevalier, haut et puissant seigneur », « damoiselle », « noble dame », « noble homme », « honnête femme », « noble et égrège personne », « maître » (notaire ou artisan), « docteur » (en médecine ou en droit canon), « sieur de » telle ou telle terre, « bourgeois » de telle ou telle ville…

Perruque, bas de soie et épée au côté. Et pourtant, l'habit ne fait pas le moine…

Le « noble homme » – Parmi eux, le qualificatif « noble » ou « noble homme », placé devant ou derrière un patronyme, désigne généralement un roturier. Mais, en Normandie, un « noble homme » est un vrai noble. De même, l'épithète « noble » qualifie un vrai noble en Flandres, en Hainaut, en Artois, en Franche-Comté, dans le Lyonnais, la Bresse, le Bugey, le Dauphiné, la Provence, le Languedoc, le Roussillon et dans l'étendue des parlements de Toulouse, de Bordeaux et de Pau. En Corse aussi le « nobile » est perçu par ses compatriotes comme noble, et ses contemporains, y compris génois, lui donnent de l'« illustrissime seigneur », voire du « magnifique seigneur ».

Les métiers

Les actes des registres paroissiaux, comme ceux de l'état civil, permettent au généalogiste de dépasser son statut de chercheur d'ancêtres, pour devenir de facto historien et démographe. À partir de la lecture des ces documents, et en fonction du métier exercé, trois groupes possibles d'ancêtres se distinguent.

Sous l'Ancien Régime, la plupart des gens vivent de la terre. Pour tous, la moisson est la grande affaire de l'année ; d'elle dépend le pain quotidien.

Les paysans sous l'Ancien Régime

La plupart des Français aux XVIIe et XVIIIe siècles vivent de la terre. Ils sont bûcherons, pasteurs, vignerons, meuniers (locataires en général d'un moulin seigneurial qui moud le grain pour deux à trois paroisses). Ce monde paysan est hiérarchisé comme suit.

– **Brassier et manouvrier :** tous deux louent leur force de travail, les brassiers dans le sud du royaume, les manouvriers dans le nord. En cas de grands froids, il leur faut emprunter au laboureur des grains pour subsister, du bois pour se chauffer. À la belle saison, ces prêts seront rendus en nature : moisson, vendange, coupe de bois…

– **Fermier et métayer :** le fermier est celui qui tient « à ferme » la terre d'un propriétaire ; il en est le locataire et paie son fermage à la Saint-Michel. Quant au métayer, à la condition plus difficile, il verse la moitié ou le tiers des récoltes, selon les termes du bail qui le lie à son bailleur. Ce dernier fournit en contre-partie la terre et la moitié ou les deux tiers du matériel agricole.

– **Laboureur et ménager :** le ménager est un petit propriétaire, qui possède de 20 à 30 hectares. Chaque village abrite quatre ou cinq ménagers, mais seulement un ou deux laboureurs. Ce dernier est le paysan le plus riche. Comme son nom l'indique, il est propriétaire d'un train de labour, et possède en général une centaine d'hectares, qu'il porte parfois jusqu'à 180 hectares en prenant aussi « à ferme » les terres d'autrui. Souvent marié à la fille du laboureur du village voisin, il est aussi fermier des dîmes, qu'il collecte pour le curé, ou intendant-régisseur du seigneur local absent. Le curé lui donne parfois du « sieur ».

Les paysans au XIXe siècle

Après la Révolution, même si les métayers et fermiers demeurent une réalité paysanne, on ne trouve plus dans les actes que deux qualificatifs : les cultivateurs et les propriétaires. Les premiers sont de petits paysans. Les seconds sont des notables : héritiers du laboureur, ils ont souvent acheté les biens nationaux confisqués à l'Église et aux nobles émigrés. Ces biens étant vendus aux enchères, ils étaient les seuls à posséder assez d'assignats pour se porter acquéreurs.

Les artisans sous l'Ancien Régime

L'Ancien Régime est très éloigné des sociétés industrialisées. Une partie de la population effectuait toutefois des travaux d'artisanat, surtout en ville. Tous ces métiers ne peuvent être mentionnés : tanneurs, tonneliers, perruquiers, maçons, scieurs de long (qui scient les planches)... la liste est longue.

– **Charpentier et maître de hache :** le charpentier fait les charpentes de bois des maisons, mais construit aussi les navires. Le maître de hache est l'équivalent du maître charpentier. Dans la marine, il deviendra ingénieur-constructeur à partir de 1765.

– **Barbier et chirurgien-barbier :** le barbier coiffe et rase les hommes, il est souvent aussi chirurgien ! Ce dernier métier était considéré comme « méchanique », et ne pouvait donc donner lieu à un anoblissement, à la différence de celui de médecin.

– **Cirier :** il fabrique et vend les cierges, très utilisés lors des inhumations des élites.

– **Cordier :** il fabrique cordes et cordages. Il peut travailler notamment pour les corderies royales, qui fabriquaient des cordages longs de plus de 300 m pour les vaisseaux.

– **Cordonnier et savetier :** le premier confectionne des chaussures en cuir, c'est-à-dire des souliers, tandis que le second fait des savates en corde.

– **Drapier :** c'est un riche fabriquant et marchand de draps, mais aussi d'étoffes d'importation très diverses ; les ancêtres de Colbert étaient drapiers à Reims.

– **Maréchal ferrant :** il ferre chevaux, ânes et mulets, et cercle aussi les roues de bois.

– **Marguillier :** il s'occupe de tout ce qui a trait à la fabrique de la paroisse. Il enregistre les aumônes, choisit les chantres et les bedeaux.

– **Peigneur, fileur, teinturier :** si le peigneur peigne la laine, le fileur la file, en sus du lin ou du chanvre. Voyageant parfois pour chercher ses colorants, le teinturier, lui, teint les étoffes tissées par le tisserand. En bout de chaîne, le tailleur d'habits travaille souvent avec les dentellières et les marchands de dorures et de galons d'or destinés aux militaires.

– **Plombier :** il fond le plomb et fabrique les balles et grains pour les armes à feu. Ce n'est qu'au XIXe siècle que le sens de sa profession change, avec l'alimentation en eau des immeubles en tuyauterie de plomb.

– **Potier :** il modèle l'argile et fabrique quasiment toute la vaisselle des humbles. Seuls les bourgeois possèdent de la belle faïence et des cuillères d'étain, et les nobles, de la porcelaine, de l'argenterie et des cristaux.

Le travail du cuivre est ancien. Le chaudronnier fabrique tout ce qui est utile à la vie quotidienne : marmites, plats, chaudrons…

– **Saulnier :** il travaille dans les marais salants ; d'où le nom de faux-saulniers donné à ceux qui faisaient la contrebande du sel.

Les artisans au XIXe siècle

De nouveaux métiers apparaissent au XIXe siècle, du fait de nouvelles techniques ou modes de vie :

– **Boulanger :** le métier de boulanger, ou de boulanger-pâtissier, se développe avec la disparition du four seigneurial, ou four banal, après la Révolution.

– **Bourrelier :** il fabrique les harnais des chevaux et des bêtes de somme, voire les selles.

– **Briquetier :** il confectionne des briques, rouges comme dans les corons du Nord, ou blanches, qui se substituent à la pierre taillée, plus belle mais plus chère.

– **Chaudronnier :** il travaille le cuivre rouge et le cuivre jaune.

– **Cloutier :** il fabrique des clous.

– **Couvreur :** le chaume disparaissant peu à peu, il couvre les toitures en ardoise, en tuiles d'argile, dites « tuiles romaines », ou en lauzes.

– **Doreur :** dans les églises, il dore les sculptures ; il est souvent sculpteur-doreur.

– **Facteur :** il s'agit d'un facteur d'orgues, d'un fabricant de pianos ; celui qui réalise les violons reste le luthier.

– **Jacquariste :** il tisse sur un métier Jacquard.

– **Ouvrier :** avant le XIXe siècle, le terme est très rare. Il apparaît avec les premières usines et est souvent précisé par un adjectif : ouvrier métallurgiste, par exemple.

L'ancêtre alphabétisé sous l'Ancien Régime

Sous l'Ancien Régime, peu savent signer de leur nom. Dans le monde rural, les brassiers sont la plupart du temps analphabètes, nettement plus que les ménagers et surtout les laboureurs. Le taux d'alphabétisation croît pareillement en milieu citadin, notamment chez les artisans mais aussi chez tous ceux qui travaillent dans ce que nous appellerions aujourd'hui les « services ». La plupart des métiers ci-dessous impliquaient ainsi un minimum d'alphabétisation, ne serait-ce que pour tenir leur comptabilité ou rendre compte au maître, comme les valets, laquais et autres domestiques.

– **Apothicaire :** il fabrique et vend les drogues, pommades, onguents et autres médecines. Les apothicaires étaient les seuls à vendre du sucre au détail sous Louis XIV.

– **Avocat en parlement :** avocat rattaché à l'un des seize parlements provinciaux.

– **Anspessade :** fantassin d'élite, assimilé aux bas-officiers.

– **Arpenteur :** il mesure les terres, surtout à la suite des partages et, plus tard, des ventes révolutionnaires.

– **Aubergiste, cabaretier, limonadier :** l'aubergiste tient une auberge qui fait souvent office de relais de poste et où le client est obligé de dormir, d'où la formule : « Qui dort, dîne ». Il offre le vivre (la nourriture) et le couvert (la toiture, et non les couverts, qui n'existaient pas à cette époque !). Quant au cabaretier, il vend avant tout du vin accompagné de nourriture ; dans un « méchant » cabaret, on trouve aussi des filles de joie, du tabac et des cartes à jouer. Le terme « limonadier » peut désigner un cabaretier ou un aubergiste.

Le médecin tente de soigner les malades. Pour cela, il a recours aux drogues, pommades et onguents que fabrique et vend l'apothicaire.

De villes en villages, le colporteur vend des marchandises de première nécessité. Il peut aussi apporter des nouvelles ou le bonjour de quelques parents habitant une vallée voisine.

– **Bailli et sénéchal :** le bailli est un officier royal d'épée qui rend la justice dans son bailliage. Dans le Nord, on l'appelle sénéchal.

– **Chaussetier :** il vend des bas.

– **Clerc :** ecclésiastique ; il apparaît dans les actes comme témoin ou comme parrain.

– **Cocher :** il conduit un coche (y compris un coche d'eau, entre Lyon et Marseille), une diligence, un carrosse. Au XIXe siècle, il conduira les fiacres, calèches et cabriolets.

– **Collecteur et décimateur :** le collecteur ou receveur des tailles collecte la taille pour le roi ; celui des dîmes, la dîme due au curé ; le décimateur, les décimes perçues par l'évêque.

– **Colporteur :** petit marchand ambulant, il colporte aussi les nouvelles, dans un monde où les journaux n'existent pratiquement pas.

– **Échevin ou consul :** il est le maire s'il est le premier échevin, adjoint au maire s'il est deuxième ou troisième échevin ; il est parfois appelé « consul », à Toulon par exemple.

– **Épicier et mercier :** tous deux sont de gros marchands. L'épicier est un marchand au détail ; le mercier, un marchand en gros.

– **Fermier général :** ces personnages très riches, au nombre de quarante, reçoivent du roi l'adjudication des impôts indirects (boissons, tabac, sel, douanes). La fonction date de 1681.

– **Maître de poste et postillon :** le maître de poste possède un relais de poste, où l'on change les chevaux des diligences. Le postillon sert dans le relais. Le postillon de diligence, lui, monte un des chevaux tirant la diligence.

– **Maître d'école ou chantre :** aïeul de l'instituteur, il sait lire, écrire, compter et chanter. Il est choisi par le curé et le conseil de la communauté (ou conseil de la fabrique).

– **Matrone :** accoucheuse, future sage-femme.

– **Médecin :** il tente de soigner les malades avec peu de moyens en dehors des purges, saignées et médecines fabriquées par les apothicaires.

– **Muletier :** il assure les transports, même sur de longues distances.

– **Négociant :** riche marchand portuaire, présent surtout sur la façade atlantique (Bordeaux, Le Havre, La Rochelle, Nantes) mais aussi à Marseille.

– **Notaire ou tabellion :** il enregistre les contrats de mariage, les testaments, les actes de vente et d'achat… Il est parfois aussi appelé « tabellion ».

– **Pilote ou pilotin et voiturier :** les premiers conduisent un bateau, tandis que le troisième conduit un véhicule à chevaux .

– **Portefaix :** porteur.

L'ancêtre alphabétisé au XIXe siècle

Au XIXe siècle, l'alphabétisation se répand avec la création des premiers lycées au début de l'Empire, et surtout, à la fin de celui-ci, avec les lois de Jules Ferry. Instituteurs et professeurs se multiplient, et même les plus modestes apprennent à lire et à écrire. Parmi les notables, les actes mentionnent de plus en plus de médecins ou d'officiers. Voici quelques-uns des métiers qui se développent à cette époque :

– **Blanchisseuse :** restées célèbres grâce à Madame Sans-Gêne, leur nombre augmente avec le développement de l'armée napoléonienne : 450 000 hommes souvent célibataires établis au camp ou dans leurs villes de garnison.

– **Cambiste :** banquier, il se livre aux opérations de change à une époque qui voit la création de nombreux établissements bancaires.

– **Chauffeur de maître :** il apparaît avec les premières automobiles. Il communique avec son passager grâce à un cornet de cuivre qui le relie à l'intérieur de la berline.

– **Docker :** il décharge et charge les navires marchands dans les ports.

– **Domestique :** les domestiques sont moins nombreux au XIXe siècle que sous l'Ancien Régime, d'où ce terme générique. Sous l'Ancien Régime, on précisait : la gardeuse d'oie, la cuisinière, la gouvernante, le valet de chambre, le cocher, le laquais, le portier…

– **Écrivain public :** ils se multiplient avec la nécessité croissante d'écrire.

– **Greffier :** sorte de secrétaire.

– **Juge de paix :** juge local.

– **Porteur d'eau :** il monte l'eau depuis les fontaines publiques jusque dans les étages des immeubles, à Paris par exemple, encore dans les années 1900.

Quittant leur village pour trouver du travail à la ville, de nombreuses jeunes filles deviennent blanchisseuses. Debout des heures durant, elles lavent, amidonnent et repassent le linge de plus riches qu'elles.

Les calendriers

Du Moyen Âge à nos jours, pas moins de trois calendriers différents ont été utilisés en France. Parmi eux, le calendrier républicain, en vigueur du 22 septembre 1792 au 1er janvier 1806, se voulait en totale rupture avec le passé. Connaître ses correspondances avec l'actuel calendrier grégorien est indispensable pour le généalogiste.

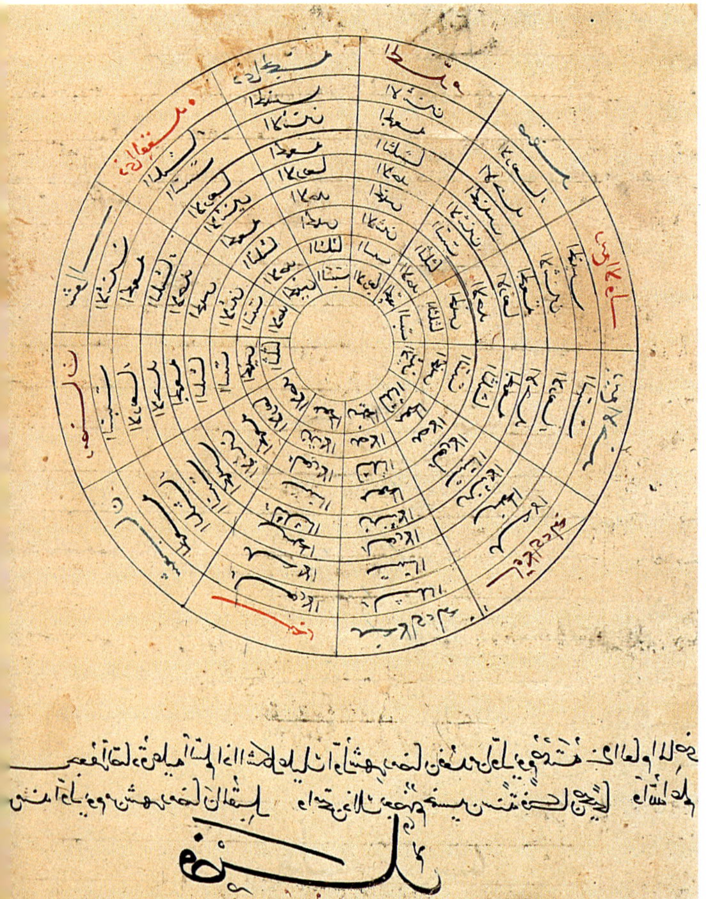

Le calendrier musulman est purement lunaire. Les mois font 29 ou 30 jours. Les années sont de 12 mois, comprenant ensemble 354 ou 355 jours pour que l'année s'achève sur une nouvelle lune, ce qui fait que chaque année musulmane fait 12 lunaisons.

D'un calendrier à l'autre

Un calendrier est avant tout le résultat mathématique d'un calcul effectué par l'homme concernant des phénomènes naturels. Il associe divers types d'éléments et de connaissances d'astronomie avec des considérations religieuses ou idéologiques. Chaque changement de calendrier donna toujours lieu à des oppositions. Les esprits ne sont pas forcément prêts à accepter de nouvelles règles qui bouleversent leurs habitudes séculaires, voire millénaires.

Quand la papauté cherche à réformer le calendrier, les protestants résistent en Alsace et en Suisse protestante, et Kepler ironise : « Les protestants aiment mieux être en désaccord avec le Soleil que d'accord avec le pape. » Quant aux orthodoxes orientaux, toucher à l'ordre des jours de la semaine imposés par Dieu leur paraît impie.

Aujourd'hui encore, différents calendriers religieux restent en usage dans le monde, à côté du calendrier grégorien qui s'est imposé comme norme internationale : les musulmans et les juifs, par exemple, ont leurs propres calendriers, lunaires et non solaires. Celui des musulmans démarre au moment de la fuite de Mahomet à Médine, à savoir en l'an 622 de notre ère, ou an I de l'hégire.

Le calendrier julien

Le calendrier julien est apparu en 46 av. J.-C., sous Jules César. Il se fonde sur la révolution de la Terre autour du Soleil. Mais le décalage entre les jours inscrits et la réalité solaire est tel que chaque année emmagasine un retard de 11 minutes 14 secondes. Au bout d'un siècle, ces retards cumulés atteignent 18 heures 40 minutes, c'est-à-dire presque un jour, soit une dizaine de jours par millénaire ! Le concile de Nicée constate bien en 345 que ce calendrier a abouti à trois jours de retard depuis son adoption. Mais il ne réagit pas, et les retards continueront à s'accumuler pendant 1 200 ans !

L'an 1 de l'ère chrétienne – En 532, l'Église décide de compter les années à partir du 1er janvier qui a suivi la naissance du Christ. Jésus étant né le 25 décembre 753 de la fondation de Rome, le 1er janvier de l'an 1 de l'ère chrétienne correspond donc au 1er janvier 754 de l'an de Rome. Il n'y a pas d'année 0. La France adoptera cette manière de compter au VIIe siècle. Les capitulaires de Carloman et de Pépin, maires du palais, en font déjà usage. L'Angleterre prend la même décision au concile de Whitby (664), mais l'Église d'Angleterre ne date ainsi ses documents qu'après le concile de Chelsea (816). L'Espagne attend le XIVe siècle ; la Grèce, le XVe siècle. Mais, dès 1545, à la suite de savants comme le cardinal Pierre d'Ailly (XVe siècle), le concile de Trente commence à envisager une réforme du calendrier, qui, outre son retard, contient nombre d'erreurs et de lacunes.

Un nouveau début d'année – En 1564, Charles IX, par l'édit de Roussillon du 9 août, impose le 1er janvier – et non plus Pâques – comme date définitive et obligatoire du début de l'année. Cette décision ne prit effet qu'en 1567 pour des raisons d'ordre astronomique. Par conséquent, l'année 1566 ne dura que 8 mois et demi : du 14 avril 1566 (Pâques) au 31 décembre 1566 (soit 8 mois et 17 jours). Pâques était en effet une date mobile, fixée à la première nuit de samedi à dimanche après la pleine lune de printemps, au plus tôt le jour de l'équinoxe, le 21 mars.

Le calendrier grégorien

Le calendrier grégorien est institué en octobre 1582 par le pape Grégoire XIII, pour remplacer le calendrier julien. Ce dernier cumule en effet à présent 13 jours de retard. La réforme ne tient toutefois compte que de 10 de ces 13 jours, pour faciliter les calculs. L'année conserve ses 365 jours, mais les années divisibles par quatre deviennent bissextiles, à l'exception des années multiples de cent qui ne sont pas divisibles par quatre cents : l'année 2000 est donc une année bissextile, et compte un jour de plus, le 29 février, mais pas l'année 1900.

Sous les traits d'une ravissante jeune fille, voici représentés deux des mois du calendrier républicain. Sous un tissu léger, Pluviose brave la pluie et l'hiver. Floréal, tresse des couronnes de fleurs, assise sous le soleil revenu.

La décision du pape sera appliquée en France par une ordonnance royale d'Henri III, en date de novembre 1582. Celle-ci transforme le 10 décembre 1582 julien en 20 décembre 1582 grégorien. Mais la succession des jours de la semaine est respectée.

Une adoption plus ou moins rapide – L'ordonnance d'Henri III ne s'appliquait évidemment que dans les frontières de la France d'alors : l'Alsace n'adopte ainsi le calendrier grégorien qu'en 1648, et Strasbourg en 1682 ; en revanche, la Lorraine et la Savoie le mettent en place à la même date que les États de la péninsule italienne, à savoir en décembre 1582. La Suisse catholique, elle, l'institue en 1584 ; la Suisse protestante, suivant les cantons, en 1700, en 1753, et même en 1811 pour le canton des Grisons. La Russie, elle, ne l'adopta qu'en 1923, d'où la célébration en novembre de la révolution d'Octobre.

Le calendrier républicain

La Révolution décida de créer officiellement un nouveau calendrier pour marquer l'ère nouvelle, née du renversement de la monarchie. Tout le XVIIIe siècle, notamment les philosophes, les déistes, les francs-maçons, ayant œuvré dans le sens d'une déchristianisation, les révolutionnaires crurent qu'il n'y avait plus de raison de compter les années à partir de la naissance du Christ. Comme on supprimait les registres paroissiaux rédigés par les curés au profit de la création d'un état civil, il était permis de penser qu'il fallait aussi créer un calendrier civil, non subordonné à la pratique d'un culte.

L'an I de la République – Le 22 septembre 1792, jour de la proclamation de la République, la Convention, dans sa première séance, décida que débutait dès lors la première année républicaine, laquelle s'acheva le 21 septembre 1793. C'est donc du 22 septembre 1792 que démarre le calendrier républicain institué par la loi du 5 octobre 1793. Son organisation fut précisée le 24 octobre 1793, et le décret promulgué un mois plus tard.

La division de l'année républicaine

L'année nouvelle débutant le 22 septembre fut divisée en douze mois de trente jours chacun, par souci d'égalité entre les mois ! Restaient donc cinq ou six jours non mensualisés en fin d'année, appelés « jours complémentaires », mais aussi « sans-culottides ». Retrouver un aïeul né le troisième jour complémentaire de l'an VII peut poser quelque difficulté, si l'on ne dispose pas des correspondances en calendrier grégorien.

Des mois de trois décades égales – C'est Fabre d'Églantine, poète de son état, qui rebaptise les mois en 1793 : vendémiaire, mois des vendanges ; brumaire, des brumes ; frimaire, des frimas ou du froid ; nivôse, de la neige ; pluviôse, des pluies ; ventôse, des vents ; germinal, de la germination des semences ; floréal, des fleurs ; prairial, du fauchage des prairies ; messidor, des moissons ; thermidor, de la chaleur ; fructidor, de la maturité des fruits.

La semaine est remplacée par la décade, dont les jours furent nommés : primidi, duodi, tridi, quartidi, quintidi, sextidi, septidi, octidi, nonidi, decadi. L'ancêtre peut donc s'être marié le jour de sextidi de la troisième décade de frimaire an VI. On envisagea même de diviser la journée en vingt au lieu de vingt-quatre heures : l'horlogerie s'y opposa vivement !

La laïcisation des prénoms – Suite logique du processus de déchristianisation entamé avec la fermeture des églises, l'ouverture des temples de la Raison et le culte de l'Être suprême, les noms de saints et de saintes furent supprimés du calendrier. On les remplaça par des noms de légumes, de fruits, de végétaux, de minéraux, d'instruments aratoires (à chaque décade), et d'animaux domestiques (à chaque demi-décade) : les François (4 octobre) devinrent Potiron (13 vendémiaire) ; les Catherine (25 novembre) devinrent Cochon (5 frimaire) ; les Victor (21 juillet) : Melon (3 thermidor) ; les Frédéric (27 avril) : Champignon (8 floréal) ; les Prosper (25 juin) : Cornichon ou Concombre (7 messidor) ; les Zacharie (5 novembre) : Dindon (15 brumaire)... Mais nos ancêtres ont hésité à appeler leur fils Tonneau et leur fille Aubergine. La tradition l'emporta...

La fin du calendrier républicain

Le dimanche réapparut sous le Consulat, dès 1802, en vertu de l'article 57 de la loi du 8 avril. Il fut alors institué comme jour de repos des fonction-

1790-1792, deux ans de tâtonnements !

De 1790 à 1792, rien n'est encore harmonisé. Le calendrier grégorien est remis en cause, mais le calendrier républicain est encore à l'état de projet. Difficile de s'y retrouver...

- **14 JUILLET 1790 : pour la première fois, le Moniteur est daté de l'an II de la Liberté, sans aucune décision législative. L'an I irait donc du 14 juillet 1789 au 14 juillet 1790. Ce serait une erreur de le croire.**
- **2 JANVIER 1792 : l'Assemblée législative ordonne de dater tous les actes publics, civils et judiciaires avec la mention « ère de la Liberté ».**
- **5 JANVIER 1792 : le Moniteur est daté de l'an IV (= 1789, 1790, 1791, 1792), mais le numéro de la veille, de l'an III (= 1789 à 1790 ; 1790 à 1791 ; 1791 à 1792) ! Preuve d'une réelle cacophonie !**
- **10 AOÛT 1792 : apparition de la mention « an de l'Égalité ».**
- **21 AOÛT 1792 : le Moniteur est daté de « l'an IV de la Liberté et le I de l'Égalité » ! D'où la nécessité de légiférer rapidement...**

Tableau de concordance entre les calendriers républicain et grégorien

Les années bissextiles du premier, c'est-à-dire celles où il y avait 6 jours fériés sans-culottides, ont un astérisque.

AN – ÈRE RÉPUBLICAINE	I	II	III*	IV	V	VI	VII*	VIII	IX	X	XI*	XII	XIII	XIV
AN – ÈRE GRÉGORIENNE	**1792**	**1793**	**1794**	**1795**	**1796**	**1797**	**1798**	**1799**	**1800**	**1801**	**1802**	**1803**	**1804**	**1805**
1er vendémiaire septembre	22	22	22	23	22	22	22	23	23	23	23	24	23	23
1er brumaire octobre	22	22	22	23	22	22	22	23	23	23	23	24	23	23
1er frimaire novembre	21	21	21	22	21	21	21	22	22	22	22	23	22	22
1er nivôse décembre	21	21	21	22	21	21	21	22	22	22	22	23	22	22
ANNÉE GRÉGORIENNE	**1793**	**1794**	**1795**	**1796**	**1797**	**1798**	**1799**	**1800**	**1801**	**1802**	**1803**	**1804**	**1805**	**1806**
1er pluviôse janvier	20	20	20	21	20	20	20	21	21	21	21	22	21	
1er ventôse février	19	19	19	20	19	19	19	20	20	20	20	21	20	
1er germinal mars	21	21	21	21	21	21	21	22	22	22	22	22	22	
1er floréal avril	20	20	20	20	20	20	20	21	21	21	21	21	21	
1er prairial mai	20	20	20	20	20	20	20	21	21	21	21	21	21	
1er messidor juin	19	19	19	19	19	19	19	20	20	20	20	20	20	
1er thermidor juillet	19	19	19	19	19	19	19	20	20	20	20	20	20	
1er fructidor août	18	18	18	18	18	18	18	19	19	19	19	19	19	

Exemple : À quelle date grégorienne correspond le 7 ventôse an V ? Cherchons dans la colonne de l'an V jusqu'à la ligne horizontale du 1er ventôse ; nous voyons que le 1er ventôse an V correspond au 19 février 1797 (année grégorienne immédiatement au-dessus verticalement). Donc le 7 ventôse an V correspond au 25 février 1797.

naires, puis, par un arrêté du 3 mai, comme seul jour possible pour la publication des mariages. La semaine refit donc son apparition peu après, la même année.

Dès 1805, le retour au calendrier grégorien s'avéra nécessaire, ne serait-ce que pour être en harmonie, au moins sur ce point, avec le reste de l'Europe. Le 1er janvier 1806 (11 nivôse an XIV), le calendrier romain fut rétabli, en vertu du sénatus-consulte du 9 septembre 1805. Seul le Journal officiel de la République, sous la Commune de Paris (1871), date encore parfois selon l'usage révolutionnaire : arrêté du 16 floréal an 79 (prescrivant la démolition de la Chapelle expiatoire) ; arrêté du 21 floréal an 79 (démolition de la maison d'Adolphe Thiers) !

Savoir lire les documents

Si la lecture des actes antérieurs au XVIe siècle est ardue pour le profane, celle des documents des XVIIe et XVIIIe l'est beaucoup moins. L'œil s'habitue assez vite à telle ou telle graphie. L'important est de s'attacher avant tout à comprendre le sens général, de bien noter noms et chiffres, et, surtout, d'éviter les anachronismes.

Grâce à ce dessin, on peut observer les différentes façons de former les lettres capitales et minuscules au cours du XVIIe siècle. Dans la plupart des cas, le généalogiste n'aura nul besoin d'avoir fait des études de paléographie pour parvenir à lire les actes qu'il rencontrera lors de ses recherches.

La paléographie, une science spécifique

L'étude de l'encre et du support – La plupart des préoccupations du paléographe ne concernent pas le généalogiste. Il s'agit de l'étude de la composition de l'encre : noir de fumée, gomme, eau et vinaigre ; sulfate de fer, noix de galle ? De sa couleur : noire, rouge, bleue, verte, jaune, encre d'or et d'argent des chrysographes ? Du support : parchemin en peau de mouton ou de veau (velin), palimpsestes (parchemins qui ont servi deux fois), papier de coton…

Le généalogiste cherche rarement, en effet, à situer un document dans le temps : la date lui est presque toujours donnée dans l'acte compulsé. Les manuscrits sur feuilles d'arbre, papyrus, membranes de roseau, tablettes de bambou ou écorce d'arbre lui resteront alors aussi étrangers que les hiéroglyphes.

Des différences d'un acte à l'autre

Dès que l'on s'intéresse à des textes du XVIe siècle, ou des époques précédentes, l'écriture est très difficile à déchiffrer pour un non-initié. Par contre, il n'est nul besoin de faire des études particulières pour lire les registres paroissiaux et les archives notariées des XVIIe et XVIIIe siècles.

La seule règle qui s'impose au généalogiste est de lire le plus possible : beaucoup d'actes de baptême, de mariage et de sépulture, beaucoup de testaments, de contrats de mariage et d'inventaires après décès. L'œil finit par s'habituer à l'écriture du prêtre ou du notaire. Malheureusement, tout change lorsqu'on passe à un aure curé et à un autre notaire…

Une lisibilité et un contenu très variables – L'écriture change même parfois avec le même curé, et avec le même notaire !

Arrivé au dernier quart de son registre des mariages, le curé a en effet conscience qu'il ne peut plus enregistrer quatre mariages par double page comme il l'a fait très proprement de janvier à avril. Il lui reste 25 % du registre pour les huit derniers mois de l'année. De mai à septembre, il réduit par

Les différences orthographiques

Alors que le système des abréviations, hérité du Moyen Âge, continuait à être utilisé, les scribes des XVIe et XVIIe siècles ont eu tendance à ajouter des lettres qui ne jouaient aucun rôle phonétique et que l'Académie française supprimera au XVIIIe siècle :

b = debvoir (devoir)

c = faict (fait)

d = advancé (avancé)

f = veufve (veuve)

g = ung (un)

l = aultre (autre)

s = estre (être)

Parallèlement, certaines lettres ont été remplacées par d'autres :

o pour a = avoit

t pour d = grant

u pour v = deuant

y pour i = aussy

z pour s = filz

x pour s = consulx

Planche extraite de l'« Encyclopédie » (1751-1772), de Diderot. Assise bien droite face à sa table, une jeune femme de la noblesse s'applique dans l'art d'écrire.

conséquent l'espace consacré à chaque union. De septembre à décembre, il inscrit désormais trente mariage par double page ! L'écriture devient minuscule. Tous les renseignements « annexes » sont supprimés : la profession des conjoints, leur âge, voire même les filiations.

Il existe donc énormément de différences d'écriture et de contenu entre un acte de janvier et de décembre, rédigés pourtant tous les deux la même année et par le même prêtre !

Quelques conseils de méthode

Dans les textes antérieurs au XIXe siècle, la ponctuation est rare, voire fantaisiste ou inexistante, les majuscules sont peu nombreuses, et l'orthographe laissée à la libre appréciation de celui qui écrit.

Le « bon français » ne fut en effet fixé que tardivement, les premières tentatives datant des XVIIe et XVIIIe siècles, notamment avec Vaugelas. Il est tout à fait possible, par exemple, de voir écrit « mon fils êné » pour « mon fils aîné », sans que cela n'ait dérangé nullement les lettrés de l'époque.

Lorsqu'on commence à les rencontrer, ces caractéristiques propres aux documents anciens gênent un peu la lecture. Mais le généalogiste n'a pas pour but de déchiffrer parfaitement tel ou tel document, il veut juste obtenir un certain nombre de renseignements. Pour ce faire, la méthode à suivre est assez simple…

Identifier le document – Comme les imprimés d'aujourd'hui, les documents anciens montrent nombre de formes de caractères et de façons de les transcrire, variables selon les individus. Mais

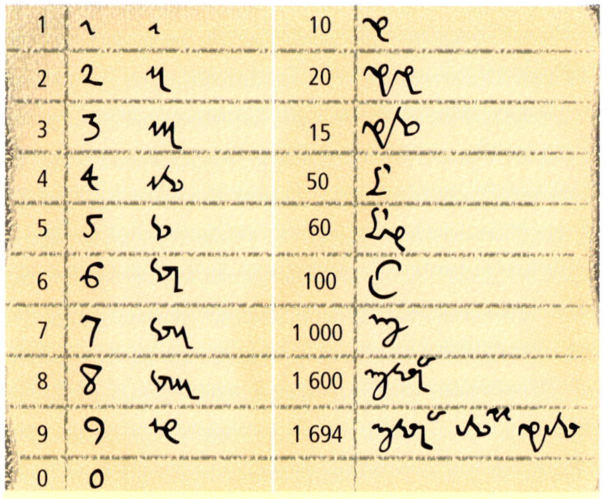

Comme pour les lettres, parvenir à lire les chiffres et les dates, qui se trouvent dans les documents anciens, est essentiellement une question d'habitude.

cela ne devrait pas poser de problème majeur. Certes, on peut commencer à identifier des lettres, une à une, mais cela est surtout utile pour les documents très anciens, en minuscule caroline, des XIIe et XIIIe siècles par exemple.

Pour les XVIIe et XVIIIe siècles, ce type de lecture est à proscrire : il faut aller de l'avant, avancer dans le texte, et commencer par comprendre à travers cette écriture cursive le sens du texte. Ce premier examen permet de savoir de quel type de document il s'agit : un acte individuel, peut être un acte de vente, une constitution de cens, un bail, un contrat de mariage…

Chercher les noms et les chiffres – Une fois le sens compris, il faut aller à l'essentiel. Nombre de formules, toujours identiques, n'apprennent rien sur l'ancêtre recherché.

On doit identifier avant tout les patronymes, les liens de parenté entre le bailleur (oncle) et le preneur (neveu), entre le testateur (grand-tante) et l'héritière (petite-fille de sa sœur)…

Il ne faut pas hésiter à noter tous les chiffres : les dates, les montants des dots, des ventes, des loyers. Le but est de savoir rapidement dans quel monde évoluait la famille à laquelle on s'intéresse : la dot est-elle de 20 livres ou d'un million de livres ? la terre est-elle achetée 50 livres ou 50 000 livres, soit la valeur d'un château avec domaine ? Par exemple, si votre ancêtre dispose de 100 livres d'avoir, il n'a pu épouser une duchesse : la précision « Ducchetta » inscrite sur le contrat de mariage est donc le prénom de l'aïeule, comme « Marquise » ou « Comtessa »…

Principal écueil, les anachronismes

Tout généalogiste a intérêt d'acquérir une assez bonne connaissance de l'époque considérée, et ce afin d'éviter contresens et anachronismes.

Par exemple, comme nous l'avons vu, les « brassiers » sont sous l'Ancien Régime des ouvriers agricoles qui travaillaient avec leurs bras, et ils n'ont aucun rapport avec la bière (brasseur) ; le « ménager » est un petit paysan assez aisé qui n'a rien de commun avec la « ménagère », la femme au foyer du XIXe siècle. Le « scel » est un sceau, et le « garde-scel », qui garde les sceaux de telle ou telle châtel-

Pour s'initier à la paléographie

Prendre des cours de paléographie peut rendre de grands services, même à ceux qui ont l'habitude des textes anciens. Pour connaître les possibilités offertes, il faudra se renseigner auprès des Archives départementales de votre région. Ce sont d'ailleurs souvent les archivistes eux-mêmes qui assurent l'enseignement. Vous pouvez également vous adresser aux associations généalogiques de votre département.

À Paris, la Société des amis des Archives de France organise chaque année des cours de recherche historique et de paléographie, mais le nombre de places est limité. Des renseignements précis sur les dates et le coût de ces cours peuvent être obtenus à la boutique des Archives nationales (60, rue des Francs-Bourgeois, 75003 Paris).

Sur Internet, l'École nationale des chartes propose des exercices très visuels, puisqu'il suffit de déplacer le pointeur de souris sur un groupe de mots d'une ligne de texte ancien pour que s'affiche la transcription de cette ligne en sous-titre (www.enc.sorbonne.fr)

De nombreux autres sites proposent également des pages de cours avec des exercices corrigés, tout cela gratuitement.

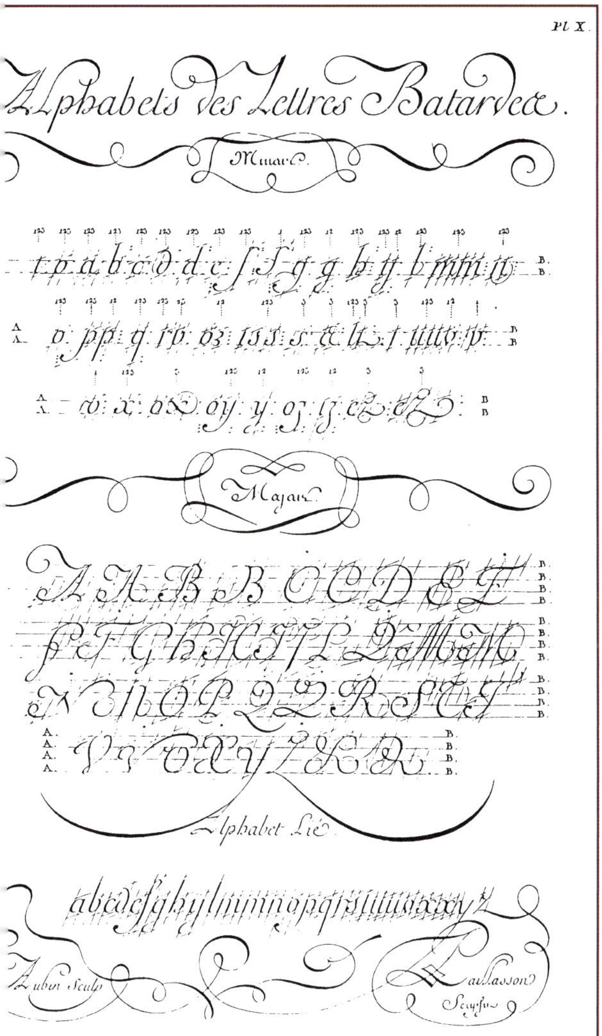

Planche extraite de l'Encyclopédie *(...), 1755.*

Sur cette planche, extraite là encore de l'« Encyclopédie » de Diderot, on voit comment former correctement les lettres bâtardes.

lenie, n'a rien à voir avec tel ou tel officier du « grenier à sel ». Un « officier » n'est pas un militaire : il est le titulaire d'un « office ».

La première mise en garde à faire au généalogiste n'est donc point d'ordre paléographique, mais historique. La lecture des documents vient progressivement, toute seule. En revanche, les connaissances historiques requises nécessitent un apprentissage plus long.

Quelques formules à connaître

Adveu : aveu.

Allien : différent, autre, étranger

Amé : aimé (nostre amé et féal : notre aimé et fidèle)

Appert (il) : il apparaît

Bailler : donner

Celle : cette

Delay : délai

Dou : dû (pluriel deuz)

Droitz : droits

Encan : enchères

Entretènement : entretien

Escuier : écuyer

Estre : être (il estoit : il était)

Faiz : faits

Féal : fidèle (pluriel féaux), loyal

Fors : excepté, hormis

Foy (le) : la foi (et hommage)

Gager : taxer, imposer

Gré : degré

Icelui, icelle, iceux : celui-ci, celle-ci, ceux-ci

Mander : commander, ordonner

Ne : ni

Nostre : notre

Obvier : remédier

Partant : c'est pourquoi

Plaine : pleine

Pour raison : en raison

Pourveu : pourvu

Prins : pris

Quitter : acquitter

Receu : reçu

Relaissé : abandonné, veuf

Savoir vous faisons : nous vous faisons savoir

Tantost : tantôt, tout de suite

Vings : vingt

Des mots

ABANDON D'ENFANT ◆ *Fait de délaisser un enfant.* Hôtels-Dieu et hospices avaient jadis dans leur mur un portillon à bascule : depuis la rue, la mère y déposait son enfant. Souvent l'enfant abandonné recevait le prénom du saint du jour et le nom de la ville dans lequel on le trouvait. Remonter la généalogie d'un enfant trouvé est quasi impossible.

ADULTÈRE ◆ *Fait de tromper son conjoint.* L'adultère fut longtemps poursuivi sur plainte de l'époux trompé. L'adultère de la femme était puni de prison car sa légèreté menaçait la filiation. L'amant risquait, outre la prison, une amende. Le mari pouvait interrompre les poursuites en reprenant sa femme. Le mari adultère ne pouvait être poursuivi que s'il entretenait une concubine au domicile conjugal. Il n'encourait qu'une amende. Le flagrant délit pouvait être constaté par huissier. Tout mari qui surprenait sa femme en flagrant délit au domicile conjugal pouvait tuer les coupables et bénéficier de l'excuse de provocation.

ADULTÉRIN ◆ *Se dit d'un enfant né d'une union extraconjugale.* Si le père et la mère sont mariés chacun de leur côté, l'enfant est « doublement adultérin ». Lorsqu'une femme mariée accouche, son enfant est réputé légitime : donc la plupart des naissances adultérines échappent à la connaissance du généalogiste, un acte de naissance ne pouvant attribuer l'enfant d'une femme mariée à un amant. Un jugement en désaveu de paternité est alors nécessaire. L'enfant adultérin est un « bâtard ». Il peut devenir un enfant « abandonné », « trouvé », « adopté » ou « légitimé ».

AFFINITÉ ◆ *Parenté par alliance.* C'est le contraire de la consanguinité. Épouser, pour un veuf, une cousine de sa première femme nécessitait sous l'Ancien Régime d'obtenir de l'évêque une dispense d'affinité.

AGNATIQUE ◆ *Qui se rapporte aux agnats,* parents qui, en droit romain, étaient soumis à l'autorité du même *pater familias.* Tous portaient le même patronyme. Une « ligne agnatique » ne mentionne que les porteurs du nom. Établie de père en fils, elle donne une généalogie « patrilinéaire ».

AÏEUL ◆ *Le mot a plusieurs sens.* Sous l'Ancien Régime « mon aïeul » signifie « mon grand-père *du nom* » ; sinon, on écrit « mon aïeul maternel ». Aïeul aujourd'hui veut dire « ancêtre ». Mon

▲ *La police arrête l'amant, alors que la femme infidèle tente de cacher sa honte.*

à connaître

1er aïeul = mon grand-père ; mon bisaïeul = un des 4 arrière-grands-pères ; mon trisaïeul = un des 8 arrière-arrière-grands-pères. Au-delà, on compte en chiffres (en ajoutant 1) : 4e aïeul, 5e aïeul. On emploie peu les termes « quadriaïeul » ou « quintiaïeul ».

AÎNÉ ◆ *Premier enfant d'un couple ou d'une famille.* On trouve parfois l'expression surprenante : « l'aîné des jumeaux » ! Sous l'Ancien Régime, il s'agissait du premier enfant sorti du ventre de sa mère. On pense aujourd'hui que l'aîné serait celui qui naît en seconde position car conçu le premier. L'importance de l'aînesse s'est effacée avec l'abolition des privilèges (4 août 1789).

AÎNESSE (DROIT D') ◆ *Formule introduite par la Révolution pour remplacer l'ancienne expression de « partage noble ».* Sous l'Ancien Régime, les familles du second ordre (la noblesse) devant « partager noblement », l'aîné héritait de l'essentiel des biens de ses père et mère, mais sa part variait en fonction des coutumes provinciales.

ALLIÉ ◆ *Parent par alliance.* Belle-famille, par opposition aux parents consanguins. Les avis de décès s'achèvent souvent par la formule « parents et alliés ».

ALLEU ◆ *Bien qui ne doit aucune redevance à un seigneur.* Sous l'Ancien Régime, l'alleu a la particularité de n'être ni un fief ni une censive. C'est une terre en pleine propriété. Il peut être « roturier » ou « noble », s'il a des terres dans sa mouvance et éventuellement une justice. Louis XIV a essayé de se proclamer seigneur de tout alleu.

ANCILLAIRES (AMOURS) ◆ *Relations sexuelles entre un « patron » et sa bonne* (ancilla).

ANNULATION DE MARIAGE ◆ *Dissolution religieuse d'une union.* Les souverains pouvaient évoquer une parenté à laquelle ils n'avaient point prêté attention. Les autres devaient saisir le tribunal de l'officialité, notamment pour impuissance de l'époux. Séparés, les conjoints pouvaient alors se remarier.

ANOBLI ◆ *Personne à qui le roi confère la noblesse par lettres patentes.* L'anobli l'est avec « ses enfants, nés et à naître en légitime mariage ». Sa postérité est aussi noble que les nobles d'extraction.

ARMOIRIES ◆ (Toujours au pluriel). *Ensemble de l'écu et de ses ornements extérieurs.* Ces marques individuelles, familiales ou collectives étaient réglées par un droit « héraldique » peu strict : l'*Armorial général* de 1696 prouve que deux tiers de ceux qui « blasonnaient » étaient roturiers. Seules les *armoiries timbrées*, surmontées d'un timbre (couronne, heaume), prouveraient la noblesse, mais les usurpations sont légion.

ARMORIAL ◆ *Recueil d'armoiries.* Ces armoriaux contiennent une foule d'armoiries, car le droit héraldique autorise tout Français à prendre des armes. Ils existent depuis le XIIIe siècle. Le plus connu est l'*Armorial général de France* réalisé par d'Hozier en 1696, pour raison fiscale : chaque détenteur d'armes devant payer au roi 20 livres ; il enregistra 116 944 personnes, dont un tiers de nobles. L'opération rapporta au roi 2 439 855 livres.

ARRIÈRE-COUSIN ◆ *Cousin éloigné.*

ARRIÈRE-NEVEU ◆ *Descendant direct.*

ARRIÈRE-PETIT-NEVEU ◆ *Arrière-petit-fils d'un frère ou d'une sœur, d'un beau-frère ou d'une belle-sœur.*

AUTEUR ◆ *Ancêtre.* Le premier ancêtre est le « premier auteur » ou « auteur commun » d'une famille. Les « auteurs de nos jours » sont notre père et notre mère.

BAILLIAGE ◆ *Juridiction d'un bailli.* Cet officier royal recevait en début d'année les registres paroissiaux de l'année échue, rédigés dans sa circonscription, registres passés aux Archives départementales. Il y a lieu de ne pas confondre un bailli (= officier du roi) et un bailli de Malte, dignitaire de l'ordre. Dans le sud du royaume, le bailliage se nommait « sénéchaussée ».

BANS (PUBLICATION DES) ◆ *Opération qui vise à partir de 1579 (ordonnance de Blois) à annoncer au prône de la messe dominicale, pendant trois dimanches consécutifs, le mariage de deux « promis »*, pour éviter une trop proche consanguinité.

BAPTÊME ◆ *Sacrement marquant l'entrée dans la vie chrétienne.* Au cours de cette cérémonie, l'enfant reçoit ses prénoms. Les registres paroissiaux (1539-1792) enregistraient les baptêmes, non les naissances.

BAPTISTÈRE ◆ *Acte de baptême.*

BEAU-FRÈRE ◆ *Mari de la sœur ou frère du conjoint ou mari de la belle-sœur.*

BELLE-SŒUR ◆ *Femme du frère ou sœur du conjoint ou femme du beau-frère.*

BÉNÉFICE ECCLÉSIASTIQUE ◆ *Bien permettant de financer un office ecclésiastique.* Revenu affecté à une charge (vicariale, curiale, canoniale, épiscopale). Il existait des bénéfices abbatiaux, prieuraux. Ces revenus étaient tirés de biens légués à l'Église. À partir du concordat (1516), le roi obtint la nomination aux bénéfices les plus importants du royaume, soit, en 1700 : 16 archevêchés, 111 évêchés, 815 abbayes, 280 prieurés. Les descendants des fondateurs de bénéfices, les seigneurs locaux, évêques, chapitres, abbayes, officiers des parlements avaient leur mot à dire en matière de nomination. Jusqu'à la Contre-Réforme, ces bénéfices pouvaient être détournés de leur finalité, la vie de l'Église, au profit des Grands. Le XVIIe siècle y mit bon ordre.

BENJAMIN ◆ *Dernier enfant d'un couple ou d'une famille.* L'Ancien Régime préférait parler de « puîné ».

BILLET DE PART ◆ *Faire-part.* Mot désuet (XVIIIe s.).

BISAÏEUL ◆ *Père de l'aïeul.* Arrière-grand-père. Chaque individu a huit bisaïeux.

BLASON ◆ *Science des armoiries.* Syn. héraldique.

BOURGEOIS ◆ *Habitant d'un « bourg » ; mais il existe aussi une bourgeoisie rurale.* Chaque ville a ses bourgeois. La bourgeoisie est hétérogène, le négociant ne pouvant être confondu avec le boutiquier. Le droit de bourgeoisie est le droit qu'un individu a de faire partie de la bourgeoisie d'une ville et de jouir des avantages attachés à ce statut. On ne devient pas automatiquement bourgeois d'une localité. Seuls quelques citadins pouvaient le devenir, généralement les plus aisés, mais pas toujours : Strasbourg crée 1 087 nouveaux bourgeois entre 1601 et 1608 ! À Paris, un an et un jour de résidence étaient nécessaires pour devenir « bourgeois » de la capitale. À Lyon et à Marseille, il fallait dix ans de résidence ! À Bordeaux, seule la naissance conférait ce titre. En raison des avantages attachés au titre, plusieurs nobles cherchaient à obtenir le droit de bourgeoisie (à Bordeaux, par exemple). Les bourgeois de Genève forment un véritable patriciat : 90 familles au pouvoir de 1660 à 1775. Il est nécessaire d'étudier scrupuleusement ses ancêtres pour savoir à quel titre ils étaient bourgeois de telle ou telle ville (naissance, fortune).

▲ *Sur cette toile de Philippe de Champaigne (1602-1674), le prévôt des marchands et les échevins de la ville de Paris.*

BRANCHE ◆ *Partie d'une famille.* « Avoir de la branche » = être de bonne extraction.

BULLETIN DE NAISSANCE ◆ *Extrait de naissance.* Il mentionne celui qui est né, son prénom, le jour de sa naissance, les noms et prénoms de ses père et mère.

CADASTRE ◆ *Registre public qui définit la surface et la valeur des biens fonciers en vue de la répartition des impôts.*

CADET ◆ *Enfant né après l'aîné.* Sur huit fils, le premier est l'aîné. Les sept autres sont des « cadets ». Les plus jeunes sont les « puînés » (puis-nés). Dans la noblesse, nombre de cadets étaient destinés à l'état ecclésiastique.

CAPITATION ◆ *Impôt par tête créé par la déclaration royale du 18 janv. 1695.* Cet impôt taxe le rang social. Les nobles y sont soumis.

CAPITOUL ◆ Voir Échevin.

CARTULAIRE ◆ *Ensemble de documents, chartes, contrats, actes de foi et d'hommage, donations, ayant trait à une famille ou à une institution.*

CAVEAU FAMILIAL ◆ *Tombeau de famille.* Tout conjoint peut rejoindre le conjoint prédécédé dans le tombeau de famille. Le corps d'un défunt appartient à son conjoint et non à ses parents. C'est au conjoint de décider du lieu d'inhumation, sauf si le défunt a laissé des dispositions contraires. Un tombeau de famille ne peut être vendu. Ce nom de caveau était souvent remplacé sous l'Ancien Régime par celui de « cave ».

CEJOURD'HUI ◆ Aujourd'hui.

CÉNOTAPHE ◆ *Monument élevé à la mémoire d'un mort et qui ne contient pas son corps.*

CENS ◆ *Redevance payée annuellement par un tenancier à un seigneur.* Le cens n'est pas un loyer car le tenancier est propriétaire de sa tenure, ou censive, qu'il peut vendre, léguer ou hypothéquer. Mais le tenancier n'a que la propriété *utile.* Son seigneur reste le propriétaire *éminent.*

CIMETIÈRE ◆ *Endroit où l'on enterre les morts.* Louis XVI a interdit l'inhumation des défunts à l'intérieur des églises par déclaration royale du 10 mars 1776, dans un souci de salubrité.

CHAMPART ◆ *Impôt en nature payé par le tenancier à son seigneur.* Il varie en fonction de la récolte.

CHARTE ◆ *Document concernant les biens et titres d'une famille ou d'une institution.* Elle prouve ses droits. Le chartrier est un ensemble de chartes.

CLERGÉ ◆ *Ensemble des ecclésiastiques.* Le clergé séculier vit « dans le siècle » *(saecula)* : pape, cardinaux, archevêques, évêques, chanoines, curés, vice-curés, vicaires. Le clergé régulier suit une règle *(regula)* et vit dans un monastère : moines, abbés, religieuses, abbesses. Au XVIIe siècle, la France comptait 100 000 séculiers et 100 000 réguliers.

COGNAT ◆ *Parent par les femmes.* Une généalogie cognatique ne cite que les femmes.

COLLATÉRAL ◆ *Parent d'une autre branche.* L'oncle est le premier collatéral. Ses descendants forment une branche « collatérale ». Tous les cousins sont des collatéraux.

COMMÈRE ◆ *Marraine.* Il lui est interdit d'épouser le compère ou son filleul.

COMMUNION ◆ *Cérémonie religieuse au cours de laquelle le fidèle reçoit l'eucharistie.* Le 4e concile du Latran (1215) impose à chacun de se confesser et de communier dans sa paroisse pour Pâques. Le concile de Trente (1545-1563) a renouvelé ces obligations.

COMPÈRE ◆ *Parrain.* Il lui est interdit d'épouser la commère ou sa filleule.

COMMUNIANTS (LISTE DE) ◆ *Recensement effectué par un prêtre qui note ceux de ses paroissiens qui viennent de recevoir la communion.*

COMPOIX ◆ *Registre de biens détaillant les parcelles, la nature du terrain, le nom de l'exploitant et le montant de l'imposition.* Les compoix ont précédé l'établissement du cadastre et apportent les mêmes renseignements.

CONCUBIN ◆ *Qui vit avec quelqu'un sans être marié.*

CONFIRMÉS (LISTE DE) ◆ *Recensement effectué par un prêtre qui note ceux de ses paroissiens qui viennent de recevoir la confirmation.*

CONJOINT ◆ *Époux, épouse.* Le mari et la femme forment les conjoints du couple.

CONJUGIBUS ◆ *Conjoints.*

CONSANGUIN ◆ *Qui a le même sang, par opposition à un parent « par alliance ».* Pour marier des cousins jusqu'au 4e degré de consanguinité, le droit

Conservation des registres d'état civil et des registres paroissiaux

PÉRIODES	ACCÈS	CONTENU	TABLES
1902-2002 État civil	Non communicable. Extraits et copies aux intéressés et à leurs descendants.	**Naissance** : nom, prénom, filiation. Depuis 1897, date et lieu du mariage et nom du conjoint. Depuis 1922, date et lieu de naissance des parents. Depuis 1945, date et lieu du décès. **Mariage** : dates et lieux de naissance et filiations des époux, témoins, contrats. **Décès** : filiation du défunt, nom de son conjoint. Aujourd'hui, date et lieu de sa naissance. Au XIXe siècle, âge (approximatif) et parfois lieu de naissance. Déclarants.	Tables annuelles et décennales, alphabétiques ou abécédaires
1793-1902 État civil	Librement consultables. Extraits ou copies. Collection de la mairie consultable sur place, sauf si elle a été versée aux Archives départementales. 2e collection consultable aux Archives départementales.		
Avant 1793 Registres paroissiaux	En exemplaire unique jusque vers 1670. Débutent à des dates très variables. Librement consultables. Pas d'extraits ou de copies. Collection paroissiale consultable en mairie ou aux Archives départementales. 2e collection aux Archives départementales.	**Baptême** : nom, prénom, filiation, identités et liens (parfois) des parrains et marraines. **Mariage** : filiations des mariés, témoins, paroisse d'appartenance ou d'origine, parfois âges et autres précisions. **Décès** : âge approximatif, nom du conjoint, témoins.	Pas de table

Attention aux cas particuliers comme l'Alsace, la Corse, la Savoie, Nice ou Paris.

canon exigeait des dispenses de consanguinité. Aujourd'hui, on utilise cet adjectif pour qualifier des parents par le père : un frère consanguin est un demi-frère par le père ; un frère utérin est un demi-frère par la mère.

CONSCRIPTION ◆ *Inscription annuelle sur les rôles militaires de tous les jeunes hommes ayant atteint l'âge d'effectuer leur service national.*

CONSERVATION DES REGISTRES ◆ Voir tableau page 168.

CONTRAT DE MARIAGE ◆ *Acte établi par un notaire entre deux conjoints.*

COTE ◆ *Marque alphabétique et/ou numérique servant à classer des liasses d'archives ou des ouvrages de bibliothèque.*

COUPLE ◆ *Famille nucléaire formée par deux conjoints ou concubins.* Couple n'induit pas mariage.

COUSIN ◆ *Descendants de frères, de sœurs, ou de frères et sœurs.* Les cousins germains sont enfants de frères, de sœurs, de frères et sœurs. Leurs enfants sont « issus de germains » et les enfants de ceux-ci « remués de germains ». Les cousins germains sont cousins au 1er degré. En droit canon, ils sont parents au 2e degré. En droit civil, au 4e.

COUSIN PAR ALLIANCE ◆ *Cousin du conjoint.*

CURATEUR ◆ *Adulte qui est chargé de la gestion des biens d'un mineur.* Il est un des collaborateurs du tuteur.

CURÉ ◆ *Prêtre titulaire d'une paroisse.*

DÉCÈS ◆ *Mort.* Sous l'Ancien Régime, la mort s'accompagnait d'un décorum lourd (prêtre, enfants de chœur, saint viatique, notaire). Aujourd'hui, la mort est préparée longtemps avant le décès (assurances-vie, donations-partages, avancement d'hoirie). 75 % des personnes âgées décèdent dans une institution (hôpital, maison de retraite).

DÉCLARATION DE GROSSESSE ◆ *Obligation faite à une fille mère de déclarer son état en vertu d'un édit de 1586.* Si elle ne procédait pas à cette déclaration, et si son enfant mourait à la naissance, l'infanticide était reconnu contre elle et la peine encourue était la pendaison. La jeune femme se déclare souvent « enceinte des œuvres de ». Ces déclarations ont été faites jusque dans les années 1830 auprès des juges de paix.

DE CUJUS ◆ *Défunt.*

DÉFUNT ◆ *Mort.*

DÉLAI DE COMMUNICATION ◆ *Période avant laquelle un acte n'est point communicable.* Voir tableau page 170.

DEMOURANT ◆ *Demeurant.*

DÉNOMBREMENT ◆ *Recensement.* Richelieu a voulu savoir « quel nombre de personnes » habitait chaque feu de chaque paroisse. Les premiers dénombrements ont été réalisés aux colonies : Saint-Christophe (1627), Martinique et Guadeloupe (1660, 1664), Canada (1666). Soixante-sept dénombrements ont été effectués dans les colonies françaises au XVIIe siècle. À partir de 1687, ils sont établis sur des feuilles modèles mises au point par Vauban, qui a publié en 1686 une *Méthode générale et facile pour faire le dénombrement des peuples* pour « connaître le nombre et la qualité et profession des sujets » du royaume tous les ans. Rue par rue, il « faut mettre le nom et condition des chefs de famille… et… les maisons ; le nombre des hommes mariés, celui des femmes, celui des garçons à marier, celui des filles à marier, celui des petits garçons, celui des petites filles, celui des valets, les servantes ; enfin, le total des familles et celui de chaque espèce ».

DÉPARTEMENT ◆ *Entité administrative créée en 1789.* En France, le département doit avoir en son centre un chef-lieu distant d'une journée de cheval au maximum des limites de ce même département. Les Archives départementales ne sont donc jamais très éloignées des villages d'origine des ancêtres.

Les délais de communication

PIÈCES CONCERNÉES	DÉLAIS
Listes électorales	Immédiatement
Listes nominatives de recensement de la population	30 ans à compter de la date du document
Dossiers de police ou fiscaux contenant des informations relatives à la vie privée	60 ans à compter de la date du document
Recensement contenant des informations personnelles	100 ans à compter de sa date
État civil, notariat, enregistrement	100 ans (sauf dérogation) à compter de la date de l'acte ou du document
Justice	100 ans à compter de la date du jugement ou de la clôture du dossier
Dossiers personnels	120 ans à compter de la date de naissance de l'intéressé
Enfants trouvés	120 ans à compter de la date de naissance de l'intéressé
Dossiers médicaux et documents contenant des informations d'ordre médical (y compris dossiers d'aliénés)	150 ans
Archives privées	Délai éventuellement fixé par le déposant

DÉPÔT D'ARCHIVES ◆ *Lieu où sont rassemblées des archives.* Les Archives départementales et nationales constituent des dépôts. C'est aussi l'action de déposer des archives.

DESCENDANCE ◆ *Ensemble des personnes issues du même individu.*

DEUIL ◆ *Manifestation extérieure d'un décès.* Autrefois, les veuves s'habillaient de noir jusqu'à leur mort avec des coiffes, des fichus noirs, des mantilles de dentelles. Le deuil était codifié : voile noir la première année de la tête aux genoux, puis jusqu'à la ceinture, jusqu'aux épaules, etc. Au bout de six années venaient le gris puis le mauve. La famille passait du grand deuil au deuil puis au demi-deuil, les couleurs s'éclaircissant. Le deuil n'était pas seulement vestimentaire (voile de crêpe). Il apparaissait sur les enveloppes et le papier à lettres bordés de noir, détails utiles aux généalogistes pour situer un décès. Aujourd'hui, le deuil se veut plus « intérieur » (on fait « son deuil ») : faire-part bordés de gris, corbillards discrets... L'aspect ostentatoire de la mort a disparu avec les funérailles du XIXe siècle. Ce décorum avait alors pour objectif de faire comprendre aux vivants que rien ne serait plus comme avant. Aujourd'hui, la mort est devenue si discrète qu'on a dû créer le « soutien psychologique » aux familles endeuillées qui, avant, avaient la possibilité d'extérioriser leur peine.

DÎME ◆ *Partie des récoltes versée au clergé sous l'Ancien Régime.* En principe le 10e, d'où son nom de dîme, mais généralement le 12e, parfois le 24e ou le 36e des récoltes. Comme elle est évoquée dès le début de la Bible (Genèse 14, 20), les canonistes y voyaient une institution divine. Elle représentait la part la plus importante des revenus de l'Église. L'obligation de la payer remonte aux capitulaires de 779 et 805.

DIOCÈSE ◆ *Évêché.* Circonscription administrative sous l'autorité d'un évêque. En 1700, il y avait 110 évêchés en France au lieu de 101 à la fin du XVIe siècle. En 1715 : 128.

DISPENSE DE CONSANGUINITÉ ◆ *Acte par lequel le pape ou l'évêque autorise un curé à marier deux promis malgré une parenté trop proche.*

DISPENSE D'AFFINITÉ ◆ *Dispense nécessaire pour permettre à un conjoint veuf d'épouser un parent ou une parente du conjoint décédé.*

DIVORCE ◆ *Fin judiciaire du mariage.* Introduit par la loi du 20 sept. 1792, il a été supprimé par la Restauration (1816) dans le cadre de l'union du trône et de l'autel et rétabli par la loi du 27 juill. 1884. Ce jugement est mentionné en marge des actes de mariage et de naissance des conjoints. Aujourd'hui, la plupart des divorces ont lieu dans la quatorzième année du mariage. Sous l'Ancien Régime, la durée moyenne des unions était aussi de quatorze ans.

DOUAIRE ◆ *Pension versée à une veuve par les héritiers de son mari.* Cette veuve est dite *douairière.* La duchesse douairière est la veuve du précédent duc. Sa pension lui est versée par son fils aîné (le nouveau duc) dont l'épouse est la duchesse *en titre.* Le montant du douaire a été fixé par le défunt dans son contrat de mariage.

DROIT CANON ◆ *Droit ecclésiastique réglant l'organisation de l'Église catholique.*

DROIT CIVIL ◆ *Branche du droit traitant des personnes et des biens.* Les traités sur les institutions coutumières à partir du XVIIe siècle ont contribué à préparer la codification du droit civil qui aboutit au *Code civil* sous Napoléon.

DROIT COUTUMIER ◆ *Droit fondé sur la coutume, droit non écrit d'origine immémoriale.* À partir de l'ordonnance de 1453, ces coutumes furent rédigées sous l'autorité royale et le droit coutumier devint donc un droit écrit invoqué en justice. La France comptait une soixantaine de coutumes provinciales et plusieurs centaines de coutumes locales. La coutume de Paris, rédigée en 1510, fut réformée en 1580 sous le nom de *Nouvelle Coutume* de Paris.

DYNASTIE ◆ *Famille.* « Grande » famille.

ÉCHEVIN ◆ *Magistrat municipal.* Maire, consul. À la tête des corps de ville, ils étaient *capitouls* à Toulouse et *jurats* à Bordeaux. Le premier échevin = le maire. Les deuxième et troisième échevins = les actuels adjoints. Souvent élus, ils ont parfois été nommés par le roi. Dans treize villes, cette fonction anoblissante a donné naissance à la noblesse de cloche : à Angers, Angoulême, Bourges, Cognac, Issoudun, La Rochelle, Lyon, Niort, Paris, Poitiers, Saint-Jean-d'Angély, Toulouse, Tours.

ÉDIT ◆ *Acte législatif édicté par le roi.* Comme les ordonnances, ils sont en forme de grandes lettres patentes.

ENDOGAMIE ◆ *Pratique qui consiste à se marier au sein du même groupe.*

ENFANT LÉGITIME ET NATUREL ◆ *Enfant légitime.* Expression employée dans les registres paroissiaux.

ENREGISTREMENT ◆ *Inscription sur un registre public des actes notariés.*

ÉTAT CIVIL ◆ *Mode de constatation des principaux faits relatifs à l'état des personnes (naissance, mariage, filiation, divorce, décès…).* Mais également service public chargé de dresser les actes constatant ces faits.

ÉTAT DES ÂMES ◆ *Recensement de population effectué par un prêtre.*

ÉVÊQUE ◆ *Ecclésiastique catholique, chef d'un diocèse.* Dignitaire le plus élevé de la prêtrise chrétienne. Ce prélat qui porte l'anneau épiscopal, la mitre et la crosse, délivrait les dispenses de consanguinité pour les 3e et 4e degrés.

EXOGAMIE ◆ *Pratique qui consiste à trouver son conjoint dans un milieu autre que le sien.*

EXTRACTION ◆ *Origine.* Avoir une extraction, c'est « avoir de la naissance », par opposition à quelqu'un qui n'est pas « né », c'est-à-dire de « basse extraction ». On distingue l'extraction chevaleresque, qui remonte aux croisades, de la simple « extraction » (noblesse connue depuis le XVe s.).

EXTRAIT ◆ *Résumé d'un acte.*

FABRIQUE ◆ *Ensemble des biens de la paroisse et assemblée des laïques chargée de les gérer.* Ces derniers forment le « conseil de fabrique ». Les fabriques ont été dissoutes par l'Assemblée constituante. La Révolution a vendu leurs biens.

FAMILLE ◆ *Ensemble de parents.* La « famille nucléaire » est issue du même noyau parental : père, mère, enfants. La « famille élargie » englobe les cousins. Pour les familles royales, on parle de dynasties.

FEMME ◆ *Épouse, conjointe.*

FEU ◆ (substantif) *Foyer.* Sous l'Ancien Régime, « feu » désignait l'ensemble des personnes vivant sous le même toit « à pot et feu commun ». Les recensements se faisaient par feux, et non par personnes. Cette pratique demeure dans la définition du foyer fiscal.

FEU ◆ (adjectif) *Défunt.* « Fils de feu » signifie que le père ou la mère (feue) sont prédécédés. « Fils des feus » = parents prédécédés.

FILIATION ◆ *Lien de parenté unissant ascendants et descendants.* Une filiation peut être agnatique ou cognatique.

FILLEUL ◆ *Personne portée sur les fonts baptismaux par son parrain et sa marraine.*

FONDS ◆ *Ensemble de documents d'archives conservés dans un dépôt ou de livres conservés dans une bibliothèque.* Mais un fonds d'archives peut également contenir des disquettes, des microfilms, des bandes magnétiques, des films, ou des bandes sonores.

FONTS BAPTISMAUX ◆ *Cuve contenant l'eau pour célébrer un baptême.*

GÉNÉRALITÉ ◆ *Circonscription administrative subdivisée en élections, bailliages et sénéchaussées, prévôtés et paroisses.* De 4 au XVe siècle, elles passèrent à 16 en 1542, à 18 à la fin du XVIe siècle, à 21 sous Louis XIV, à 33 en 1789. Elles étaient sous l'autorité d'un « intendant de police, justice et finances », nommé par le roi et révocable par lui ; les 21 généralités louis-quatorziennes préfigurent les 22 « Régions » de la France d'aujourd'hui. Une « généralité » est synonyme d'« intendance », sauf en Languedoc où l'intendant a autorité sur les deux généralités de Montpellier et de Toulouse.

GÉNÉRATION ◆ *Ensemble de tous les hommes qui sont du même âge.* Un siècle juxtapose trois générations. On attribue trente années à une génération. Sur un arbre généalogique, un degré correspond à une génération. L'expression « à la quatrième génération » correspond aux arrière-grands-parents. Appartiennent à la même génération toutes les personnes qui se trouvent au même degré de filiation par rapport à un auteur commun, ou au même degré d'ascendance par rapport à un individu.

GENTILHOMME ◆ *Noble très ancien.* Le gentilhomme est fruit du temps. Un vieux proverbe disait : « Le roi peut faire un noble (par lettres d'anoblissement). Il ne peut faire un gentilhomme » (héritier d'une longue succession de générations nobles).

GERMAIN ◆ *Né des mêmes père et mère.* L'expression est tombée en désuétude pour les frères, sœurs, oncles et tantes, sauf dans le langage notarié et dans certaines régions (Corse). L'adjectif qualifie surtout les « cousins germains » ; leurs enfants « issus de germains » ; leurs petits-enfants « remués de germains ». Un frère germain n'est pas un frère « consanguin » ni « utérin » : ces derniers étant des demi-frères. Un oncle germain est frère des parents.

GROSSE ◆ *Copie d'un acte notarié ou d'une décision judiciaire.*

HÉRALDIQUE ◆ *Science des armoiries.* Syn. blason.

HÉRITIER ◆ *Personne qui reçoit une succession.* S'il y a plusieurs héritiers, on parle de « cohéritiers ».

HOMONYMIE ◆ *Fait de porter le même nom.* L'homonymie est le pire ennemi du généalogiste !

ICELLE ◆ *Celle-ci.*

ICELUI ◆ *Celui-ci.*

ILLÉGITIME ◆ *Né hors mariage.*

IMPLEXE DES ANCÊTRES ◆ *Rapport entre le nombre théorique des ancêtres et leur nombre réel.* Chaque

▲ *Peint par Carpaccio au XVe siècle, ce gentilhomme qui porte l'épée a sûrement un beau lignage !*

individu ayant 2 parents, 4 grands-parents, 8 bisaïeux, 16 trisaïeux, chacun devrait avoir 32, 64, 128, 256, 512 et 1 024 ancêtres il y a 300 ans. Ceci ferait descendre chaque individu de 2 048, 4 096, 8 192 ancêtres qui nous conduiraient à 20 000 ancêtres, issus de 40 000, 80 000, 160 000, 320 000, 640 000 individus en l'an de grâce 1400. Le million d'ancêtres serait dépassé dès le début du XVe siècle, ce qui nous conduirait à 2,4 millions, 4,8 millions, 10, 20, 40 millions d'ancêtres du temps de Charlemagne. Or, au XVe siècle, le Portugal ne compte que 800 000 habitants, l'Aragon 2 millions, la Castille 4, comme la Grande-Bretagne. Par conséquent, le nombre réel d'ancêtres est bien plus petit que le nombre théorique en raison de l'extraordinaire consanguinité qui existe au-dessus de chaque individu, en amont de 1800.

INCESTUEUX (ENFANT) ◆ *Enfant né sous l'Ancien Régime de parents qui ne pouvaient se marier sans dispense de consanguinité.*

INNOCENCE (MORT EN ÂGE D') ◆ *Expression utilisée par les prêtres sous l'Ancien Régime, lorsqu'ils procèdent à l'inhumation d'enfants décédés avant d'avoir découvert le péché.* Il s'agit souvent d'enfants morts peu après leur ondoiement.

INSINUATION ◆ *Inscription sur les registres du greffe du bailliage de la teneur essentielle des actes rédigés par les notaires.* Ces actes sont « insinués ». L'ordonnance de Villers-Cotterêts (1539) est à l'origine des insinuations judiciaires qui permettent de retrouver les contrats de mariage et les testaments lorsque les minutes notariales ont disparu.

INTENDANT DE POLICE, JUSTICE ET FINANCES ◆ *Représentant du roi dans une généralité.* L'intendant « est le roi » dans la généralité. Il peut être révoqué par le souverain. Louis XIV a multiplié les intendants, ancêtres de nos actuels préfets de Région.

INVENTAIRE ◆ *Recueil manuscrit ou imprimé qui donne la composition d'un fonds d'archives.* Aux Archives nationales, la « salle des inventaires » est un passage obligé pour se mettre sur la voie des archives à consulter.

INVENTAIRE APRÈS DÉCÈS ◆ *Dénombrement des biens d'un défunt.* Il est réalisé par un notaire, un commissaire-priseur ; sous l'Ancien Régime, par un « jureur-priseur ». Seul ce type d'inventaire permet de connaître le niveau de fortune et le cadre de vie quotidien des ancêtres.

JURAT ◆ Voir Échevin.

LÉGITIME ◆ *Part d'héritage qui revenait sous l'Ancien Régime à chacun des cadets.* L'aîné, « héritier principal » de ses père et mère devait verser à chacun de ses cadets sa « légitime » : somme versée à la mort des parents ou rente viagère.

LETTRES PATENTES ◆ *Décision royale sous forme de lettre ouverte accordant à un sujet plusieurs types de choses :* la noblesse par lettres patentes d'anoblissement, une grâce par lettres de pardon ou lettres de grâce.

LIGNAGE ◆ *Ensemble de parents issus d'une souche commune.* Le « retrait lignager » permettait aux descendants du nom d'un aïeul de récupérer les biens de leur maison passés par voie successorale chez de lointains cousins du nom.

LIGNE ◆ *Suite des descendants d'une même famille.* Le premier aïeul est l'auteur commun de la ligne. De lui à tous ses descendants, on parle de « ligne directe ». La ligne agnatique mentionne seulement les hommes. La ligne cognatique : les femmes. Une ligne brisée est une ligne bâtarde. Une ligne ascendante remonte à l'aïeul.

LIGNÉE ◆ *Terme plus aristocratique que « ligne ».* Dans « lignée », il y a « lignage » : appartenance à la même « maison », maison étant plus aristocratique que « famille ».

LIVRE DE RAISON ◆ *Journal de famille manuscrit.* Tous les événements marquants d'une même famille y étaient mentionnés de génération en génération par le père de famille.

▲ *Sur cette estampe du XIXe siècle, une jeune mariée richement parée.*

LIVRET DE FAMILLE ◆ *Document relié de quelques pages remis aux époux à l'issue du mariage.*

LIVRET MILITAIRE ◆ *Document relié de quelques pages remis à l'intéressé à la fin de son service national.* Il reproduit les indications contenues au livret matricule détenu par les autorités militaires.

MAIN GAUCHE (PARENT DE LA) ◆ *Parent en ligne naturelle*, issu d'un bâtard.

MAJORITÉ ◆ *Âge auquel un enfant échappe à la tutelle de ses parents.* Filles et garçons étaient majeurs en France sous l'Ancien Régime à 25 ans. Toute fille mariée était considérée comme majeure quel que soit son âge. En droit canon, l'âge minimal pour le mariage était de 12 ans pour les filles et de 14 pour les garçons. Le 20 sept. 1792, l'Assemblée fixa la majorité à 21 ans pour les filles et les garçons, ce que confirma le Code civil (1804). La loi du 5 juill. 1974 a abaissé l'âge de la majorité à 18 ans pour les deux sexes. Il y a lieu de ne pas confondre la majorité « civile » (ci-dessus) et la majorité « matrimoniale » qui permet à deux personnes de sexe différent de se marier sans le consentement des parents : en 1804, un garçon majeur de 21 ans restait matrimonialement mineur jusqu'à 25 ans. Seule la fille était majeure à 21 ans civilement et matrimonialement. Au-delà de 25 et 21 ans, garçon et fille pouvaient se marier à leur guise : si les parents s'opposaient à leurs noces, les futurs pouvaient les contraindre par « sommations respectueuses » (articles 161 et 154 du Code civil) ; celles-ci étaient notifiées aux parents par deux notaires ou un notaire assisté de deux témoins. Ces sommations devaient se répéter trois fois si les mariés avaient moins de 30 et 25 ans. Au-delà de 30 ans pour les hommes, de 25 ans pour les filles, une sommation suffisait (articles 152 et 153 du Code civil). À partir de 1896, un notaire seul devint suffisant. À partir de la loi du 21 juin 1907, majorités civile et matrimoniale devinrent identiques, ce qu'a confirmé la loi du 5 juill. 1974. De 1907 à 1933, les sommations respectueuses ont été remplacées par de simples notifications de mariage expédiées aux parents. Elles ont été supprimées par la loi du 2 févr. 1933. Ces actes notariés peuvent aider un généalogiste à remonter sa filiation.

MARGUILLIER ◆ *Responsable de la fabrique.* Il administre les biens de l'église paroissiale. Il tire son nom du latin *matricularis,* homme chargé de la *matricula,* liste des assistés de la paroisse grâce aux revenus des biens de la fabrique. Le marguillier était choisi parmi les notables.

MARI ◆ *Époux, conjoint.*

MARIAGE ◆ *Union contractée entre deux personnes de sexe opposé.* Un mariage secret (célébré publiquement mais dissimulé ensuite au public) n'est pas un mariage clandestin (célébré sans public). On parle de mariage inexistant lorsqu'il manque au mariage un élément essentiel. De mariage in extremis, lorsqu'il est célébré à l'approche de la mort qui dispense de l'examen prénuptial. De mariage posthume, lorsqu'il est célébré après la mort d'un des époux, généralement entre un défunt et une femme enceinte (ce cas déroge à la règle du consentement mutuel). De mariage nul, lorsqu'il est célébré alors que l'une des conditions de sa validité n'est pas remplie (époux non pubères, consentement arraché de force ; en droit, les vœux monastiques et l'engagement dans les ordres ne constituent pas un empêchement au mariage civil). De mariage putatif, lorsqu'il est entaché de nullité mais qu'un des époux l'a cru valable alors que l'autre était déjà marié. De mariage blanc, lorsque les conjoints ont décidé de ne point avoir de rapports sexuels : mariage souvent célébré pour donner à l'un des conjoints la nationalité souhaitée. Un mariage peut être célébré par procuration, en l'absence de l'un des époux. Pour valider ce type de mariage, le mari par procuration devait mettre publiquement son pied nu dans le lit de son épouse par procuration. Cela symbolisait la consommation du mariage. D'où des veuves vierges…

MATRONYME ◆ *Nom de famille transmis par la mère.*

MENTION MARGINALE ◆ *Inscription faite en marge d'un acte d'état civil et indiquant le contenu d'un autre acte.* Voir tableau ci-joint.

MÉSALLIANCE ◆ *Mariage célébré avec une personne considérée comme inférieure par la naissance ou le milieu auquel elle appartient.* Sous l'Ancien Régime, le prince n'épousait jamais la bergère, pas même dans Marivaux. Voltaire le premier osa mettre en scène une mésalliance réussie : dans *Nanine*, en 1749. Auparavant, les tirades de Molière au sujet de la « puissance paternelle » montrent combien les héritiers du concile de Trente ont tout mis en œuvre pour que les mariages soient « sortables », « assortis » (naissance, fortune).

MINUTE ◆ *Original d'un acte notarié.*

MORTUAIRE ◆ *Acte de sépulture.*

NAISSANCE ◆ *Acte biologique.* La naissance détermine pour chaque individu son sexe, sa situation (aîné, cadet), sa nationalité. Si son intérêt l'exige, l'enfant simplement conçu est considéré comme déjà né ; mais la capacité définitive de l'enfant est bien sûr subordonnée à sa naissance, avec vie et viabilité, notamment en ce qui concerne la donation ou le testament. Encore qu'il soit autorisé à un père de léguer à un enfant posthume, et qu'il soit permis à un enfant posthume d'hériter en qualité d'ayant droit.

NAISSANCE (AVOIR DE LA) ◆ *Avoir de la branche,* une noble « extraction ». Sous l'Ancien Régime, on faisait la distinction entre une personne « née » et une autre. Une demoiselle « née » appartient à un haut lignage par opposition à une demoiselle « sans naissance », c'est-à-dire de médiocre extraction.

NEVEU ◆ *Enfant d'un frère ou d'une sœur, d'un beau-frère ou d'une belle-sœur.* Au XVIIe siècle, l'expression « arrière-neveux » signifiait « descendants ».

NOBILIAIRE ◆ *Ouvrage recensant les familles nobles.*

NUBILITÉ ◆ *Âge auquel il est permis de contracter un mariage.* Le 20 sept. 1792, l'Assemblée fixa cet

Les principales mentions marginales

EN MARGE DE	MENTIONS CONCERNANT
tous les actes	changements ou francisations de noms rectifications d'état civil
des actes de naissance	adoptions décès divorces légitimations mariages reconnaissance d'un enfant naturel
des actes de mariage	divorces et séparations de corps

▲ *Lors de ces funérailles grandioses du XIXe siècle, le catafalque est tiré par de nombreux chevaux.*

âge à 13 ans pour les filles et à 15 pour les garçons. Depuis le Code civil (1804), il est de 15 ans pour les filles et de 18 ans pour les garçons. Sous l'Ancien Régime, des enfants pouvaient être fiancés au berceau.

OBSÈQUES ◆ *Enterrement, cérémonie qui précède l'inhumation.* Autrefois les obsèques étaient accompagnées d'une pompe funèbre grandiose : corbillard tiré par des chevaux, monticules de fleurs fixées au catafalque…

OFFICE ◆ *Charge.* Tout titulaire d'un office était qualifié sous l'Ancien Régime d'officier. Ce terme ne désignait pas uniquement des militaires. Sous François Ier, ces titulaires d'offices administratifs ou judiciaires étaient 4 500. Louis XIV en eut 45 000. Ce sont les ancêtres des 4 500 000 fonctionnaires contemporains. Ils n'étaient que 500 000 en 1914.

OFFICIAL ◆ *Juge ecclésiastique.* Il rendait la justice au nom de l'évêque.

OFFICIALITÉ (TRIBUNAL DE L') ◆ *Tribunal ecclésiastique.* Il était saisi pour les oppositions à mariage, les demandes de dispense pour affinité ou consanguinité, les demandes de dispense de bans lorsque la future « fêtait Pâques avant Noël » (c'est-à-dire lorsqu'elle était enceinte avant le mariage). Les demandes en annulation de mariage pour non consommation liée à l'impuissance du mari étaient aussi du ressort du tribunal de l'officialité baptisé « tribunal de l'impuissance ».

OFFICIER DE L'ÉTAT CIVIL ◆ *Maire.* Un de ses adjoints peut remplir ses fonctions. L'officier de l'état civil enregistre et signe les actes après avoir constaté la réalité de ceux-ci.

ONCLE D'AMÉRIQUE ◆ *Parent riche dont on espère hériter.*

ONCLE OU TANTE « À LA MODE DE BRETAGNE » ◆ *Cousin germain du père ou de la mère.* L'usage veut que l'on continue à appeler « oncle » ou « tante » tout parent proche appartenant à la génération des parents.

ONDOIEMENT ◆ *Sorte de baptême conféré sans les cérémonies accessoires à un enfant « né en péril de mort ».* L'enfant étant sur le point de mourir, il est ondoyé par la sage-femme afin de ne pas aller errer éternellement dans les limbes où allaient les âmes des petits enfants morts sans baptême. Généralement, ces enfants se retrouvent dans les actes de sépulture peu après leur ondoiement. Le prêtre les dit « morts en âge d'innocence ». L'inscription des actes d'ondoiement sur les registres paroissiaux est rare, mais la date et le lieu de cet ondoiement sont presque toujours rappelés dans l'acte de baptême de l'enfant ou dans son acte de sépulture.

ONOMASTIQUE ◆ *Science qui étudie les noms propres et spécialement les noms de personnes.*

ORDONNANCE ◆ *Acte royal s'appliquant à l'ensemble du royaume.*

PALÉOGRAPHIE ◆ *Étude des écritures anciennes.*

PAPE ◆ *Chef de l'Église catholique romaine.* Il apparaît souvent dans les dispenses de consanguinité au 1er et au 2e degré, et lorsque les futurs conjoints appartiennent aux élites.

PAPIER TIMBRÉ ◆ *Papier marqué d'une empreinte et d'un timbre à l'encre grasse.* Vendu par l'État, il doit être obligatoirement utilisé pour la rédaction de certains actes.

PARENT ◆ *Père et mère d'un individu mais aussi toute personne appartenant à sa famille.* On fait la distinction entre les parents « proches » (frère, sœur, cousin germain) et les parents « éloignés ». L'ensemble constitue « la parenté ». Tous forment la « parentèle ».

PARENT (PETIT) ◆ *Cousin éloigné.*

PARENTÉ ◆ *Cousinage, ensemble des parents.* Avoir une parenté avec quelqu'un signifie être son parent par le sang. Une famille réunie forme « la parenté ».

PARENTÈLE ◆ *Ensemble des parents vivants d'un individu à un moment donné.*

PAROISSE ◆ *Circonscription religieuse sous l'autorité d'un curé.* À la campagne, le village se confond avec la paroisse. Une seigneurie peut comprendre des dizaines de paroisses. Une paroisse peut s'étendre sur plusieurs seigneuries. En ville, la paroisse est l'équivalent d'un quartier. Ses habitants sont les paroissiens.

PARTICULE ◆ *Contrairement à une idée reçue, la particule n'est pas signe de noblesse.* En général, le « de » introduit un nom de terre après le patronyme. Dans le langage courant des XVIIe-XVIIIe siècles, les contemporains s'appelaient de leurs noms de terres et ne mentionnaient pratiquement jamais leurs noms patronymiques, d'où cette illusion de particule nobiliaire.

PATRILINÉAIRE ◆ *Ligne que l'on suit de père en fils.* C'est le contraire de matrilinéaire. Une filiation patrilinéaire fait abstraction des femmes. Une transmission d'héritage peut être patrilinéaire, telle la monarchie en France.

PATRONYME ◆ *Nom de famille.*

PÈRE ◆ *Individu qui en engendre un autre.* « Nos pères » = « nos ancêtres ».

PRÉDÉCÉDÉ ◆ *Mort avant.*

PRÉMOURANT ◆ *Celui ou celle qui mourra le premier.* Dans un contrat de mariage, on parle de « prémourant » car on ignore lequel des conjoints sera prédécédé.

PRÉNOM ◆ *Ce qui est avant le nom (prae nomen).*

PRESBITER ◆ *Prêtre.* En abrégé « pbre ».

PRÊTRE ◆ *Curé.* Il célèbre les baptêmes, mariages et enterrements. Il signe les actes de catholicité dès les prescriptions de l'ordonnance de Villers-Cotterêts (1539).

PUÎNÉ ◆ *Né après le cadet : « et puis né ».*

QUARTIER ◆ *Notion qui passe à tort pour « nobiliaire »* car on songe à l'une des quatre parties de l'écu écartelé. Quartier vient de « quart », de « quatre ». Chaque individu est le produit de quatre familles : les grands-parents paternels et maternels qui forment les « quatre quartiers ». Les huit arrière-grands-parents constituent les « huit quartiers » et leurs parents, les « seize quartiers ». Au-delà des 32 et 64 quartiers, il est rare de connaître les 128, les 256, les 512 et surtout les 1 024 quartiers. Avoir 56 « quartiers de noblesse » signifie qu'à la génération des 64 ancêtres, 56 étaient nobles.

QUENOUILLE (FAMILLE QUI TOMBE EN) ◆ *Famille qui n'est plus représentée que par des femmes.*

RAMEAU ◆ *Petite partie d'une branche.* Un arbre généalogique se divise en branches maîtresses : aînée, cadette, puînée. Chacune divisée en rameaux.

RECENSEMENT ◆ *Liste de gens* : recensement de population, dénombrement, états des âmes, listes électorales, listes de communiants, de confirmés, de conscrits, de « feux », de non-imposés, etc.

RECHERCHE D'HÉRITIERS ◆ *Opération qui vise à connaître les héritiers d'un défunt.* À la suite d'un décès, un notaire confie à un cabinet de généalogie le soin de retrouver les héritiers par le sang du *de cujus*, jusqu'au 6e degré successible. Le généalogiste chargé de l'enquête la conduit en recherchant les parents du défunt les plus proches dans les deux lignes, paternelle et maternelle. Chacune des lignes se partage la succession par moitié.

REGISTRES PAROISSIAUX ◆ *Registres créés en France par François Ier, par l'ordonnance de*

Villers-Cotterêts et tenus par les curés de 1539 à 1792. Ces registres de catholicité (baptêmes, mariages, sépultures) ont été de plus en plus précis grâce aux ordonnances d'Henri III (ordonnance de Blois : 1579), de Louis XIV (ordonnance de Saint-Germain-en-Laye : avril 1667) et de Louis XV (1736). Découvrir ses ancêtres jusqu'en 1539 est néanmoins difficile. L'ordonnance promulguée, encore fallait-il que les curés soient en état d'acheter pareils registres vierges en l'absence de libraires. Ensuite, il fallait que ces curés soient suffisamment alphabétisés pour tenir les registres. Enfin, il fallait que les curés aient envie d'obéir à une ordonnance n'émanant pas de Rome. Seuls 22 départements actuels ont des registres commençant entre 1539 et 1563. En outre, nombre de nos ancêtres n'ont jamais eu François Ier pour roi : Calais est française depuis 1558, Dunkerque depuis 1662, l'Alsace depuis la paix de Westphalie (1648), le Roussillon et l'Artois depuis la paix des Pyrénées (1659), la Lorraine depuis 1766, la Corse depuis 1768/1789, Nice et la Savoie depuis Napoléon III. Les archives concernant ces ancêtres procèdent d'autres suzerainetés : archives germaniques écrites en gothique y compris de 1870 à 1918, fonds Corsica des Archives de Gênes, archives d'État de Turin. Même les Bretons ne sont français que depuis 1532, et les Provençaux depuis 1481.

ROTURIER ◆ *Qui n'est pas noble.* Personne du tiers état. Le roturier paie la taille.

SACREMENT ◆ *Cérémonie sacrée :* baptême, mariage, extrême-onction, sacrement de pénitence. Dans les actes de sépulture, le curé indique quels sacrements a reçus le défunt. En l'absence de ceux-ci, il mentionne parfois « l'incurie de la famille ».

SCEAU ◆ *Cachet ou empreinte due à un cachet.*

SECOND ORDRE ◆ *La noblesse.* Sous l'Ancien Régime, ordre situé entre le clergé (premier ordre) et le tiers état (troisième ordre).

SÉNÉCHAUSSÉE ◆ *Bailliage.* Le sénéchal dans le sud du royaume était l'équivalent du bailli dans le nord.

SÉPULTURE ◆ *Inhumation.* Un individu peut être enterré au cimetière, dans une église paroissiale ou conventuelle, dans une chapelle privée, jusqu'en 1776. Avant 1792, les registres de décès étaient appelés « registres de sépultures ».

SOBRIQUET ◆ *Surnom devenu parfois le patronyme familial.*

SUCCESSION ◆ *Ensemble des biens d'un défunt.*

SUCCESSION ACCEPTÉE SOUS BÉNÉFICE D'INVENTAIRE ◆ *Succession que l'on n'accepte que si l'actif du défunt est supérieur au passif.* Sinon l'héritier hérite des dettes du mort.

SUCCESSION EN DÉSHÉRENCE ◆ *Succession sans héritiers.* L'État hérite alors des biens du défunt.

SURNOM ◆ *Nom donné dans le village à un individu pour le distinguer de ses homonymes.* De génération en génération, le surnom se transmettait, y compris dans les actes d'état civil et dans les actes notariés.

TABLES DÉCENNALES ◆ *Tables qui mentionnent les nés, les mariés, les morts, sur une période de dix ans.* Elles ont été établies par décret du 20 sept. 1792 : « Dans les quinze premiers jours du mois de janvier de chaque année, il sera fait, à la fin de chaque registre (naissance, mariage, décès), une table par ordre alphabétique des actes qui y seront contenus. » À ces tables annuelles, la même loi ajouta des tables décennales, rédigées par les mairies sur un registre séparé, tenu en double, timbré, coté et paraphé. Si certaines mairies ont effectivement des tables, beaucoup ne les rédigèrent point. Le 20 juill. 1807, l'État exigea qu'elles soient rédigées par les greffiers des tribunaux de première instance en trois exemplaires (mairie, greffe du tribunal, préfecture). Le décret du 1er mars 1910 supprima le troisième. Bien réalisées, elles permettent de retrouver rapidement le décès d'un ancêtre. Pour les femmes, si la loi exige dès 1792 de les enregistrer sous leur nom de jeune fille, il est évident que les maires les connaissaient surtout sous leur nom de femme mariée. Depuis 1951, les tables décennales doivent être rédigées en mairie.

▲ *Une vieille femme en deuil, le fichu noir sur la tête et la pèlerine sur le dos, protège de la main le cher disparu.*

TAILLE ◆ *Impôt roturier.* À partir de 1439, elle devint uniquement royale et permanente. La noblesse ne paie pas la taille.

TENURE ◆ *Au Moyen Âge, exploitation agricole concédée par un seigneur à un tenancier, en échange de redevances et de services.*

TESTAMENT ◆ *Acte par lequel un individu lègue ses biens à un ou plusieurs autres.*

TIERS ÉTAT ◆ *Nom donné sous l'Ancien Régime au troisième et dernier état de la société.* Ce troisième ordre représentait 95 % de la population, alors que le clergé et la noblesse représentaient les 5 % restants. Assimiler tiers état et pauvreté est une erreur. Négociants, banquiers, élites urbaines, armateurs, riches artisans composaient les élites du tiers-état et pouvaient être plus riches que la noblesse de province !

TITRE ◆ *Le mot a plusieurs sens qui font tous référence à une possession : avoir un titre de propriété, un titre de noblesse.*

TOLÉRANCE (ÉDIT DE) ◆ *Édit du 19 novembre 1787* enregistré par le parlement de Paris le 19 janv. 1788. Par celui-ci, Louis XVI permit aux protestants d'avoir un état civil spécifique. Malesherbes préparait un texte analogue en faveur des juifs lorsque la Révolution éclata.

TOMBEAU DE FAMILLE ◆ *Caveau familial.* L'expression est souvent mentionnée dans les rubriques nécrologiques.

TRIPLÉS ◆ *Enfants nés par trois.* On en trouve peu dans les registres paroissiaux, mais cela arrive. Les quadruplés, quintuplés, sextuplés n'existaient en revanche pratiquement pas avant le XXe siècle.

TRISAÏEUL ◆ *Grand-père du grand-père ou de la grand-mère.* Père du bisaïeul ou de la bisaïeule. Chaque individu a seize trisaïeux.

TROUVÉ (ENFANT) ◆ *Enfant abandonné.*

TUTEUR ◆ *Adulte qui prend soin d'un mineur.* Chef du conseil de famille, c'est souvent un parent proche : oncle, grand-mère, frère aîné. Les mises en tutelle aboutissaient fréquemment sous l'Ancien Régime à des procès lorsque le mineur devenu majeur réclamait sa part.

USUEL ◆ *Ouvrage de consultation courante.* Il est mis à la disposition des lecteurs dans les dépôts d'archives et les bibliothèques.

VEUFVE ◆ *Veuve.*

VICAIRE ◆ *Prêtre de paroisse qui assiste ou remplace le curé.*

VICAIRE GÉNÉRAL OU GRAND VICAIRE ◆ *Représentant de l'évêque dans l'administration du diocèse.* Il apparaît dans les dispenses de consanguinité qu'il a fait signer à l'évêque puis qu'il a expédié au curé qui doit célébrer les noces.

VICE-CURÉ ◆ *Celui qui remplace le curé et signe souvent les registres paroissiaux.*

VIDUITÉ (VIVRE EN ÉTAT DE) ◆ *Vivre veuve.*

2 La vie des noms

◆ La formation des noms de famille

◆ La vie des noms de famille

et des prénoms

- Les noms les plus portés

- Les prénoms d'hier

- Les prénoms de 1900 à nos jours

La formation des noms

Le nom de famille, indispensable au généalogiste qui veut pister ses ancêtres, semble s'être transmis de génération en génération depuis la nuit des temps. Il n'en est rien. L'histoire des noms et de leur transmission est aussi variée et passionnante que l'histoire des peuples et des familles qui les portent.

▲ *Le nom de famille est le lien qui unit une communauté familiale. Il se transmet de génération en génération et constitue pour le généalogiste un vrai fil conducteur.*

de famille

L'apparition des noms de famille

Les Celtes ne portaient qu'un nom unique. Les Romains en portaient trois, voire quatre. Les Francs, un seul. C'est l'usage qui entraîne, vers le XIIe siècle, l'apparition de surnoms : nos futurs noms de famille.

En France, comme en Suisse romande, la plupart des noms de famille sont apparus entre les IXe et XIIe siècles, avec des nuances selon les régions. La Belgique a adopté le système des noms de famille fixes peu de temps après la France, d'abord en Wallonie, puis en Flandre. Quant au Nouveau Monde, il a conservé les noms de famille des colons, parfois avec des déformations.

Six noms de famille sur dix viennent du nom de baptême de l'ancêtre initial. Certains sont toujours perçus comme des prénoms (Martin, Bernard…), d'autres n'existent plus qu'à travers les patronymes (Jospin, Rocard, Demange…).

Quatre catégories de noms de famille

Les patronymes peuvent se regrouper en quatre grandes catégories :

– les noms qui correspondent à des noms de baptême, noms du chef de famille d'origine (Martin, Bernard...) ;

– les noms qui désignent le lieu d'origine de la famille ou sa localisation (Lenormand, Toulouse... mais aussi Dupont, Rivière...) ;

– les noms qui traduisent le métier du premier porteur du patronyme (Lemarchand, Meunier, Boulanger...) ;

– ceux qui reflètent une particularité physique ou morale de l'ancêtre initial (Petit, Courtois...).

Les noms des Antilles et de Guyane

Dans les actuels départements d'outre-mer, il n'y eut longtemps de nom de famille que pour les populations d'origine européenne. Les esclaves ne portaient que l'équivalent d'un prénom. En 1848, l'abolition de l'esclavage a entraîné une attribution en masse de noms de famille et fait naître dans ces régions un ensemble onomastique original, fort différent de ce que l'on trouve en Europe.

Des noms venus de toutes les langues d'autrefois

Pour un généalogiste, les noms de famille sont des outils précieux : construits dans des dialectes locaux, ils permettent de cerner le berceau géographique de la famille, parfois de réorienter une étude. Les racines, les suffixes et les préfixes constituent ainsi des indices d'appoint pour la recherche généalogique.

L'apparition des noms de famille

De trois noms à l'époque romaine, nous sommes passés progressivement à un système double, composé d'un prénom et d'un nom de famille héréditaire. En Europe de l'Ouest, aucune loi n'en avait décidé ainsi au départ : c'est l'usage qui, peu à peu et à des époques variables, a transformé le surnom utilisé au quotidien en patronyme fixe.

Le baptême de Clovis, vers 498. *Contrairement aux Romains, qui portaient trois noms, les envahisseurs germaniques n'en portent qu'un. Le baptême chrétien va achever de briser le système latin du nom triple : le converti ne porte plus qu'un seul nom, celui du baptême.*

De l'Antiquité au Moyen Âge

Dans l'Antiquité puis à l'époque gallo-romaine, chacun portait trois noms : l'équivalent de notre prénom, suivi du *gentilice* (nom du groupe de famille ou de l'ancêtre mythique auquel on se rattachait) puis du *cognomen* (nom de famille). Un quatrième élément, surnom lié à la personne, à ses hauts faits ou à une caractéristique importante, pouvait parfois s'y ajouter.

Les invasions germaniques et le triomphe du christianisme vont détruire le système latin du nom triple :

- **Les envahisseurs germaniques** – Ils apportent avec eux l'habitude de ne porter qu'un seul nom, souvent guerrier et laudatif.
- **Le christianisme naissant** – Il donne aux nouveaux convertis un nom de baptême unique. Ce nom peut être latin ou germanique, païen ou chrétien, peu importe. Ce qui compte, c'est qu'il soit nouveau, qu'il brise les liens avec le passé. Le baptisé quitte ainsi symboliquement sa famille natu-

Fabius est un Lion

Jusqu'à la Révolution, les familles juives n'avaient pas nécessairement de patronyme fixe. C'est un décret impérial de 1808 qui oblige les israélites à choisir un nom de famille fixe, chacun pouvant alors déclarer un nom différent de celui qu'il portait jusqu'ici. C'est ainsi que l'un des ancêtres de Laurent Fabius, qui s'appelait Joseph Lion (animal symbole de la tribu de Juda), a choisi le 26 septembre 1808 de s'appeler Fabius.

relle (en abandonnant son nom de famille, son ancien prénom et son *gentilice*), pour rejoindre sa nouvelle famille spirituelle.

Ainsi, à partir du IIIe siècle, chacun ne porte plus désormais qu'un seul nom : son nom de baptême. Il faut attendre près de mille ans avant de voir réapparaître le nom de famille.

Les surnoms vont devenir nos noms de famille

La langue germanique, source de création de nouveaux noms par composition ou recomposition des mots et des racines, cesse assez rapidement d'être comprise. Sans création nouvelle et avec la disparition progressive des noms les plus rares, la variété de noms diminue : il y a de plus en plus de personnes qui portent le même nom individuel, donc de plus en plus d'homonymes. À partir du Xe siècle, l'ajout d'un surnom devient la seule façon de distinguer les quatre Marie ou les trois Jean d'un même village. Ce surnom va progressivement se figer pour devenir ce que nous appelons maintenant notre nom de famille.

Le rôle important du premier Empire

Dans le nord de l'Europe, le système patronymique fixe s'était relativement peu diffusé. En Hollande comme en Allemagne, par exemple, les noms étaient rarement héréditaires au XVIIe siècle. Au milieu du XVIIIe siècle, les patronymes fixes s'étaient répandus dans les villes, mais rarement encore dans les villages. C'est Napoléon Ier, en imposant le fonctionnement administratif français dans les pays annexés, qui va les faire basculer peu à peu dans le système patronymique français.

Autre cas d'unification, celui des familles juives, qui ne portaient pas nécessairement de patronyme. Chacun pouvait ne porter que le prénom de son père accolé au sien. Aucune législation n'avait jusqu'alors imposé quoi que ce soit et aucun usage n'avait fait l'unanimité. En 1808, Napoléon demande par décret aux israélites de choisir un nom de famille fixe, qui sera transmis héréditairement aux descendants. Apparaissent alors souvent des noms de personnages de la Bible, des noms évoquant les emblèmes des douze tribus d'Israël ou traduisant des fonctions religieuses, parfois les noms des villes d'établissement des familles.

Comment détermine-t-on l'époque d'apparition des noms de famille ?

Les surnoms deviennent très fréquents au Moyen Âge, permettant à chacun de distinguer les trois Marie ou les quatre Jean d'un même village. Mais à quelle date sont-ils devenus héréditaires ? Une seule catégorie de surnoms permet de le déterminer, région par région : celle qui correspond à des métiers. Lorsqu'on constate en effet qu'un Jean Boulanger est tanneur ou forgeron, la chose est entendue : Boulanger n'est plus un surnom individuel lié à la personne, mais le surnom d'un ancêtre transmis héréditairement, en clair un patronyme.

Un tanneur au Moyen Âge

Les noms hérités d'un prénom

« Il descend d'un enfant trouvé », disait-on autrefois d'une personne qui avait un prénom pour nom de famille. Dans la plupart des cas, il s'agissait d'une idée fausse. Quand les patronymes se sont formés, vers le XIIe siècle, le nom de baptême du chef de famille a très souvent été associé au nom des enfants. Et, actuellement, six personnes sur dix portent comme nom de famille un nom de baptême, parfois totalement disparu.

Le nom de baptême du premier chef de famille

Les trois noms les plus portés en France sont trois prénoms : Martin, Bernard et Thomas. La majeure partie des patronymes est en effet issue du nom de baptême, aujourd'hui le prénom, du chef de famille d'origine. Cette constatation peut être faite non seulement dans les pays francophones mais aussi dans la plupart des pays du monde. Ces noms ont plusieurs origines. On distingue classiquement les noms germaniques (catégorie la plus fréquente), les noms d'origine grecque, les noms latins… mais aussi les noms de langue bretonne ou les noms composés de l'association de plusieurs prénoms.

Les différentes origines linguistiques

Les noms d'origine germanique – Près de 90 % des noms donnés aux nouveau-nés au IXe siècle sont germaniques. Certains de ces noms sont toujours perçus aujourd'hui comme des prénoms (Bernard, Guislain, Guillaume, Thibault, Louis…), d'autres n'existent plus que sous forme de patronymes (Aubert, Gaucher, Rocard, Séguin…).

Le sens perdu des noms germaniques

Comme les noms germaniques avaient pour la plupart un sens évoquant la force, la gloire, le combat…, il est très tentant d'imaginer qu'ils traduisaient les qualités du premier porteur du nom. En fait, la langue franque n'a jamais été adoptée par la majorité des Gallo-Romains. Lorsqu'elle cessa d'être parlée, le sens des noms cessa d'être compris : ils ne furent plus que des noms à la mode, parfois des noms de saints. Lorsqu'ils devinrent des noms de famille, ils n'avaient plus aucun sens depuis des siècles. Pour les contemporains de Philippe Auguste, ils étaient aussi incompréhensibles que pour nous. Quelques exemples des étymologies initiales : Bernard signifiait « ours fort », Rocard, « corneille puissante », et Séguin, « ami de la victoire »…

Les invasions germaniques

Les noms d'origine biblique – Vivre aux XIIe-XIIIe siècles, période de formation des noms de famille, c'était d'abord croire en Dieu. La fréquence des patronymes est souvent liée à la popularité des saints qui les ont illustrés. Les noms bibliques font partie de cet héritage : Thomas (3e nom français par le nombre de porteurs), Jean, Mathieu, Pierre, Abel, Daniel, David, Gabriel, etc.

Les noms d'origine latine ou grecque – On retrouve aussi nos racines culturelles à travers des noms d'origine latine : Antoine, qui vient d'Antonius, Aubin (Albanus), Didier (Desiderius), Fleury (Florac), Paul (du nom du soldat romain converti), Paulin ou Paulhan (Paulus)… ou des noms d'origine grecque : Hippolyte, Baptiste, Christophe, Euphème, Grégoire… passés ainsi dans nos noms de famille.

Les noms d'une autre origine linguistique – Mentionnons essentiellement les anciens noms de baptême bretons devenus eux aussi noms de famille : Artur, Cadoudal, Couallan, Tugdual, etc.

Les noms formés par l'association de plusieurs prénoms – Cela s'est fait assez fréquemment, notamment dans l'est de la France et en Suisse romande, là où les noms se sont figés un peu plus tardivement. Ils peuvent associer des prénoms de différentes origines linguistiques. Le patronyme de ce type le plus connu est Robespierre.

Saint Martin a non seulement donné son manteau, mais il a aussi donné son nom à des milliers de lieux et de familles. Avec près de 300 000 porteurs, Martin est actuellement le nom de famille le plus répandu en France.

La prééminence des noms germaniques

Les noms d'origine germanique se retrouvent un peu partout, même bien loin des rives du Rhin… De la même façon que les Gaulois avaient peu à peu pris des noms romains, les Gallo-Romains ont donné à leurs enfants des noms portés par les chefs francs : bref, un phénomène de mode.

Dans la moitié nord de la France, dans l'actuelle Belgique et en Suisse, un quart des noms de baptême sont germaniques au Ve siècle. Au VIe siècle, la moitié des noms. Au IXe siècle, c'est la quasi-totalité. Succès plus modéré au sud du pays, mais succès cependant, y compris dans la péninsule Ibérique. Au IXe siècle, par exemple, les noms masculins les plus portés étaient : Alain, Arnaud, Baudoin, Bérenger, Bernard, Conrad, Eude, Foulque, Herbert, Hildebert, Honoré, Hugues, Isaac, Loup, Milon, Pépin, Raymon, Raoul, Régnier, Richard, Robert, Rodolphe, Roger, Roland, Willibert… Tous sont germaniques sauf trois : Isaac (biblique) ; Honoré et Loup (latins).

Or, comme ce sont ces noms de baptême qui vont forger la plupart de nos noms de famille, nous portons souvent un patronyme d'origine germanique. Cela ne signifie en aucun cas que nous descendons alors d'un roitelet franc ou d'un soldat venu d'outre-Rhin.

Les noms liés à l'origine géographique

La deuxième grande catégorie de noms de famille est celle qui traduit l'origine géographique de la famille. On distingue les noms de provenance, qui indiquent la région, la ville, le village que la famille a quitté pour s'implanter ailleurs (Lallemand, Lenormand, Lebreton, Picard, Toulouse ...), des noms de voisinage, qui désignent le lieu d'habitation de la famille (Delalande, Dujardin, Dupré, Dupuis, Duval, Rivière...).

Dupont désignait à l'origine celui qui habitait la maison près du pont. Ce patronyme est souvent présenté comme le nom de famille français par excellence. On imagine qu'il est le plus fréquent. En fait, il n'arrive qu'au 22e rang.

Les noms de provenance

Les noms de provenance, appelés aussi topo-patronymes, sont ceux qui dérivent sans équivoque possible d'un nom de lieu, par exemple Debeauvais ou Dechartres, que la particule ait été conservée ou non, qu'elle fasse corps avec le toponyme ou qu'elle en ait été détachée : Beauvais, Debeauvais ou de Beauvais. Se rattachent à cette catégorie les topo-patronymes en forme d'adjectifs, issus pour

Les noms basques : la maison avant la famille

Les Basques portent souvent comme patronyme le nom de la maison d'origine de la famille : Etcheberry, Etcheverry, Etchegaray, Etchegoyen, Etchepare... La racine *-etche*, qui signifie maison, se retrouve ainsi souvent dans les noms de famille, accolée d'un qualificatif (grande, neuve, haute, blanche...), comme les racines *-orube* ou *-jauregui* (le manoir), *-behere* ou *-huri* (le domaine), *-sarobe* (la ferme)... L'importance de la maison était telle ici que le nom du domaine l'emportait en général sur celui des habitants. Lorsqu'un homme entrait comme gendre pour reprendre la ferme de ses beaux-parents, lui-même et ses enfants prenaient alors le nom des beaux-parents, c'est-à-dire celui de la maison. Une tradition qui a perduré jusqu'au XIXe siècle. Le champion de tennis basque Jean Borotra avait ainsi un grand-père qui avait pris le nom de son épouse en changeant d'habitation.

Une localisation parfois difficile

Une difficulté pour le généalogiste comme pour l'historien : beaucoup de topo-patronymes issus d'un nom de village ont de multiples homonymes et ne permettent donc pas de déterminer l'origine géographique précise de la famille. Les Marcilly par exemple, viennent bien d'un village du nom de Marcilly, mais duquel ? Il existe vingt-et-une communes de ce nom. Même problème pour les Magny, les Dutheil, les Duluc, les Devillars... Parfois aussi, les sens peuvent être multiples : les Debray peuvent être originaires de Bray-sur-Seine ou du pays de Bray en Normandie. Mais leur nom peut aussi venir d'une maison située près d'un marécage (*bray* voulait dire boue) ou d'un surnom construit à partir du mot braies (culotte) !

Le village de Marcilly-sur-Vienne, dans l'Indre-et-Loire

la plupart de noms de province (Flandrin, Picard, Normand, Lebreton…) ou de pays étrangers (Lallemand, Langlois, Lombard, Pagnol…).

Attention, les faux-amis sont fréquents dans cette catégorie : Paris ou Romain, par exemple, sont issus de noms de baptême et ne désignent à l'origine ni un Parisien ni un habitant de la ville éternelle. Les Gallois descendent peut-être pour quelques-uns de soldats du pays de Galles, mais pour la plupart, d'ancêtres au tempérament « Galois », c'est-à-dire gai et jovial en ancien français. Rappelons aussi que, lorsque Napoléon a obligé en 1808 les familles juives à prendre un patronyme, elles ont souvent adopté un nom de ville (Lyon, R[h]eims, Caen, Besançon…) sans aucune correspondance avec leur origine géographique.

Des noms au service de l'étude des migrations

Un nom de provenance est précieux pour le généalogiste. Il lui permet de connaître l'origine géographique de sa famille, plusieurs siècles souvent avant que les documents écrits ne lui permettent de suivre ses ancêtres à la trace. Cette catégorie de noms a été étudiée par les démographes et les historiens.

L'historien Jacques Dupâquier a ainsi mené des études de démographie historique, dont celle, par exemple sur les noms Tramecourt ou Tramcourt. Le village d'origine est celui de Tramecourt dans le Pas-de-Calais. Les premières personnes auxquelles on a donné ce nom de famille ne pouvaient pas en être très éloignées, car cette localité est peu connue. Les actuels porteurs du nom sont toujours à plus de 80 % dans le Pas-de-Calais et dans le Nord.

Sur près d'un millénaire, et à quelques exceptions près comme celles des Basques, des Auvergnats et des Alsaciens, la population française a été très sédentaire. Toutefois, des circonstances exceptionnelles, comme la guerre de Cent Ans, ont amené des migrations, à l'origine, par exemple, des nombreux Langlois ou Langlais dans les régions occupées par les Anglais, ou des nombreux Lepoit(t)evin dans la Manche, repeuplée après cette guerre par des migrants du Poitou…

Les noms de voisinage

Les noms de voisinage ont servi à désigner, au sein d'une communauté, une famille précise en fonction de son lieu d'habitation. L'inévitable Dupont en est une illustration, comme les Portal (celui qui habitait une maison avec un beau portail), Fontaine (celui qui habitait à côté de la fontaine du village), les Dujardin, Dupré, Duval, etc. Impossible en revanche pour cette catégorie de noms de déterminer le village ou la ville d'origine de la famille étudiée.

Les noms évoquant un métier

La troisième catégorie de noms de famille est liée au métier d'origine du chef de famille qui est évoqué à travers des outils, des produits ou les métiers eux-mêmes. On y retrouve ainsi de très nombreux métiers agricoles aujourd'hui totalement oubliés. Dans les campagnes, il y avait peu d'artisans ou de commerçants, on ne s'activait qu'aux travaux des champs ou de la ferme. La plupart des autres métiers ont donc été donnés à des citadins.

À la ville…

Comme les métiers, les outils et les techniques de l'époque médiévale sont assez bien connus, on a pu retrouver assez facilement le sens initial de ces nombreux patronymes.

Savez-vous ce qu'était un « travouil » ? C'était le dévidoir à pivot qui permettait de mettre le fil en écheveau. On compte aujourd'hui une centaine de Travouillon en France, descendants des artisans qui manipulaient ces outils. Et un « tison » ? C'était la quille en bois d'un navire, et ce mot, porté aujourd'hui comme nom de famille par 8 000 personnes, aurait désigné l'artisan qui la fabriquait ainsi que le marin. Ou bien encore un « tinel » ? C'était un gros bâton, avec deux chaînes et un crochet à chaque bout, utilisé pour transporter des tonneaux ou des seaux. Le patronyme Tinel évoque ainsi ces portefaix qui parcouraient les rues et portaient les fardeaux. Plus sympathique, le nom Pignolet, porté aujourd'hui par un millier de personnes, évoque les petits gâteaux sucrés ou les nougats fabriqués avec des pignons de pin que réalisaient les premiers porteurs du nom. Qui se souvient aussi des marchands de plumes ? Encore un métier disparu, qui ne survit que dans le patronyme Plumelet, porté par une centaine de personnes en Loire-Atlantique. Le plus cocasse aujourd'hui reste sans doute Requin, qu'on trouve principalement dans le Vaucluse. Rien à voir avec les squales des mers du Sud (le mot désignant l'animal n'apparaît qu'au XVIe siècle). Ce nom de famille vient en fait du mot *requiem* et correspond au surnom donné au chantre d'une église !

À la campagne…

Le blé, la vigne, les cultures les plus diverses… poussent aussi dans nos noms de famille : Froment ou Fromentin (le producteur de blé), Millet (le producteur ou vendeur de la céréale du même nom), Rabreau (le producteur de raves), Puret (l'épureur de grains, le cribleur), Hauton (le vanneur), Plouzenec (le batteur de paille), Scuiller (l'épandeur), Lhuillier (le fabricant d'huile), Kirsh ou Kirszner (le producteur ou marchand de cerises)… Les tisserands, nombreux dans les campagnes d'autrefois, se retrouvent dans les nombreux Texier, Tissier, Teissier, Letellier, Tellier, Cossec… L'élevage est évoqué à travers les patronymes Troger (surnom d'un éleveur de porcs – de *troga*, qui signifiait « truie »), Gélin (l'éleveur de poulets), Berger, Bouvier… Quant aux chasseurs de petit ou gros gibier, on en garde le souvenir avec des noms de famille comme celui de Loiseur

Quel est le comble pour un ministre des Finances ?

…S'appeler « collecteur d'impôts » ! C'est le cas d'Edmond Alphandéry, conseiller général de Maine-et-Loire, vice-président du Centre des démocrates sociaux et ministre de l'Économie et des Finances de 1993 à 1995. Nom israélite venu d'Espagne, le patronyme Alphandéry est en effet issu d'un mot arabe désignant le percepteur.

Lefebvre alias Schmitt alias Kovac… Le forgeron, personnage essentiel des villes et villages d'autrefois, est celui qui a donné naissance au plus grand nombre de noms de famille différents. Mais ce métier est indiqué de façon très différente selon les régions…

(celui qui attrapait les oiseaux à la glu ou au filet). Pour l'anecdote, signalons Couturier : ce nom trompeur a parfois désigné un couturier, mais le plus souvent un laboureur, une « couture » désignant en ancien français une pièce de terre.

… Et les noms des itinérants

Pape, porté aujourd'hui par près de 1 500 personnes, ne désigne bien sûr pas les descendants d'un pontife… mais les pèlerins qui avaient fait le voyage jusqu'à Rome. Coquil surnommait quant à lui ceux qui étaient revenus de Compostelle. Messager, l'huissier ou le sergent de justice chargé de porter les plis. Mallet, celui qui conduisait le cheval de poste avec malles et bagages. Faut-il enfin classer les qualificatifs de brigands dans les métiers ? On trouve en Bretagne des Le Laer et des Le Gouil, noms qui désignaient à l'origine des « voleurs de nuit » et des « voleurs de jour ». La langue bretonne faisant en effet la différence entre ceux qui effectuaient leurs larcins la nuit et ceux qui les commettaient pendant la journée, moment où c'était considéré comme moins grave !

Les noms issus d'un sobriquet

La dernière catégorie de noms de famille est celle qui correspond à un sobriquet. Certains désignent une caractéristique physique du premier porteur du nom : Petit, Legrand, Leroux, Leblanc, Legros…, d'autres une qualité ou un défaut : Courtois, Gaillard, Lebon, Bibard, Bobin…, d'autres enfin un lien de parenté particulier : Cousin, Gendre, Lejeune, Besson…

Les caractéristiques physiques

La taille, la couleur des cheveux et l'embonpoint sont les trois caractéristiques les plus fréquemment prises en compte dans ces surnoms d'autrefois devenus nos patronymes. Une indication qui permet au généalogiste, mille ans plus tard, d'esquisser un peu la silhouette du premier porteur du nom.

Petit, le plus courant de cette catégorie, occupe le 4e rang en France pour la fréquence, tous types de noms confondus. La corpulence ou la couleur des cheveux sont les éléments de formation des noms de famille les plus fréquemment utilisés. Petit est ainsi suivi de loin en loin par Roux, Rousseau, Blanc, Legrand (au 38e rang en France), Roussel, Brun, Blanchard, Brunet, Klein (qui signifie « petit » en allemand, 119e rang), Leroux, Leblanc, Lebrun, Gros (201e rang), Legros, Blanchet, Brunel, Noir, Neyrat, etc.

Plus rares mais multiples sont les noms décrivant une autre caractéristique physique : Camus désignait ainsi à l'origine une personne au nez court ; Barbe, un barbu à la barbe particulièrement longue ; Carré, un homme large et trapu ; Chauvin, Chauvet ou Calvet, un chauve ; Bellet ou Bellon, un bel homme ; Laplaud, un homme velu, etc.

Lebel, Bellon ou Bellet ont désigné une personne au visage harmonieux. Toutefois, comme les noms n'étaient pas choisis mais donnés par les voisins, ils exprimaient surtout des défauts physiques, comme Grondin, qui évoquait un visage bougon...

Les caractéristiques morales

Lesage a désigné une personne réputée pour son savoir. Bontemps, l'homme au caractère heureux. Durand, qui était par ailleurs aussi un ancien nom de baptême d'origine germanique, celui qui était endurant, dur à la peine. Courtois, celui qui avait une bonne éducation et de bonnes manières. Mais s'il y a des patronymes sympathiques, d'autres sont moins flatteurs, car nos noms n'ont pas été choisis par nos ancêtres mais leur ont été attribués par leurs voisins. Le nom Payet désignait ainsi celui qui avait des dettes ; Leduc ou Lecomte ceux qui prenaient des allures de seigneur sans l'être ; Bibard était le sobriquet d'un buveur, Bobin celui d'un vaniteux ou d'un niais et Créteau d'un orgueilleux.

Les liens de parenté

Les patronymes Lejeune ou Laîné traduisent le rang de naissance dans la famille d'origine. Besson signifie « jumeau », une caractéristique suffisamment rare pour devenir un qualificatif. Mais des noms comme Cousin ou Gendre, indiquant une parenté, ont pu être attribués au cousin ou au gendre d'une personnalité connue ou bien à ceux qui arrivaient dans un village parce qu'ils héritaient d'un bien d'un cousin sans enfant ou d'un beau-père. Signalons dans le même esprit les Nebout (neveu), Nebouy, Neveux, etc.

Attention aux faux amis

Pour retrouver le sens initial d'un nom, il faut garder à l'esprit qu'il s'est formé il y a près de mille ans, à une époque où les mots n'avaient pas nécessairement le même sens qu'aujourd'hui.

On trouve actuellement plus de 10 000 personnes en France portant le nom de Boisson. Mais leurs ancêtres n'étaient pas des amateurs de bon vin : ils vivaient tout simplement dans des lieux plantés de buissons et de broussailles. Jolly voulait dire joyeux et non pas beau. Payen ne désignait pas une personne sans religion mais un paysan nouvellement arrivé en ville. Crétin est une déformation franc-comtoise du mot « chrétien ».

Autre exemple de patronyme dont on peut interpréter le sens de manière erronée : Sandevoir, porté par une centaine de personnes dans le Nord-Pas-de-Calais. Ce nom ne désignait en aucun cas à l'origine un homme ayant failli à sa parole ou à son devoir. Tous les porteurs actuels du nom descendent en effet d'un Flamand venu s'installer à Roubaix en 1750 et dont le patronyme initial, Zwyndword (c'est-à-dire littéralement le « gué du cochon », qui traduisait la localisation d'origine de la famille), a été phonétiquement francisé.

Enfin, le plus cocasse : Conard, porté par près d'un millier de personnes, était à l'origine à un ancien nom de baptême d'origine germanique.

Petit : un grand nom !

Par le nombre de ses porteurs, Petit arrive au 4e rang en France. Une caractéristique physique tellement fréquente qu'elle a fait l'objet de multiples surnoms devenus patronymes : Klein, Corre, Lecorre, Lepetit, Bas, Lebas, Court, Courtin, Courtinat, Courtinot, Courtot, Courtaud, Lecourt... ont ainsi la même signification.

Les animaux, reflets de nos qualités et défauts

Disney n'avait rien inventé en faisant d'un râleur un canard, d'un petit futé une souris... Nos ancêtres ont souvent donné un nom d'animal comme surnom à leurs voisins : une façon efficace de souligner leurs qualités ou leurs défauts. On trouve ainsi aujourd'hui plus de 30 000 porteurs des patronymes Loup, Leloup, Leleu (ancien nom du loup) : des surnoms qui désignaient à l'origine une personne sauvage, un peu effrayante, vivant à l'écart des autres comme un loup. À l'opposé, le nom Mouton a été donné à une personne très douce et très docile. Les exemples pourraient être multipliés : Goupil, qui au Moyen Âge voulait dire « renard », a été donné comme surnom à une personne habile et rusée ; Poulain a désigné un homme vif et ardent comme un jeune cheval ; Carpon une personne aussi peu bavarde qu'une carpe ; Lelièvre ou Poulet des peureux.

Une scène du Roman de Renart

Les noms des Antilles et de Guyane

Dans les îles des Antilles comme en Guyane, on trouve des noms de famille originaux, fort différents de ceux d'Europe. On le doit à l'abolition de l'esclavage qui, en 1848, a fait entrer tous les affranchis de ces régions dans notre système onomastique. Lors de l'attribution en masse des noms de famille, les fonctionnaires préposés à ce travail ont souvent fait preuve d'autorité en imposant des noms de leur choix.

On ne peut pas retrouver la trace, dans les noms portés par les descendants des Noirs des Antilles, de leur pays ou ethnie d'origine. En effet, leurs patronymes ont été « fabriqués » en 1848, année de l'abolition de l'esclavage.

Avant 1848 : un nom de baptême, parfois un surnom

Les esclaves qui arrivaient dans les Antilles françaises étaient rebaptisés sur place et perdaient ainsi leur nom africain. Leurs descendants portaient à leur tour un prénom chrétien, souvent seul, parfois accolé d'un surnom pour des raisons fiscales d'identification individuelle. Une ordonnance de 1766 enjoignait ainsi « à tous les habitants qui auront des nègres portant le même nom de les distinguer par des surnoms dans leur dénombrement, à peine de confiscation des esclaves qui n'auront pas été ainsi distingués, au profit du Roi ». Les surnoms donnés sont très souvent un second prénom ou un sobriquet, rarement un surnom traduisant la région d'origine en Afrique. À partir de 1832, la multiplication des affranchissements commence à poser le problème du nom de famille. En 1836, une ordonnance de Louis-Philippe impose l'enregistrement d'un prénom et d'un nom pour tout affranchi, mais en interdisant l'utilisation de noms appartenant à une famille existante.

Après 1848 : le surnom devient souvent le nom

Le 27 avril 1848 voit l'abolition de l'esclavage. L'accès à l'émancipation et l'accès au nom de famille vont de pair : commence alors l'enregistrement en masse des nouveaux patronymes des anciens esclaves auprès des officiers d'état civil. Souvent, ces nouveaux citoyens adoptent leur surnom comme patronyme. Dans la plupart des cas, il s'agit d'un deuxième prénom : Aimé, Camille, Césaire, Arsène, Claudon..., le plus souvent féminin, la mère étant souvent la seule filiation connue : Jeannette, Rose, Anaïs, Clairette, Olympe... Ce surnom était parfois précédé de l'adjectif « saint », qui se retrouve ainsi dans les patronymes (Sainte-Rose, Sainte-Olympe...), ou n'était qu'un diminutif (Fanfan, Zizine...). Enfin, les surnoms étaient parfois des sobriquets renvoyant à une caractéristique physique ou morale ou appartenant au

Après 1948, les esclaves affranchis portent un nom de famille avec leur prénom. Cet événement va entraîner la création artificielle de milliers de noms nouveaux et aboutir à un patrimoine onomastique tout à fait original.

registre amoureux. Sont ainsi devenus patronymes des Joly, Belorgane, Bocaly (*caly* désignant les fesses…), Solitude, Confiant, Ravi, Monplaisir, Désir, Chérubin, Cœurvolan, Fantaisie…

La création de milliers de noms nouveaux

Les esclaves libérés n'ayant pas tous de surnom, il a fallu faire preuve d'imagination. Reflétant l'arbitraire ou la fantaisie des officiers d'état civil, des milliers de noms nouveaux ont été créés, constituant un patrimoine onomastique tout à fait original. Il peut s'avérer poétique comme encombrant. Ainsi, l'officier d'état civil de l'île de la Désirade était sans doute un passionné de géologie car on y trouve en abondance des familles Mica, Nickel, Titane, Amiante…

Le plus souvent, les officiers d'état civil ont eu recours :

– à la mythologie gréco-latine. On trouve ainsi des Jupiter, Thésée, Achille, Cupidon, Zeus…

– aux grands personnages de l'Antiquité : Cicéron, César, Tacite, Platon, Pompée, Archimède…

– à l'histoire française : Clovis, Charlemagne, Dagobert, Mazarin…

– à la Bible ou à la liturgie catholique : Abraham, Tibériade, Salomon, Pâque, Amen, Satan…

– à la littérature : Quasimodo…

– à la géographie : Sibérie, Champagne, Verdun, Lozère… sans aucun lien avec une région connue de ceux qui en prenaient le nom;

– au répertoire animal, végétal ou minéral.

Les nouveaux noms créés en Guyane

En Guyane aussi il a fallu créer des nouveaux noms pour enregistrer des Indiens ou des populations d'origines diverses qui progressivement rentraient dans le moule administratif, mais le processus fut plus étalé dans le temps. Dans la plupart des cas, c'est le prénom du père qui a servi de nom de famille. L'imagination a peu parlé, même si on trouve quelques Zorro récents.

S'appeler « Sans nom », un comble !

On trouve dans les Antilles, comme en Guyane (où il arrive au troisième rang par la fréquence), comme au Maghreb ou en Afrique francophone, des familles qui s'appellent… Snp. Ce sigle imprononçable, résulte de l'inscription abrégée de la mention « Sans nom patronymique », portée sur les registres de temps à autre, à partir de la fin du XIXe siècle, par un officier d'état civil désobligeant ou pressé, pour les Indiens ou les nouvelles populations sans nom de famille. Le comble : ce Snp a été pris ensuite pour patronyme. Il est porté aujourd'hui par près de 2 000 personnes dans le monde. Cependant, des transcriptions phonétiques le modifient parfois et rendent alors difficile la généalogie du nom : on cite ainsi l'exemple d'une dame, fille d'un Snp, enregistrée à sa naissance sous l'orthographe Essennepet !

Des noms venus de toutes les langues d'autrefois

Indiquant une caractéristique du premier porteur du nom, le nom de famille constitue un outil de localisation géographique précieux pour le généalogiste. On peut deviner à travers lui la région d'origine d'un ancêtre. Il est possible de l'esquisser à travers la carte de répartition des porteurs actuels de ce nom, mais également de la retrouver à travers les particularités linguistiques du nom lui-même.

Des noms de toutes les langues

Un exemple : le nom Gras se trouve surtout autour de Lyon. Les Lyonnais seraient-ils donc les seuls à avoir eu des ancêtres dodus ? Non bien sûr. Mais chaque région avait sa façon de parler, son patois, ses habitudes… Selon les lieux, Gras laisse ainsi la place à Legras ou à Bolla, Craisson, Grassi, Grasset, Grassin, Grasson, Grassard, Grassaud, Grassonne, Grassineau, Grassini, Graselli, Gros, Legros, Grosset, Grossard, Grossin, Groussaud, Grousseau… ou même Lemoine, les moines ayant la réputation d'être bien nourris !

Lorsque les noms se sont formés en France, le latin n'était plus que la langue des savants et le français n'était pas encore langue officielle. Si la France détient ainsi le record du monde pour le nombre de patronymes, cela tient en partie à sa richesse linguistique : le breton, le basque, le catalan, l'occitan, les langues germaniques… mais aussi leurs innombrables variantes d'une région à l'autre, parfois d'une vallée à l'autre. De là viennent les multiples versions d'un même surnom.

Les difficultés des frontières linguistiques

Pour le généalogiste, la recherche se complique souvent lorsque la famille qu'il étudie est originaire d'une frontière linguistique, c'est-à-dire d'une zone de transition entre deux régions qui ont parlé des langues différentes. Les gens ont pu y appeler autrefois une même famille de plusieurs façons. En Lorraine, par exemple, le même homme pouvait être dans les registres paroissiaux de l'Ancien Régime nommé Marchand ou Kaufmann (qui signifie « marchand » en allemand) ; Petit ou Klein

Les noms Gros ou Legros désignaient à l'origine une personne bien ronde. Chacun peut le deviner. Il est plus difficile de penser que Lemoine a la même signification… les moines ayant eu la réputation d'être bien nourris.

Les noms vivent !

Si maintenant l'orthographe des patronymes paraît fixe, il n'en était pas de même autrefois. En France, le nom Gautereau, concentré sur la Vendée, les Deux-Sèvres et la Loire-Atlantique, comptait déjà une dizaine de variantes au cours des siècles : Gautreau, Godreau, etc. L'association des Gautereau d'Amérique, qui rassemble 20 000 adhérents au Canada et aux États-Unis descendants de trois colons français de ce nom, recense quant à elle 150 façons de l'écrire : de Gadereau à Gaudras en passant par Goodrich ou Gouthrow, jusqu'à l'étonnante traduction chinoise Kao-Te-Low !

(« petit » en allemand); Leblanc ou Weiss (« blanc » en allemand), Wis (« blanc » dans le parler lorrain), Alba (« blanc » en latin)… Autre exemple lorrain : au XVIe siècle, un Jean Carabin est également appelé Hans Pix (Hans correspondant à Jean et Pix à fusil, en allemand) ou Hans Büch (Büch signifiant « carabine » en lorrain) ou Jean Büch… Difficile de s'y retrouver ! En Belgique, les noms de famille pouvaient autrefois être eux aussi présentés dans leur version flamande ou wallonne : un M. Becker pouvait ainsi se dire M. Boulanger.

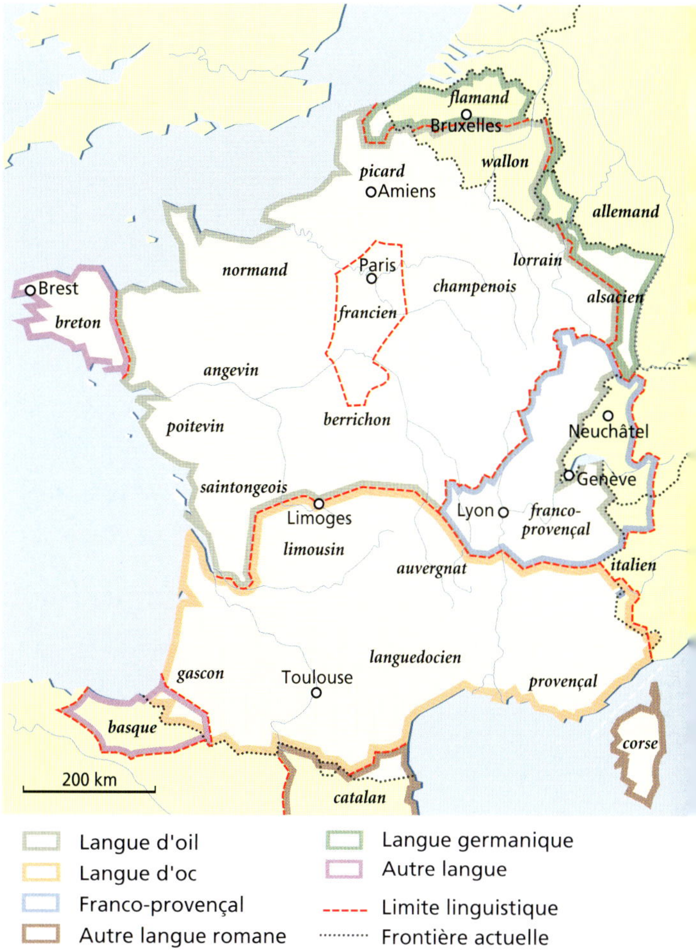

La France détient le record du monde pour le nombre de patronymes. Cela tient en partie à sa richesse linguistique.

Initiales, préfixes et suffixes : des indices de localisation

Même s'il faut là aussi prendre garde aux exceptions, les composants du patronyme peuvent permettre d'en déterminer la provenance : initiale, préfixe, suffixe ou forme du nom constituent autant de points de repère pour le généalogiste.

– Les initiales : certaines sont rares, excepté dans quelques régions. Les noms de famille commençant par *U* se retrouvent ainsi essentiellement en Bretagne ou dans le Pays basque ; ceux commençant par *K* (à l'exception du Ker breton), *W* ou *Z*, en pays de langue germanique (Alsace, Lorraine, Suisse alémanique, Luxembourg, Allemagne).

– La forme du nom : des prononciations locales ont parfois déformé les mots. Le dialecte normando-picard (Normandie-Picardie) transformait ainsi en *c-* ou *qu-* ce qui était *ch-* ailleurs. C'est ainsi que l'on trouve là des Caron ou Carron (au lieu de Charon), des Carpentier (au lieu de Charpentier), des Cartier (au lieu de Charretier), quelques exemples parmi d'autres de noms tirés de noms de métiers.

– Les principaux préfixes permettant de localiser l'origine d'un nom sont : *Casa-* (catalan), *Caza-* ou *Caze-* (occitan), *Etche-* (basque), *Ker-* (breton), *Le-* (moitié nord de la France, wallon), *Ser-* (belge), *Van* (flamand), *Ver-* (belge), *Xh-* (wallon de l'Est)…

– De nombreux suffixes traduisent la filiation. En dehors de ceux-ci, les principaux suffixes permettant de localiser l'origine d'un nom sont : *-ac* (limousin, auvergnat, girondin), *-behere* (basque), *-da* (frison), *-eau* (ouest, centre-ouest de la France), *-eeuw* (du nord de la France, à la frontière flamande), *-ena* (basque), *-eta* (basque), *-ez* (picard, du Nord-Pas-de-Calais), *-goyen* (basque), *-i* (corse ou italien), *-iaux* (centre de la région wallonne), *-ic* (breton), *-li* (suisse alémanique), *-ma* (frison), *-od* (franc-comtois), *-oz* (savoyard, suisse romande), *-tegui* (basque)…

Les variantes orthographiques

Rappelons qu'il faut dans tous les cas avoir déterminé la forme orthographique ancienne avant d'analyser la forme ou la signification du nom. L'orthographe des patronymes s'est figée très tardivement, vers 1877 en France avec l'apparition du livret de famille, plus tard dans le Nouveau

Dans le Docteur Pascal, *Émile Zola écrit : « Les familles sont l'éternel devenir. Elles plongent à travers les couches insondables des races qui ont vécu. Elles pousseront sans fin, elles s'étaleront, se ramifieront à l'infini, au fond des âges futurs. » On retrouve Émile Zola ici, enfant, avec son père…*

Monde. Auparavant, le nom restait le plus souvent phonétiquement similaire mais son orthographe pouvait fluctuer. Un Despré était ainsi devenu Deprez en s'installant dans le Nord. Un Saldou installé en Gironde avait « perdu » la fin de son patronyme (Saldoubehere) qui traduisait son ascendance basque. Attention, donc, aux fausses pistes !

Des zones d'origine bien délimitées

D'après une étude de l'historien Jacques Dupâquier entreprise sur 3 000 familles du XVe siècle à nos jours, 85 % des descendants d'une famille… se trouvent aujourd'hui, cinq siècles plus tard, dans un rayon de 50 km de leur berceau d'origine. En Suisse aussi, où les montagnes ne facilitaient pas les déplacements, cette sédentarité géographique permet de retrouver la région d'origine.

Pourquoi une telle sédentarité ? Dans les campagnes, les familles ne s'éloignaient que de quelques kilomètres pour chercher un époux ou une épouse. Il y avait bien sûr toujours des migrants qui partaient vers les villes, mais celles-ci ont joué longtemps le rôle de « trous noirs » : sous Louis XIV, par exemple, celui qui s'installait en ville raccourcissait de sept ans son espérance de vie et divisait par dix ses chances de trouver un conjoint… avec ensuite une mortalité infantile accrue. Les migrations vers les villes, notamment vers Paris, ont beaucoup augmenté depuis les 150 dernières années – mais ces implantations citadines se sont soldées le plus souvent par des échecs : à la première génération, une considérable mortalité et beaucoup de difficultés à trouver un conjoint ; à la seconde ou à la troisième génération, une fécondité très réduite. En clair, nos contemporains descendent quasiment tous de ruraux, donc de populations géographiquement très stables. Dans 75 % des cas en France, les ancêtres d'un grand-père né vers 1900-1910 se répartiront seulement sur deux départements : celui de son lieu de naissance et un département limitrophe.

Les cartes de répartition

Ainsi, la cartographie d'un nom peut s'avérer pour le généalogiste un outil précieux, particulièrement pour les francophones d'outre-atlantique, qui peuvent ainsi retrouver de quelle région ils sont originaires.

En France, le Minitel (annuaire téléphonique) ou les bases de données sur les noms de famille de l'INSEE (Institut national de la statistique et des études économiques) rachetées et développées par la société Swic® sont très utiles. Ils permettent à chacun de dessiner la répartition géographique des porteurs du nom à l'époque actuelle comme en 1900. Ces cartes conservent encore (pour peu d'années sans doute) la silhouette de la répartition ancienne, comme le montrent les exemples donnés ci-dessous :

Amirault – Ce nom a fait souche au Canada grâce à un François Amirault d'origine française, marié en 1635 en Acadie et dont descendent tous les porteurs du nom outre-Atlantique. Un généa-

Être le fils de son père

Dans la plupart des pays d'Europe, les patronymes les plus fréquents sont des noms indiquant la filiation :

PAYS	PRÉFIXES	SUFFIXES	SIGNIFICATION
Arménie		ian	Beglarian signifie « celui qui appartient à la famille de Beglar »
Croatie et Serbie		ic, ovic	Petrovic signifie « fils de Pierre »
Écosse	O' , Mac, Fitz		Mac Angus signifie « fils d' Angus »
Espagne		ez	Martinez signifie « fils de Martin »
Géorgie		chveli, tchivili	Djougachvili signifie « fils du nommé Acier » (vrai nom de Staline)
Grèce		opoulos, ès, êtes	Georgopoulos signifie « fils de Georgios »
Islande		(s)son, döttir	Högnidöttir signifie « fille d'Högny »
Italie	De, Di, Fi	i	De Filippo signifie « fils de Philippe » Martini signifie « fils de Martin »
Pays anglo-saxons		s, son	Johnson signifie « fils de John »
Pays arabes	Ben, Bin, Ibn		Ben Ali signifie « fils d'Ali »
Pologne		ewski, owski	Wladimirowski signifie « fils de Wladimir »
Portugal		es	Martines signifie « fils de Martin »
Russie		ine, ov, ovitch	Ivanovitch signifie « fils d'Ivan »
Ukraine		enko	Vakhramenko signifie « fils de Vakhram »

logiste a pu retrouver que les Amirault actuels (1 200 en France, quelques centaines au Canada) sont tous cousins. Leur ancêtre est un Laurent li Amirault, serf né vers 1160 en Touraine et affranchi en 1224 par un abbé d'Orléans. À l'exception de quelques foyers attirés par les grandes métropoles (Paris, Lyon, Bordeaux), la carte de répartition des porteurs actuels du nom témoigne encore de leur origine : 70 % d'entre eux vivent en Indre-et-Loire ou dans les deux départements limitrophes que sont la Vienne et le Maine-et-Loire.

Catteau – L'étymologie la plus couramment admise est que Catteau correspond à l'un des nombreux noms masculins formés à partir du nom de baptême Catherine. Mais, lorsqu'on regarde la carte d'implantation du patronyme, l'évidence saute aux yeux : plus de 90 % des porteurs du nom vivent dans le département du Nord. C'est donc une seconde étymologie qui est la plus probable : celle qui rattache le nom à la localité d'origine de la famille, à savoir la petite ville du Cateau-Cambrésis, dans le Nord.

Souchal – Ce patronyme est aujourd'hui porté par environ 900 personnes en France. En observant la carte de répartition des porteurs actuels, on les retouve quasiment tous implantés dans le département du Puy-de-Dôme. Or c'est bien là, sur la commune de Verneugheol, que se trouve un petit hameau appelé « Les Souchal », berceau géographique du nom.

Savez-vous où est né, vers 1900, le grand-père dont vous conservez le portrait ? Dans 75 % des cas, ses ancêtres à lui seront à rechercher sur deux départements seulement : celui de son lieu de naissance et un département limitrophe.

La vie des noms

Les noms de famille apparaissent, vivent et peuvent s'éteindre. Chaque étape est soumise à un cadre législatif précis. La transmission du nom va-t-elle changer ? Les simplifications permises pour les changements de nom vont-elles entraîner une multiplication des noms d'apparence noble ? Les noms rares vont-ils tous disparaître ?... Des questions qui concernent tous les généalogistes.

▲ *L'arbre généalogique exprime bien l'idée de croissance et de continuité dans le temps des familles. C'est aussi l'expression de la transmission du nom et de sa pérennité.*

de famille

La transmission du nom

Pendant près de mille ans, la transmission du nom s'est faite par le père, ce que traduit d'ailleurs l'étymologie du mot « patronyme ». Désormais, en France, comme le propose une toute nouvelle loi, cette transmission pourra se faire indistinctement par la mère ou le père. Les méthodes de la recherche généalogique s'en trouveront-elles bouleversées dans les prochains siècles ?

Les généalogistes des siècles passés se sont souvent cherché des ancêtres titrés, des origines nobles qui les valorisent.

La législation en matière de protection du nom

Le nom et la personne sont intimement liés. Protéger l'un, c'est protéger l'identité de l'autre. Sans nom fixe, les actes de toute vie sociale deviennent complexes à établir et leur validité difficile à assurer. Dès Louis XI, le pouvoir avait contribué à figer les patronymes et à ne permettre qu'exceptionnellement leur modification.

La quête nobiliaire, la chasse à la particule

La chasse à la particule a longtemps été un véritable sport national. Un avantage pour le généalogiste qui s'intéresse à des ancêtres titrés : Colbert avait lancé sous Louis XIV deux vastes contrôles des titres qui donnent des généalogies entières. Ces documents restent pour l'historien des familles une véritable mine d'informations.

Les changements de nom

20 000 demandes de changement de nom en 160 ans, de 1803 à 1962, 40 000 demandes ces quarante dernières années : on constate une accélération phénoménale du nombre de demandes. Les grandes catégories de noms faisant l'objet de ces modifications sont les noms juifs, les noms ridicules et les noms à consonance étrangère.

Quel avenir pour les noms ?

Après les bouleversements liés aux deux guerres mondiales, la baisse de la natalité représente le risque majeur de disparition pour les noms rares. Le patrimoine onomastique du pays n'est cependant pas en voie de réduction : 800 000 noms nouveaux sont apparus en France depuis 1915, essentiellement grâce à l'apport de patronymes venus de l'étranger.

La transmission du nom

En Europe de l'Ouest, à quelques exceptions près, la transmission par le père d'un nom de famille héréditaire se fait depuis presque 1 000 ans. La loi votée en France en 2002 permettra, selon le choix des parents, de donner au nouveau-né le nom du père ou celui de la mère. Y aura-t-il débat, là où la coutume évitait jusqu'ici la réflexion mais aussi les conflits familiaux ?

Dans presque tous les pays du monde, la règle qui prévalait depuis la nuit des temps était celle de la transmission du nom de famille par le père, ce que traduit l'étymologie du mot « patronyme ».

De père en fils...

Quelle que que soit la date d'apparition des noms de famille dans l'Europe de l'Ouest, parfois depuis 1 000 ans, la règle générale voulait que ce soit le père qui transmette son nom. La mère ne transmettait le sien à son enfant que s'il était né hors mariage et non reconnu. Le terme « patronyme » indique bien d'ailleurs la transmission par le père.

...À quelques exceptions près

Çà et là, cette règle connaissait cependant quelques exceptions. Dans le Pays basque, par exemple, la maison familiale portait le nom de la famille et était transmise aux fils. Mais, lorsqu'il n'y avait pas de fils et qu'un gendre reprenait la maison, le nom de la maison primait sur le nom de la personne : c'était le mari qui prenait le nom de sa femme (c'est-à-dire, en fait, de la maison). Une exception qui a perduré jusqu'au milieu du XIXe siècle. Au Luxembourg aussi, où les noms de famille étaient apparus tardivement, ce n'était pas nécessairement le nom du père que les enfants prenaient. Le fils qui héritait du bien de sa mère prenait le nom de celle-ci. Les changements de nom étaient fréquents et n'ont cessé complètement qu'à partir de 1825, un décret assorti de peines sévères les interdisant cette année-là.

Enfin, selon le Code civil français et depuis la loi du 3 janvier 1972, l'enfant né hors mariage prend le nom de celui des parents qui l'a reconnu en premier. Le système patronymique prévaut largement dans l'usage, mais un couple peut néanmoins choisir de transmettre le nom de la mère.

La suppression de la transmission automatique du patronyme

En France, depuis la loi Badinter de 1985, il est permis aux épouses de conserver leur nom de jeune fille au quotidien, comme « nom d'usage », et aux enfants d'accoler, là aussi comme nom d'usage, le nom de leur mère à celui de leur père. L'utilisation d'un double nom n'est pas une réalité nouvelle.

En 2001, l'Assemblée nationale est allée plus loin en adoptant, à une très large majorité, un texte qui supprimait la transmission automatique du nom de famille. Les projets les plus divers avaient été avancés, y compris une proposition voulant permettre à chacun, pour éviter la disparition des noms rares, de transmettre n'importe lequel des noms de famille de l'un de ses huit arrière-grands-parents à ses propres enfants. Les versions législatives les plus extrêmes ont été écartées.

Validée en février 2002 par le Sénat, cette nouvelle loi stipule que le nouveau-né pourra porter le nom de son père, de sa mère, ou les deux (dans l'ordre alphabétique si les époux ne se mettent pas d'accord). Les enfants d'une même fratrie devront porter le même nom (en clair, les parents ne peuvent pas changer d'avis entre chaque naissance). À sa majorité, enfin, l'enfant pourra modifier le choix initial.

Les choses se compliqueront sans doute à la génération suivante, puisque chacun ne pourra transmettre qu'un seul des deux noms portés, à son libre choix.

Les avantages de la nouvelle loi

Conçue, dit son rapporteur, pour rétablir une parité homme-femme, cette loi peut également contribuer à simplifier les procédures de changement de nom, qui sont de plus en plus nombreuses. Ces procédures concernent souvent des noms jugés difficiles à porter, mais aussi des noms d'origine étrangère, dont la francisation est perçue par certaines familles comme un facteur d'intégration.

Ses inconvénients

Dans son rapport préparatoire à la réforme de la famille, la juriste Françoise Dekeuwer-Défossez recommandait de conserver le nom du père, qui reste parfois le dernier lien avec celui-ci, alors que la paternité est souvent fragilisée. La sociologue Nicole Lapierre indique de toute façon que l'expérience à l'étranger prouve que l'introduction de telles dispositions ne bouleverse pas les usages.

En dehors des dissensions que le choix peut entraîner dans les couples, le projet rendra plus complexes les actes notariés, avec des possibilités de fraude accrues.

Ajoutons enfin que nos descendants auront certainement plus de mal que nous à établir leur généalogie !

Sept femmes représentant cinq générations de la même famille ! Avec les modifications législatives que la règle de transmission trditionnelle connaît, verra-t-on des familles où le nom de la mère seul se transmettra de génération en génération ?

Une législation variable selon les pays

En Europe de l'Ouest, la règle de transmission patriarcale a connu des assouplissements. En Grande-Bretagne, par exemple, les parents peuvent donner le patronyme de leur choix à leur enfant : celui du père ou de la mère, mais aussi un nom créé de toutes pièces. Dans les faits, moins de 5 % des couples utilisent ces possibilités. En Espagne, on accole le nom du père et le nom de la mère. Au Portugal, même chose mais en ordre inverse, et seul le nom du père était transmis par le fils à ses propres enfants. C'était également le cas en Espagne, où une loi récente permet maintenant de choisir lequel de ses deux noms on va transmettre. Les pays neufs, comme les États-Unis, encouragent eux les changements de nom, facilitant l'intégration de l'immigrant dans son nouveau pays.

La fixation définitive du nom

C'est Louis XI qui, le premier en France, cherche à protéger les noms de famille et à empêcher les changements abusifs. L'apparition des registres paroissiaux, rendus obligatoires par François Ier, renforcera cette volonté. La Révolution française puis le premier Empire iront dans le même sens.

Louis XI chercha à empêcher les changements de noms abusifs. Il autorisa cependant ses proches, comme son valet de chambre ou son notaire, à le faire…

Des premiers décrets à l'apparition des registres paroissiaux

En France, c'est Louis XI qui décrète le premier, en 1474, qu'il est interdit de changer de nom sans une autorisation royale. Il autorisa cependant son valet de chambre Olivier Le Mauvais à prendre le nom plus seyant d'Olivier Le Daing, et son notaire Jean Decaumont à prendre celui de De Chaumont. Ce contrôle sur les changements de noms mit bien deux siècles à s'imposer : les nobles prenaient couramment le nom de leurs terres et les roturiers fortunés en faisaient parfois autant.

Progressivement, les prêtres avaient commencé, parfois dès le début du XVe siècle, à enregistrer les baptêmes, mariages ou sépultures. En 1539, François Ier rend la tenue de ces registres paroissiaux obligatoire en français pour les baptêmes. En 1579, l'ordonnance de Blois impose d'inscrire les mariages et les décès. Ce passage à l'écrit va contribuer à la fixation des patronymes.

Des noms qui bougent encore un peu…

L'usage des surnoms n'a cependant pas totalement disparu. Il subsiste, notamment dans certaines régions montagneuses où les difficultés de communication accentuent, comme dans le Béarn et en Savoie, la tendance à se marier avec une personne issue d'un même groupe social (endogamie). On l'utilise également afin de différencier les homonymes au sein d'une même famille, car les prénoms utilisés avant la Révolution étaient toujours un peu les mêmes.

Un héritage était parfois aussi l'occasion d'accoler deux noms : celui de la mère ou du parent dont on héritait à celui du père transmis à la naissance. L'ajout de ce second nom pouvait même être une condition exigée dans le testament pour hériter du bien, surtout si le nom à relever était en voie de disparition. Évoquons à titre d'exemple la famille Pineau-Valenciennes, une branche Pineau ayant hérité du bien d'une demoiselle Valenciennes.

Du laisser-aller à la fixation définitive des noms de famille

Le 24 brumaire an II (14 novembre 1793), la Convention décrète que « chaque citoyen a la faculté de se nommer comme il lui plaît ». Tout est bon pour effacer l'Ancien Régime, y compris les changements de noms de personnes ou de lieux. Mais une liberté aussi radicale ne peut que nuire à l'intégration des citoyens dans la nation : comment enregistrer un acte, transmettre un bien, établir un contrat si l'on ne peut être sûr de l'identité des personnes présentes. La Convention fait marche arrière après Thermidor. Le 6 fructidor an II (23 août 1794), elle décrète qu'aucun citoyen ne pourra porter d'autres noms ou prénoms que ceux qui sont inscrits dans son acte de naissance.

Il faudra cependant près d'un siècle pour passer véritablement de la théorie à la pratique : la majeure partie de la population française étant illettrée, les noms connaîtront encore longtemps des fluctuations orthographiques au fil des transcriptions. C'est seulement l'apparition du livret de famille, en 1877, qui fixe l'orthographe des patronymes puisqu'un même document circule désormais, pour une même famille, à chaque établissement d'un acte d'état civil.

En rendant obligatoire en 1539 la tenue de registres paroissiaux, François Ier va contribuer à fixer, grâce à l'écrit, les noms de famille. Une fixation toute phonétique cependant, car l'orthographe va fluctuer jusqu'au XIXe siècle.

Décret du 6 fructidor an II

Article I – Aucun citoyen ne pourra porter de noms ni de prénoms autres que ceux qui sont exprimés dans son acte de naissance. Ceux qui les auront quittés seront tenus de les reprendre.

Article II – Il est également défendu d'ajouter aucun surnom à son nom propre, à moins qu'il n'ait servi jusqu'ici à distinguer les membres d'une même famille, sans rappeler les qualifications féodales ou nobiliaires.

Article III – Ceux qui enfreindront les dispositions des deux articles précédents seront condamnés à six mois d'emprisonnement, et à une amende égale au quart de leur revenu. La récidive sera punie de dégradation civique.

Article IV – Il est expressément défendu à tous les fonctionnaires publics de désigner les citoyens dans les actes autrement que par le nom de famille ou les surnoms maintenus par l'article II, ni d'en exprimer d'autres dans les conditions et extraits qu'ils délivreront à l'avenir.

Article V – Les fonctionnaires qui contreviendront aux dispositions de l'article précédent seront destitués, déclarés incapables d'exercer aucune fonction publique et condamnés à une amende égale au quart des revenus.

Article VI – Tout citoyen pourra dénoncer les contraventions à la présente loi à l'officier de police dans les formes ordinaires.

Article VII – Les accusés seront jugés pour la première fois par le tribunal de police correctionnelle et, en cas de récidive, par le tribunal correctionnel du département.

Le Québec et l'Acadie sont les creusets de la civilisation française en Amérique. Aux XVIIe et XVIIIe siècles, 14 000 émigrants s'y sont établis. Ici, un bateau de colons arrive au Québec.

L'extension aux pays du Maghreb

En Algérie, la loi du 23 mars 1882 rend obligatoire le nom patronymique, qui devra être choisi par chaque famille ou, à défaut, octroyé par les officiers d'état civil.

En Tunisie et au Maroc, qui étaient seulement sous protectorat, l'officialisation de ce système s'est faite beaucoup plus récemment. L'usage s'en était déjà répandu dans les villes à la fin du XIXe siècle, où le système de nomination arabe ancien était tombé depuis longtemps en désuétude. Mais l'institution d'un état civil avec un système patronymique semblable à celui de la plupart des pays d'Europe de l'Ouest n'a eu lieu que le 30 juin 1925 en Tunisie et le 8 mars 1950 au Maroc.

En Suisse et en Belgique

En Suisse, comme en Belgique, l'enfant porte automatiquement le nom de famille de son père si les deux parents sont mariés ou l'ont reconnu ou si le père l'a reconnu. En Belgique, toutefois, si le père reconnaît tardivement l'enfant, celui-ci conserve le nom qu'il portait (en général celui de la mère), sans modification.

Le nom de famille précédé du prénom était devenu la règle dans l'actuelle Belgique. Elle s'y était généralisée spontanément, d'abord en Wallonie, vers les XIIIe et XIVe siècles, à peine plus tard qu'en France. Les Flamands auront à leur tour des noms héréditaires au XVIIe siècle.

Dans ces deux pays, comme en France, les déplacements familiaux d'une zone linguistique à une autre seront souvent l'occasion d'une transformation ou d'une traduction des patronymes : Rossi en Roux, Boulanger en Becker, etc.

Aux Pays-Bas et au Luxembourg

À la même époque, les Hollandais se bornaient en général à mentionner, après le nom de baptême d'une personne, son surnom personnel ou la profession de son père. Au milieu du XVIIIe siècle, les noms de famille étaient généralisés dans les villes hollandaises, mais exceptionnellement dans les villages.

Au grand-duché de Luxembourg, c'est au XVIe siècle que les noms de famille apparurent, mais en restant tout d'abord l'apanage des nobles : les roturiers n'en portaient pas. Lorsque, plus tard, ils en acquirent à leur tour, ce n'était pas nécessairement le nom du père que les enfants prenaient. Le fils qui héritait des biens de sa mère prenait le nom de celle-ci : la notion de transmission des biens l'emportait.

Pour la Hollande comme pour le Luxembourg, les décrets impériaux du 18 août 1811 et du 17 mai 1813 (ces pays étaient sous contrôle français) qui obligeaient les familles à choisir un patronyme eurent peu d'effet. Ce n'est qu'après l'arrêté du 8 novembre 1825 pris par le roi des Pays-Bas que le nom de famille se généralisa en Hollande comme au Luxembourg. Les altérations orthographiques volontaires ou fortuites ont cependant persisté quelques décennies encore au grand-duché.

Au Canada

Les noms de famille des Québécois de souche ont été introduits par les immigrants venus de France aux XVIIe et XVIIIe siècles. En raison du petit nombre de pionniers, 10 000 environ, et de la très faible migration en provenance des autres pays, le nombre de patronymes atteint à peine 2 000.

Le surnom est très fréquent dans l'histoire généalogique des immigrants eux-mêmes, surtout pour les soldats qui ont reçu un surnom ou un sobriquet lors de leur engagement dans les troupes coloniales. C'est ainsi qu'on retrouve des noms reliés par un « dit », comme : Rousseau dit Labonté, Gélinas dit Bellemarre, ou encore Brien dit Desrochers.

Il y a deux siècles, les habitants employaient aussi bien le patronyme que le surnom ou même les deux à la fois. Cette pratique disparut vers 1870 lorsque les autorités exigèrent que les gens choisissent entre leur patronyme original et leur surnom. Ce patronyme désormais fixe se transmet par le père.

En 2002, les patronymes les plus fréquents au Québec sont, dans l'ordre, Tremblay, Gagnon, Côté, Roy, Bouchard et Fortin. Depuis 1994, c'est le directeur de l'état civil du Québec qui est responsable de l'enregistrement des patronymes et qui assure la délivrance des certificats.

Éviter les confusions de noms

Protéger sa personnalité, c'est parfois changer de nom pour éviter d'être pris pour un homonyme. Si les 40 Marcel Proust et les 76 Charles Martel contemporains ne risquent pas d'être confondus avec leur illustre homonyme, la question pouvait se poser pour l'homme politique Alain Peyrefitte. Ce député, sénateur, ministre et académicien né en 1925 s'appelait au départ... Roger Peyrefitte, comme l'écrivain de quelques années plus âgé et qui ne lui était aucunement apparenté. Les confusions se multipliant, il obtint, par jugement, le droit de se prénommer désormais Alain au lieu de Roger. C'est un motif similaire qui conduisit Henri François, conseiller à la cour d'appel de Paris, à changer par décret en 1899, son patronyme en celui de François-Poncet, un nom de famille illustré depuis lors par plusieurs ambassadeurs et hommes politiques.

Portrait de Marcel Proust par J.-E. Blanche

La chasse à la particule

Se trouver des ancêtres nobles peut être pour le généalogiste une chance de remonter plus loin dans le temps : les deux grandes vérifications de noblesse entreprises par Colbert constituent de véritables mines d'informations. Mais la prudence, s'impose car les filiations fantaisistes, réinventées au XIXe siècle, sont nombreuses.

Colbert était de noblesse récente. Il obtint pourtant d'un généalogiste de complaisance la « preuve » qu'il descendait directement des rois d'Écosse…

Qui est noble ?

Une famille a pu accéder autrefois à la noblesse de quatre façons différentes :

– par la possession d'un fief au Xe siècle, dès l'origine de la noblesse, noblesse que l'on qualifie d'« immémoriale » (environ 900 familles),

– par l'obtention du roi d'une lettre d'anoblissement (environ 600 familles),

– par l'acquisition d'une charge anoblissante sous l'Ancien Régime (environ 800 familles),

– par anoblissement au XIXe siècle. Napoléon Ier et Napoléon III ont créé par décret une noblesse d'Empire. La monarchie constitutionnelle en a fait autant. Près de 500 familles ont été ainsi anoblies ou titrées à cette époque.

La quête nobiliaire

La fraude fiscale a, paraît-il, toujours été en France un sport national. Comme la noblesse était sous l'Ancien Régime source d'exemptions fiscales, beaucoup de notables se créaient des généalogies fantaisistes afin d'échapper à l'impôt.

À la fin du XVIIe siècle, l'État tente d'empêcher ces abus : il crée des postes de généalogistes officiels (l'équivalent de nos inspecteurs des impôts...), chargés de recenser les familles nobles, de valider ou invalider les prétentions de telle ou telle famille et de réprimer l'usurpation de noblesse. C'est Colbert qui met sur pied deux vérifications de noblesse et qui dessaisit entre 1664 et 1729 les tribunaux ordinaires au profit des commissions particulières et des intendants.

Les réformations de Colbert

La première recherche de noblesse (ou réformation) eut lieu de 1666 à 1674 mais ne fut pas considérée comme satisfaisante. Une seconde enquête se déroula de 1696 à 1718 sur l'ensemble du royaume. Tout noble devait prouver sa qualité sous peine d'amende en cas de condamnation (la peine était fortement allégée en cas de désistement spontané). Les greffiers et les notaires devaient dresser la liste des personnes portant des qualifications réservées à la noblesse. Lors de la première vérification, les commis chargés de l'opération pouvaient même être armés.

Ces deux enquêtes sont essentielles pour le généalogiste concerné par des familles nobles ou semblant l'être puisque tous les documents de ces études ou preuves familiales avancées ont été conservés.

Colbert cherchait autant à réduire le nombre des privilégiés qu'à faire rentrer des fonds dans les caisses de l'État. Très variables sur le plan financier, les résultats furent considérables sur le plan social puisque la qualité de noble s'en trouva mieux définie.

Les vendeurs de merlettes du XIXe siècle

Dès la première moitié du XIXe siècle, la généalogie connaît en France un renouveau incontestable. Les ouvrages se multiplient, mais beaucoup sont constitués de textes de complaisance, souvent payés par les familles étudiées.

La conséquence ? Les généalogistes français passeront pendant des décennies pour n'être que des « vendeurs de merlettes » (la merlette est le petit oiseau que l'on trouve fréquemment dessiné sur les blasons), mêlant le vrai et le faux pour retrouver à leurs clients ou souscripteurs des ascendances de bon aloi.

Attention donc, le chercheur qui se plonge aujourd'hui dans ces livres doit absolument contrôler chaque filiation avant d'en faire figurer les résultats dans sa propre généalogie.

La chasse à la particule toujours d'actualité

Bien que les titres ne soient plus reconnus par l'État, l'attrait de la particule, quoique n'étant pas un signe de noblesse, est toujours vif. Trois méthodes sont aujourd'hui régulièrement employées pour obtenir une particule :

- **La rectification de son état civil** – Cette demande est effectuée auprès du tribunal de grande instance. Il suffit de prouver par quelques actes que ses aïeux ont porté une particule avant la Révolution et de demander le rétablissement de son « nom authentique ». Des décisions de justice ont ainsi ajouté des particules à des centaines de noms.
- **L'ajout du nom d'un ancêtre** – Ce changement de nom consiste à ajouter à son nom propre celui d'un ancêtre portant un nom à particule. C'est ainsi que les Giscard obtinrent en 1922 le droit de s'appeler Giscard d'Estaing.
- **L'ajout du nom d'un parent** – Cette troisième demande relève tout simplement de l'utilisation de la loi Badinter de 1985 : « Toute personne majeure peut ajouter à son nom, à titre d'usage, le nom de celui de ses parents qui ne lui a pas transmis le sien. » Voilà comment des Martin, fils d'un Martin et d'une demoiselle de Villeneuve, peuvent désormais s'appeler Martin de Villeneuve.

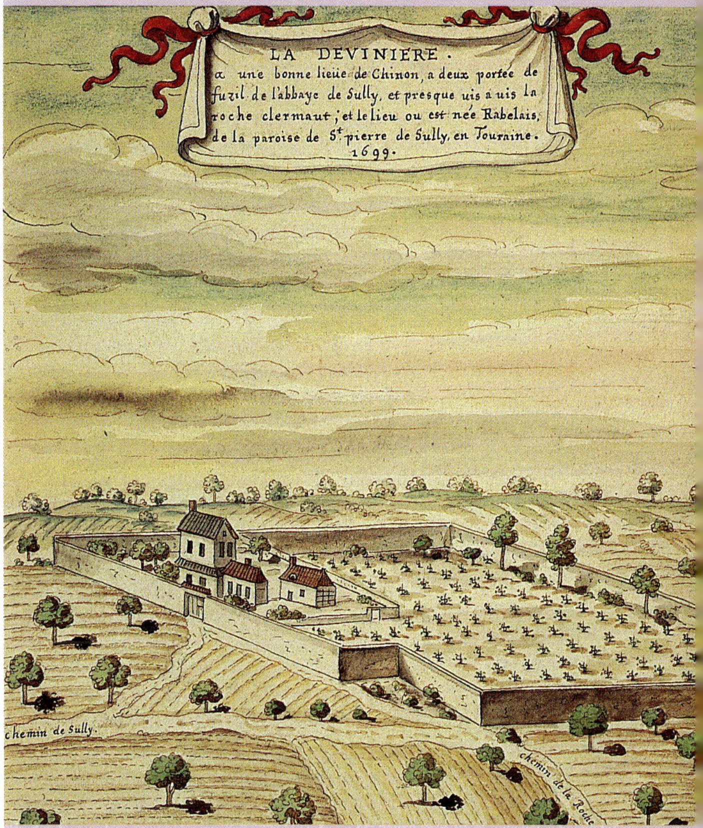

La particule est-elle signe de noblesse ?

La particule n'est en aucun cas signe de noblesse. Il existe des familles nobles, comme les Chabot, qui n'en possèdent pas. Un roturier propriétaire de sa maison et honorablement connu était facilement qualifié sous l'Ancien Régime de « sieur de… » ou « dame de… », ce qui ne lui conférait pour autant aucun titre de noblesse.

La Devinière
domaine de François Rabelais, près de Chinon

Les changements de noms

En cent soixante ans, de 1803 à 1962, quelque 20 000 personnes avaient obtenu le droit de changer de nom. En seulement quarante ans, de 1962 à aujourd'hui, plus de 40 000 personnes l'ont fait à leur tour. La procédure n'est pas coûteuse mais elle est longue. Et le succès de la démarche n'est pas toujours garanti.

Lorsqu'il était élève, son nom de Buonaparte lui avait valu bien des moqueries. S'en est-il souvenu lorsqu'il devint Premier consul ? C'est en effet Napoléon qui officialise en 1803 la possibilité de changer de nom.

Le cadre législatif initial

Napoléon avait enduré railleries et quolibets autour de son nom lorsqu'il était élève à Brienne. Alors qu'il est Premier consul, c'est lui qui entrouvre une possibilité de dérogation au principe de l'immuabilité du nom de famille.

La loi du 11 germinal an XI (1er avril 1803) permet le changement pour « toute personne qui aura quelque raison de changer de nom ». La règle reste cependant celle de la stabilité du nom : le changement est une exception qui ne relève que de la juridiction gracieuse ; elle constitue une faveur que le Conseil d'État peut toujours refuser à son gré. Aucun recours n'est possible en cas de rejet de la demande. Les décisions sont publiées au *Bulletin des Lois* (puis au *Journal officiel*).

La loi de 1923

Cent vingt ans après la loi de Germinal, une nouvelle législation touche aux noms de famille, celle du 2 juillet 1923. Lors de l'hécatombe de la Première Guerre mondiale, un nombre considérable de noms s'étaient éteints, avec la mort des hommes susceptibles de les transmettre.

L'État autorise alors le « relèvement » du patonyme d'un parent mort pour la France, c'est-à-dire le droit de reprendre le nom « disparu » d'une personne qui est décédée sans laisser de descendant portant le même nom qu'elle.

La loi de 1950

La loi du 6 avril 1950 autorise, à l'occasion des naturalisations, la francisation du nom : « Lorsque le nom présente une consonance de nature à gêner l'intégration à la communauté nationale, tout étranger en instance de naturalisation ou né et résidant en France peut demander la francisation de son nom et de son prénom. La francisation est accordée soit par décret conférant la naturalisation, soit par décret spécial. Elle s'étend de plein droit aux enfants mineurs. Durant un délai de six mois, les tiers justifiant être lésés peuvent faire opposition. » Ces changements de noms se font en dehors du cadre de la loi de Germinal et ne sont donc pas, dans ce cas, recensés au *Journal officiel*.

La loi de 1993

Le 8 janvier 1993, cette nouvelle loi stipule que « toute personne qui justifie d'un intérêt légitime peut demander à changer de nom ». Les motifs légitimes ne sont pas définis, à l'exception d'un seul : « La demande de changement de nom peut avoir pour objet d'éviter l'extinction du nom porté par un ascendant ou un collatéral du demandeur jusqu'au quatrième degré. »

La loi répond ainsi à une aspiration familiale que les généalogistes comprendront bien : celle de ne pas laisser disparaître un nom de famille chargé de mémoire et d'histoire.

La simplification de la procédure

Avec la loi de 1993, le législateur a surtout cherché à simplifier la procédure :

– l'avis du Conseil d'État n'est plus sollicité que pour les cas difficiles. Les demandes les plus fréquentes, concernant les noms d'origine étrangère (près des deux tiers de l'ensemble) et les noms ridicules (près d'un tiers), sont dorénavant traitées dans le cadre de la Direction des affaires civiles et du sceau ;

– le délai d'opposition, après publication du décret de changement au *Journal officiel*, passe d'un an à deux mois ;

– le changement ne s'étend plus automatiquement aux enfants de plus de treize ans : leur consentement est exigé (nombre de démarches étaient entreprises par de jeunes majeurs qui souhaitaient retrouver leur ancien nom).

Notons que la naturalisation peut entraîner des francisations de prénoms et de noms à la demande du naturalisé, mais qu'elle se trouve encadrée par la législation de 1950.

Une démarche qui reste longue

Si la procédure n'est pas très coûteuse (environ 200 euros), elle reste longue.

Préalablement au dépôt de la demande [illegible] au cours de son instruction, il faut établir le[illegible]rentes pièces officielles exigées (acte de na[illegible] extrait de casier judiciaire...) et leurs éventuels compléments (justificatifs, arbres généalogiques...).

Selon la présentation du dossier, des embûches peuvent en ralentir la progression. Les délais habituels de traitement par les services administratifs compétents sont de l'ordre de trois ans.

Les autorisations sont ensuite délivrées sous la forme d'un décret publié au *Journal officiel*. Si personne ne se manifeste pour faire opposition dans les deux mois, le changement devient définitif et le demandeur peut alors utiliser son nouveau nom

Qu'il est dur de porter certains noms !

Certains noms n'avaient, à l'origine, rien de péjoratif : Bitte désignait une grosse pierre, Bordel une planche, et Poubelle (en portrait ci-contre) était le nom du préfet qui imposa l'usage de récipient ! D'autres ont au contraire perdu leur côté négatif : Piot, qui désignait autrefois un bavard ou un buveur n'évoque, à l'heure actuelle, plus rien de particulier.

Aujourd'hui, on compte en France plus de 3 000 personnes portant le nom de Cocu, plus de 3 000 Crétin, 2 000 Trouillard, 800 Conard, 700 Catin, 500 Putin, 400 Saloppe, 300 Saligot... Sans compter les nombreux Cornichon, Fesse, Hideux, Nigot, Le Poil, Moche, Poux, Guenon, Goret, Radegout, Hanus, Lecut, Beaucrétin, Corniau, Soulard, Boudin, Dufumier, Baveux, Cacat, Couilles…

dans tous les actes de la vie courante. Si en revanche le Conseil d'État se voit saisi d'une demande d'annulation, il faut attendre qu'il ait statué, ce qui peut prendre plusieurs années. Si le recours est rejeté, la personne qui a demandé à changer de nom peut enfin le porter. Dans le cas contraire, elle n'a plus qu'à reprendre la procédure à son point de départ, en sollicitant cette fois un autre nom.

Ministère de la Justice
Décret du 6 février 2002 portant sur des changements de noms

…emier ministre
…apport de la garde des Sceaux,
… de la Justice,
…e :

Art. 1er. – Sont autorisés à changer leur nom de :

ABDALLAH en MORIN […]
BENFARES en GIRARD […]
BOUBOU en MALEVILLE […]
CHARLOT en RICHARD […]
FEDOROVITCH en DUPLESSIS […]
JACOB en CHALERON […]
JAZDONCZYK en BELLANGER […]
MONCEIX en MONCEY […]
SUSSET en ARNAUD […]

Art. 2. – Conformément aux articles 61-1 et 61-4 du Code civil, la mention sur les actes de l'état civil du nouveau nom conféré par le présent décret ne pourra être requise par le procureur de la République qu'après l'expiration d'un délai de deux mois à compter de la publication dudit décret au Journal officiel et sur la justification qu'aucune opposition n'aura été formée devant le Conseil d'État.

Art. 3. – La garde des Sceaux, ministre de la Justice, est chargée de l'exécution du présent décret, qui sera publié au Journal officiel de la République française.

Fait à Paris, le 6 février 2002.

Par le Premier ministre : LIONEL JOSPIN

La garde des Sceaux, ministre de la Justice :
MARYLISE LEBRANCHU

Une démarche difficile, sans garantie de succès

Le succès de la démarche n'est pas toujours garanti : une demande sur deux est actuellement rejetée. Si l'on regarde les changements de noms depuis deux siècles, on constate que la plupart des modifications acceptées ont été demandées :

– pour éviter ou oublier les persécutions (le nom juif Lévy est le nom le plus fréquemment changé en France depuis 1803, un mouvement qui s'est accéléré après la Seconde Guerre mondiale) ;

– pour modifier un nom ridicule (Cocu est le second nom le plus souvent changé) ou devenu difficile à porter (13 Landru ont fait changer leur nom après le procès de l'assassin Landru en 1922. Après la Seconde Guerre mondiale, les Hitler d'Alsace-Lorraine ont aussi modifié leur nom) ;

– pour franciser un nom étranger (Szczurk, imprononçable en France, s'est transformé en Szezurek ; Hadjicharalambous et Aguirregomezcorta, trop longs, sont devenus Hadji et Aguirre ; Perianaygassamy s'est changé en Lucas, etc.).

Comment retrouver la trace d'un changement de nom ?

De 1818 à 1918, les changements de noms ont été publiés dans le *Bulletin des Lois* (disponible avec des tables décennales dans la plupart des archives départementales et des bibliothèques municipales de chef-lieu).

Ces changements de noms ont également fait l'objet de recensements exhaustifs dans le *Dictionnaire des changements de noms 1803-1962* de Jérôme Archiviste ou sur la base de données 3617 Genealogy. La consultation de ces recueils de données peut être fort utile au généalogiste.

Comment les noms sont-ils transformés ?

Une idée reçue assez répandue est qu'on ne peut changer qu'une seule lettre dans le nom. C'est effectivement un cas très fréquent, mais, en fait, toute liberté est permise. Les principaux modes de transformation sont les suivants :

Suppression d'une lettre – Le Merdy devient Le Mery, Bordel s'abrège en Borel ou Borde, Chier en Cher, Vachier en Vacher, Baisez en Basez, etc.

On change souvent un nom ridicule mais aussi parfois un nom difficile à porter. Treize Landru ont ainsi changé de nom après le procès retentissant de l'assassin homonyme...

Quelques changements de noms après 1945

Après la Seconde Guerre mondiale, beaucoup de Juifs ont changé leur nom dans la crainte de revivre de nouvelles persécutions. Mais d'autres personnes l'ont fait pour ne pas paraître liées aux persécuteurs : il existait ainsi quelques Hitler en France, qui ont transformé leur nom en celui de Monod. Des Deutsch, trouvant que leur patronyme évoquait trop l'Allemagne, ont changé pour Delannoy, des Goebel sont devenus Lamblin, des Reich ont obtenu de s'appeler Audran et des Nazi se nomment désormais Le Provost...

Ajout d'une lettre – Rat se transforme en Prat, Chion en Chinon, Brnicic en Brenicic, Dbjay en Debjay, Bossu en Boissu, Grue en Gruey, etc.

Modification d'une lettre – Couillard se métamorphose en Gouillard, Merda en Merra, Boudin en Boulin ou Baudin, Saucisse en Saurisse, Trocon en Tromon, Conard en Cenard, Cochon en Cochoy. En finale notamment, les *a, o, i* sont souvent remplacés par *e* pour franciser le nom (Rivoira devient Rivoire, Falletto devient Falette...).

Traduction de l'ancien nom – Bianchi se traduit par Blanc, Grunfeld par Champvert, Neustadt par Neuville, Hadj-Hamou par Saint-Hamon, etc.

Anagramme – Larbi se retrouve en Ribal, Ben Saïd en Dabiens, Lecul en Lucel, Salot en Tolas, etc.

Suppression d'une partie du nom – Strupiechowicz se réduit à Strup, Petrucelli à Petrucel, Assasin à Assas, Cornichon à Cornic, Verollet à Rollet, Caccavelli à Cavelli, etc.

Allongement du nom – Ce qui est fréquemment fait pour donner une apparence noble ou relever un nom éteint (Gasnier devient Gasnier du Fresne, Seguier s'allonge en Seguier d'Agoult...).

Molière en verve satyrique

Comme l'avait souligné Molière, certains changements de noms n'ont d'autre motif que la vanité. Tournant en dérision cette manie fréquente chez les notables d'utiliser le nom de leur terre au lieu du leur, il faisait rire en 1662 avec cette réplique de *l'École des femmes* : « Je sais un paysan qu'on appelait Gros-Pierre / Qui n'ayant pour tout bien qu'un seul quartier de terre / Y fit tout à l'entour faire un fossé bourbeux / Et de Monsieur de l'Isle en prit le nom pompeux. »

La loi du plus fort

Parfois, le pouvoir politique se mêle de changer les noms de famille. Détruire le nom de l'autre, c'est détruire son identité et l'assimiler en faisant disparaître toute trace d'origine ou de filiation.

Dans l'est de la France circule l'histoire de cet homme qui s'appelait Lagarde avant 1870. Arrive la guerre et l'annexion de l'Alsace-Lorraine par les Prussiens. On germanise les noms et Lagarde devient Wache (le « guetteur » en langue allemande). Les Français reviennent en 1918 et le renomment phonétiquement Vache. Retour des Allemands en 1940 : de Vache, notre homme devient Kuhe (traduction du mot en allemand). Voilà 1945, la victoire de la France : il s'appelle Ku maintenant !

Quel avenir pour les noms ?

Il reste aujourd'hui 320 000 patronymes anciens (220 000 noms ont disparus depuis 1900, et 1 000 noms nobiliaires sur 3 000 se sont éteints au cours de la Première Guerre mondiale...). Mais, avec la multiplication des nouveaux noms (800 000 en France depuis 1915), le patrimoine onomastique français ne risque pas de s'appauvrir.

Nous appellerons-nous bientôt tous Martin ?

Un article avait fait sensation, il y a une dizaine d'années, en titrant « Nous nous appellerons tous Martin dans quelques siècles » en prédisant qu'à la longue les noms de famille rares allaient tous disparaître au profit des plus portés, « tous les corps fermés finissant par s'éteindre ». Or, la proportion des Martin, qui était de 3,8 pour mille à la fin du XIXe siècle est tombée à 3,2 ; celle des Bernard (le deuxième nom de France) de 2,1 à 1,6 pour mille. Il n'y a aucun risque d'appauvrissement de la variété de noms de famille. Les mouvements de populations, l'arrivée de familles par-delà les frontières ou les mers introduisent massivement de nouveaux patronymes. Les naturalisations et les changements de noms aussi. La conséquence est que le stock de noms a au contraire tendance à augmenter : il a plus que doublé en un siècle !

Quelques exemples de noms disparus

Souvent, les noms qui se sont éteints au cours du XXe siècle nous semblent familiers. Pourtant, plus aucune naissance n'a été recensée depuis 1947 pour les noms suivants : Mannalin, Desouhant, Ampayrat, Pontery, Salzon, Singeant, Vedaud, Verdrau, Printinhac, Vernezol, Giniel, Bourteau, Brauquier, Vallerend, Lonniaux, Copinne, Falenchère, Zéland... quelques exemples parmi les 220 000 autres dans ce cas.

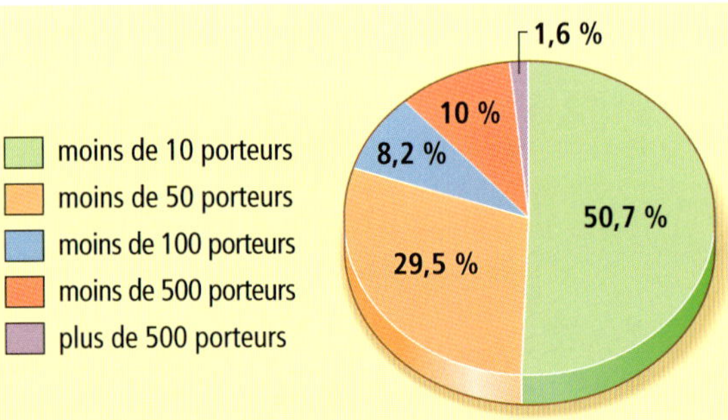

Nombre de porteurs par patronymes : *le schéma ci-dessus montre bien que les noms très portés (Martin, Bernard, Thomas...) sont une minorité.*
D'après : *Atlas des noms de famille en France*, de Laurent Fordant

Combien de noms différents ?

Voilà une question à laquelle il est souvent très difficile de répondre. Dans la plupart des pays, les seuls fichiers existants accessibles sont les annuaires téléphoniques... avec les difficultés de compilation que l'on devine lorsqu'on souhaite lister les noms et déterminer leur nombre de porteurs. En France, les premières estimations avaient été construites à partir de l'annuaire parisien en 1973 par Michel Tesnière (250 000 noms en France selon lui) puis par René Allard (610 000 noms). En 1986, le Service national des enquêtes téléphoniques a analysé enfin le fichier des abonnés et indiquait une première évaluation fiable de 804 166 patronymes différents, dont 300 232 portés par un seul abonné.

Depuis la fin des années 1990, l'informaticien et généalogiste Laurent Fordant a utilisé, classé, trié le colossal fichier de l'INSEE des noms par communes de naissance (informatisé de 1891 à 1990) et a publié de passionnantes statistiques dans son *Atlas des noms de famille en France* et son encyclopédie *Tous les noms de famille en France et leur*

La Grande Guerre ? Huit millions de mobilisés, deux millions de morts, quatre millions de mutilés… Une hécatombe humaine qui s'est traduite aussi par la disparition de milliers de noms rares.

localisation en 1900. Selon ses analyses, il y aurait en France :

– 520 000 noms de famille différents au début du XXe siècle,

– 638 000 pendant l'entre-deux-guerres,

– 645 000 après la Seconde Guerre mondiale,

– 816 000 au début des années 1980,

– environ 1,2 million de noms aujourd'hui, ce qui donnerait à la France le record du monde du nombre de patronymes (à titre de comparaison, la Chine n'en aurait que 1 200 !).

Une répartition très irrégulière

Si l'on regarde le schéma ci-contre donnant la répartition des noms de famille en France selon leur nombre de porteurs, on constate que l'importance des noms est très variable. Déjà, aux deux extrémités : le nom de famille Martin est porté par 300 000 personnes et 300 000 personnes sont seules à porter leur nom. Plus d'un nom sur deux est porté par moins de 10 personnes, 8 noms sur 10 par moins de 50 personnes. En revanche, les 1 000 patronymes les plus portés, qui représentent moins de 1 nom sur 100, sont portés par plus de 1 personne sur 5.

Cette distribution très inégale est accentuée par la superposition de deux stocks patronymiques :

– 400 000 patronymes de souche ancienne, correspondant aux multiples dérivés d'environ 70 000 racines différentes,

– 600 000 patronymes d'origine récente, surreprésentés dans les faibles fréquences : ils forment la quasi-totalité des noms qui n'apparaissent qu'une fois, d'une part parce qu'ils sont éloignés de leur foyer d'origine, d'autre part parce qu'ils sont plus exposés à des erreurs de transcription.

Le « père Nau » d'Amérique...

Né en 1646 à Turquant, un village du Maine-et-Loire, à huit kilomètres de Saumur, François Nau partit pour la Nouvelle-France à vingt ans. Il mourut à Deschambault (Québec) en 1709. Entre-temps, il avait fait souche... et il compte maintenant plus de dix mille descendants, de la Floride à l'Alaska ! Le 20 juin 1999, une plaque au nom de François Nau fut posée à Turquant, une place y porte maintenant son nom et une exposition y a été organisée avec le concours de l'association franco-québécoise « Nau, Naud, Neau... tous cousins »... pour trinquer à la mémoire du « père Nau » d'Amérique ! Un jeu de mots que tous les cousins hors hexagone n'auront peut-être pas goûté...

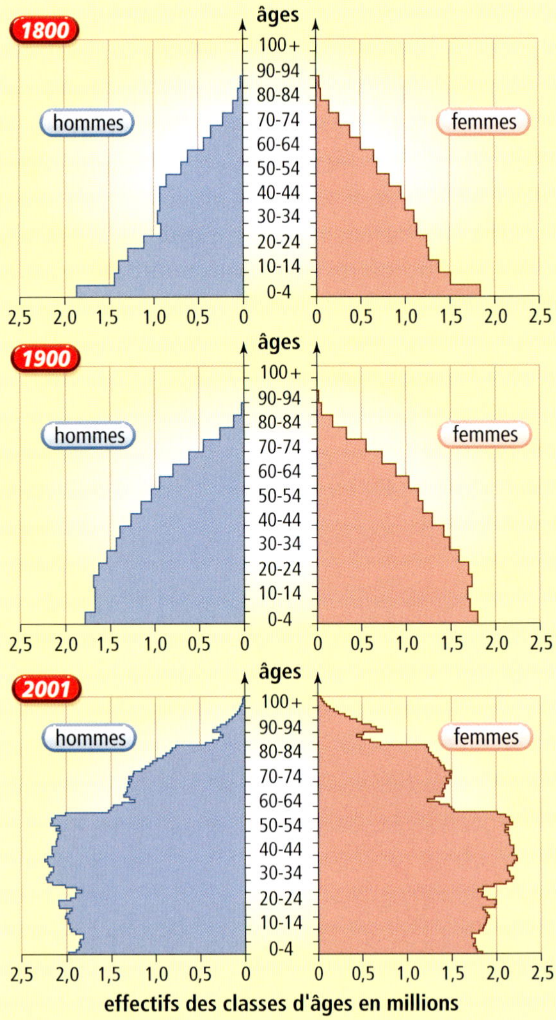

Quand la population croît, il y a peu de risque de disparition des noms, même rares. Mais quand le renouvellement de la population n'est pas assuré, le risque devient fort pour les noms peu portés. Bienvenue, donc, à tous les bébés du « boom » de l'an 2000... que l'on voit bien ici.

Les risques d'extinction des noms

Sur 520 000 noms présents au début du XXe siècle en France, environ 220 000 ont déjà disparu (plus aucune naissance constatée sur le territoire depuis 1947).

Les calculs et analyses à partir des bases de l'INSEE montrent qu'à partir de 35 porteurs le risque est nul lorsque le remplacement des générations est assuré. En revanche, les noms portés par moins de 20 personnes ont une forte probabilité de s'éteindre : 75 % de ceux portés par un seul couple, 22 % de ceux portés par 5 couples ; 5 % de ceux portés par 10 couples...

Le risque d'extinction des noms rares est en revanche réel en cas de bouleversement majeur, comme un conflit armé. La Guerre de 1914-1918 a fauché une génération (1,3 million de morts pour la France) et bien des noms. Rappelons par exemple que 1 000 noms nobiliaires sur 3 000 se sont éteints lors de la Première Guerre mondiale.

Le risque de disparition des noms rares est aussi renforcé en cas de baisse de la natalité. En France, le nombre d'enfants par femme est passé en dessous des deux enfants nécessaires pour assurer le remplacement des générations.

La pyramide des âges souligne le vieillissement de la population. Si le remplacement des générations n'est plus assuré, les noms rares ont une probabilité beaucoup plus grande de s'éteindre.

Un apport de noms nouveaux

S'il y a croissance des noms malgré l'extinction des plus rares, puisqu'on passe de 520 000 noms de famille différents en 1900 à plus d'un million un siècle plus tard, c'est essentiellement grâce à l'apport de patronymes nouveaux, venus de l'étranger. Les noms des pays voisins étaient présents en France depuis des siècles, ainsi que les noms très portés dans les anciennes colonies (Nguyen, qui vient pourtant de l'autre bout du monde, était présent en métropole depuis 1891). La mobilité accrue des populations et l'essor industriel, avec son appel à la main-d'œuvre extérieure, ont conduit récemment en France des familles dont le nom n'y existait pas jusqu'alors.

Les dix principaux noms par ordre de fréquence que nous indiquons ci-dessous montrent bien les périodes d'arrivée et l'origine des étrangers venus s'installer en France au cours du XXe siècle :

De 1916 à 1940 – Walczak (polonaise), Kowalczyck (polonaise), Kazmierczak (polonaise), Wojcik (polonaise), Papazian (arménienne), Skrzypczak (polonaise), Sarkissian (arménienne), Wlodarczyck (polonaise), Luczak (polonaise), Olejniczak (polonaise) .

De 1941 à 1965 – Zeghoudi (algérienne), Mezouar (algérienne), Gasmi (tunisienne), Mokeddem (algérienne), Laidouni (tunisienne), Bouabdallah (algérienne), Hamani (algérienne), Rahmouni (algérienne), Bahloul (algérienne), Hakkar (algérienne).

De 1966 à 1990 – Niakate (guinéenne ou soudanaise), Yildiz (turque), Aydin (turque), Ozturk (turque), Xiong (chinoise), Ozdemir (turque), Kilic (yougoslave), Baridji (sénégalaise, malienne ou tchadienne), Tcha (sénégalaise, malienne ou ivoirienne), Erdogan (turque).

Le second souffle des noms

Si les noms s'éteignent sur le Vieux Continent, ils peuvent parfois renaître dans le Nouveau Monde. Les deux guerres mondiales n'y ont pas fait d'hécatombe, et certains noms peuvent ainsi avoir presque disparu de leur pays d'origine et proliférer au Québec.

Catherine Baillon, immigrée en Nouvelle-France en 1669, comptait par exemple cent soixante-deux arrière-petits-enfants mariés ! Elle compte vraisemblablement aujourd'hui un million de descendants éparpillés de Gaspé à Los Angeles, y compris le Premier ministre du Québec Robert Bourassa ou les enfants du généalogiste québécois René Jetté. Autre exemple, le très gentil patronyme Montchaton (13 personnes de ce nom en France aujourd'hui) compte maintenant plus de 3 000 porteurs au Canada.

Les Gamache outre-Atlantique

Moins de 300 personnes portent aujourd'hui le nom de Gamache en France… mais près de 10 000 en Amérique ! Les migrations, la fécondité des colons arrivant en Nouvelle-France font que ce patronyme est maintenant davantage porté hors de son pays d'origine qu'à l'intérieur. Au XVIIe siècle, un certain Nicolas Gamache s'était installé sur les rives du Saint-Laurent et avait obtenu la concession d'une seigneurie à l'Islette au cap Saint-Ignace. On retrouve maintenant 4 000 de ses descendants au Canada, principalement au Québec. Les États-Unis rassemblent quant à eux environ 4 500 Gamache, vivant pour la plupart non loin de la frontière canadienne. Saviez-vous d'ailleurs que Madonna et Céline Dion descendent toutes deux d'un même ancêtre Gamache du XVIIIe siècle ? Des liens généalogiques inattendus par-delà ceux de la scène…

Madonna et Céline Dion

Les prénoms

Sous l'Ancien Régime,

l'attribution du prénom ne se faisait ni au hasard, ni en fonction des modes, ni même selon un véritable libre choix des parents. Son emploi était tellement codifié que cinq ou six prénoms masculins et autant de prénoms féminins se partageaient souvent les deux tiers de la population d'un même village.

Autrefois, l'enfant était baptisé très vite, souvent le jour même ou le lendemain de sa naissance. Son prénom, choisi par les parents, le parrain ou la marraine, n'avait pas vocation à être original, mais à intégrer le nouveau-né dans la communauté familiale ou à le placer sous les meilleurs auspices.

d'hier

Le prénom symbole de continuité

Sous l'Ancien Régime, donner un prénom à l'enfant, c'était en même temps l'intégrer à une communauté familiale. Il n'allait pas seulement en porter le patronyme, il allait aussi en porter l'un des prénoms. Chaque génération transmettait ainsi ses propres prénoms à la suivante.

Pour le généalogiste, ce mode de transmission des prénoms est à la fois un atout (retrouver plus facilement les aînés d'une fratrie) et une difficulté (multiplication des homonymes, donc des risques d'erreur).

Le prénom symbole de protection

Lorsque les prénoms des parents et grands-parents ont déjà été attribués à des frères et sœurs, les parents donnent ceux d'un parrain ou d'une marraine honorablement connus, celui du saint du jour ou encore du saint de la paroisse. Dans chaque cas, une façon de se placer sous leur protection.

Un avantage pour le généalogiste : lorsque le prénom donné est assez rare, il permet un repérage géographique parfois fort précis de la famille d'origine. Sous l'Ancien Régime, certains prénoms ne se retrouvent que dans certaines régions, voire seulement quelques paroisses et leurs alentours proches. Ainsi le très rare prénom féminin Frontenette, qu'on ne retrouve guère qu'à Neuilly-Saint-Front !

Les prénoms les plus portés avant la Révolution

Vers l'an 800, en France comme en Belgique et en Suisse, ce sont les noms de baptême d'origine germanique qui prédominent. L'Église laisse alors toute liberté pour le choix des prénoms des enfants.

Certains prénoms permettent de déterminer l'origine géographique de la famille. Le Limousin est ainsi le berceau des Léonard et Léonarde !

Au XIIe siècle, si les noms de baptême d'origine germanique sont encore majoritaires, la présence des noms bibliques ou gréco-latins se renforce progressivement.

Sous l'Ancien Régime, la date importante pour les prénoms est celle du concile de Trente, au milieu du XVIe siècle. À compter de cette date, l'Église impose le choix exclusif de noms de saints pour les enfants nouveau-nés. Parmi les prénoms courants, on retrouve alors presque partout Jean, Pierre, Jeanne et Marie (à partir du XVIIe siècle seulement, mais qui est rapidement donné à près d'une fille sur deux).

Le prénom symbole de continuité

Autrefois, le prénom donné traduisait l'accueil du nouveau-né au sein d'une communauté familiale. Les prénoms des parents puis ceux des grands-parents étaient donnés successivement aux enfants. Les prénoms d'une région demeuraient ainsi fixes d'une génération à l'autre.

Se transmettaient de génération en génération non seulement le nom mais aussi les prénoms caractéristiques de la famille. Le fils aîné recevait le prénom de son père qui portait souvent, lui aussi, celui du sien. L'innovation n'était pas de mise.

Le même prénom de génération en génération

Les généalogistes trouvent fréquemment dans leur arbre six générations de Jean ou de Michel à la suite. Un phénomène qui n'a rien d'exceptionnel quand on connaît les mécanismes de choix des prénoms sous l'Ancien Régime.

Le nouveau-né ne porte en général qu'un seul prénom et celui-ci a vocation à l'intégrer dans une communauté familiale. Le petit n'a donc pas seulement le nez de son père, les yeux de sa mère ou la couleur de cheveux de son grand-père : il porte aussi le prénom de l'un d'entre eux ! Le premier fils porte ainsi, en général, le prénom de son père, le second fils celui du grand-père paternel, le troisième celui du grand-père maternel, la première fille le prénom de la mère, la seconde fille celui de la grand-mère paternelle, la troisième celui de la grand-mère maternelle…

Si elle n'est pas absolue, cette règle reste toutefois extrêmement fréquente.

Les avantages pour le généalogiste

Cette coutume d'autrefois présente bien des avantages pour le généalogiste qui effectue ses recherches dans les registres paroissiaux. Ceux-ci ne disposent en effet ni de tables récapitulatives ni d'éléments fiables sur les âges des personnes mentionnées.

Lorsqu'on remonte le temps à la recherche de l'acte de mariage d'un couple d'ancêtres, les prénoms de leurs nombreux enfants (parfois dix ou douze sur vingt ans) sont ainsi des indices. Lorsqu'on trouve des nouveau-nés baptisés portant le nom du père ou celui de la mère, c'est que l'acte de mariage n'est plus loin et qu'il convient d'examiner les registres avec la plus grande attention. Pas de trace de naissance d'un autre aîné mort en bas âge ou d'un mariage dans les deux ans qui précèdent : pas de doute, il faut aller chercher les noces dans un village alentour !

Un imbroglio généalogique

Comme le premier-né porte en général le prénom de son père, que ce père peut se remarier plusieurs fois puisque les épouses mouraient assez fréquemment en couches, cette coutume peut donner naissance à des imbroglios généalogiques assez

Il n'y avait pas, avant le XIXe siècle, de prénoms liés à une génération, à une tranche d'âge. La grand-mère et sa petite-fille pouvaient porter le même prénom.

En Corse, le nom de famille témoin du prénom du premier ancêtre

C'est au cours du XVIe siècle que les noms de famille sont apparus en Corse, formés en général à partir du nom individuel (« prénom ») du chef de famille et d'une terminaison en -*i* traduisant la filiation. Concrètement, cela signifie que le nom de famille actuel reste le témoin du prénom de l'ancêtre initial. Quelques exemples : Bartolomei (fils de Bartolomeo), Ferrandini (fils de Ferrandino), Franceschi (fils de François, une famille originaire de Toscane puis de Corse), Giacomini (fils de Giacomo), Paoli (fils de Paul), Simonpietri (fils de Simon-Pierre), Terami (fils de Teramo, c'est-à-dire fils d'Erasme), Tulli (fils de Tullio, d'origine romaine), Vivaldi (fils de Vivaldo, une famille originaire de Gênes et de Venise)…

difficiles à démêler. Pour exemple, le cas de ce François Jannot, meunier au XVIIe siècle à Lathus, un petit village du Poitou. Il était lui-même fils d'un François Jannot, également meunier. François Jannot se maria trois fois et eut un fils de chacune de ses noces, qu'il prénomma François. Trois demi-frères, tous trois nommés François Jannot, tous trois meuniers, tous trois fils de François Jannot et petits-fils de François Jannot… Autant dire que le généalogiste doit très soigneusement analyser les actes qu'il a relevés pour être sûr que le François Jannot dont il descend est bien le bon !

Les inconvénients pour le généalogiste

L'inconvénient, c'est que le généalogiste doit être beaucoup plus attentif lors de l'analyse des actes trouvés. Si son ancêtre s'appelle François Morin, mort en 1750 « âgé de cinquante ans » selon les indications de l'acte de sépulture mais sans mention des parents, le premier François Morin dont il retrouve l'acte de baptême en 1700 dans le village ne sera pas forcément le bon. D'abord parce que l'âge lors du décès peut être juste… à dix ans près. Ensuite parce que les deux tiers des garçons du village ne se partagent que cinq à six prénoms, dont François. En clair, entre 1690 et 1710, c'est peut-être une bonne vingtaine de nouveau-nés du nom de François Morin que l'on peut trouver dans un petit village. Sans compter que le François Morin en question a également pu naître dans le village d'à-côté...

Il faut donc noter toutes les pistes, tous les indices au fil des actes, qui permettront d'établir avec certitude qu'il s'agit de ce François Morin-là et pas d'un autre. Une généalogie ne peut pas s'établir sur des à-peu-près.

Le prénom symbole de protection

Autrefois, donner un prénom était souvent une façon de placer le nouveau-né sous protection : protection du parrain dont il porte le prénom et que l'on avait choisi riche et influent, protection du saint du jour de sa naissance, protection du saint de la paroisse… Dans ce dernier cas, le prénom peut indiquer une origine géographique, ce qui est une aubaine pour le généalogiste.

La protection du parrain

Lorsque les aînés avaient reçu les prénoms des parents et des grands-parents, le garçon nouveau-né recevait le plus souvent le prénom de son parrain. Celui-ci pouvait être choisi parmi les oncles ou les frères aînés. On privilégiait cependant souvent le choix d'un parrain prestigieux : donner à l'enfant le prénom de celui-ci semblait intuitivement de bon augure. À titre d'exemple, mentionnons la famille La Rochefoucauld, dont les garçons sont nommés François, y compris de nos jours, depuis que François Ier a été parrain de l'un d'entre eux.

Plus modestement, c'était souvent le personnage le plus riche ou le plus influent du village qui était choisi comme parrain : le notaire, le gros laboureur, le fermier de la seigneurie, le seigneur local… Un Nicolas Millet, laboureur aisé d'un petit bourg de Touraine en 1720, s'est par exemple retrouvé douze fois parrain cette année-là. Pour le généalogiste, la fréquence avec laquelle l'un de ses ancêtres se retrouve choisi pour les baptêmes des environs lui permet de deviner son importance sociale.

Bien sûr, les fées ne venaient pas se pencher sur les berceaux ! Mais choisir une marraine belle et vertueuse était une façon de souhaiter à l'enfant les mêmes qualités.

La protection de la marraine

De la même façon, la fille recevait souvent le prénom de sa marraine. Il suffit de songer à la Belle au bois dormant et à ses marraines les fées pour se souvenir du dicton d'autrefois : « La marraine passe les dons. »

Là encore, retrouver une femme fréquemment retenue comme marraine montre au généalogiste qu'elle a un rôle social : il s'agira de l'épouse du laboureur le plus aisé ou bien de celle du village qui sait lire et écrire, ou bien encore d'une personne reconnue pour ses talents.

Pour reprendre l'exemple du petit bourg tourangeau, Anne-Marie Millet, la fille aînée de Nicolas Millet, se trouvait sollicitée comme marraine aussi souvent que lui comme parrain : elle était l'une des seules jeunes filles de la paroisse à savoir signer son nom. Près d'un siècle plus tard, dans le village voisin, c'était sa cousine qui était régulièrement demandée : elle tirait fort habilement au fusil et menait de main de maître la ferme familiale depuis la disparition de son père lors de la Révolution française.

La protection du saint du jour

Le prénom de l'enfant peut aussi traduire une action de grâce au saint du jour, sous la protection duquel il se trouve placé : on s'appelle Michel quand on naît le 29 septembre, Roch quand on naît le 16 août, Toussaint, le 1er novembre, etc. Cela restait néanmoins un choix minoritaire, le choix d'un saint local l'emportant largement.

La protection du saint de la région

Plus fréquemment, l'enfant se voyait donner le nom du saint le plus honoré. La fréquence de Marie, prénom souvent porté par la moitié des femmes du village sous l'Ancien Régime, traduit bien sûr un universel hommage à la Vierge.

Mais le culte local d'un saint, ou tout simplement le prestige du saint dont l'église de la paroisse portait le nom influençait aussi très largement le choix des familles. Une tradition qui s'est perpétuée jusqu'au XIXe siècle.

On trouve ainsi de nombreux garçons baptisés Vivant en Bourgogne, Bonnet dans le bas Berry, Yves ou Mathurin en Bretagne, Marius en Provence, Cuny en Lorraine, Martial ou Léonard dans le Limousin… des filles nommées Léonarde dans cette même région, Bertrande dans les Hautes-Pyrénées, Perrine en Bretagne, ou Frontenette à Neuilly-Saint-Front.

Culte très localisé ou bien régional, la plupart des prénoms avaient sur le territoire français des fréquences très inégales selon les endroits. Grâce au poids des traditions, les prénoms du passé aident fréquemment le généalogiste à cerner la région, voire la paroisse d'origine d'un ancêtre s'il ne la connaît pas.

Dans les villes de taille importante, par exemple, les registres paroissiaux n'étaient pas tenus à l'échelle de la localité mais église par église, ce qui peut considérablement alourdir les recherches. À défaut d'autres pistes, le généalogiste pourra commencer par s'intéresser à la paroisse consacrée au saint dont son ancêtre porte le nom.

La Mort pour marraine

Ils sont nombreux les contes d'autrefois qui, en Europe de l'Ouest, évoquent un paysan donnant à son fils la Mort pour marraine. Surprenante aujourd'hui, cette image traditionnelle peut facilement trouver sa place dans la société d'Ancien Régime : un enfant sur deux n'atteignait pas ses vingt ans et les naissances de dix ou douze enfants épuisaient les choix possibles de parrains et marraines… Pourquoi donc alors ne pas choisir la Mort comme ultime possibilité ? De nombreux conteurs ont imaginé ce dernier recours, offrant ainsi à l'enfant une protectrice infiniment puissante.

La Mort emportant l'enfant, *bois gravé du XVIe siècle.*

Les prénoms les plus portés avant la Révolution française

À partir du concile de Trente, au milieu du XVIe siècle, l'Église impose le choix exclusif de noms de saints pour les enfants nouveau-nés. Comme, d'autre part, la coutume veut que les enfants portent les noms des générations qui les ont précédés, le renouvellement des prénoms est presque inexistant. Les deux tiers de la population d'un village se partagent en général moins de cinq ou six prénoms.

En 1563 se clôt le concile de Trente. Parmi les obligations qu'il définit, on trouve celle de donner aux nouveau-nés, de manière exclusive, des noms de saints comme prénom. Une décision qui entérine ce qui, souvent, était déjà la coutume.

Avant le concile de Trente

Après les invasions germaniques et l'effondrement de l'Empire romain, les individus n'ont progressivement porté qu'un seul nom, leur nom de baptême. Mais celui-ci n'était pas nécessairement emprunté à la Bible ou aux vies des saints. Les prénoms germaniques ont été majoritairement à la mode jusqu'au XIIIe siècle, y compris dans des régions où les Francs et autres envahisseurs étaient quasiment absents. Porter un prénom de saint, ce qui était une façon de se placer sous sa protection, devint cependant du XIIIe au XVIe siècle une coutume assez fréquente, qui se généralisa progressivement.

Le concile de Trente

Le concile de Trente eut lieu de 1545 à 1563, peu de temps après la crise suscitée par la Réforme. Il définissait d'importants points de doctrine, notamment sur le péché originel, les sacrements ou le culte des saints, et fixait de nouvelles obligations pour les clercs. Pour le généalogiste, le point essentiel est la décision prise de donner à tous les enfants nouveau-nés, de manière exclusive, des noms de saints comme prénoms. De 1560 à 1789, pendant ces presque trois cents ans qui sont ceux que peuvent espérer parcourir les généalogistes, les enfants reçoivent donc pour prénom celui d'un saint, le saint patron, censé leur servir de modèle.

Notons encore que les protestants ont beaucoup utilisé les prénoms tirés de l'Ancien Testament (Daniel, Moïse, Esther…), au point que leur présence dans une fratrie peut devenir pour le

Le palmarès des prénoms du passé

PÉRIODE	GARÇONS	FILLES
Vers 800-900	**Alain, Arnaud, Baudoin, Berenger, Bernard, Conrad, Eude, Foulque, Herbert, Hildebert, Honoré, Hugue, Isaac, Loup, Milon, Pépin, Raymond, Raoul, Régnier, Richard, Robert, Rodolphe, Roger, Roland, Willibert** (cette liste pouvait varier selon les régions). *(**Source** : Albert Dauzat)*	*(non connu)*
Au XIIe siècle	**Aimon, Alphonse, Anselme, Arthur, Barthélemy, Berthoud, Bertrand, Charles, Gérard, Guillaume, Josse, Mathieu, Samson, Thierry** (cette liste pouvait varier selon les régions). *(**Source** : Albert Dauzat et M. Carrez)*	**Aalis, Adeline, Asceline, Agnès, Ameline, Béatrix, Constance, Denise, Éléonore, Élisabeth, Erembourg, Ermesinde, Ermengarde, Gillotte, Guillemette, Hugonette, Ide, Isabelle, Jeanne, Laure, Luquette, Mahaut, Marguerite, Marie** (cette liste pouvait varier selon les régions).
À la fin du XVIIIe siècle	***Dans l'ordre de fréquence :*** **Jean (et ses composés), Pierre, François, Louis, Joseph, Antoine, Jacques, Charles, Étienne, Guillaume, André.** *(**Source** : Jacques Dupâquier)*	***Dans l'ordre de fréquence :*** **Marie, Jeanne, Anne, Françoise, Catherine, Marguerite, Louise, Madeleine et Élisabeth.**

généalogiste l'indice d'une conversion à la religion réformée.

Du XVIe siècle à la Révolution française

Le choix d'un nom de saint et le mode de transmission qui veut que l'on donne aux nouveau-nés les prénoms des générations précédentes entraînent plusieurs conséquences. Tout d'abord, le nombre des prénoms utilisés reste réduit. Dans un village, les deux tiers des garçons se partagent souvent quatre ou cinq prénoms seulement. Pour les filles, la concentration est plus grande encore. Parmi les prénoms courants, on retrouve presque partout Jean, Pierre, Marie et Jeanne. Comme nous l'avons déjà vu plus avant, d'autres prénoms sont parfois, très répandus s'il y a une dévotion particulièrement forte envers un saint (Léonard en Limousin ou Yves en Bretagne).

Le type de dénomination qui s'est ainsi instauré durera jusqu'au début du XXe siècle, bien au-delà de la Révolution française dont la tentative de briser l'emprise du clergé échoue en grande partie. Avant la Première Guerre mondiale, une proportion encore importante des enfants reçoit comme prénom celui des grands-parents, du parrain ou de la marraine.

À l'époque de la Révolution française

Peu avant la Révolution, les prénoms les plus fréquents étaient, dans l'ordre, les suivants :

– Jean (et ses composés), Pierre, François, Louis, Joseph, Antoine, Jacques, Charles, Étienne, Guillaume et André, qui nommaient environ 70 % des garçons ;

– Marie, Jeanne, Anne, Françoise, Catherine, Marguerite, Louise, Madeleine et Élisabeth, qui nommaient environ 70 % des filles.

Encore une fois, le classement pouvait varier localement et le nom d'un saint de la région apparaître parmi cette liste des prénoms les plus fréquents. Mais c'est principalement ce manque de variété que va constater tout historien d'une famille sous l'Ancien Régime.

Enfin, on avait commencé à voir apparaître à partir du XVIIe siècle une pratique nouvelle : celle d'attribuer un second prénom à l'enfant, mais cette pratique reste circonscrite, avant la Révolution, aux familles citadines aisées.

Les prénoms de la Révolution française à 1900

À nouveau calendrier nouveaux prénoms : la Révolution française tente sans succès de briser l'emprise de l'Église, et les formes ancestrales reviennent au galop dès l'Empire. C'est en fait l'apparition d'un second prénom qui sera l'innovation majeure à partir de 1840.

Le calendrier révolutionnaire dédie chaque jour à « la véritable richesse nationale, les productions de la terre, les animaux... ».

Liberté, Floréal ou Brutus...

La Révolution française va permettre pendant quelques mois de choisir n'importe quel prénom pour son enfant. Des parents donnent alors des prénoms « révolutionnaires » ou « républicains » pour manifester leur attachement au nouveau régime. Les plus en vogue sont Liberté, Floréal, Brutus et Marat. Lorsque le gouvernement revient sur l'idée de liberté totale de choix, il indique que les prénoms choisis par les parents peuvent être tous ceux « en usage dans les différents calendriers ou portés par des personnages connus de l'histoire ancienne », ce qui élargit le champ du choix par rapport au concile de Trente.

Retour progressif à l'ancien système

Même s'il faut admettre que les prénoms révolutionnaires n'ont eu qu'un succès très limité, à la fois dans le temps (quelques mois) et par le nombre d'enfants concernés, le système ancien d'attribution des prénoms en reste ébranlé. La désaffection pour les grands saints du calendrier comme, semble-t-il, pour les petits saints locaux reste marquée jusque vers 1810 : les dix prénoms les plus fréquents ne nomment plus que 40 % des nouveau-nés au lieu des deux tiers, et les prénoms rares se multiplient (Rosalie, Rose, Julien...)

De 1810 à 1820, en revanche, la restauration de l'ancien système est spectaculaire. Les prénoms traditionnels, qui avaient beaucoup reculé, reprennent une position dominante. Comme au siècle précédent, on trouve à nouveau deux tiers des nouveau-nés se partageant les dix prénoms classiques.

L'apparition du deuxième prénom

La vraie révolution, c'est le choix par les parents d'un deuxième ou d'un troisième prénom pour l'enfant. Cela se développe vraiment à partir de 1840 et multiplie le stock de prénoms disponibles. Attribuer au nouveau-né un double ou triple prénom permet aux parents d'exprimer leurs goûts

Les vicomtes et les bouviers

À propos du choix des prénoms de son temps, Victor Hugo constate : « À côté de l'élément romanesque, il y a le symptôme social. Il n'est pas rare aujourd'hui que le garçon bouvier se nomme Arthur, Alfred ou Alphonse, et que le vicomte – s'il y a encore des vicomtes – se nomme Thomas, Pierre ou Jacques. Ce déplacement, qui met le nom « élégant » sur le plébéien et le nom campagnard sur l'aristocrate n'est autre chose qu'un remous d'égalité. L'irrésistible pénétration du souffle nouveau est là comme en tout. »

ou leur créativité tout en respectant les règles traditionnelles. Le père peut par exemple donner son propre prénom à son fils aîné, lui ajouter celui du grand-père mais y adjoindre aussi un prénom de fantaisie ou de roman. Comme il n'existe pas de règle fixe et universelle pour déterminer le prénom usuel (contrairement à aujourd'hui, où c'est toujours le premier, cela pouvait être indifféremment, selon les régions, les époques et les familles, le premier ou le dernier), n'importe lequel des prénoms donnés pouvait finalement devenir le « prénom d'usage » et être transmis à la génération suivante. Ce brassage et cette augmentation du nombre de prénoms disponibles ont été plus marqués dans la moitié nord de la France (celle des prénoms doubles ou triples) que dans la France du Centre et du Sud-Ouest, régions fidèles au prénom unique jusqu'à la fin du XIXe siècle.

L'effritement de la part des prénoms traditionnels tout au long de la seconde moitié du XIXe siècle témoigne certes d'une désaffection à l'égard des grands saints protecteurs mais aussi d'une montée de l'individualisme, se traduisant par un souci d'originalité.

L'apparition des phénomènes de mode

Avec ces deuxième et troisième prénoms, les phénomènes de mode vont apparaître et s'accentuer tout au long du siècle. Sans doute est-ce la gloire de Chateaubriand qui entraîne le succès de René en 1810-1820 et celle de Hugo le succès de Victor à partir de 1860-1869. Mais il faut nuancer : Eugénie, qui commençait par exemple à connaître de bons résultats vers 1840, a certes connu une envolée avec le second Empire, mais culmine surtout en 1880-1899 !

Les dix prénoms masculins les plus répandus au XIXe s.

1800-1809	1850-1859	1890-1899
Jean *(et ses composés)*	Jean *(et ses composés)*	Jean *(et ses composés)*
Pierre	Pierre	Louis
François	Louis	Joseph
Louis	Joseph	Pierre
Joseph	François	François
Antoine	Auguste	Henri
Jacques	Charles	Georges
Charles	Jules	Paul
Etienne	Eugène	Charles
Guillaume	Antoine	Léon

(*Source :* le Temps des Jules, les prénoms en France au XIXe siècle, *J. Dupâquier.*)

Les dix prénoms féminins les plus répandus au XIXe s.

1800-1809	1850-1859	1890-1899
Marie *(et ses composés)*	Marie *(et ses composés)*	Marie *(et ses composés)*
Jeanne	Jeanne	Jeanne
Anne	Louise	Louise
Françoise	Anne	Marguerite
Catherine	Joséphine	Maria
Marguerite	Catherine	Suzanne
Louise	Françoise	Madeleine
Madeleine	Marguerite	Joséphine
Élisabeth	Augustine	Eugénie
Rosalie	Julie	Anne

(*Source :* le Temps des Jules, les prénoms en France au XIXe siècle, *J. Dupâquier.*)

Les prénoms

Peu de nos ancêtres s'appellent Brutus, Floréal ou Artichaut… Ce qui va véritablement « révolutionner » les prénoms, c'est la possibilité pour les parents de donner à leurs enfants un second puis un troisième prénom. Place à l'imagination… et à la mode !

Le XXe siècle, c'est le siècle de l'apparition des modes et de la singularité. Ces enfants, photographiés vers 1900, s'appellent sans doute Marguerite, Jules, Madeleine, Rose, Eugénie, Léonie ou Suzanne… des prénoms qui ne se donnent plus guère aujourd'hui.

de 1900 à nos jours

Les prénoms du XXe siècle

La mode va s'emparer des prénoms : les romans, les films, les feuilletons interviennent dans le choix et favorisent une internationalisation de certains prénoms. De plus, la législation est modifiée dans le sens d'une libéralisation accrue de l'attribution. En 1987, il devient possible de choisir des prénoms d'origine étrangère. Depuis 1993, la loi laisse aux parents une totale liberté, exception faite des prénoms déplaisants.

Des témoins des modes

Sous l'Ancien Régime, le règne d'un prénom semblait éternel. Au début du XXe siècle, il pouvait rester en tête des choix pendant trente ans. Aujourd'hui un prénom ne reste pas plus de dix ans à la mode. Il est devenu par contrecoup un indicateur social et temporel : il permet de cerner à la fois l'âge et le milieu social de celui qui le porte.

Kevin, Marine, Maxime, Pauline, Mehdi, Camille, Jérémy… Aujourd'hui, les prénoms que portent les enfants de cette classe ne seront à la mode qu'une dizaine d'années.

Les prénoms d'ailleurs

Les familles nouvellement arrivées dans un pays donnent parfois à leurs enfants les prénoms de leur lieu d'origine. Dans la majorité des cas, ils préfèrent adopter les prénoms de leur nouveau pays. En revanche, les prénoms anglo-saxons se diffusent actuellement dans le monde entier, ainsi que les prénoms du nord de l'Europe. Les prénoms français s'exportent eux aussi, particulièrement les prénoms féminins.

Les prénoms les plus portés dans le monde

Sarah, Laura, Léa, Emma sont maintenant des prénoms à la mode dans le monde entier. Chaque pays a bien sûr ses préférences, mais on retrouve un peu partout, à des rangs divers, ces choix apparemment universels.

En ce début de XXIe siècle, il semble donc que les terminaisons en *-a* soient les plus faciles à prononcer dans toutes les langues, mais également que, comme tant d'autres choses, les goûts s'internationalisent progressivement.

Les prénoms du XXe siècle

Au XXe siècle, les déplacements des familles, l'essor des médias, l'importance croissante des films et des feuilletons télévisés, vont jouer un rôle prépondérant dans l'attribution d'un prénom. De plus, la législation permet aujourd'hui aux parents de choisir en totale liberté les prénoms de leurs enfants.

Le calendrier révolutionnaire a permis de nommer, parfois, des garçons Artichaut… mais aussi des petites filles Coriandre, Prune ou Cerise !

Des milliers de nouveaux prénoms

Après la Première Guerre mondiale, le prénom usuel n'est plus lié aux ancêtres ou aux parrains et marraines : il est désormais laissé au libre choix des parents et les règnes multi-séculaires de Jean et de Marie s'achèvent. Le choix est beaucoup plus grand, mais les prénoms apparaissent et disparaissent plus facilement. Beaucoup de prénoms donnés après la Seconde Guerre mondiale n'existaient quasiment pas dans le passé. Cela n'empêche cependant pas des prénoms traditionnels disparus de « renaître » pour de nouvelles périodes de gloire. La mode, l'influence des médias et des personnalités connues jouent un rôle important. Au lieu d'être intemporels, les prénoms permettent maintenant de déterminer jusqu'à l'âge de ceux qui les portent !

Le Code Napoléon en vigueur jusqu'en 1987

En France, jusqu'en 1987, on ne pouvait déclarer à l'état civil que des prénoms « en usage dans les différents calendriers ou portés par des personnages connus de l'histoire ancienne ». Les calendriers en question étaient « ceux de langue française » et, par histoire ancienne, il fallait comprendre « la Bible et l'Antiquité gréco-romaine ». Le calendrier le plus couramment utilisé était… celui des Postes, mais qui ne recensait que 300 prénoms. Les nombreux calendriers liturgiques de l'Église catholique permettaient d'élargir la liste, mais beaucoup de noms qui y figurent ne sont jamais utilisés : Cucufat, Malachie, Pothin, Pulchérie, Cloud, Ouen, Bède, Fridolin, etc. Même l'éphémère calendrier républicain a parfois servi. C'est grâce à lui que l'on a pu donner à des petites filles les prénoms de Cerise, de Prune, de Coriandre ou de Garance même si Épinard ou Artichaut n'ont plus été donnés depuis la Terreur… Néanmoins, lorsque l'on regarde les prénoms choisis depuis 1930, on constate que le renouvellement à travers les sources admises par l'état civil était déjà très largement là avant 1987.

Le premier pas vers une libéralisation

En 1987, une modification du texte de loi permet aux parents de choisir « des prénoms consacrés par l'usage et relevant d'une tradition étrangère ou française, nationale ou locale ». En clair, on pouvait désormais aussi bien choisir d'anciens prénoms régionaux (bretons, basques…) qu'étrangers. Toutes les difficultés n'étaient cependant pas aplanies, puisque les parents devaient justifier de l'orthographe exacte du prénom voulu et de son usage dans au moins un pays. Dans l'immédiat,

Les dix prénoms masculins les plus donnés au XXe siècle

1930	1950	1960	1970	1980	1990
Jean	Michel	Philippe	Christophe	Nicolas	Kevin
André	Alain	Patrick	Stéphane	Sébastien	Thomas
Pierre	Gérard	Pascal	Laurent	Julien	Jérémy
René	Bernard	Alain	David	Mickaël	Julien
Michel	Daniel	Michel	Olivier	David	Nicolas
Roger	Christian	Éric	Frédéric	Christophe	Alexandre
Jacques	Jean-Pierre	Thierry	Philippe	Cédric	Anthony
Robert	Jacques	Christian	Éric	Jérôme	Maxime
Marcel	Patrick	Didier	Franck	Frédéric	Romain
Claude	Jean-Claude	Dominique	Thierry	Guillaume	Mathieu

(Source : Philippe Besnard et Guy Desplanques, la Cote des prénoms, *Éditions Balland, 2002.)*

Les dix prénoms féminins les plus donnés au XXe siècle

1930	1950	1960	1970	1980	1990
Jeannine	Martine	Catherine	Nathalie	Céline	Élodie
Jacqueline	Françoise	Sylvie	Valérie	Émilie	Laura
Simone	Monique	Christine	Sandrine	Aurélie	Julie
Jeanne	Nicole	Brigitte	Isabelle	Virginie	Marine
Denise	Michèle	Martine	Christelle	Stéphanie	Marion
Yvette	Danielle	Patricia	Sylvie	Lætitia	Pauline
Marie	Chantal	Véronique	Sophie	Audrey	Aurélie
Paulette	Annie	Françoise	Laurence	Sandrine	Camille
Monique	Christiane	Isabelle	Catherine	Sabrina	Mélanie
Marie-Thérèse	Jacqueline	Pascale	Véronique	Delphine	Sarah

(Source : Philippe Besnard et Guy Desplanques, la Cote des prénoms, *Éditions Balland, 2002.)*

cela s'est surtout traduit par une américanisation des prénoms, souvent tirés des derniers feuilletons télévisés, tendance qui s'est confirmée depuis lors.

Le libre choix du prénom

La loi du 8 janvier 1993 lève toute contrainte. Désormais « l'officier d'état civil porte immédiatement sur l'acte de naissance les prénoms choisis » par les parents. Il n'y a plus de référence obligée à des calendriers ou à un usage ancestral. Il ne reste que deux restrictions : on ne peut choisir le patronyme d'une personne connue (pas question de prénommer son fils Chirac ou Jospin…) et on ne peut pas non plus choisir des prénoms « contraires à l'intérêt de l'enfant ». Le législateur précise qu'il faut comprendre par là tous les choix « ayant une apparence ou une consonance ridicule, péjorative ou grossière, ceux difficiles à porter en raison de leur complexité ou de la référence à un personnage déconsidéré dans l'histoire ». C'est ainsi qu'en septembre 1993 le prénom Babar que des parents voulaient donner à leur petite fille a été rejeté !

Le prénom témoin des modes

Au début du XXe siècle, la prééminence d'un prénom pouvait durer quelques décennies. Maintenant, c'est, au mieux, quelques années. De plus en plus éphémère, toujours davantage lié aux modes, le prénom permet aujourd'hui de cerner à la fois l'âge et le milieu social de celui qui le porte.

Dès l'apparition de la télévision, les feuilletons ont contribué à promouvoir et diffuser de nouveaux prénoms. Aujourd'hui, ce sont les prénoms anglo-saxons qui sont en expansion un peu partout dans le monde, à cause du succès des séries américaines.
Steve, Peggy, Brandon, Cynthia, Jennifer, Jérémy, Cathy, Grégory, Kevin, Linda, Bryan, Sandy, Cindy, Anthony et Tiffany sont quelques exemples de prénoms qui fleurissent dans les cours d'école. Tous reflètent l'engouement de certains parents pour les héros télévisés ou les acteurs qui les incarnent. En général, ces prénoms « s'usent » aussi vite que le succès des feuilletons qui les ont fait apparaître…

Les enfants de Michel et Martine s'appellent Nicolas et Céline

Véritable paradoxe, plus la liberté paraît totale dans le choix des prénoms, plus ce choix semble guidé comme par une « main invisible » : les décisions individuelles se font dans un éventail relativement restreint, comme si l'ensemble de la société imposait des règles aux parents.

Le schéma ci-après montre la succession des prénoms leaders depuis 1900 : Jean est le prénom masculin le plus fréquemment choisi de 1913 à 1937, Michel lui succède de 1937 à 1955, puis Patrick pendant deux ans… Le rythme de renouvellement s'accélère visiblement. Et les prénoms féminins sont encore plus éphémères ! Maintenant, sur dix prénoms en tête, la moitié se renouvelle en moins de cinq ans.

Il y a des modes dans les sons…

Si certaines terminaisons des prénoms féminins ou masculins sont à la mode durant une dizaine d'années, d'autres le sont sur de plus longues périodes.

Pour les filles – Dans les années 1920-1930, c'étaient les prénoms en *-ette* qui étaient à la mode (Georgette, Paulette, Odette, Yvette, Ginette, Huguette, Lucette, Pierrette, Arlette, Colette, Josette…).

Dans les années 1940, c'étaient les *-iane* (Christiane, Éliane, Liliane, Josiane, Viviane…).

Les prénoms en *-ine*, très portés dans les années 1920-1930 (Jeannine, Jacqueline, Micheline) reviennent dans les années 1950-1960 (avec Martine, Catherine, Christine, Corinne) puis dans les années 1980 (avec Sandrine, Séverine, Delphine, Caroline, Céline) et dans les années 1990 (avec Pauline, Marine, Justine).

Mais, depuis quinze ans, c'est la terminaison en *-ie* qui connaît le plus de succès : Aurélie, Émilie, Élodie, Julie, Mélanie, Stéphanie, Virginie… ainsi que la terminaison en *-a* (Léa, Alexandra, Sandra, Sabrina, Jessica, Vanessa, Laura, Sarah, Maéva, Victoria…). À noter aussi, la récente multiplication des noms en *-aine* ou *-ène* (Tiphaine, Solène…) ou en *-é* (Chloé, Zoé…).

Pour les garçons – La vogue des noms en *-ien* tient bien : Fabien, Sébastien, Julien, Damien, Adrien… sont maintenant suivis des tout neufs Bastien, Cyprien, Flavien, Maximilien…

La sonorité assez voisine en *-in* connaît également un succès récent (Romain, Benjamin, Sylvain, Quentin, Valentin, Martin…), ainsi que les prénoms en *-an* ou *-en* (Clément, Nathan, Florent, Florian…) et ceux dont la terminaison se prononce *-ane* ou *-ine* (Jordan, Morgan, Johan, Erwan, Dorian, Bryan, Kevin, Melvin…). Derniers venus : les prénoms en *-o* (Hugo, Léo, Théo…).

Les prénoms « repoussoirs »

En sens inverse, on peut trouver des règles, des caractéristiques communes aux « prénoms repoussoirs », c'est-à-dire ceux que la majorité des gens considèrent, à un moment donné, comme désuets ou franchement importables. C'est par exemple le cas d'Adolphe, que personne ne donne plus à son fils depuis la Seconde Guerre mondiale…

Mais on rejette également les prénoms à la mode du temps des parents ou des grands-parents. Un prénom n'a de chance de redevenir à la mode que si la plupart de ses porteurs sont décédés !

Qui de la poule ou de l'œuf… ?

D'où viennent tous ces prénoms nouveaux ? Qui lance les modes ? Voilà des questions bien difficiles ! Certains disent que les prénoms lancés par les médias, par les chansons, les films à succès… seraient à l'origine de chaque nouvelle vague. La réussite de Brigitte paraît effectivement liée à celle de Brigitte Bardot. Les feuilletons télévisés *Thierry la Fronde*, *Belle et Sébastien* étaient vus au moment où ces prénoms étaient le plus en vogue. Les petites Nathalie apparaissent en grand nombre après le succès de la chanson de Bécaud et, dans les années 1960, Nicolas berce le soir avec Nounours, dans *Bonne nuit les petits*, beaucoup de petits garçons qui s'appellent comme lui.

La belle Brigitte Bardot est-elle à l'origine du succès populaire de Brigitte ? Ou bien la vogue de ce prénom était-elle déjà amorcée, l'actrice ne faisant que la renforcer ?

La réalité est cependant plus complexe. Lorsque l'on regarde avec attention à quelle date tous les prénoms que nous venons d'évoquer sont apparus et comment ils se sont développés, on s'aperçoit que le succès de ces prénoms avait en général débuté bien avant. Les films ou les chansons ne

Les nouvelles tendances

Quels seront les prénoms de demain ? Comme le démographe Guy Desplanques et le sociologue Philippe Besnard ont pu l'analyser, les prénoms actuellement en vogue croissante viennent de différentes sources. Ainsi se dessinent les tendances suivantes :

- **ANTIQUE** : gréco-romaine mais surtout romaine, elle apporte des noms latins comme Maxime, Florian, tous les prénoms en *-ien* et en *-in*, Adrien, Quentin, etc. sans oublier Romain.
- **BIBLIQUE** : elle propage des prénoms issus de l'Ancien Testament et d'usage confidentiel jusqu'alors comme Nathan, Déborah et Sarah.
- **MÉDIÉVALE** : elle amène des prénoms anciens en usage au Moyen Âge tels Aymeric, Guillaume, Thibaut, Tiphaine, Gautier. On peut également y annexer la source celtique ou bretonnante illustrée notamment par Erwan, Morgane, Gaëlle, Arthur, Tristan, Tanguy, Nolwenn ou Maïwenn.
- **RÉTRO** : elle a fait revenir les prénoms en vogue au XIXe siècle tels que Pauline, Joséphine, Charlotte, Victor ou Jules.
- **ANGLO-AMÉRICAINE** : elle introduit en France des prénoms inconnus auparavant (Cindy, Jennifer, Mélissa, Jordan ou Brandon) et plus encore des formes anglaises de prénoms français (Anthony, Christopher, Mickaël, Jérémy ou Alison).

(Source : Philippe Besnard et Guy Desplanques, la Cote des prénoms, *Éditions Balland, 2002.)*

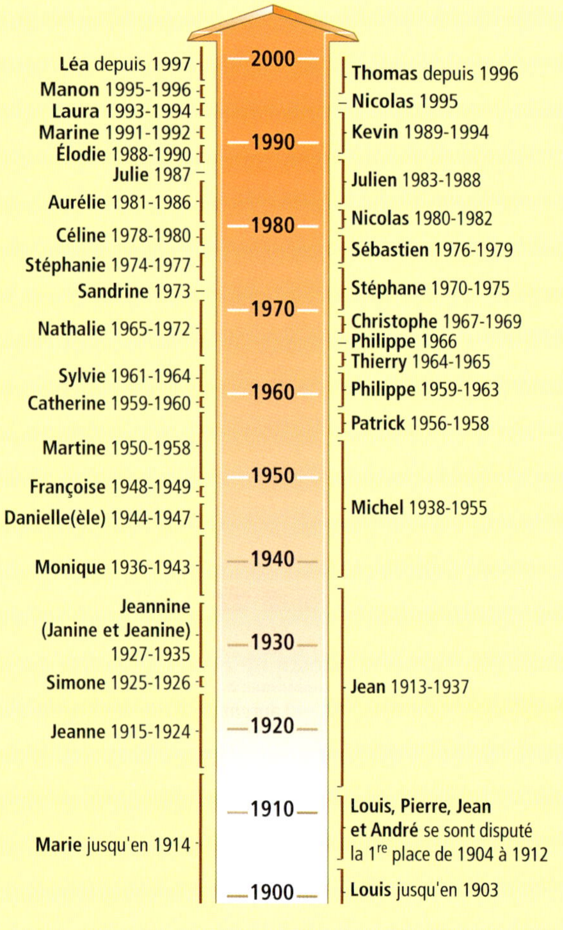

Les règnes des prénoms de 1900 à 2000.

font qu'accentuer un mouvement déjà lancé ou bien reprennent un prénom qui a sa plus forte popularité à ce moment-là.

La mode des prénoms anglo-saxons

Il n'y a guère que pour les prénoms anglo-américains, en pleine expansion, que l'on peut dire que les médias lancent la mode. C'est en référence aux acteurs des séries télévisées que sont apparus, puis ont proliféré, des Kelly, Cindy, Jennifer, Mélissa, Kevin, Jordan, Anthony, Christopher, Mickaël, Bryan, Morgan…

Le prénom situe dans le temps

Une chose est certaine, la circulation des prénoms se fait de plus en plus vite et les médias ne sont sans doute pas étrangers à cette usure accélérée. Une conséquence : au lieu d'être intemporels, les prénoms permettent de deviner l'âge de leurs porteurs. C'est en 1965 qu'un Thierry a la plus forte probabilité d'être né ; Sébastien, quasiment ignoré en 1966, culmine en 1976 ; 1972 est l'année des Sandrine, un prénom presque inconnu en 1962, etc.

Prénoms et professions

Les prénoms sont-ils aussi fonction de la profession et de la situation sociale des parents ? Relativement peu. Cependant quelques clivages se dessinent :

Les cadres – Ils utilisent – lancent, pourrait-on dire – les prénoms nouveaux avec quelques années d'avance sur les autres catégories. Ils sont également ceux qui utilisent le plus les prénoms classiques (Anne, Pierre, François…).

Les agriculteurs – Ils sont moins sensibles à la mode et adoptent avec plus de temps les nouveaux prénoms pour leurs enfants.

Les ouvriers – Ce sont ceux qui choisissent le plus fréquemment (trois fois plus que les autres catégories) les prénoms anglo-saxons diffusés par les feuilletons.

Cependant, les décalages dans la diffusion sociale des prénoms ont, de plus en plus, tendance à s'amenuiser.

La primauté de l'aîné

Aujourd'hui, il est fréquent de constater que, dans une famille de plusieurs enfants, l'aîné reçoit un peu plus souvent que ses frères ou ses sœurs un prénom original.

Pour leurs enfants suivants, les parents préféreront, en général, revenir à des prénoms plus classiques.

Le palmarès des prénoms les plus donnés en 2002

PRÉNOMS FÉMININS	PRÉNOMS MASCULINS
Léa	Théo
Chloé	Hugo
Emma	Lucas
Camille	Thomas
Manon	Quentin
Sarah	Nicolas
Océane	Maxime
Inès	Antoine
Mathilde	Alexis
Margaux	Alexandre

*(**Source** : Philippe Besnard et Guy Desplanques,* la Cote des prénoms, *Éditions Balland, 2002. Ce palmarès correspond à une prévision, toutes les statistiques n'étant pas encore disponibles.)*

Les prénoms les plus portés en France en 2002 *(tous âges confondus)*

PRÉNOMS FÉMININS	PRÉNOMS MASCULINS
Nathalie (354 000)	Michel (653 000)
Monique (353 000)	Jean (547 000)
Catherine (350 000)	Pierre (535 000)
Isabelle (346 000)	Philippe (470 000)
Françoise (345 000)	Alain (435 000)
Sylvie (340 000)	André (386 000)
Marie (332 000)	Bernard (370 000)
Jacqueline (312 000)	Nicolas (349 000)
Martine (301 000)	Daniel (347 000)
Jeannine (286 000)	Jacques (347 000)
Michèle (269 000)	Patrick (346 000)
Nicole (268 000)	Christophe (342 000)
Christine (261 000)	Christian (340 000)
Jeanne (252 000)	Claude (318 000)
Valérie (234 000)	Gérard (307 000)
Sandrine (224 000)	Jean-Pierre (287 000)
Christiane (224 000)	Frédéric (285 000)
Danielle (222 000)	Laurent (284 000)
Sophie (220 000)	Éric (282 000)
Stéphanie (220 000)	Stéphane (280 000)

*(**Source** : Philippe Besnard et Guy Desplanques,* la Cote des prénoms, *Éditions Balland, 2002. Ce palmarès correspond à une prévision, toutes les statistiques n'étant pas encore disponibles.)*

Les prénoms d'ailleurs

Les familles nouvellement arrivées prennent-elles facilement les prénoms locaux ? Les familles de souche adoptent-elles, de leur côté, les prénoms des immigrés ? Quels sont les prénoms étrangers « qui marchent » et pourquoi ? Et puis, les prénoms français s'exportent-ils aussi par-delà nos frontières ?

Les prénoms et l'immigration

Avec le développement des moyens de communication, les mouvements de population se sont accrus depuis la fin du XIXe siècle. Cela n'a cependant pas joué sur le choix des prénoms. En France par exemple, les prénoms portugais, arabes, vietnamiens ou africains n'ont généré aucun mouvement de mode. Les familles nouvellement arrivées adoptent en général très vite les prénoms locaux.

Une exception : les familles algériennes, marocaines ou tunisiennes conservent souvent pour leurs fils des prénoms arabes traditionnels. Mohammed arrive largement en tête de leurs choix (voir encadré). Les analystes Philippe Besnard et Guy Desplanques indiquent que Mehdi serait le seul prénom arabe susceptible de se propager en dehors de sa sphère d'origine. Pour les filles, les choix sont moins traditionnels que pour les fils. Leurs prénoms ont en général une terminaison en *-a* ou en *-ia* mais ne sont pas nécessairement d'origine arabe. Sarah (prénom biblique signifiant « princesse » en hébreu et à la mode depuis longtemps dans les pays anglo-saxons) arrive en tête. Il est suivi de Sabrina (prénom celtique revenu en France dans les années 1960 via l'Amérique, mais phonétiquement proche du mot arabe Sabria, qui signifie « patience ») puis de Sonia (forme slave du prénom Sophie). Nadia, qui est également souvent choisi, peut paraître à première lecture être un prénom d'origine slave (diminutif de Nadège), mais il correspond en fait à un prénom arabe qui signifie « généreuse ».

Évoquons un autre exemple, celui des familles portugaises vivant en France. Leurs choix sont sensiblement ceux de l'ensemble de la population, mais avec une préférence pour les prénoms en *-a* pour les filles (Laura, Jessica, Alexandra, Marina, Sarah, Sandra, Sonia...) ou en *-i* (Elodie, Mélanie, Stéphanie...) et pour les prénoms anglo-saxons pour les garçons (Kevin, Mickaël, Anthony, Jérémy, Jonathan...).

Les prénoms qui s'exportent le mieux sont les prénoms anglo-saxons. Toutefois, dans certains pays, les prénoms français, surtout féminins, connaissent aussi le succès.

Les prénoms venus d'ailleurs

Il y a pourtant dans chaque pays, et depuis toujours, des prénoms qui viennent d'ailleurs. Ce phénomène a pris en France, particulièrement depuis le milieu du XXe siècle, une ampleur sans précédent. Les deux principaux courants qui ont alimenté les modes sont :

Les prénoms venus du Nord et de l'Est – Prénoms germaniques, slaves, suédois… comme Éric, Brigitte, Ingrid, Astrid, Nathalie, Natacha, Nadia, Sonia, Serge, Dimitri, qui ont commencé leur percée dans les années 1940 et ont connu, dans toutes les couches sociales, un succès croissant.

Les prénoms anglo-saxons – Ils n'ont pas seulement envahi les ondes et les feuilletons TV, on les retrouve aussi dans les berceaux ! Ils sont extrêmement nombreux : Cindy, Cynthia, Jennifer, Linda, Kevin, Bryan, Cathy, Sandy, Sandra, Megane, Alicia, Anthony, Jérémy, Grégory, Tiffany… Contrairement aux autres, les prénoms anglo-saxons sont plébiscités pour l'essentiel par les milieux populaires. Parmi eux, on peut distinguer plusieurs catégories :

– des prénoms qui n'existaient pas en langue française, comme Cindy, Cynthia, Audrey…

– des prénoms qui correspondent en réalité à des diminutifs de prénoms anglo-saxons, comme Cathy, Peggy, Steve, Tony, Sandra…

– des prénoms bibliques rares en France mais largement donnés au Royaume-Uni et aux États-Unis, comme Jonathan, Samuel, Sarah, Rebecca…

– des formes anglaises de prénoms français, comme Christopher, Anthony, Jérémy, Alicia…

– des prénoms français rares mais qui reviennent grâce à leur vogue outre-atlantique, comme Quentin, Richard, Simon, Thomas ou Chloé… y compris des prénoms qui reviennent sous la forme orthographique qu'ils avaient au Moyen Âge chez nous, comme Johan, Gérald ou Stéphanie.

Les prénoms français s'exportent bien

Ah, les petites femmes de Paris !… Parmi les prénoms français, ce sont les féminins qui s'exportent le mieux !

Michelle a été le prénom féminin leader aux États-Unis dans les années 1970, Nicole y était dans le peloton de tête dans les années 1980… Quant à la Grande-Bretagne, elle a plutôt adopté Christine dans les années 1950 puis Julie et Jacqueline dans les années 1960, Claire dans les années 1970 et maintenant Sophie. En Allemagne, Sophie progresse aussi très fort. Les exemples pourraient être multipliés.

Il y a dans chaque pays, et depuis toujours, des prénoms qui viennent d'ailleurs. Toutefois, les familles nouvellement arrivées dans un pays adoptent souvent les prénoms locaux.

Mohammed en tête !

Le tableau ci-dessous donne par ordre de fréquence les sept premiers prénoms donnés en France par les familles d'origine algérienne, marocaine ou tunisienne à leurs enfants.

PRÉNOMS MASCULINS	PRÉNOMS FÉMININS
Mohammed	Sarah
Mehdi	Sabrina
Sofiane	Sonia
Karim	Anissa
Samir	Nadia
Yassine	Leila
Youssef	Myriam

(Source : Philippe Besnard et Guy Desplanques, la Cote des prénoms, *Éditions Balland, 2002.)*

Les prénoms les plus portés aujourd'hui

En observant les prénoms dans les pays pour lesquels des statistiques sont disponibles, on retrouve, un peu partout et à des rangs divers, les universels Sarah, Laura, Emma ou Thomas. Comme si, dans toutes les langues, les terminaisons en *-a* étaient les plus faciles à prononcer et que les goûts s'internationalisaient.

Les prénoms les plus portés au Québec

Si l'on regarde à la fois le palmarès des prénoms en France et aux États-Unis avant de regarder celui du Canada francophone, on se rend compte que les Québécois préfèrent les prénoms français à ceux des Américains.

Cependant, malgré les similitudes, les prénoms en tête au Québec et en France ne sont jamais les mêmes au même moment. Sur les vingt prénoms actuellement leaders au Québec, seuls Camille et Sarah se retrouvent dans les vingt premiers en France. Les autres sont des prénoms qui en France sembleraient démodés ou rares.

On trouve quand même des prénoms anglo-saxons (comme Megan, aussi écrit Mégane, qui ne souffre pas outre-atlantique de l'effet désastreux, en France, du véhicule homonyme...) ou Maud francisé en Maude.

Il existe aussi des prénoms typiquement québécois, comme Joannie (ou Joanie), Carolane, et, bien sûr, les multiples composés de Marie : Marie-Ève, Marie-Pier (au lieu de Marie-Pierre), Marie-Soleil, etc.

Les cycles de la mode se transmettent-ils d'un pays à un autre ? Difficile à déterminer. Les Catherine y sont arrivées en tête du palmarès trente ans après la France, les Alexandra, Valérie, Véronique ou Olivier avec près de vingt ans de décalage.

En revanche, Julie, Mélanie, Jonathan ou Maxime, qui parviennent maintenant seulement dans les premiers noms donnés en France, étaient en tête au Québec il y a bien des années.

Les prénoms les plus donnés au Québec en 2000

PRÉNOMS FÉMININS	PRÉNOMS MASCULINS
Mégane	William
Laurie	Samuel
Ariane	Jérémie
Noémie	Gabriel
Sarah	Zacharie
Gabrielle	Thomas
Camille	Olivier
Audrey	Anthony
Marianne	Alexandre
Catherine	Nicolas

(Source : Philippe Besnard et Guy Desplanques, la Cote des prénoms, *Éditions Balland, 2002.)*

Les prénoms les plus donnés en Suisse romande en 2000

PRÉNOMS FÉMININS	PRÉNOMS MASCULINS
Léa	Luca
Sarah	David
Laura	Nicolas
Marie	Loïc
Camille	Thomas
Chloé	Alexandre
Julie	Samuel
Océane	Julien
Lisa	Valentin
Mélanie	Théo

*(**Source** : Philippe Besnard et Guy Desplanques,* la Cote des prénoms, *Éditions Balland, 2002.)*

Les prénoms les plus portés en Suisse romande

Une caractéristique de la Suisse romande, c'est de conserver très longtemps ses prénoms préférés. David figure ainsi dans les trois premières places depuis quinze ans. Sarah, qui est de très loin le premier prénom féminin de l'ensemble de la Suisse, est en tête depuis plus de dix ans et Céline se maintient dans le palmarès depuis plus d'une décennie.

La seule surprise est l'arrivée récente dans ce pays du cœur des Alpes du prénom très breton Loïc !

Les prénoms les plus portés en Belgique

En Belgique, il n'existe de statistiques sur les prénoms que pour la seule année 1997. Le palmarès donné ci-contre ne mentionne donc pour ce pays que les deux premiers prénoms de la partie wallonne.

De l'ensemble des statistiques cependant, il ressort que la Belgique francophone, dans ses choix de prénoms, est beaucoup plus proche de la France que la Suisse romande ou le Québec. Néanmoins, les prénoms anglo-saxons (Brian, Logan, Jason, Kimberley, Wendy…) y sont davantage portés qu'en France.

Les prénoms les plus donnés en Belgique en 1997

PRÉNOMS FÉMININS	PRÉNOMS MASCULINS
Laura	Thomas
Manon	Maxime

*(**Source** : Philippe Besnard et Guy Desplanques,* la Cote des prénoms, *Éditions Balland, 2002.)*

Les prénoms les plus donnés en France en 2000

PRÉNOMS FÉMININS	PRÉNOMS MASCULINS
Léa	Thomas
Manon	Lucas
Camille	Hugo
Chloé	Maxime
Sarah	Alexandre
Océane	Quentin
Emma	Théo
Laura	Nicolas
Marie	Antoine
Julie	Alexis

*(**Source** : Philippe Besnard et Guy Desplanques,* la Cote des prénoms, *Éditions Balland, 2002.)*

Les prénoms les plus portés en France

De nombreux détails et tableaux d'analyse ont été donnés dans les pages sur « Les prénoms de 1900 à nos jours » et sur « Le prénom témoin des modes sur le siècle ».

Cependant, pour faciliter les comparaisons avec les autres pays, nous donnons ci-après la liste des dix prénoms les plus fréquents en l'an 2000.

Les prénoms les plus portés aux États-Unis

Il faudrait un livre entier pour poursuivre l'analyse pays par pays, dans la mesure bien sûr où les informations peuvent être disponibles. Seuls sont donnés ici les palmarès des prénoms aux États-Unis et en Grande-Bretagne, puisque ces pays alimentent actuellement les modes du reste du monde.

Aux États-Unis, les statistiques disponibles varient selon les États. Il semble cependant que les mouvements de mode soient plus lents dans ce pays qu'en Europe, sans doute du fait de sa taille mais aussi de sa diversité ethnique et culturelle. C'est ainsi que le prénom hispanique José arrive en tête en Californie.

Les prénoms les plus portés en Grande-Bretagne

Il n'existe dans ce pays aucun texte de loi régissant le choix des prénoms, laissé au libre arbitre des parents. Le tableau de la page ci-contre donne les prénoms actuellement les plus attribués aux nouveau-nés en Angleterre et au pays de Galles. Une caractéristique du pays est, en effet, que les modes y subissent largement l'influence des régions : les prénoms de l'Écosse ou de l'Irlande du Nord ne sont pas les mêmes, malgré des ressemblances.

En Angleterre et au pays de Galles, les prénoms celtiques reculent alors qu'il y a permanence de prénoms français (Sophie et Charlotte figurent toujours dans le palmarès des dix premiers prénoms féminins). Comme en France, les différences sociales se traduisent dans le choix des prénoms. On trouve ainsi, dans les classes bourgeoises, les caractéristiques Edward et Charles, ou, pour les prénoms féminins, Isabel, Isabella ou Imogen, plutôt rares dans le reste de la population.

Au pays de Galles, certains prénoms typiquement locaux connaissent toujours une belle carrière, comme Bethan, Ffion, Rhiannon ou Angharad pour les filles et Rhys, Gareth, Lloyd ou Ieuan pour les garçons.

Pour l'Irlande du Nord, les prénoms celtiques arrivent en tête. Philippe Besnard et Guy Desplanques ont pu établir une liste de prénoms qui y sont très fréquents alors qu'ils sont rares ou quasi absents dans les autres régions de Grande-Bretagne :

– pour les filles : Niamh, Aoife, Erin, Orla, Caoimhe, Aine, Shauna, Eimear, Sinead, Bronagh.

– pour les garçons : Conor, Sean, Patrick, Niall, Ciaran, Shane, Caolan, Eoin, Aidan, Brendan.

L'Écosse se rapproche de l'Angleterre dans ses choix de prénoms, mais avec un décalage dans le temps. Les prénoms gaéliques ou irlandais y sont cependant privilégiés, ainsi que des variantes orthographiques locales de prénoms anglais (Euan au lieu d'Ewan ou Stuart au lieu de Stewart par exemple). On y trouve ainsi, en bonne place :

– pour les filles : Rachael, Caitlin, Erin, Kirsty, Eilidh.

– pour les garçons : Ross, Scott, Sean, Euan, Stuart.

Comme la mode des prénoms anglo-saxons s'étend largement en Europe, verrons-nous ces prénoms leaders s'implanter dans les régions francophones dans quelques années ? L'avenir le dira.

Les prénoms les plus donnés en Angleterre et au pays de Galles en 2000

PRÉNOMS FÉMININS	PRÉNOMS MASCULINS
Chloe	Jack
Emily	Thomas
Megan	James
Sophie	Daniel
Jessica	Joshua
Charlotte	Matthew
Lauren	Samuel
Hannah	Joseph
Rebecca	Luke
Lucy	Callum

*(**Source :** Philippe Besnard et Guy Desplanques,* la Cote des prénoms, *Éditions Balland, 2002.)*

Les prénoms les plus donnés aux États-Unis en 2000

PRÉNOMS FÉMININS	PRÉNOMS MASCULINS
Kaitlyn	Michael
Sarah	Jacob
Hannah	Matthew
Emily	Joshua
Brianna	Nicholas
Samantha	Joseph
Ashley	Christopher
Haley	Austin
Madison	Tyler
Taylor	Zachary

*(**Source :** Philippe Besnard et Guy Desplanques,* la Cote des prénoms, *Éditions Balland, 2002.)*

Dictionnaire des noms

Ce dictionnaire donne l'étymologie, la signification et le nombre de porteurs des 500 patronymes les plus fréquents en France.
Il donne également le nombre de porteurs de ces noms de famille en Belgique, au Québec et en Suisse. Quand l'une de ces trois aires francophones n'est pas mentionnée, c'est que le patronyme n'y est pas représenté ou bien qu'il est porté par moins de cinq personnes.

ADAM ◆ Adam est l'un des nombreux patronymes issus d'un nom de baptême, celui porté par le chef de famille d'origine. Ce nom biblique provient du terme *adama*, signifiant «terre rouge». Il évoque, en effet, la création du premier homme, façonné par Dieu à partir d'argile rouge. 28 000 en France, 2 040 en Belgique, 2 700 au Québec, 1 600 en Suisse.

ALBERT ◆ Le patronyme Albert dérive du nom de baptême, lui-même issu d'un nom de personne d'origine germanique, *Adalberht* (de *adal-*, noble, et *-berht*, brillant, illustre). 18 000 en France, 1 950 en Belgique, 2 400 au Québec, 400 en Suisse.

ALEXANDRE ◆ Ce beau nom est l'un des nombreux patronymes issus d'un nom de baptême, celui-ci dérivant de l'adjectif grec *aléxandros*, « qui protège les hommes », nom qui fut porté notamment par des empereurs. 20 000 en France, 900 en Belgique, 2 400 au Québec, 600 en Suisse.

ALLAIN, ALAIN ◆ Allain et sa variante Alain, moins fréquente, dérivent tous deux du nom de baptême Alain, issu du nom latin *Alanus* désignant un Alain, c'est-à-dire un membre de ce peuple qui occupait autrefois la Scythie (sud-ouest de la Russie). Celui-ci fut porté aux débuts du christianisme par de nombreux saints très populaires, notamment saint Alain de Courlay en Bretagne, qui constitue le véritable berceau géographique du nom. Allain : 17 000 en France, 100 en Belgique, 420 au Québec, 95 en Suisse. Alain : 2 000 en France, 90 en Belgique, 2 400 au Québec.

les plus portés

ALLARD ◆ Le patronyme Allard provient du nom germanique *Adalhard* (de *adal-*, noble, et *-hard*, fort). 18 000 en France, 1 050 en Belgique, 12 100 au Québec, 180 en Suisse.

ANDRÉ ◆ André est un exemple de patronyme issu d'un nom de baptême : celui-ci vient du grec *andros*, signifiant « homme ». Ce nom, qui fut celui d'un des douze apôtres, a donné naissance en France à de nombreuses variantes et semble surtout groupé autour des grandes métropoles. 65 000 en France, 800 en Belgique, 160 au Québec, 7 400 en Suisse.

ANDRIEU ◆ Andrieu est une des formes occitanes, plus particulièrement gasconne, du nom latin *Andreas*. 14 000 en France, 70 en Suisse.

ANTOINE ◆ Ce patronyme vient du nom de baptême, lui-même issu du nom latin *Antonius*, signifiant « qui fait face à ses adversaires ». 21 000 en France, 2 250 en Belgique, 20 au Québec, 600 en Suisse.

ARNAUD ◆ Arnaud dérive d'un nom de personne d'origine germanique, *Arnowald* (de *arn-*, aigle, et *-waldam*, gouverner). 46 000 en France, 190 en Belgique, 140 au Québec, 1 900 en Suisse.

AUBERT ◆ Comme Albert, le patronyme Aubert dérive d'un nom de personne d'origine germanique : *Adalberht* (de *adal-*, noble et *-berht*, brillant, illustre). Il fut porté et popularisé comme nom de baptême par plusieurs saints, dont l'évêque d'Avranches, fondateur du Mont-Saint-Michel au VIIe siècle. 40 000 en France, 90 en Belgique, 1 980 au Québec, 4 730 en Suisse.

AUBRY ◆ Le patronyme Aubry dérive d'un nom germanique, *Alberik*, (de *albh-*, elfe, et *-rik*, puissant). 25 000 en France, 400 en Belgique, 660 au Québec, 3 250 en Suisse.

AUGÉ, AUGER ◆ Le patronyme Auger(é) dérive du nom de baptême germain *Adalgari*, qui signifie « noble lance ». En France, l'implantation principale des Auger dessine un grand croissant de lune qui part des côtes vendéennes et des Charentes, remonte la Loire, gagne Paris et finit en Seine-Maritime. Au sud, le long des Pyrénées et

▲ *Une grande partie de nos patronymes viennent des noms des envahisseurs germaniques.*

de la Méditerranée, se retrouvent plutôt les Augé. Nombre total de porteurs de ces deux noms : 19 000 en France, 7 300 au Québec, 90 en Suisse.

BAILLY ◆ Un certain nombre de patronymes se sont formés à partir de noms de dignité. C'est le cas de Bailly, sans doute donné à l'origine, compte tenu de sa fréquence, non pas à un véritable bailli, mais comme sobriquet à quelqu'un qui en prenait les apparences. 25 000 en France, 200 en Belgique, 180 au Québec, 600 en Suisse.

BARBE, BARBÉ ◆ En ancien français, *barbé* signifiait «barbu». Ce surnom est bien sûr apparu en même temps en de nombreux endroits et les familles Barbe (ou Barbé) n'ont pas forcément de liens entre elles. Il est d'ailleurs révélateur que les trois départements les plus peuplés en porteurs de ce nom en France soient trois départements très éloignés les uns des autres : la Gironde, Paris et l'Ille-et-Vilaine. 20 000 en France, 530 en Belgique, 160 au Québec, 8 100 en Suisse.

BARBIER ◆ Le barbier était autrefois celui qui coupait barbes et cheveux tout en pratiquant les interventions chirurgicales les plus courantes. Du métier dérive le patronyme. 38 000 en France, 760 en Belgique, 60 au Québec, 2 000 en Suisse.

BARON ◆ Le patronyme Baron est à l'origine un surnom désignant au Moyen Âge quelqu'un de brave et distingué. Ce n'est que plus tard que le mot a pris le sens de fier, hautain. Le patronyme s'écrit en général avec un seul *r* (la variante orthographique Barron représente moins de 4 % des cas). Les Baron se retrouvent essentiellement en Bretagne, notamment sur la côte sud, ainsi que dans la vallée de la Loire, les côtes de Vendée et de Charente. Cette implantation côtière a-t-elle favorisé l'émigration ? Le nom est très porté en Angleterre, aux États-Unis et au Canada. 32 000 en France, 100 en Belgique, 2 300 au Québec, 3 200 en Suisse.

BARRE, BARRET ◆ Les patronymes Barre(é) ou Barret ont désigné au Moyen Âge celui qui portait un vêtement rayé ou bariolé. Barre(é) : 25 000 en France, 100 en Belgique, 340 au Québec, 3 300 en Suisse. Barret : 10 200 en France, 20 au Québec, 470 en Suisse.

BARTHÉLEMY ◆ Certains noms dérivent de prénoms de saints, comme celui de Barthélemy, qui a donné naissance à de nombreux dérivés (avec ou sans accents). En France, deux zones de fort peuplement correspondent aux régions où le saint était particulièrement vénéré : la Lorraine, d'une part, et l'ensemble constitué de la vallée du Rhône et de la côte méditerranéenne, d'autre part. 18 000 en France, 700 en Belgique, 330 en Suisse.

BASSET ◆ Le patronyme Basset est à l'origine un sobriquet, issu du latin *bassus*, qui désignait un homme aux jambes courtes. 12 000 en France, 20 en Belgique, 80 au Québec, 1 390 en Suisse.

BATAILLE ◆ Le patonyme Bataille peut être issu du latin *battualia* pour désigner un homme belliqueux, ou bien provenir de l'ancien vocable occitan *batalh* qui désigne le battant de la cloche et qui aurait été utilisé dans ce cas comme le surnom d'un sonneur. À partir de ces deux origines, deux grandes zones de peuplement géographiquement opposées sont visibles : le sud de la France (Languedoc-Roussillon, Pyrénées) et le Nord-Ouest (tout le long des côtes de la Manche). 11 000 en France, 100 en Belgique, 40 en Suisse.

BAUDRY ◆ Le patronyme Baudry dérive d'un nom de personne germanique, provenant lui-même de *bald-*, audacieux, et *-rik*, puissant. Si les Baudry sont nombreux en France, la variante orthographique Beaudry, très rare, n'a pris de l'ampleur qu'au Canada où les colons français Baudry, imitant les nombreux surnoms locaux formés sur l'adjectif « beau », ont progressivement rajouté, à partir du XVIIIe siècle, un *e* à leur nom. Cette orthographe est maintenant majoritaire outre-Atlantique. Baudry : 18 000 en France, 90 en Belgique, 40 au Québec, 100 en Suisse. Beaudry : 500 en France, 6 600 au Québec.

BAUER ◆ En allemand, le mot *bauer* désigne le paysan. Il aurait été donné à des campagnards nouvellement installés en ville. 12 200 en France, 90 en Belgique, 9 200 en Suisse.

▲ *Becker est l'un des nombreux patronymes évoquant le boulanger.*

BAZIN ◆ Bazin est issu d'un nom de personne d'origine germanique, *Basinus* (de *badhuo* combat). 16 000 en France, 380 au Québec, 80 en Suisse.

BECKER ◆ Ce nom d'Alsace-Lorraine correspond à une déformation du mot allemand *bäcker* signifiant « boulanger ». 13 000 en France, 1 000 en Belgique, 4 400 en Suisse.

BEGUE ◆ L'ancien français *béguer* signifiait bégayer : « bègue » était ainsi un sobriquet attribué à quelqu'un qui bégayait. 13 000 en France (mais l'île de la Réunion en rassemble à elle seule 7 000 !), 1 400 en Suisse.

BELLANGER, BÉLANGER ◆ Bellanger, comme Bélanger qui est plutôt l'orthographe canadienne du nom, dérive du nom de personne germanique *Beringari* (de *ber*-, ours, et -*gari*, prêt). Bellanger : 12 800 en France, 40 au Québec, 80 en Suisse. Bélanger : 800 en France, 32 700 au Québec.

BENARD ◆ Ce patronyme est issu du nom de baptême d'origine germanique *Bernhard* (de *ber*-, ours, et -*hard*, fort). 20 000 en France, 350 en Belgique, 120 au Québec, 110 en Suisse.

BENOIST, BENOÎT ◆ Certains patronymes dérivent de noms de saints. C'est le cas de Benoist ou Benoît (du nom latin *Benedictus*, béni), nom de baptême que saint Benoît de Nurcie a rendu populaire au début du VIe siècle. L'orthographe la plus commune est Benoît, Benoist étant une forme plus savante. Le nom est présent là où autrefois le culte du saint était le plus marqué. Benoist : 13 000 en France, 20 en Belgique, 20 au Québec, 100 en Suisse. Benoît : 37 000 en France, 500 en Belgique, 9 000 au Québec, 2 000 en Suisse.

BERGER ◆ Seule la région d'origine de la famille étudiée permet de dire s'il faut rattacher le nom au « berger du troupeau » (les nombreux Berger de Bourgogne, du Lyonnais et du Massif central entrent dans cette catégorie) ou au mot allemand *berger* qui signifie « montagnard ». La plupart des Berger que compte actuellement la France paraît principalement se rattacher à la première étymologie. Ceux d'Alsace-Lorraine, d'Allemagne ou de Suisse sont issus davantage de la seconde étymologie. 29 000 en France, 1 700 en Belgique, 1 100 au Québec, 37 300 en Suisse.

BERNARD ◆ Comme Benard, Bernard vient du nom de baptême, lui-même dérivant d'un nom de personne d'origine germanique, *Bernhard* (de *ber*-, ours, et -*hard*, fort), popularisé par de nombreux saints un peu partout en France. 132 000 en France (où il est le second nom le plus porté du pays), 2 900 en Belgique, 10 000 au Québec, 7 200 en Suisse.

BERNIER ◆ Le patronyme Bernier dérive d'anciens noms germaniques comportant la racine *ber*, qui signifie «ours». De très nombreux noms de famille sont bâtis autour de cette racine : Béranger, Béraud, Béroin, etc.12 000 en France, 30 en Belgique, 17 700 au Québec, 100 en Suisse.

BERTHELOT ◆ Berthelot provient d'un ancien nom de personne d'origine germanique, lui-même issu de la racine *berht*, qui signifie «brillant». 15 600 en France, 1 460 au Québec, 40 en Suisse.

BERTHIER ◆ Berthier dérive d'un nom de personne d'origine germanique, *Berthari* (de *berht*- brillant, illustre, et -*hari*, armée). Le berceau géographique du nom est la région lyonnaise et

▲ *Le bigot était autrefois une houe à deux dents.*

la Savoie, les migrations étirant maintenant sa répartition vers Paris. 15 000 en France, 180 en Belgique, 40 au Québec, 130 en Suisse.

BERTIN ◆ Bertin vient d'un nom de personne d'origine germanique construit à partir de la racine *berht-* (brillant, illustre). 23 300 en France, 360 en Belgique, 100 au Québec, 1 520 en Suisse.

BERTRAND ◆ Le patronyme dérive tout simplement du nom de baptême, issu d'un nom d'origine germanique, *Berhthramm* (de *berht-*, brillant, illustre, et *-hramm*, corbeau). 75 000 en France, 1 250 en Belgique, 9 500 au Québec, 3 000 en Suisse.

BESNARD ◆ Comme Benard et Bernard, Besnard vient de l'ancien nom de personne d'origine germanique *Bernhard* (de *ber-*, ours, et *-hard*, fort). 23 000 en France, 160 en Suisse.

BESSE ◆ Ce patronyme traduit la localité d'origine des premiers porteurs du nom. Issu du latin vulgaire *bettiu* désignant le bouleau, Besse a été attribué aux personnes qui habitaient près d'un bois de bouleaux ou bien qui étaient originaires d'un village de ce nom. 14 000 en France, 10 en Belgique, 100 au Québec, 3 600 en Suisse.

BESSON ◆ Besson signifiait « jumeau » en ancien français. 22 000 en France, 100 en Belgique, 20 au Québec, 5 100 en Suisse.

BIGOT ◆ Un « bigot », c'était autrefois une houe à deux dents pour retourner la terre (le sens actuel de « dévôt » n'apparaît qu'au XVe siècle). En tant que surnom, il a pu être attribué comme nom de famille à un ouvrier agricole travaillant toujours avec cet outil. 20 000 en France, 100 en Belgique, 20 au Québec, 140 en Suisse.

BILLARD ◆ Rien à voir avec le jeu ! Ce patronyme a deux origines possibles : ou bien il provient d'un ancien nom de personne d'origine germanique, *Bilihard* (de *bili-*, doux, aimable, et *-hard*, dur, fort), ou bien il est un dérivé du nom de baptême Robert, lui aussi d'origine germanique (de *rod-*, gloire, et de *-berht*, brillant, illustre). 13 000 en France, 20 au Québec, 900 en Suisse.

BLANC ◆ Ce patronyme très courant, était attribué à l'origine à quelqu'un ayant les cheveux blancs, peut-être blanchis prématurément. Il est plutôt originaire du sud/sud-est de la France, avec une répartition géographique qui remonte jusqu'en Bourgogne, le nord du pays exprimant plutôt la même signification à travers le patronyme Leblanc. 70 000 en France, 200 en Belgique, 100 au Québec, 22 100 en Suisse.

BLANCHARD ◆ Blanchard peut avoir désigné, de manière péjorative, une personne aux cheveux blancs, mais peut aussi être issu d'un ancien nom de personne d'origine germanique (de *blank-*, brillant, et *-hard*, fort). 45 000 en France, 90 en Belgique, 3 700 au Québec, 2 550 en Suisse.

BLANCHET ◆ Voici encore le surnom de quelqu'un ayant les cheveux blancs. 20 000 en France, 30 en Belgique, 4 600 au Québec, 920 en Suisse.

BLIN ◆ Ce patronyme peut, dans certains cas, être une forme altérée de Blain, nom de localité de Loire-Atlantique (dérivé d'un nom de personne gaulois, *Blannius*), et traduire alors la localité d'origine de la famille. Mais Blin peut correspondre aussi à une forme contractée de *belin*, mot désignant le bélier qui conduit le troupeau, et avoir alors surnommé le chef d'un groupe ou d'un village. 16 800 en France, 100 en Belgique, 20 au Québec, 2 240 en Suisse.

BLONDEAU, BLONDEL ◆ Ce sont des sobriquets évoquant la couleur blonde des cheveux des premiers porteurs du nom. Blondeau : 14 000 en France, 90 en Belgique, 230 au Québec, 170 en Suisse. Blondel : 15 000 en France, 100 en Belgique, 20 au Québec, 720 en Suisse.

BLOT ◆ Il peut s'agir d'un nom évoquant la localité d'origine des premiers porteurs du nom (Blot-l'Église dans le département du Puy-de-Dôme). 15 000 en France, 340 en Suisse.

BOCQUET ◆ C'est un diminutif du mot « bouc ». Il aurait surnommé une personne sale, malodorante, ou bien un coureur de jupons, ou bien encore un éleveur... Difficile à dire aujourd'hui. 12 000 en France, 200 en Belgique, 300 en Suisse.

BODIN ◆ Le patronyme Bodin dérive d'un ancien nom de personne d'origine germanique, construit à partir de la racine *bod-*, désignant le messager. 16 900 en France, 100 en Belgique, 310 en Suisse.

BONHOMME ◆ Voici un nom qui a désigné une personne sympathique, de bonne composition. 14 000 en France, 50 en Suisse.

BONIN, BONNIN ◆ Bon(n)in vient d'un nom de personne latino-germanique, *Bonwald*, composé du latin *bonus*, qui signifie « bon », et de l'allemand *waldan*, qui signifie « gouverner ». Bonin : 9 400 en France, 3 100 au Québec, 900 en Suisse. Bonnin : 15 000 en France, 20 en Belgique, 60 au Québec, 70 en Suisse.

BONNEAU ◆ Le patronyme Bonneau pouvait désigner des personnes « bonnes » ou bien celles qui habitaient un lieu-dit de ce nom. On trouve en effet de nombreux villages ou sites nommés Bonneau, comme le Courtil-Bonneau, fief vassal du château de Civray, ou le Cluseau-Bonneau, fief qualifié de châtellenie en 1638 et relevant du château de Montmorillon. 17 000 en France, 3 100 au Québec, 40 en Suisse.

BONNET ◆ Certains noms dérivent de noms de saints. C'est le cas de Bonnet, popularisé par saint Bonnet, évêque de Clermont au VIIe siècle. 73 000 en France, 20 en Belgique, 80 au Québec, 1 350 en Suisse.

BOUCHARD ◆ Bouchard dérive d'un nom de personne germanique, *Burcard* (de *burg-*, lieu fortifié, et *-hard*, dur, fort). 12 000 en France, 30 en Belgique, 25 900 au Québec, 520 en Suisse.

BOUCHER ◆ Boucher est issu du nom de métier, qui signifiait lui-même à l'origine « qui vend de la viande de bouc ». 30 000 en France, 400 en Belgique, 8 600 au Québec, 600 en Suisse.

BOUCHET ◆ Bouchet est issu de *bosc*, le petit bois. Sans doute était-il attribué à une personne qui habitait une propriété entourée d'un petit bois. 25 000 en France, 620 en Suisse.

BOULANGER ◆ Le patronyme Boulanger signifie littéralement « celui qui fait des boules ». Il semble apparaître pour la première fois en 1198, à Abbeville, une région où le pain se cuisait en boules, et n'aurait pénétré en région parisienne qu'au XIVe siècle. 19 000 en France, 1 530 en Belgique, 3 400 au Québec, 530 en Suisse.

BOULAY ◆ Le patronyme Boulay a été attribué en surnom à une personne... un peu corpulente. 13 000 en France, 20 en Belgique, 3 600 au Québec, 30 en Suisse.

BOULET ◆ Boulet, qui est issu de *boule*, était un surnom attribué à des personnes rondes, bien en chair. 12 000 en France, 200 en Belgique, 4 100 au Québec, 90 en Suisse.

BOUQUET ◆ Le patronyme Bouquet n'a rien à voir avec le bouquet de fleurs. Bien au contraire, issu du mot *bouc*, il a été utilisé comme sobriquet peu charitable pour désigner des personnes à l'odeur forte ou bien plutôt « trousse-jupons » ! 11 000 en France, 1 000 en Belgique, 100 au Québec, 750 en Suisse.

BOURDON ◆ Bourdon avait, en ancien français, plusieurs significations. Un « bourdon » était un bâton de pèlerin et le mot a pu, par extension, désigner le pèlerin lui-même. C'était aussi un nom d'insecte, d'après l'onomatopée *burd*, qui peut s'appliquer à celui qui grommelle entre ses dents. Enfin, tuyau de cornemuse, le bourdon a pu servir de surnom aux joueurs de cet instrument. 17 000 en France, 100 en Belgique, 520 au Québec, 160 en Suisse.

BOURGEOIS ◆ Le patronyme Bourgeois dérive de *burgensis*, en ancien français *borgeis*, qui signifiait « habitant d'un bourg », c'est-à-dire d'une ville affranchie de la justice féodale. Les Bourgeois se regroupent dans la région parisienne et là où des villes importantes avaient obtenues des privilèges sous l'Ancien Régime (nord de la France, Bourgogne...). 31 000 en France, 2 450 en Belgique, 2 500 au Québec, 3 000 en Suisse.

BOUSQUET ◆ Le patronyme Bousquet dérive de *bosc*, le petit bois. Sans doute était-il attribué à une personne qui habitait une propriété entourée d'un petit bois ou à un forestier. Sous cette forme, cette étymologie se retrouve essentiellement dans le sud de la France. 21 000 en France, 320 au Québec, 50 en Suisse.

BOUTIN ◆ Ce patronyme dérive d'un ancien nom d'origine germanique, *bot* (composé de la racine *bod-*), qui signifie le « messager ». 12 600 en France, 100 en Belgique, 5 100 au Québec, 50 en Suisse.

BOUVET ◆ Bouvet, littéralement « jeune bœuf », aurait autrefois servi de sobriquet pour désigner une personne corpulente et forte. 13 000 en France, 20 en Belgique, 60 au Québec, 140 en Suisse.

BOUVIER, BOUYER, BOYER ◆ Tous trois proviennent d'un nom de métier : celui qui conduit le troupeau, qui mène les bœufs. Bouvier : 24 000 en France, 1 700 en Belgique, 240 au Québec, 1 100 en Suisse. Bouyer : 8 000 en France, 90 en Belgique, 50 en Suisse. Boyer : 55 000 en France, 20 en Belgique, 6 500 au Québec, 420 en Suisse.

BRAULT ◆ Forme contractée de Béraud, le patronyme Brault est issu du nom de personne germanique *Berwald* (de *ber-*, ours, et *-waldan*, gouverner). 12 200 en France, 20 en Belgique, 2 600 au Québec, 60 en Suisse.

BRETON ◆ Le patronyme Breton indique tout simplement la province d'origine de ses premiers porteurs. 33 000 en France, 100 en Belgique, 4 600 au Québec, 440 en Suisse.

BRIAND ◆ Ce nom est d'origine bretonne. Il correspond à un dérivé ancien de la racine *bri-*, qui signifie « dignité, élévation ». 15 000 en France, 20 en Belgique, 1 020 au Québec, 800 en Suisse.

BROSSARD ◆ Brossard a désigné un marchand ou un fabricant de brosses. 12 000 en France, 40 en Belgique, 80 au Québec, 700 en Suisse.

BRUN, BRUNEAU, BRUNEL, BRUNET ◆ Tous sont des sobriquets très fréquents désignant des personnes à la chevelure brune. Brun : 55 000 en France, 200 en Belgique, 240 au Québec, 207 900 en Suisse. Bruneau : 17 000 en France, 100 en Belgique, 3 300 au Québec, 40 en Suisse. Brunel : 18 600 en France, 100 en Belgique, 40 au Québec (mais 7 200 pour l'orthographe Brunelle, exceptionnelle en Europe), 1 620 en Suisse. Brunet : 46 000 en France, 20 en Belgique, 2 900 au Québec, 1 720 en Suisse.

BUISSON ◆ Le patronyme Buisson indique le lieu d'origine de la personne auquel il a été attribué : un lieu planté de petits arbres (*boscionem* en latin). 18 000 en France, 30 en Belgique, 280 au Québec, 230 en Suisse.

BUREAU, BUREL ◆ Le mot « bureau » ne désigne un meuble que depuis le XVIe siècle. Le patronyme Bureau provient en réalité du mot *bure*, qui désignait une rude étoffe de grosse laine brune. Il a donc été attribué ou bien au fabricant de cette toile, ou bien à une personne qui s'habillait avec ce tissu. Burel a la même signification. Bureau : 12 700 en France, 400 en Belgique, 2 900 au Québec, 1 700 en Suisse. Burel : 8 300 en France, 20 en Belgique, 70 en Suisse.

CAMUS ◆ Camus désignait à l'origine une personne ayant le nez court et plat. 21 000 en France, 300 en Belgique, 20 au Québec, 230 en Suisse.

CARLIER ◆ D'origine normande-picarde, ce nom désignait le carrelier, c'est-à-dire celui qui fabri-

▲ *Carpentier est la forme normande ou picarde de Charpentier, nom évoquant l'artisan.*

quait et réparait les chariots. 21 000 en France, 1 600 en Belgique, 160 en Suisse.

CARON ◆ Caron est la forme normande et picarde du charron, celui qui fabriquait les voitures. 37 000 en France, 260 en Belgique, 23 900 au Québec, 900 en Suisse.

CARPENTIER ◆ Carpentier est la forme normande et picarde du mot charpentier, désignant celui qui fabriquait les toitures. 30 000 en France, 3 950 en Belgique, 2 900 au Québec, 260 en Suisse.

CARRÉ ◆ Le patronyme Carré provient d'un sobriquet désignant un homme fort, large, trapu. 25 000 en France, 200 en Belgique, 720 au Québec, 5 200 en Suisse.

CARTIER ◆ C'est la forme contractée de *carretier*, qui signifie « charretier ». Le nom aurait donc désigné à l'origine cet artisan. Mais Cartier est aussi un nom de mesure agraire, variante de « quartier ». Dans certains cas, Cartier pourrait donc désigner une personne cultivant la terre. 12 500 en France, 20 en Belgique, 500 au Québec, 1 230 en Suisse.

CASTEL ◆ Castel est l'une des formes anciennes de château. Le patronyme provient donc d'un nom de lieu ou de domaine. 13 750 en France, 20 en Belgique, 20 au Québec, 9 550 en Suisse.

CHAMBON ◆ Chambon est un nom de localité d'origine fréquent dans le centre de la France, au sud de la Loire et à l'ouest du Rhône. Il dérive du gaulois *cambo* qui signifiait courbe de rivière. Les chambons désignaient des terres fertiles, cernées par un méandre de rivière. Par extension, on a utilisé ce mot comme patronyme pour désigner ceux qui habitaient un lieu-dit de ce nom. 12 300 en France, 300 en Belgique, 40 en Suisse.

CHAMPION ◆ Ce patronyme a deux origines possibles. Il a pu désigner un « champion » c'est-à-dire celui qui combattait pour sa cause ou pour celle d'un autre. Mais, au Moyen Âge, le mot signifait également « mesure» et a pu donc surnommé une personne qui effectuait des mesures. 11 000 en France, 100 au Québec et 1 100 en Suisse.

CHAPUIS ◆ Chapuis désignait en ancien français un charpentier, mot issu du verbe *chapuiser*, *capusar*, signifiant « tailler le bois ». 15 000 en France, 30 en Belgique, 20 au Québec, 4 100 en Suisse.

CHARBONNIER ◆ Ce patronyme a désigné, à l'origine, un producteur ou marchand de charbon de bois. 13 000 en France, 80 au Québec, 520 en Suisse

CHARLES ◆ Charles vient du nom de baptême. 31 000 en France (dont plus de 1 200 en Martinique), 900 en Belgique, 60 au Québec, 2 400 en Suisse.

CHARPENTIER ◆ Charpentier dérive du nom de métier et a désigné celui qui fabriquait les toitures. 30 000 en France, 90 en Belgique, 360 au Québec, 100 en Suisse.

CHARRIER, CHARTIER ◆ Ces deux noms désignent le métier du premier porteur du nom : un charretier, c'est-à-dire celui qui conduit une charrette. Charrier : 19 000 en France, 30 en Belgique, 2 700 en Suisse. Chartier : 16 200 en France, 20 en Belgique, 3 500 au Québec, 40 en Suisse.

CHATELAIN ◆ Le patronyme Chatelain, parfois orthographié Châtelain, a été donné comme sobriquet à une personne qui prenait des allures de seigneur. 11 600 en France, 100 en Belgique, 200 au Québec, 3 900 en Suisse.

CHAUVEAU, CHAUVET, CHAUVIN ◆ Voici trois des nombreux diminutifs du mot chauve, sobriquet désignant une personne sans cheveux. Chauveau : 15 300 en France,180 en Belgique, 80 au Québec, 60 en Suisse. Chauvet : 17 500 en France, 90 en Belgique, 80 au Québec, 520 en Suisse. Chauvin : 24 000 en France, 100 en Belgique, 60 au Québec, 160 en Suisse.

CHEVALIER, CHEVALLIER ◆ Les noms d'état ou de dignité ont donné naissance à un certain nombre de patronymes. S'il est facile de deviner que tous les Roy, Leroy, Comte ou Lecomte n'ont été ni rois ni comtes à l'origine, il est difficile de déterminer si le nom Chevalier, tiré d'une dignité plus répandue, dérive d'un sobriquet ou d'un état réel. Chevalier : 53 000 en France, 600 en Belgique, 3 200 au Québec, 2 250 en Suisse. Chevallier : 22 500 en France, 90 en Belgique, 80 au Québec, 480 en Suisse.

CHRÉTIEN ◆ Le mot chrétien, issu du latin *christianus*, a été employé dès le début de notre ère pour désigner les disciples du Christ. Comme patronyme, il dérive du nom de baptême « Chrétien » qui s'était largement diffusé. 16 000 en France, 20 en Belgique, 2 100 au Québec, 1 100 en Suisse.

CLAUDE ◆ Nom de famille issu du nom de baptême, il vient à travers lui du nom latin *Claudius* (issu du mot *claudus*, boiteux), largement popularisé par l'évêque de Besançon du VIIe siècle. 12 300 en France, 30 en Belgique, 120 au Québec, 1 400 en Suisse.

CLÉMENT ◆ Ce patronyme est issu du nom de baptême Clément (du latin *clemens* bon, pacifique), popularisé par plusieurs papes et saints. 55 000 en France, 1 900 en Belgique, 5 200 au Québec, 9 800 en Suisse.

CLERC ◆ Ce patronyme désignait les clercs, c'est-à-dire les tonsurés, jouissant du privilège de clergie. 20 000 en France, 90 en Belgique, 40 au Québec, 8 630 en Suisse.

▲ *Chauveau, Chauvet, Chauvin : tous ces noms ont surnommé initialement un homme chauve.*

COLAS, COLIN ◆ Ces patronymes comptent parmi les nombreux diminutifs du nom de baptême Nicolas, très porté dans l'est de la France. Colas : 19 000 en France, 20 en Belgique, 2 000 en Suisse. Colin : 40 700 en France, 2 000 en Belgique, 140 au Québec, 1 800 en Suisse.

COLLET ◆ Ce patronyme peut dériver lui aussi du nom de baptême Nicolas, comme Colin ou Colas. Mais il peut aussi avoir désigné quelqu'un de frileux qui portait fréquemment un « collet » autour du cou. 27 000 en France, 1 300 en Belgique, 400 au Québec, 2 800 en Suisse.

COLLIGNON, COLLIN ◆ Typiquement lorrains, ces patronymes sont issus eux aussi du nom de baptême Nicolas. Collignon : 6 700 en France, 1 000 en Belgique, 60 au Québec, 30 en Suisse. Collin : 23 100 en France, 2 400 en Belgique, 3 700 au Québec, 1 240 en Suisse.

COMBE, COMBES ◆ *Cumba*, terme d'origine gauloise, désignait autrefois une dépression en forme de vallée étroite et profonde. Le patronyme Combe(s) a été attribué à ceux qui habitaient en ce type de relief. Combes est la variante orthographique la plus fréquente. Combe : 9 700 en France, 1 450 en Suisse. Combes : 13 300 en France, 20 au Québec, 560 en Suisse.

COMTE ◆ Voici un nom qui provient du nom de la dignité (le comte), mais c'est en tant que sobriquet qu'il est devenu patronyme : il était attribué à celui qui en prenait les apparences. 14 500 en France, 20 en Belgique, 20 au Québec, 3 800 en Suisse.

CONSTANT ◆ Ce patronyme dérive du nom de baptême, lui-même d'origine latine. 12 400 en France, 600 en Belgique, 140 au Québec, 7 700 en Suisse.

CORDIER ◆ Le nom Cordier désignait à l'origine le fabricant de corde. 21 000 en France, 460 en Belgique, 20 au Québec, 300 en Suisse.

CORNU ◆ Cornu, surnom devenu patronyme, avait en ancien français le sens de sot ou de niais (mais pas celui de mari trompé, sens qui n'est apparu qu'au XVIIe siècle). 13 500 en France, 90 en Belgique, 3 700 en Suisse.

COSTE, COSTES ◆ Le nom Coste(s) désigne le lieu d'origine de la famille : une côte, une colline. Coste : 21 600 en France, 100 en Belgique, 20 au Québec, 640 en Suisse. Costes : 8 300 en France, 60 en Suisse.

COTÉ ◆ Le nom Coté a pu servir à nommer la personne vêtue d'une cotte, sorte de tunique à manches longues, portée indifféremment par les hommes ou les femmes. Il est particulièrement répandu au Québec. 5 000 en France, 100 en Belgique, 54 500 au Québec, 830 en Suisse.

COULON ◆ Coulon a désigné à l'origine un éleveur de pigeons. 20 000 en France, 200 en Belgique, 60 au Québec, 730 en Suisse.

COURTOIS ◆ Certains patronymes sont directement dérivés, en tant que surnoms, de particularités d'ordre moral et social. Courtois était un adjectif en faveur au XIIe siècle, époque de formation des noms de famille, et traduisait la bonne éducation, les bonnes manières. 16 000 en France, 400 en Belgique, 300 au Québec, 230 en Suisse.

COUSIN ◆ Les patronymes se sont parfois formés à partir d'un rapport de parenté. Il en est ainsi du patronyme Cousin, sans doute à l'origine un sobriquet. 20 500 en France, 90 en Belgique, 20 au Québec (mais qui compte, en revanche, 3 400 Cousineau, très rare en France), 500 en Suisse.

COUTURE, COUTURIER ◆ Ces patronymes désignaient à l'origine aussi bien un couturier qu'un laboureur, une « couture » étant en ancien français le nom d'une pièce de terre. Couture : 4 200 en France, 300 en Belgique, 17 600 au Québec, 120 en Suisse. Couturier : 15 000 en France, 20 en Belgique, 2 300 au Québec, 620 en Suisse.

CROS ◆ Ce patronyme désigne le lieu d'origine de la famille : un endroit creux, au fond d'un vallon. 15 600 en France, 40 au Québec, 3 400 en Suisse.

DA SILVA ◆ Aujourd'hui, silva signifie « ronces » en portugais. Mais à l'origine le nom voulait dire « de la forêt » et désignait une personne vivant près d'une forêt ou dans une forêt. 25 000 en France, 1 000 en Belgique, 240 au Québec, 13 900 en Suisse.

DANIEL ◆ Daniel vient du nom de baptême, lui-même issu de l'hébreu *Daniy'el* qui signifie « Dieu juge ». 17 000 en France, 1 250 en Belgique, 400 au Québec, 1 200 en Suisse.

DAVID ◆ David provient tout simplement du nom biblique, très fréquemment porté autrefois, notamment en Bretagne. 68 000 en France, 2 000 en Belgique, 3 700 au Québec, 3 600 en Suisse.

DELAGE ◆ Le patronyme Delage, originaire du Limousin et des Charentes, dérive du mot *age*, qui, localement, signifie « haie ». Sans doute a-t-il été employé à l'origine pour désigner celui qui habitait un domaine clos de haies. 15 000 en France, 20 en Belgique, 1 940 au Québec, 40 en Suisse.

DELAHAYE ◆ Typiquement normand, ce nom indique clairement le lieu géographique d'origine de la famille : un domaine clos de haies. 14 500 en France, 1 050 en Belgique, 20 en Suisse.

DELANNOY ◆ Le patronyme Delannoy indique la localité d'origine de la famille : la ville de Lannoy, dans le nord de la France. 12 800 en France, 300 en Belgique, 20 au Québec, 80 en Suisse.

DELATTRE ◆ Delattre désignait celui dont la maison donnait sur le parvis de l'église ou le cimetière y attenant (de l'ancien français *aitre*). C'est un nom que l'on retrouve essentiellement dans le Nord. 18 500 en France, 40 en Belgique, 20 au Québec, 40 en Suisse.

DELAUNAY ◆ Le patronyme normand Delaunay vient d'un nom d'arbre, l'aulne, et désignait quelqu'un qui habitait près d'un aulne. 18 000 en France, 20 en Belgique, 40 au Québec, 100 en Suisse.

DELMAS ◆ Delmas vient du latin *mansus*, la maison rurale. Le mot, resté vivant dans le midi de la France sous la forme « mas », a ainsi qualifié celui qui y habitait. 17 000 en France, 140 en Suisse.

DELORME ◆ Delorme désignait celui dont la maison était située près d'un orme. 18 500 en France, 300 en Belgique, 480 au Québec, 230 en Suisse.

DENIS ◆ Ce patronyme dérive tout simplement du nom de baptême, lui-même issu du nom grec *Dionusos*, nom du dieu grec de la Nature et de la Joie. 49 000 en France, 3 500 en Belgique, 7 100 au Québec, 1 200 en Suisse.

DESCAMPS, DESCHAMPS ◆ Ces deux patronymes désignaient à l'origine celui qui habitait une maison entourée de champs cultivés. Descamps : 14 400 en France, 500 en Belgique, 60 en Suisse. Deschamps : 31 700 en France, 480 en Belgique, 4 200 au Québec, 330 en Suisse.

DEVAUX ◆ Ce nom a désigné celui qui habitait une maison située dans une région de vallées. 18 000 en France, 1 000 en Belgique, 820 en Suisse.

DIDIER ◆ Le patronyme Didier provient d'un prénom latin, *Desiderius* (« désir »), nom porté à la fois par un évêque de Langres du IIIe siècle, dont le culte fut très répandu, et par un évêque de Vienne, dans le Dauphiné. 16 000 en France, 500 en Belgique, 120 au Québec, 400 en Suisse.

DIJOUX ◆ Dijoux est en fait la déformation de *Dies Jovis*, c'est-à-dire du mot latin désignant le jeudi. Un nom qui a pu désigner l'enfant abandonné trouvé ce jour-là. On recense aujourd'hui 13 500 porteurs du nom, tous en France.

DOS SANTOS ◆ Le mot « fils » est sous-entendu : Dos Santos, c'est « le fils de Santos », Santos étant un nom de baptême que l'on trouve à la fois au Portugal et en Espagne. 14 500 en France, 20 en Belgique, 40 au Québec, 8 200 en Suisse.

DOUCET ◆ Voici un patronyme attribué à une personne au caractère doux. Sans doute cette qualité était-elle répandue, car le nom est assez fréquent. 13 000 en France, 90 en Belgique, 6 100 au Québec, 50 en Suisse.

DROUET, DROUIN ◆ Tous deux dérivent du nom de personne d'origine germanique *Drogo* (qui signifie à la fois « entrer en campagne » et « conduire la guerre avec ruse »). Drouet : 12 000 en France, 20 en Belgique, 30 en Suisse. Drouin : 7 600 en France, 40 en Belgique, 6 400 au Québec, 80 en Suisse.

DUBOIS ◆ Ce nom désignait les habitants d'une maison située près d'un bois. 104 600 en France, 1 500 en Belgique, 22 900 au Québec, 7 600 en Suisse.

DUBREUIL ◆ Le patronyme Dubreuil désignait celui qui était originaire d'une localité de ce nom (Breuil, fréquent) ou qui habitait une maison située près d'un « breuil », c'est-à-dire un petit bois entouré d'un mur ou d'une haie. 13 000 en France, 20 en Belgique, 1 200 au Québec, 60 en Suisse.

▲ *Dijoux viendrait de* « Dies Jovis » *(jeudi) et aurait nommé l'enfant trouvé ce jour-là.*

DUCLOS ◆ Le patronyme Duclos provient d'un nom évoquant le lieu d'origine de la famille. Il est issu du latin *clausum* qui désigne un terrain de culture fermé, près de l'habitation principale. 12 000 en France, 100 en Belgique, 2 300 au Québec, 200 en Suisse.

DUFOUR ◆ Ce patronyme désignait celui qui entretenait le four, puis par extension le boulanger. 46 400 en France, 400 en Belgique, 14 500 au Québec, 2 950 en Suisse.

DUHAMEL ◆ Le patronyme Duhamel évoque le lieu d'origine de la famille et désignait autrefois l'homme du hameau, particulièrement en Normandie et dans le Nord. 12 000 en France, 20 en Belgique, 400 au Québec, 50 en Suisse.

DUMAS ◆ Dumas correspond à la forme francisée de Delmas, qui désignait l'habitant du *mas* (de *mansus*, terme féodal désignant une terre exploitée par un seul tenancier, expression usitée dans la moitié sud de la France). 40 000 en France, 90 en Belgique, 6 000 au Québec, 2 100 en Suisse.

DUMONT ◆ Ce patronyme désignait celui qui habitait une maison sur les hauteurs. Deux principaux foyers d'implantation co-existent autour du Nord-Pas-de-Calais et autour de la région lyonnaise et de la Bourgogne. 47 000 en France, 2 450 en Belgique, 9 200 au Québec, 2 020 en Suisse.

DUPONT ◆ Dupont désignait celui qui habitait près d'un pont ou qui était originaire d'une localité de ce nom (Le Pont, très fréquent). 65 000 en France, 4 000 en Belgique, 7 200 au Québec, 2 300 en Suisse.

DUPRÉ ◆ Ce patronyme a désigné la personne habitant la maison proche du pré. 17 300 en France, 20 en Belgique, 400 au Québec, 730 en Suisse.

DUPUIS ◆ Dupuis a désigné celui dont la maison possédait un puits (ou était située à proximité). 30 000 en France, 1 400 en Belgique, 12 300 au Québec, 2 300 en Suisse.

DUPUY ◆ Ce patronyme très fréquent dans le centre et le midi de la France désignait, de manière francisée, celui qui habitait en haut d'un puy, c'est-à-dire d'une colline au sommet arrondi. 34 800 en France, 90 en Belgique, 20 au Québec, 100 en Suisse.

DURAND ◆ Le patronyme Durand a pu être attribué à quelqu'un d'endurant, d'obstiné, de travailleur. Mais il peut aussi correspondre à un ancien nom de baptême d'origine latine, *Durandus*. Était-il principalement porté par des marins ? La répartition du nom suit les côtes atlantique et méditerranéenne, la vallée de la Loire et celle du Rhône. 110 000 en France, 100 en Belgique, 6 000 au Québec, 1 850 en Suisse.

DUVAL ◆ Le patronyme Duval évoque l'habitant d'une maison située dans une vallée. 42 000 en France, 450 en Belgique, 6 200 au Québec, 240 en Suisse.

ÉTIENNE ◆ Étienne, ou Estienne sous sa forme ancienne, nom de baptême devenu plus tard un patronyme, doit sa popularité à saint Étienne, martyrisé en Judée en 36. Il doit sans doute être rattaché à l'hébreu *Cheliel* qui signifie « couronne de Dieu ». 24 000 en France, 1 800 en Belgique, 100 au Québec, 2 800 en Suisse.

EVRARD ◆ Evrard est issu d'un nom de personne d'origine germanique, *Eberhard* (de *eber-*, le sanglier, et *-hard*, dur, fort). Le Nord-Pas-de-Calais en est le berceau géographique. 15 000 en France, 2 500 en Belgique, 100 en Suisse.

FABRE, FAIVRE, FAURE ◆ Ces trois mots désignaient en ancien français le forgeron (du latin *faber*), Fabre et Faure essentiellement dans le sud de la France, Faivre plus particulièrement en Franche-Comté. Fabre : 40 000 en France, 90 en Belgique, 100 au Québec, 390 en Suisse. Faivre : 15 120 en France, 20 en Belgique, 1 150 en Suisse. Faure : 67 000 en France, 30 en Belgique, 200 au Québec, 400 en Suisse.

FAVIER ◆ Le patronyme Favier qualifiait tout simplement à l'origine un marchand ou un producteur de fèves. Le nom est principalement présent dans le Lyonnais et la vallée du Rhône. 12 000 en France, 30 en Suisse.

FAVRE ◆ Favre désignait en ancien français le forgeron, essentiellement dans le Sud. 18 000 en France, 100 en Belgique, 22 800 en Suisse.

FERNANDES, FERNANDEZ ◆ Ces noms signifient « fils de Fernand », la terminaison en *ez* étant un indice de filiation en Espagne, celle en *es* un indice de filiation au Portugal. Ils sont aujourd'hui, par le jeu des migrations, devenus très fréquents en France. Fernandes : 14 000 en France, 700 en Belgique, 20 au Québec, 6 120 en Suisse. Fernandez : 43 000 en France, 1 250 en Belgique, 160 au Québec, 9 000 en Suisse.

FERRAND ◆ Le patronyme Ferrand ne provient pas de la profession de maréchal-ferrant, qui est une composition moderne. Il peut dériver du terme « ferrandier » qui représentait l'ouvrier en fer, ou de l'adjectif ancien « ferrant », littéralement « gris-de-fer », qui s'appliquait au Moyen Âge aux cheveux grisonnants. 18 000 en France, 90 en Belgique, 40 au Québec, 380 en Suisse.

FERRE ◆ Ferre ou Ferré signifiait en ancien français « de fer », c'est-à-dire « armé d'un fer ». Ainsi, au XIVe siècle, le Grand Ferré avait désigné un paysan armé d'une hache. Il est particulièrement porté en Vendée, mais on le trouve aussi en Italie. 12 700 en France, 90 en Belgique, 13 000 en Suisse.

FERREIRA ◆ Ce nom portugais désignait au départ un forgeron (le mot *ferreira* signifie « forge »). 16 000 en France, 700 en Belgique, 180 au Québec, 9 300 en Suisse.

FISCHER ◆ Fischer désigne en allemand comme en dialecte alsacien ou lorrain le pêcheur. Les Fischer se trouvent bien sûr en Allemagne ainsi qu'à l'est de la France, surtout dans le département du Bas-Rhin. Viennent ensuite les départements du Haut-Rhin et de la Moselle, mais aussi, par le jeu des migrations, la Bourgogne. 15 500 en France, 1 300 en Belgique, 60 au Québec, 54 600 en Suisse.

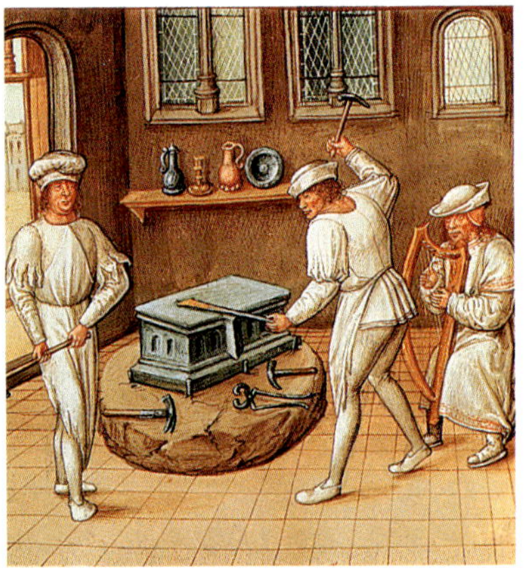

▲ *Le forgeron se retrouve dans beaucoup de patronymes (Favre, Ferreira...).*

FLEURY ◆ Fleury vient d'un nom de domaine gallo-romain, *Floriacum*. Le nom aurait été attribué à des familles qui étaient originaires d'une localité de ce nom. La plupart des porteurs du nom se retrouvent sur les côtes normandes et bretonnes. 24 000 en France, 40 en Belgique, 3 900 au Québec, 5 750 en Suisse.

FONTAINE ◆ Le patronyme Fontaine désignait celui qui habitait près d'une source. 58 000 en France (l'île de la Réunion compte plus de 5 000 porteurs du nom et est ainsi le département français le plus peuplé en Fontaine, loin devant les départements de la métropole), 1 460 en Belgique, 10 600 au Québec, 2 500 en Suisse.

FORESTIER ◆ Le patronyme désignait à l'origine un garde-forestier. 14 000 en France, 40 en Belgique, 20 au Québec, 2 350 en Suisse.

FORTIN ◆ Le patronyme Fortin dérive d'un nom de baptême fréquemment donné autrefois dans l'Ouest, dérivé du latin *fortis*, signifiant « courageux ». Il est essentiellement réparti des Charentes aux côtes de la Manche et, par le jeu des migrations, au Canada. 12 000 en France, 20 en Belgique, 34 900 au Québec, 460 en Suisse.

FOUCHER ◆ Le patronyme Foucher dérive du nom de personne d'origine germanique *Folco* (de *folc*, le peuple). Il est principalement implanté le long de la Loire. 12 000 en France, 20 en Belgique, 120 au Québec, 60 en Suisse.

FOUQUET ◆ Comme Foucher, le patronyme Fouquet provient du nom de personne d'origine germanique *Folco*. Il est essentiellement présent dans l'ouest de la France. 14 000 en France, 20 en Belgique, 220 au Québec, 70 en Suisse.

FOURNIER ◆ Fournier est l'ancien nom du boulanger, un nom qui compte parmi les noms les plus portés. 72 000 en France, 280 en Belgique, 22 500 au Québec, 7 000 en Suisse.

FRANÇOIS ◆ Voici un nom de baptême, essentiellement popularisé par saint François d'Assise au XIIe siècle, devenu également patronyme. 58 000 en France, 2 500 en Belgique, 20 au Québec, 1 600 en Suisse.

GAGNON ◆ En ancien français, le mot *gagnon* désignait un dogue. Il aurait par extension surnommé un homme hargneux. Ce patronyme est, par la fréquence, le second du Québec. 1 250 en France, 60 500 au Québec.

GAILLARD ◆ Le patronyme Gaillard ne désignait pas à l'origine un homme fort ou grivois, mais traduisait l'ancien sens du mot : joyeux, audacieux. Les Gaillard se trouvent surtout autour de la Bourgogne et du Lyonnais, berceaux géographiques du patronyme. 40 000 en France, 90 en Belgique, 40 au Québec, 5 900 en Suisse.

GALLET ◆ Ce patronyme dérive d'un adjectif qui, en vieux français, désignait un homme gai et plein d'entrain, bon vivant. 14 200 en France, 90 en Belgique, 620 en Suisse.

GARCIA ◆ Ce patronyme d'origine espagnole, qui a pour origine un nom de baptême, se retrouve maintenant, par le jeu des migrations, très porté en France, surtout dans le Sud et les grandes métropoles. 86 000 en France, 1 400 en Belgique, 700 au Québec, 11 000 en Suisse.

GARNIER ◆ Le patronyme Garnier provient du nom de personne d'origine germanique *Warinhari* (de *wara-*, la protection, et *-hari*, l'armée). 60 000 en France, 40 en Belgique, 620 au Québec, 610 en Suisse.

GAUDIN ◆ Gaudin est une variante méridionale du nom de baptême *Gaud*, qui provient lui-même du nom de personne d'origine germanique *Waldo* (de *waldan*, gouverner). Il est très présent en France dans les pays de Loire et sur la côte atlantique. 19 000 en France, 20 en Belgique, 120 au Québec, 2 070 en Suisse.

GAULTIER, GAUTHIER, GAUTIER ◆ Ces noms proviennent d'un nom de personne d'origine germanique, *Waldhari* (de *waldan-*, gouverner, et *-hari*, armée). Gaultier : 7 000 en France. Gauthier : 60 000 en France, 300 en Belgique, 40 400 au Québec, 1 100 en Suisse. Gautier : 50 000 en France, 700 en Belgique, 100 au Québec, 1 100 en Suisse.

GAY ◆ Gay a tout simplement désigné un homme gai, de bonne humeur. Les trois départements les plus peuplés sont : le Rhône, la Loire et l'Isère. 25 000 en France, 90 en Belgique, 100 au Québec, 7 050 en Suisse.

GEOFFROY ◆ Geoffroy vient du nom de personne d'origine germanique *Gautfrid* (de *gaut-*, nom du peuple gothique, et *-frid*, la paix). 13 000 en France, 40 en Belgique, 300 au Québec, 200 en Suisse.

GEORGE, GEORGES ◆ Tous deux viennent du nom de baptême Georges, largement popularisé dès le VIe siècle en Gaule par plusieurs saints de ce nom. George : 8 000 en France, 460 en Belgique, 120 au Québec, 1 700 en Suisse. Georges : 13 000 en France, 2 100 en Belgique, 60 au Québec, 1 200 en Suisse.

GÉRARD ◆ Gérard provient du nom de personne d'origine germanique *Gerhard* (de *ger-*, la lance, et de *-hard*, dur). 40 000 en France, 550 en Belgique, 200 au Québec, 400 en Suisse.

GERMAIN ◆ Le patronyme Germain est issu du nom de baptême. *Germanus* était un surnom latin qui désignait une origine ethnique ou des individus de même souche familiale. La popularité de ce nom est due à un évêque d'Auxerre du Ve siècle et à saint Germain de Paris, mort aux alentours de 578. 28 000 en France, 800 en Belgique, 5 900 au Québec, 2 900 en Suisse.

GERVAIS ◆ Ce patronyme dérive du nom de baptême Gervais, lui-même issu du nom latin *Gervasius*, nom d'un saint martyr sous Dioclétien. Comme la marque de « petits suisses », le nom est d'origine normande. 12 000 en France, 300 en Belgique, 8 200 au Québec, 620 en Suisse.

GIBERT ◆ Ce patronyme est la forme contractée de Gilbert qui vient du nom de baptême d'origine germanique *Gilibert*, dérivé lui-même du nom de personne d'origine germanique *Giliberht* (de *gil-* qui renvoie à *geil*, exubérant, ardent, à *gailjan*, se réjouir, ou à *gilen*, convoiter, désirer, et *-berht*, brillant, illustre). 12 300 en France, 1 000 en Belgique, 50 en Suisse.

GILBERT ◆ Comme Gibert, Gilbert vient de l'ancien nom de baptême *Gilibert*, dérivé de *Giliberht*. 18 400 en France, 1 100 en Belgique, 11 600 au Québec, 1 000 en Suisse.

GILLES ◆ Le patronyme Gilles dérive du nom de baptême. On le trouve parfois écrit sans *s*, mais l'absence ou la présence du *s* n'ont pas de signification par elles-mêmes (rappelons que l'orthographe des noms de famille ne s'est figée qu'à partir de 1850). 17 000 en France, 2 230 en Belgique, 300 au Québec, 200 en Suisse.

GILLET ◆ Gillet est un diminutif du nom de baptême Gilles, dont l'origine la plus probable est un dérivé en *idius* du nom latin *Eggius*. 24 600 en France, 2 200 en Belgique, 40 au Québec, 550 en Suisse.

GIRARD ◆ Girard provient d'un ancien nom de baptême, lui-même issu du nom de personne d'origine germanique *Gerhard* (de *ger-*, la lance, et *-hard*, dur). 70 000 en France, 90 en Belgique, 27 200 au Québec, 11 450 en Suisse.

GIRAUD, GIRAULT ◆ Ces noms viennent de l'ancien nom de baptême Géraud, nom de personne d'origine germanique issu de *Gerwald/old* ou *Girwald* (de *ger-*, lance, et *-waldan*, gouverner). Giraud : 46 800 en France, 40 en Belgique, 20 au Québec, 480 en Suisse. Girault : 13 800 en France, 20 en Belgique, 20 au Québec, 70 en Suisse.

GODARD ◆ Godard provient du nom de personne d'origine germanique *Godhard* (de *god-*, dieu, et *-hard*, dur, fort). 14 600 en France, 100 en Belgique, 60 au Québec, 120 en Suisse.

GOMES, GOMEZ ◆ Ces deux noms d'origine ibérique dérivent d'un ancien nom de baptême, avec un suffixe, *-ez* en Espagne, *-es* au Portugal, qui signifie « fils de ». La grande majorité des noms de la péninsule Ibérique provient de noms de baptême correspondant au nom du chef de famille initial. Gomes : 9 000 en France, 620 en Belgique, 60 au Québec, 4 920 en Suisse. Gomez : 17 000 en France, 1 200 en Belgique, 140 au Québec, 4 400 en Suisse.

GONÇALVES ◆ Ce patronyme d'origine portugaise signifie « fils de Gonçalvo », *Gonçalvo* étant un nom de baptême et le suffixe *-es* traduisant au Portugal la filiation. 14 000 en France, 40 en Belgique, 20 au Québec, 4 650 en Suisse.

GONZALEZ ◆ Ce patronyme d'origine espagnole signifie « fils de Gonzalo », *Gonzalo* étant un nom de baptême et le suffixe *-ez* traduisant en Espagne la filiation. 21 000 en France, 1 000 en Belgique, 240 au Québec, 7 150 en Suisse.

GOSSELIN ◆ Gosselin provient du nom de personne d'origine germanique *Gozzo* (de *got*, nom du peuple gothique), essentiellement implanté le long des côtes de la Manche. 12 000 en France, 820 en Belgique, 15 800 au Québec, 70 en Suisse.

GRAND ◆ Très fréquent, ce surnom devenu patronyme désignait un homme de haute taille. 19 000 en France, 40 en Belgique, 100 au Québec, 19 500 en Suisse.

GRANDJEAN ◆ Dans l'Est, on retrouve souvent des patronymes formés de l'association d'un nom de baptême et d'un qualificatif. Des noms qui laissent deviner les caractéristiques des premiers porteurs du nom. Ici, des « grands Jean ». 12 600 en France, 1 100 en Belgique, 40 au Québec, 6 000 en Suisse.

GRANGE, GRANGER ◆ Ce sont des noms d'origine professionnelle. Ils rappellent qu'un premier

▲ *Les noms de famille traduisent souvent les caractéristiques physiques des premiers porteurs du nom (Grand, Gros, Gras…)*

ancêtre habitait ou travaillait dans un lieu où l'on serrait les gerbes afin de les engranger. Plus tard, le terme « grange » désigna la ferme ou la métairie. Ce nom vient du latin populaire *granica*, signifiant « le grain ». Grange ou Grangé : 11 000 en France, 100 en Belgique, 3 500 en Suisse. Granger : 13 000 en France, 20 en Belgique, 80 au Québec, 730 en Suisse.

GRAS ◆ Voici le surnom donné à l'origine à un homme bien rond, bien gros. 14 000 en France, 20 au Québec, 8 100 en Suisse.

GRÉGOIRE ◆ Ce patronyme dérive du nom de baptême Grégoire issu du nom grec *Gregorios* (signifiant à l'origine « le veilleur »). 18 000 en France, 1 700 en Belgique, 7 400 au Québec, 740 en Suisse.

GRENIER ◆ Le patronyme Grenier a deux origines possibles. Ce nom peut avoir désigné celui qui possédait un grenier à blé. Il peut aussi correspondre à une déformation de l'ancien nom de baptême *Garnier*, lui-même issu du nom de personne d'origine germanique *Warinhari* (de *wara-*, la protection, et *-hari*, l'armée). 15 000 en France, 500 en Belgique, 19 400 au Québec, 400 en Suisse.

GRONDIN ◆ C'était le surnom d'un homme grondeur, souvent de méchante humeur. Sans doute y en avait-il beaucoup autrefois, car ce patronyme est très porté ! 23 000 en France, 2 500 au Québec.

GROS ◆ Ce patronyme, très présent dans le Lyonnais et en Savoie, était au départ le surnom d'un homme… très gros. 25 000 en France, 90 en Belgique, 40 au Québec, 45 300 en Suisse.

GUEGAN, GUEGUEN ◆ Ces patronymes dérivent d'un ancien nom de baptême breton *Uuicon*. Les porteurs de ces noms sont aujourd'hui encore presque tous groupés en Bretagne. À lui seul, le département du Finistère accueille près de la moitié des Gueguen de la France entière. Guegan : 9 800 en France, 40 en Suisse. Gueguen : 12 000 en France, 20 en Belgique, 50 en Suisse.

GUÉRIN ◆ Le patronyme très fréquent Guérin dérive de *Warin*, un nom de personne d'origine germanique dont la racine signifie « peuple ». 60 000 en France, 300 en Belgique, 4 700 au Québec, 2 000 en Suisse.

GUIBERT ◆ Guibert provient du nom de personne d'origine germanique *Wigbald* (de *wig-*, combat, et *-bald*, audacieux). Ce patronyme est maintenant surtout réparti dans l'ouest de la France. 16 000 en France, 100 en Belgique, 470 en Suisse.

GUICHARD ◆ Guichard provient du nom de personne d'origine germanique *Wichard* (de *wig-*, combat, et *-hard*, dur, fort). 23 000 en France, 40 en Belgique, 40 au Québec, 600 en Suisse.

GUILBERT ◆ Guilbert provient du nom de personne d'origine germanique *Gilberht* (de *gil-*, exubérant, ardent, et *-berht*, brillant). Actuellement en France, les Guilbert ont une répartition concentrée le long de la côte, de Nantes à Bordeaux. 15 500 en France, 20 en Belgique, 500 au Québec, 50 en Suisse.

GUILLARD ◆ Voici encore un patronyme qui dérive d'un nom de personne d'origine germanique, *Willihard* (de *wille-*, la volonté, et *-hard*, dur, fort). 11 600 en France, 20 en Belgique, 225 en Suisse.

GUILLAUME, GUILLEMIN, GUILLEMOT, GUILLET, GUILLON, GUILLOT, GUILLOU ◆ Tous ces patronymes proviennent du nom de baptême Guillaume, lui-même issu du nom de personne d'origine germanique *Willhelm* (de *wille-*, la volonté, et *-helm*, le casque). Guillaume : 33 000 en France, 2 600 en Belgique, 40 au Québec, 1 400 en Suisse. Guillemin : 12 000 en France, 40 en Belgique, 20 au Québec, 700 en Suisse. Guillemot : 10 000 en France, 20 en Belgique, 40 au Québec, 20 en Suisse. Guillet : 19 000 en France, 30 en Belgique, 120 au Québec, 1 800 en Suisse. Guillon : 19 000 en France, 20 en Belgique, 20 au Québec, 130 en Suisse. Guillot : 33 000 en France, 40 en Belgique, 2 060 au Québec, 210 en Suisse. Guillou : 25 000 en France, 40 en Belgique, 120 au Québec, 450 en Suisse.

GUY ◆ Ce patronyme dérive du nom de baptême, lui-même issu du nom de personne germanique *Wido*, dérivé en *Witto* (de *wid*, bois). 15 000 en France, 400 en Belgique, 2 000 au Québec, 600 en Suisse.

GUYON, GUYOT ◆ Ces patronymes dérivent du nom de baptême Guy, issu de l'ancien nom de personne germanique *Wido*, dérivé en *Witto* (de *wid*, bois). Guyon : 15 000 en France, 20 en Belgique, 20 au Québec, 220 en Suisse. Guyot : 30 000 en France, 500 en Belgique, 80 au Québec, 1 700 en Suisse.

HAMEL ◆ Hamel désignait autrefois celui qui habitait un hameau, un groupe de maisons situé en dehors du bourg. Devenu patronyme, il a cessé d'être signe d'exclusion. On les trouve principalement implantés en Normandie. 12 300 en France, 40 en Belgique, 13 100 au Québec, 650 en Suisse.

HAMON ◆ Le patronyme d'origine bretonne Hamon est issu d'un nom de personne d'origine germanique, *Haimo*, dérivant lui-même du mot saxon *ham* désignant la maison. 23 000 en France, 20 en Belgique, 200 au Québec, 50 en Suisse.

HARDY ◆ Ce patronyme a surnommé à l'origine des personnes téméraires, ne se laissant pas intimider. 17 000 en France, 1 400 en Belgique, 2 800 au Québec, 1 050 en Suisse.

HÉBERT ◆ Le patronyme Hébert dérive d'un nom germanique, *Hariberht* (de *hari-* armée, peuple, et de *-berht*, brillant, illustre). Le nom est d'origine normande, mais se retrouve maintenant encore plus répandu au Canada. Des Hébert figuraient parmi les premiers colons : dans les jardins de l'hôtel de ville de Québec, un monument représente Louis (1575-1627), apothicaire royal, premier officier de justice en Nouvelle-France, premier colon en Acadie et au Canada à tirer sa subsistance lui-même du sol, offrant à Dieu sa première gerbe de blé. 15 000 en France, 40 en Belgique, 16 500 au Québec, 110 en Suisse.

HENRY ◆ Henry dérive bien sûr du nom de baptême, lui-même issu du nom germanique *Haimric*, tardivement (xe siècle) mais largement diffusé sous l'influence des empereurs germaniques. 52 000 en France, 2 200 en Belgique, 2 300 au Québec, 2 100 en Suisse.

HERNANDEZ ◆ Ce patronyme d'origine espagnole signifie « fils de Hernande », *Hernande* étant un nom de baptême masculin et le suffixe *-ez* traduisant en Espagne la filiation. 15 100 en France, 350 en Belgique, 300 au Québec, 1 700 en Suisse.

HERVÉ ◆ Voici un patronyme qui provient tout simplement du nom de baptême Hervé, qui serait lui-même issu d'un ancien nom breton *Haerviu*, signifiant « actif au combat », et porté aujourd'hui surtout en Bretagne bien sûr. 28 000 en France, 100 en Belgique, 100 au Québec, 200 en Suisse.

HOARAU, HOAREAU ◆ La signification de ces patronymes n'est pas claire. Peut-être s'agirait-il au départ de noms bretons. Ils auraient dans ce cas le sens de joueur, de baladin. À moins qu'il ne s'agisse de noms typiquement réunionnais, car c'est actuellement sur l'île de la Réunion que l'on trouve la majorité des porteurs de ces deux noms. Hoarau : 22 500 en France, 10 en Suisse. Hoareau : 17 000 en France, 20 en Suisse.

HOFFMANN ◆ Ce patronyme d'origine germanique désignait un fermier, sens que le mot a encore aujourd'hui. 12 100 en France, 300 en Belgique, 60 au Québec, 6 200 en Suisse.

HUBERT ◆ Encore un patronyme qui provient du nom de baptême, lui-même issu d'un nom de personne d'origine germanique, *Hugberht* (de *hug-*, intelligence, et *-berht*, brillant, illustre). 32 000 en France, 2 200 en Belgique, 1 000 au Québec, 1 600 en Suisse.

HUE, HUET, HUGUET ◆ Hue n'est pas un cri, mais tout simplement la forme savante du nom de baptême Hugues. Huet et Huguet ont la même étymologie. Tous deux pourraient provenir du nom germanique *Hugo*, lui-même issu de *hug*, qui signifie « intelligence ». Hue : 9 000 en France, 100 en Belgique, 57 700 en Suisse. Huet : 28 400 en France, 1 420 en Belgique, 200 au Québec, 2 300 en Suisse. Huguet : 13 000 en France, 20 en Belgique, 5 200 en Suisse.

HUMBERT ◆ Ce patronyme provient tout simplement de l'ancien nom de baptême Humbert, lui-même issu du nom de personne germanique *Hunberht* construit à partir des racines *hunn-*, ours et *-berht*, brillant, illustre. 22 500 en France, 20 en Belgique, 40 au Québec, 4 430 en Suisse.

IMBERT ◆ Ce patronyme dérive d'un nom germanique, *Imbald* (de *im-*, immense et *-bald*, audacieux). Ce nom se retrouve pour l'essentiel sur le pourtour méditerranéen, la vallée du Rhône, le Lyonnais et la Bourgogne. 20 200 en France, 20 au Québec, 260 en Suisse.

JACOB ◆ Jacob est un nom d'origine biblique. En tant que nom de famille, il désigne principalement des familles israélites. En France, le nom est surtout présent dans l'Est (une des rares régions où il était possible sous l'Ancien Régime aux juifs de s'établir) et à Paris. 24 200 en France, 1 600 en Belgique, 2 600 au Québec, 1 200 en Suisse.

JACQUEMIN, JACQUES, JACQUET, JACQUIN, JACQUOT ◆ Tous ces noms proviennent du nom de baptême Jacques. Le plus porté de tous est Jacquet. Les Jacques sont essentiellement groupés dans l'Est ; les Jacquot, originaires de Lorraine ou de Franche-Comté ; les Jacquemin, surtout lorrains et champenois ; les Jacquin sont les moins nombreux. Jacquemin : 11 000 en France, 1 320 en Belgique, 20 au Québec, 300 en Suisse. Jacques : 20 000 en France, 2 700 en Belgique, 10 900 au Québec, 600 en Suisse. Jacquet : 30 000 en France, 1 800 en Belgique, 580 en Suisse. Jacquin : 9 100 en France, 20 en Belgique, 20 au Québec, 140 en Suisse. Jacquot : 15 000 en France, 20 en Belgique, 70 en Suisse.

▲ *Saint Hugues se retrouve dans les noms Hue, Huet, Huguet*

JAMET ◆ Le patronyme Jamet représente une déformation du nom de baptême Benjamin, nom du dernier fils de Jacob dans la Bible. 12 000 en France, 20 en Belgique, 60 au Québec, 270 en Suisse.

JEAN ◆ Le patronyme Jean dérive tout simplement du nom de baptême, largement diffusé en mémoire de l'apôtre ou des nombreux saints qui l'ont porté. 53 300 en France (dont 5 000 dans la seule Martinique qui est ainsi le premier département français pour le nombre de porteurs du nom), 40 en Belgique, 10 600 au Québec, 2 400 en Suisse.

JEANNE ◆ Matronyme issu d'un nom de baptême, Jeanne est bien évidemment le féminin de Jean. Tous deux proviennent de l'hébreu *Johanân* (en grec, *Ioannès*), qui signifie « Dieu a fait grâce ». La moitié des porteurs du nom vivent sur la seule Normandie, première région pour le nombre de noms de famille issus d'un nom de baptême féminin. 11 000 en France, 100 en Belgique.

JOLLY, JOLY ◆ Le patronyme Jol(l)y désignait quelqu'un de gai et joyeux, sens que le mot avait autrefois. Jolly : 11 300 en France, 20 en Belgique, 100 au Québec, 170 en Suisse. Joly : 45 500 en France, 1 100 en Belgique, 4 100 au Québec, 1 830 en Suisse.

JOSEPH ◆ Le nom de baptême Joseph, nom d'origine biblique, du mari de la Vierge Marie, avait pour sens « que Dieu puisse accroître (ma descendance) ». Il se diffusa largement en France, surtout à partir du XIIIe siècle, comme nom de baptême mais aussi comme nom de famille. 14 600 en France, 1 600 en Belgique, 4 200 au Québec, 1 400 en Suisse.

JOUBERT ◆ Le nom Joubert dérive du germanique *Gautberht* (de *gaut-*, peuple, et *-berht*, brillant, illustre). On les trouve principalement dans l'Ouest, du Bordelais à la Touraine en passant par les Charentes et le Poitou, mais aussi dans les grandes villes : Lyon, Paris et leurs régions. 17 000 en France, 20 en Belgique, 600 au Québec, 60 en Suisse.

JOURDAIN, JOURDAN ◆ Datant de l'époque des croisades, ces noms furent portés par ceux qui s'étaient baignés dans le fleuve Jourdain où fut baptisé le Christ. Les Jourdain sont originaires de la moitié nord de la France, tandis que les Jourdan sont surtout groupés sur le pourtour méditerranéen et la vallée du Rhône. Jourdain : 13 400 en France, 40 en Belgique, 1 450 au Québec, 200 en Suisse. Jourdan : 16 000 en France, 430 en Suisse.

JULIEN, JULLIEN ◆ Julien, du latin *Julianus*, a été largement popularisé par plusieurs saints, comme le saint martyr de Brioude en Auvergne, à la fois comme nom de baptême, puis aussi comme patronyme. Était-ce des noms portés par des marins ? On les trouve surtout répartis tout le long de la côte méditerranéenne et de la vallée du Rhône et autour des deux grands ports Rouen et Bordeaux. Julien : 28 700 en France, 300 en Belgique, 5 100 au Québec, 140 en Suisse. Jullien : 11 700 en France, 20 en Belgique, 130 en Suisse.

JUNG ◆ Ce nom de l'Est a été attribué à quelqu'un de jeune, ou qui était resté jeune. 10 800 en France, 200 en Belgique, 20 au Québec, 16 600 en Suisse.

▲ *Jourdain est un nom qui date des Croisades. Il était donné à ceux qui s'étaient baignés dans le fleuve où le Christ avait été baptisé.*

KELLER ◆ Keller est issu de l'allemand *kellaere*, emprunté au latin *cellarium*, qui désigne l'employé du cellier. Les Keller de France se trouvent essentiellement en Alsace, dans le Territoire de Belfort et en région parisienne (où il s'est implanté par le jeu des migrations, principalement au moment de l'annexion de l'Alsace à la Prusse en 1871), mais le nom est bien davantage porté en Suisse et en Allemagne. 10 000 en France, 960 en Belgique, 40 au Québec, 86 700 en Suisse.

KLEIN ◆ Voilà un patronyme qui est, à l'origine et dans l'Est, le surnom d'un homme petit (le mot *klein* signifie « petit » en langue germanique). 28 500 en France, 1 600 en Belgique, 120 au Québec, 13 100 en Suisse.

LABBÉ ◆ Labbé a été donné comme sobriquet à un personnage qui se donnait des allures d'abbé. 15 300 en France, 300 en Belgique, 7 300 au Québec, 100 en Suisse.

LABORDE ◆ Ce patronyme a été attribué dans le Sud-Ouest à un fermier qui tenait une *borde* (mot du Sud-Ouest pour désigner une ferme, une métairie...). 15 100 en France, 20 au Québec, 50 en Suisse.

LACOMBE ◆ *Cumba*, terme d'origine gauloise, désignait autrefois une dépression en forme de vallée étroite et profonde. Ce patronyme a été attribué dans le sud de la France à ceux qui habitaient ce type de relief. 18 900 en France, 20 en Belgique, 4 800 au Québec, 110 en Suisse.

LACOSTE ◆ Lacoste désigne le lieu d'origine de la famille : une côte, une colline. On le retrouve essentiellement en Aquitaine. 18 100 en France, 100 en Belgique, 300 au Québec, 140 en Suisse.

LACOUR ◆ Ce patronyme traduit le lieu d'habitation de la famille d'origine : une maison disposant d'une cour particulière. 12 800 en France, 90 en Belgique, 20 au Québec, 270 en Suisse.

LACROIX ◆ Ce nom évoque tout simplement quelqu'un qui habitait près d'une croix. 33 000 en France, 1 300 en Belgique, 10 400 au Québec, 800 en Suisse.

LAFFONT, LAFON, LAFOND, LAFONT ◆ Ces noms désignaient dans la moitié sud du pays celui qui habitait près d'une source ou d'une fontaine, ou bien qui vivait dans un hameau de ce nom (fréquent). Laffont : 7 500 en France, 20 en Belgique. Lafon : 15 500 en France, 100 en Belgique, 40 au Québec, 240 en Suisse. Lafond : 6 600 en France, 20 en Belgique, 4 300 au Québec, 60 en Suisse. Lafont : 12 100 en France, 20 en Belgique, 40 au Québec, 140 en Suisse.

LAGARDE ◆ Lagarde désigne le nom de la localité d'origine de la famille (nom fréquent dans le Sud-Ouest, qui évoque la présence d'une tour de garde). 18 600 en France, 90 en Belgique, 20 au Québec, 70 en Suisse.

LAINÉ ◆ Ce patronyme a été donné en surnom à l'aîné d'une famille. 18 000 en France, 100 en Belgique, 1 600 au Québec, 220 en Suisse.

LALLEMAND, LALLEMENT ◆ Ces patronymes ont désigné une personne originaire d'Allemagne ou qui y avait fait un voyage. Lallemand : 10 000 en France (dont 1 000 à la Réunion où certains Lallemand avaient migré et fait souche au cours des siècles passés !), 400 en Belgique, 60 au Québec, 60 en Suisse. Lallement : 6 800 en France, 100 en Belgique, 20 au Québec, 20 en Suisse.

LAMBERT ◆ Ce nom, surtout originaire du nord-ouest de la France, dérive d'un nom de personne d'origine germanique *Landberht* (de *land-* pays et *-berht*, brillant, illustre). 67 700 en France, 4 000 en Belgique, 11 800 au Québec, 4 300 en Suisse.

LAMY ◆ Ce patronyme a été donné en sobriquet à quelqu'un qui, en fait, n'était pas un « ami » ou bien pour désigner un amant. 22 000 en France, 700 en Belgique, 1 400 au Québec, 260 en Suisse.

LANGLOIS ◆ Un certain nombre de patronymes se sont formés à partir de l'origine géographique de l'individu. Ceux-ci, qui signifient « l'Anglais », comme Langlais, Langlet ou Langlois, en sont des exemples. Ils sont assez nombreux en France dans les régions où les Anglais étaient le plus présents, et sans doute faut-il y voir la marque de la guerre de Cent Ans. 21 000 en France, 100 en Belgique, 27 000 au Québec, 160 en Suisse.

LAPORTE ◆ Laporte désignait celui qui habitait près d'une ville ou qui était originaire de l'un des très fréquents lieux-dits du nom de La Porte. 22 400 en France, 100 en Belgique, 5 000 au Québec, 200 en Suisse.

LAROCHE ◆ Un certain nombre de patronymes se sont formés à partir de noms de lieux ; c'est le cas de Laroche, attribué à des personnes vivant au voisinage de rochers. 17 400 en France, 200 en Belgique, 8 600 au Québec, 170 en Suisse.

LAUNAY ◆ Le patronyme normand Launay vient d'un nom d'arbre, l'aulne, et désignait quelqu'un qui habitait près d'un aulne ou qui vivait dans une localité, un hameau ou un lieu-dit de ce nom (assez fréquent en nom de lieu). 19 800 en France, 20 en Belgique, 80 au Québec, 80 en Suisse.

LAURENT ◆ Ce patronyme dérive du nom de baptême, assez largement diffusé dès les débuts de l'époque chrétienne pour sa signification symbolique (la lutte du chrétien contre le mal et sa victoire, imagée, le nom étant issu du mot latin *laurus*, laurier), puis popularisé par le culte de saint Laurent, martyr en 248. 95 000 en France, 4 000 en Belgique, 700 au Québec, 5 800 en Suisse.

LAVAL ◆ Ce nom rappelle qu'un ancêtre vivait dans un val, un vallon ou une vallée, ou bien était originaire d'un lieu-dit de ce nom, ce qui est très fréquent (en Dordogne, quatre-vingts noms de lieu ont cette origine). 12 800 en France, 100 en Belgique, 500 en Suisse.

LAVIGNE ◆ Voici un nom attribué tout simplement au possesseur d'une vigne ou d'une maison entourée de vignobles. 12 800 en France, 180 en Belgique, 5 600 au Québec, 100 en Suisse.

LAVOIE ◆ Ce nom a dû être attribué à celui qui habitait une maison située sur la voie, c'est-à-dire sur la route principale. Le nom est surtout porté au Québec, où il arrive en 8e position par la fréquence. 180 en France, 440 en Belgique, 36 500 au Québec, 20 en Suisse.

LE CORRE, LECORRE ◆ Ce patronyme est un surnom dérivé du terme breton *corr*, nain en français. Il désignait évidemment à l'origine une personne de petite taille. 14 100 en France, 20 en Belgique, 60 au Québec, 100 en Suisse.

LE GAL, LE GALL ◆ Les patronymes Le Gal ou Le Gall proviennent du terme breton *gal*. Ce dernier a un double sens. Le premier signifie « étranger ». Par extension, il désignait pour un Breton un Français ou une personne parlant français. Mais, en ancien breton, *gal* pouvait aussi être traduit par « bravoure », « exploit » ou « valeur ». Il aurait alors été attribué à un homme aux vertus exceptionnelles. 27 500 en France, 20 en Belgique, 500 en Suisse.

▲ *Lecorre est l'équivalent breton de Petit ou de Lenain, évoquant la petite taille du premier porteur du nom.*

LE GOFF ◆ Le Goff est issu du terme breton *gov*, signifiant forgeron. Ce nom désignait donc à l'origine une personne exerçant ce métier. 26 100 en France, 20 en Belgique, 20 au Québec, 60 en Suisse.

LEBLANC ◆ Ce patronyme était attribué à quelqu'un ayant les cheveux blancs. Il est assez fréquent dans la moitié nord de la France. Dans le sud, on trouve plutôt la même signification sous la forme Blanc. Il s'est aussi particulièrement répandu au Québec. 26 000 en France, 1 100 en Belgique, 27 100 au Québec, 100 en Suisse.

LEBLOND ◆ Ce patronyme était attribué à quelqu'un ayant les cheveux blonds. Il est assez fréquent dans le Nord et la Normandie. 13 000 en France, 40 en Belgique, 3 800 au Québec, 40 en Suisse.

LEBON ◆ Ce patronyme était attribué en surnom à un homme brave (ce qui correspond au sens de l'adjectif en ancien français). 13 800 en France (le département le plus peuplé en Lebon est celui de l'île de la Réunion, avec plus de 2 500 porteurs du nom), 500 en Belgique, 40 au Québec, 60 en Suisse.

LE BRETON, LEBRETON ◆ Le patronyme Lebreton (ou Le Breton) indique la région d'origine de celui à qui on l'a attribué. 24 300 en France, 20 en Belgique, 200 au Québec, 30 en Suisse.

LE BRUN, LEBRUN ◆ Ce patronyme était attribué à quelqu'un ayant les cheveux bruns. Il est assez fréquent dans le Nord. Dans le sud de la France, on le trouve plutôt sous la forme Brun. 29 800 en France, 1 700 en Belgique, 4 200 au Québec, 170 en Suisse.

LECLERC ◆ Ce patronyme normand désignait les clercs, c'est-à-dire les tonsurés, jouissant du privilège de clergie. 37 400 en France, 300 en Belgique, 18 600 au Québec, 600 en Suisse.

LECLERCQ ◆ Leclercq est un patronyme très fréquent dans le nord de la France et qui désignait, comme Leclerc, un homme jouissant du privilège de clergie. 33 000 en France, 2 050 en Belgique, 40 au Québec, 130 en Suisse.

LECOCQ, LECOQ ◆ Ces patronymes ont désigné un homme vaniteux, prétentieux et beau parleur. Ils sont originaires du Nord ou de la Normandie. Lecocq : 10 000 en France, 700 en Belgique, 80 en Suisse. Lecoq : 16 600 en France, 400 en Belgique, 40 en Suisse.

LECOMTE, LECONTE ◆ Ces patronymes ont été utilisés comme sobriquet pour désigner quelqu'un qui prenait les manières d'un comte. Lecomte : 33 700 en France, 1 800 en Belgique, 700 au Québec, 300 en Suisse. Leconte : 15 600 en France, 100 en Belgique, 100 au Québec, 10 en Suisse.

LEDOUX ◆ Voilà le surnom de personnes bien douces, bien calmes ! 12 200 en France, 1 600 en Belgique, 650 au Québec, 40 en Suisse.

LEDUC ◆ Le patronyme Leduc est issu du titre de duc ou du nom breton *duhan*. Ce dernier, à l'instar du terme français « duc », est issu du latin *dux* et signifiait chef de guerre. Mais, dans les deux cas, comme le nombre de personnes portant réellement le titre de duc a toujours été restreint, le patronyme, très fréquent, a sans doute été attribué comme sobriquet à quelqu'un tentant d'en prendre les apparences ou travaillant au service d'un duc. 20 400 en France, 500 en Belgique, 12 000 au Québec, 150 en Suisse.

LEFEBVRE, LEFÈVRE ◆ Lefebvre et Lefèvre viennent du mot *fèvre*, qui désignait en ancien français le forgeron. Tous sont principalement originaires de la Belgique ou du nord et du nord-ouest de la France, même si leur fréquence finit par les rendre omniprésents. Lefebvre : 81 000 en France, 350 en Belgique, 21 300 au Québec, 330 en Suisse. Lefèvre : 62 600 en France, 2 500 en Belgique, 300 au Québec, 250 en Suisse.

LEFORT ◆ Lefort était le surnom d'un homme fort et puissant. 17 000 en France, 100 en Belgique, 100 au Québec, 120 en Suisse.

LEGENDRE ◆ Le patronyme Legendre dérive du lien de parenté. Il aurait été attribué plus particulièrement au gendre qui héritait de la maison du beau-père et y habitait. Le nom est bien implanté en Normandie et en Bretagne, mais aussi au Canada où Napoléon Legendre (1841-1907) fut le fondateur de la Société du parler français. 17 000 en France, 200 en Belgique, 1 500 au Québec, 70 en Suisse.

LÉGER ◆ Léger a deux étymologies possibles. Il peut dériver d'un nom de personne d'origine germanique *Leodgari* (de *leod-*, peuple, et *-gari*, prêt au combat). Il peut aussi avoir désigné un homme imprudent. 24 000 en France, 100 en Belgique, 3 100 au Québec, 1 900 en Suisse.

LEGRAND ◆ Ce nom de famille du Nord a été attribué au départ à un homme de haute taille. 60 000 en France, 2 100 en Belgique, 200 au Québec, 220 en Suisse.

LEGROS ◆ Il faut se rendre à l'évidence : le patronyme Legros désignait à l'origine une personne fort corpulente. 19 600 en France, 700 en Belgique, 900 au Québec, 70 en Suisse.

LEJEUNE ◆ Le patronyme Lejeune a été tout simplement attribué à une personne qui gardait l'apparence de la jeunesse, ou bien au plus jeune d'une famille. Le nom est essentiellement réparti tout le long des côtes de la Manche. 23 800 en France, 2 500 en Belgique, 600 au Québec, 240 en Suisse.

LELEU ◆ En ancien français, *leu* veut dire « loup ». Leleu a deux origines possibles. Il peut s'agir de l'ancien nom de baptême popularisé par l'évêque saint Loup (ou saint Leu) qui arrêta Attila, nom de baptême qui aurait été celui du chef de la famille d'origine. Mais il peut aussi, en tant que surnom, avoir désigné un homme brutal ou sauvage comme un loup. 14 000 en France, 200 en Belgique, 40 en Suisse.

LELIÈVRE ◆ Voici un patronyme peu flatteur qui s'appliquait à un homme peureux. 18 700 en France, 350 en Belgique, 2 300 au Québec, 200 en Suisse.

LELONG ◆ Le patronyme Lelong désignait à l'origine un homme à la fois mince et de grande taille. 11 600 en France, 30 en Belgique, 20 en Suisse.

LEMAIRE ◆ Ce patronyme désignait véritablement à l'origine celui qui était maire, surtout dans les régions du nord de la France ou en Belgique, où cette fonction a des racines très anciennes et était répandue. 40 500 en France, 3 300 en Belgique, 720 au Québec, 120 en Suisse.

LEMAÎTRE ◆ Le patronyme Lemaître a désigné celui qui était à la tête d'une corporation de métier. C'est essentiellement un nom du nord de la France. 23 800 en France, 600 en Belgique, 100 en Suisse.

LEMOINE ◆ Le patronyme Lemoine a pu désigner, comme un surnom, quelqu'un qui prenait des manières de moine. Mais, plus fréquemment, il a été attribué à une personne... dodue, les moines ayant la réputation d'être bien nourris ! 39 200 en France, 900 en Belgique, 1 120 au Québec, 100 en Suisse.

LEMONNIER ◆ Ce patronyme normand a qualifié un meunier. 15 200 en France, 20 en Belgique, 60 au Québec, 50 en Suisse.

LENOIR ◆ Lenoir a désigné un homme à la chevelure noire. Il a été essentiellement utilisé dans le nord de la France. 17 700 en France, 1 000 en Belgique, 20 au Québec, 940 en Suisse.

LÉON ◆ Le patronyme Léon dérive tout simplement du nom de baptême, populaire en Bretagne où le saint était très révéré, notamment dans le Léon. À noter : le nom se retrouve aussi porté en Espagne, où il est celui d'une région. 12 400 en France, 20 en Belgique, 180 au Québec, 200 en Suisse.

LÉONARD ◆ Le patronyme Léonard dérive d'un nom de baptême. 12 500 en France, 4 000 en Belgique, 5 400 au Québec, 420 en Suisse.

LEPAGE ◆ Lepage est issu du terme d'ancien français « page » qui désignait un valet et, par extension, un jeune garçon. 15 700 en France, 30 en Belgique, 9 700 au Québec, 20 en Suisse.

LEROUX ◆ Le patronyme Leroux, essentiellement attribué en Bretagne, a désigné un homme à la chevelure rousse. 65 000 en France, 600 en Belgique, 5 600 au Québec, 200 en Suisse.

LEROY ◆ Ce nom a été attribué comme sobriquet à quelqu'un qui prenait les manières d'un roi ou bien au vainqueur d'un jeu très populaire dans les campagnes autrefois. 94 000 en France, 4 500 en Belgique, 120 au Québec, 520 en Suisse.

LESAGE ◆ Ce patronyme a désigné une personne réputée pour son savoir. C'est typiquement un nom du nord de la France. 19 600 en France, 300 en Belgique, 1 220 au Québec, 50 en Suisse.

LETELLIER ◆ Le patronyme normand Letellier a désigné un tisserand, un fabricant de toile. 12 900 en France, 20 en Belgique, 1 500 au Québec, 60 en Suisse.

LEVASSEUR ◆ Le patronyme normand de Levasseur désignait à l'origine un vassal. 11 800 en France, 40 en Belgique, 4 700 au Québec, 60 en Suisse.

LÉVÊQUE, LÉVESQUE ◆ Le patronyme Lévêque (orthographié, en général, Lévesque au Canada), fut attribué aux individus faisant preuve d'une grande probité, d'une grande sagesse, en définitive des qualités qui sont celles a priori d'un évêque. Lévêque : 24 600 en France, 100 en Belgique, 100 au Québec, 140 en Suisse. Lévesque: 6 000 en France, 20 en Belgique, 30 100 au Québec, 40 en Suisse.

LÉVI, LÉVY ◆ Les patronymes Lévi ou Lévy sont des noms israélites désignant l'adjoint d'un grand prêtre. On retrouve très souvent ces noms sous une forme composée (Lévy-Bruhl, Lévi-Strauss...). Lévi : 2 200 en France, 440 en Belgique, 820 en Suisse. Lévy : 24 500 en France, 450 en Belgique, 60 au Québec, 2 300 en Suisse.

▲ *Les Leroy ne descendent pas des rois… mais d'un ancêtre qui en prenait les apparences.*

LOISEAU ◆ Ce patronyme a été donné à des personnes gaies, aimant chanter. 16 000 en France, 300 en Belgique, 140 au Québec (mais qui compte 3 400 Loiselle, une forme rare en France), 100 en Suisse.

LOMBARD ◆ Voici un nom attribué à des personnes originaires de Lombardie ou, plus largement, à des Italiens. Dans certains cas plus rares, il aurait pu désigner un usurier ou un banquier, puisqu'au Moyen Âge les Italiens s'occupaient fréquemment du commerce de l'argent. 13 000 en France, 100 en Belgique, 4 700 en Suisse.

LOPEZ ◆ Ce patronyme signifie « fils de Lope » ou « fils de Lopo », *Lope* et *Lopo* étant des noms de baptême fréquents dans la péninsule Ibérique et le suffixe *-ez* étant en Espagne l'indice de filiation. 55 700 en France, 650 en Belgique, 400 au Québec, 7 800 en Suisse.

LOUIS ◆ Ce patronyme dérive tout simplement du nom de baptême, lui-même issu d'un ancien nom de personne d'origine germanique, *Clodovic* (composé des racines *hlodo-*, louange, renommée, et *-wig*, combat). 36 600 en France (dont 3 000 en Martinique, qui est ainsi le département le plus peuplé en porteurs du nom), 3 500 en Belgique, 60 au Québec, 1 000 en Suisse.

LUCAS ◆ Le patronyme Lucas dérive tout simplement du nom de baptême, lui-même forme savante de Luc. 43 800 en France, 650 en Belgique, 400 au Québec, 2 200 en Suisse.

MACÉ ◆ Macé est une variante bretonne du nom de baptême d'origine hébraïque Mathieu. 13 800 en France, 100 en Belgique, 20 au Québec, 1 250 en Suisse.

MAHÉ ◆ Comme Macé, Mahé vient du nom de baptême Mathieu. C'est une forme populaire de l'ouest de la France.18 600 en France, 20 en Belgique, 950 en Suisse.

MAILLARD ◆ Le patronyme Maillard peut avoir trois origines. Certains le font dériver de Mail, comme le patronyme Maillet expliqué ci-dessous. Une autre hypothèse le fait venir de la maille, Maillard aurait pu ainsi désigner le collecteur de l'impôt appelé maille, redevance féodale qui s'acquittait par le paiement d'une maille, monnaie valant alors un demi-denier. Enfin, troisième possibilité, ce nom pourrait également dériver du nom de personne d'origine germanique *Magilhard* (de *magil-*, force, puissance, et *-hard*, dur, fort). 29 000 en France, 200 en Belgique, 20 au Québec, 7 700 en Suisse.

MAILLET ◆ Ce patronyme dérive de Mail, désignant « l'homme au maillet », le maillet étant une sorte de marteau en bois à deux têtes. À noter cependant : en Touraine, le nom peut traduire la localité d'origine des premiers porteurs du nom (le village de Maillé). 16 300 en France, 20 en Belgique, 300 au Québec, 60 en Suisse.

MAILLOT ◆ Le mot maillot désignait autrefois soit un maillot d'enfant (le mot surnomma alors, par extension, un marchand de maillots), soit un maillot de vigne (il aurait, dans ce cas, été attribué à un viticulteur). 12 200 en France (dont 11 000 pour la seule île de la Réunion), 20 en Belgique, 20 au Québec, 90 en Suisse.

MAIRE ◆ Le patronyme Maire peut provenir de la fonction de l'édile, d'un nom de localité ou d'une adaptation romande du nom de baptême

Marius. 14 000 en France, 100 en Belgique, 3 500 en Suisse.

MALET, MALLET ◆ Mal(l)et dérive du mot malle et a désigné comme patronyme celui qui portait ou convoyait des malles ou des bagages. Malet : 6 700 en France, 20 en Belgique, 330 en Suisse. Mallet : 24 300 en France, 40 en Belgique, 300 au Québec, 320 en Suisse.

MARC ◆ Le patronyme Marc, assez répandu, est issu d'un nom de baptême d'origine latine, *Marcus*, popularisé par l'évangéliste saint Marc. 15 000 en France, 600 en Belgique, 20 au Québec, 200 en Suisse.

MARCHAL, MAR(É)CHAL ◆ Ce nom vient d'un nom de métier, celui du forgeron ou du maréchal-ferrant, métier qui était autrefois le plus répandu après celui du travail de la terre. Marchal : 21 000 en France, 2 500 en Belgique, 300 en Suisse. Maréchal : 23 000 en France, 1 100 en Belgique, 60 au Québec, 1 000 en Suisse.

MARCHAND ◆ Le patronyme fut tout simplement attribué à un marchand. 51 000 en France, 750 en Belgique, 7 000 au Québec, 3 300 en Suisse.

MARIE ◆ Issu du nom de baptême et typiquement normand, ce nom est le nom le plus porté du Calvados et de la Manche. 53 100 en France, 3 000 en Belgique, 20 au Québec, 1 000 en Suisse.

MARIN ◆ Le patronyme Marin peut venir de l'ancien nom de baptême Marin, issu du latin *Marinus*, mais peut aussi correspondre au surnom d'un navigateur. 17 000 en France, 550 en Belgique, 1 300 au Québec, 7 300 en Suisse.

MARION ◆ Marion dérive lui aussi du nom de baptême Marie. C'est un matronyme, c'est-à-dire un patronyme d'origine féminine, attribué quand le chef de famille était une femme de ce nom. 15 000 en France, 1 100 en Belgique, 520 au Québec, 1 800 en Suisse.

MARQUET ◆ Marquet est une déformation du nom de baptême Marc, lui-même d'origine latine *(Marcus)*. Ce patronyme fut popularisé par l'évangéliste saint Marc. 12 300 en France, 500 en Belgique, 200 en Suisse.

MARTEAU, MARTEL ◆ Un certain nombre de patronymes se sont formés à partir d'un nom d'outil. Martel en est l'un des plus anciens exemples, Charles Martel ayant été appelé ainsi d'après le « martel » (masse d'armes) avec lequel il combattit les Sarrasins à Poitiers. Les Martel comme les Marteau ont donc des ancêtres qui maniaient ou bien cette arme (donc des soldats) ou bien le marteau (des forgerons, des serruriers). Marteau : 8 400 en France, 100 en Belgique, 20 au Québec, en Suisse. Martel : 16 000 en France, 20 en Belgique, 19 400 au Québec, 1 840 en Suisse.

MARTIN, MARTINS ◆ Le patronyme Martin dérive tout simplement du nom de baptême, rendu très populaire par le saint évangélisateur de Tours et qui est aussi à l'origine de quantités de noms de lieux qui lui sont dédiés. Martins correspond à la forme portugaise de ce même nom, avec le suffixe *s* de filiation. Martin : 300 000 en France (où il est le nom le plus porté du pays), 5 000 en Belgique, 20 200 au Québec, 11 600 en Suisse. Martins : 12 000 en France, 350 en Belgique, 40 au Québec, 5 400 en Suisse.

MARTINEAU, MARTINET ◆ Ces patronymes sont parmi les nombreux dérivés auxquels le nom de baptême Martin a donné naissance dans l'ouest de la France (Vendée, Charentes...). Martineau : 14 100 en France, 20 en Belgique, 7 400 au Québec, 40 en Suisse. Martinet : 13 500 en France, 550 en Belgique, 60 au Québec, 2 500 en Suisse.

MARTINEZ ◆ Martinez correspond à la forme espagnole du nom de baptême Martin, avec une terminaison en *ez* qui indique la filiation (« fils de Martin »). 55 000 en France, 630 en Belgique, 400 au Québec, 6 700 en Suisse.

MARTY ◆ Le patronyme Marty dérive lui aussi du nom de baptême Martin. Sous cette forme, il s'agit d'un nom essentiellement présent en France dans la région Midi-Pyrénées. 31 300 en France, 20 en Belgique, 21 200 en Suisse.

MARY ◆ Mary est une forme méridionale du nom de baptême d'origine latine *Marius*, popularisé par un saint helvète du Ve siècle. Mais on le trouve aussi comme nom de lieu en Saône-et-Loire et Seine-et-Marne, où il aurait dans ce cas désigné les habitants de ces villages. 15 800 en France, 300 en Belgique, 60 au Québec, 80 en Suisse.

MAS ◆ Mas est un nom occitan courant dans le Languedoc et en Provence, dérivant du latin *mansus* signifiant « maison ». Ce patronyme désignait l'habitant ou la personne originaire d'une maison rurale isolée. 11 000 en France, 20 au Québec, 45 300 en Suisse.

MASSÉ ◆ Le patronyme Massé ou Masse peut traduire la localité d'origine des premiers porteurs de ce nom. Il existe en effet de nombreux lieux « Massé » en Bourgogne et en Anjou. Mais il peut aussi renvoyer à un sobriquet, « massé », qui désignait un homme portant une massue ou un marteau. 19 400 en France, 200 en Belgique, 7 300 au Québec, 2 720 en Suisse.

MASSON ◆ Le patronyme Masson peut avoir désigné un maçon, ou bien dériver (cas le plus fréquent) du nom de baptême Thomas. 54 000 en France, 1 400 en Belgique, 2 600 au Québec, 4 600 en Suisse.

MATHIEU, MATHIS ◆ Ces patronymes dérivent du nom de baptême Mathieu, lui-même d'origine biblique (de l'hébreu *Mattai*, « don de Dieu ») et largement popularisé par le saint apôtre. Mathieu : 53 000 en France, 3 000 en Belgique, 7 300 au Québec, 800 en Suisse. Mathis : 7 750 en France, 200 en Belgique, 1 500 en Suisse.

MAUREL ◆ Maurel est un dérivé méridional de « maure » et désignait à l'origine une personne brune de peau ou de cheveux « brun comme un maure ». 12 500 en France, 20 en Belgique, 40 au Québec, 150 en Suisse.

MAURICE ◆ Le patronyme Maurice dérive du nom de baptême, issu du nom latin *Mauritius*. 17 000 en France, 600 en Belgique, 1 300 au Québec, 200 en Suisse.

▲ *Ceux qui faisaient du commerce, souvent ambulant, ont fréquemment été nommés Marchand.*

MAURIN, MAURY ◆ Maurin et Maury ont plusieurs origines possibles. Ils peuvent correspondre à un ancien nom de baptême, *Maurinus*, nom d'un saint honoré dans le Midi. Mais ils peuvent être aussi un diminutif de maure, surnom qui désignait, comme pour le patronyme Maurel, une personne au teint ou à la chevelure sombre. Maurin : 13 500 en France, 20 en Belgique, 320 en Suisse. Maury : 21 000 en France, 100 en Belgique, 20 au Québec, 950 en Suisse.

MÉNARD ◆ Ménard (ou Menard) est une déformation, fréquente dans l'Ouest, du nom de baptême d'origine germanique *Maginhard* (de *magan-*, la force, et *-hard*, dur, fort). 29 600 en France, 40 en Belgique, 13 700 au Québec, 180 en Suisse.

MERCIER ◆ Le patronyme Mercier désignait un marchand, un homme qui tenait commerce. 63 700 en France, 900 en Belgique, 14 400 au Québec, 2 900 en Suisse.

MERLE, MERLET ◆ Ces patronymes sont issus du nom de l'oiseau. Peut-être ont-ils été donnés en sobriquet à des personnes qui aimaient chanter ou siffler. Merle : 17 600 en France, 100 en Belgique, 600 en Suisse. Merlet : 7 500 en France, 20 en Belgique, 110 en Suisse.

MERLIN ◆ Ce patronyme dérive de l'ancien nom de baptême Merlin, fréquemment porté autrefois dans la moitié nord de la France, issu du nom d'un prophète et sorcier gallois et largement popularisé par les romans où apparaît Merlin l'Enchanteur. 11 800 en France, 40 en Belgique, 40 au Québec, 1 700 en Suisse.

MEUNIER ◆ Ce patronyme a tout simplement été attribué à... un meunier. 39 000 en France, 300 en Belgique, 5 000 au Québec, 500 en Suisse.

MEYER ◆ Les patronymes se sont formés au XIIe siècle. Il existe à la fois des Meyer d'origine chrétienne et des Meyer d'origine juive. Certaines familles ont en effet une origine germanique et un nom qui dérive de l'allemand *maier*, qui signifie « métayer »; il s'agit toujours dans ce cas de familles chrétiennes, les juifs n'ayant pas au Moyen Âge en Allemagne le droit de tenir d'exploitations agricoles. D'autres familles sont d'origine juive, le mot Meyer signifiant « docteur du Talmud ». Cette double origine explique la présence de Meyer dans l'est de la France mais aussi dans le Bordelais et près d'Avignon, ces deux régions étant, avec l'Alsace, les trois endroits en France où les juifs avaient eu la possibilité légale de s'établir sous l'Ancien Régime. 41 000 en France, 500 en Belgique (mais plus de 7 000 De Meyer), 40 au Québec, 69 000 en Suisse.

MICHAUD ◆ Le patronyme Michaud dérive tout simplement du nom de baptême Michel. 25 500 en France, 40 en Belgique, 16 900 au Québec, 3 900 en Suisse.

MICHEL, MICHON ◆ Ces patronymes dérivent du nom de baptême Michel, nom d'origine biblique qui signifie « qui est comme Dieu ». Michel : 93 000 en France, 5 000 en Belgique, 2 400 au Québec, 13 200 en Suisse. Michon : 10 000 en France, 250 au Québec, 500 en Suisse.

MILLET ◆ Le patronyme Millet dérive de la graine de céréale du même nom. Sans doute le nom a-t-il été tout simplement donné à un marchand de millet. 25 000 en France, 300 en Belgique, 20 au Québec (où s'est développée en revanche la variante Millette, portée aujourd'hui par 2 800 personnes), 400 en Suisse.

▲ *Meunier, Monnier, Moulin, Mounier… tous ces noms évoquent un meunier*

MONIER, MONNIER ◆ Le patronyme Mon(n)ier évoque des noms de métier : le mot désignait en ancien français un monnayeur ou un changeur, mais il pouvait être aussi une variante du mot meunier. Monier : 10 000 en France, 20 en Belgique, 400 au Québec, 40 en Suisse. Monnier : 25 000 en France, 40 en Belgique, 200 au Québec, 5 500 en Suisse.

MORAND ◆ Le patronyme Morand peut dériver du nom de baptême d'origine latine *Maurus*, ou peut, dans certains cas, traduire la localité d'origine de la famille. 12 900 en France, 40 en Belgique, 1 000 au Québec, 7 200 en Suisse.

MOREAU, MOREL ◆ Comme Maurel, ces patronymes ont été attribués en sobriquet à un homme à la peau sombre. Moreau : 102 000 en France, 5 000 en Belgique, 9 300 au Québec, 400 en Suisse. Morel : 70 000 en France, 1 600 en Belgique, 3 200 au Québec, 8 012 en Suisse.

MORIN ◆ Personne ne s'accorde sur l'origine étymologique du nom Morin. Certains affirment que, là encore, le nom dériverait de « maure, mor » (noir de peau comme un Maure), ou de *Maurinus*, nom d'un saint assez obscur honoré dans le Midi. Mais cela ne paraît devoir s'appliquer qu'aux Maurin (v. ce mot) fort nombreux dans le Sud. Les Morin, quant à eux, se retrouvent essentiellement au nord de la Loire, en Bretagne et Normandie. Faut-il alors y voir le souvenir d'un domaine gallo-romain ou un dérivé de « Moré », qui désignait autrefois un drap de couleur foncée et, par extension, son fabricant, ou bien plutôt un dérivé du mot celte *mor*, la mer. 47 000 en France, 400 en Belgique, 37 700 au Québec, 2 900 en Suisse.

MORVAN ◆ Ce patronyme est un très ancien nom de famille breton. Il est issu de l'ancien nom de baptême *Morman*, dont les racines *mor* et *man* signifiaient « homme de mer ». À l'opposé, ce nom de famille a aussi pu désigner une personne originaire du Morvan. 19 800 en France, 20 en Belgique, 40 au Québec, 50 en Suisse.

MOULIN ◆ Le patronyme Moulin a désigné, par amalgame et surtout dans la vallée du Rhône, le meunier. 32 000 en France, 3 000 en Belgique, 160 au Québec, 3 500 en Suisse.

MOUNIER ◆ Mounier est une variante régionale de meunier et désignait donc les personnes exerçant ce métier. Le nom est essentiellement implanté en Ardèche, en Haute-Loire et dans la Loire. 12 000 en France, 40 en Belgique, 130 en Suisse.

MOUTON ◆ Le patronyme Mouton a été attribué en surnom à une personne bien douce, au caractère aimable. 12 000 en France, 400 en Belgique, 100 en Suisse.

MULLER ◆ Le patronyme Muller (ou Müller) désignait dans l'Est un meunier. On en trouve aussi beaucoup outre-Rhin. 59 300 en France, 1 650 en Belgique, 500 au Québec, 10 500 en Suisse.

NAVARRO ◆ Navarro, qui signifie « de Navarre » et indique ainsi la province d'origine des premiers porteurs du nom, est un patronyme qui est originaire aussi bien du Portugal que de l'Espagne ou des Pyrénées françaises. 11 800 en France, 20 en Belgique, 200 au Québec, 1 030 en Suisse.

NEVEU ◆ C'est naturellement le lien de parenté qui est à l'origine du patronyme Neveu, principalement porté en Normandie. 14 500 en France, 40 en Belgique, 120 au Québec, 140 en Suisse.

NICOLAS ◆ Ce patronyme est issu du nom de baptême Nicolas popularisé par le saint, nom qui provient du nom gréco-latin *Nicolaus* (où *nikê-* signifie « victoire » et *-laus*, synonyme de *demos*, représente le peuple). 52 000 en France, 1 700 en Belgique, 240 au Québec, 7 150 en Suisse.

NOËL ◆ Ce patronyme dérive tout simplement du nom de baptême Noël, très porté autrefois. 44 500 en France, 4 000 en Belgique, 8 400 au Québec, 2 600 en Suisse.

NORMAND ◆ Voici un patronyme qui a tout simplement désigné une personne originaire de Normandie. 15 000 en France, 200 en Belgique, 3 100 au Québec, 330 en Suisse.

OLIVIER, OLLIVIER ◆ Ces patronymes sont issus d'un nom de baptême, celui d'Olivier. Il est d'origine littéraire et doit sa popularité à la *Chanson de Roland*, dont Olivier était l'un des deux héros. Olivier : 36 000 en France, 1 650 en Belgique, 2 620 au Québec, 1 100 en Suisse. Ollivier : 20 500 en France, 100 en Belgique, 3 200 en Suisse.

PAGÈS ◆ Le patronyme méridional Pagès, typique du département de l'Aude, désignait à l'origine un paysan, parfois un paysan enrichi. 16 000 en France, 20 en Belgique, 20 au Québec, 400 en Suisse.

PAPIN ◆ Papin, comme papet ou papon, désignait autrefois, notamment en pays d'oc, le père ou le grand-père de la famille. 10 700 en France, 100 en Belgique, 60 au Québec, 360 en Suisse.

PARENT ◆ Parent était un surnom donné au père de famille. 15 200 en France, 500 en Belgique, 16 100 au Québec, 1 000 en Suisse.

PARIS, PARISOT ◆ Le patronyme Paris (comme sa variante Parisot) n'indique pas, comme on pourrait l'imaginer, une origine parisienne. Il provient à l'origine de la déformation de l'un ou l'autre de ces deux noms : *Paternus*, nom d'un évêque d'Avranches du VIe siècle, et *Patricius*, nom d'un apôtre de l'Irlande du Ve siècle. Paris : 24 000 en France, 1 100 en Belgique, 1 000 au Québec, 5 000 en Suisse. Parisot : 8 700 en France, 20 en Belgique, 180 en Suisse.

PARMENTIER ◆ Ce patronyme, issu du mot « parementier », désignait à l'origine celui qui faisait des parements d'habits. 13 000 en France, 4 000 en Belgique, 20 au Québec, 220 en Suisse.

PASCAL, PASQUET ◆ Voici des patronymes qui dérivent du nom de baptême, Pascal, lui-même lié à la fête de Pâques. Pascal : 21 000 en France, 300 en Belgique, 720 au Québec, 600 en Suisse. Pasquet : 10 200 en France, 100 en Belgique, 140 en Suisse.

PASQUIER ◆ Ce patronyme indique vraisemblablement le lieu d'habitation des premiers porteurs du nom, le mot « pasquier » désignant autrefois les pâturages. 21 000 en France, 40 en Belgique, 4 500 en Suisse.

PAUL ◆ Ce patronyme dérive du nom de baptême, largement popularisé par le père fondateur de l'Église romaine. La plupart des porteurs du nom se répartissent le long de la côte méditerranéenne, ainsi qu'à l'embouchure de la Seine et de la Loire. Sans doute faut-il y voir, à l'origine, de nombreuses familles de marins, migrant le long des côtes et dans les ports. 20 300 en France, 1 100 en Belgique, 2 900 au Québec, 600 en Suisse.

PAYET ◆ Ce nom a désigné un homme qui paie, ou qui a payé une somme, qui s'est acquitté d'une dette particulière. 35 700 en France (le département de plus forte implantation est l'île de la Réunion), 40 en Suisse.

PELLETIER, PELTIER ◆ Voici un nom qui traduit le métier de la première personne à l'avoir porté : celui qui fabrique et vend des fourrures (du latin médiéval *pelletarius*, qui désigne la fourrure). Pelletier : 30 000 en France, 40 en Belgique, 33 200 au Québec, 660 en Suisse. Peltier : 15 000 en France, 20 en Belgique, 40 au Québec, 160 en Suisse.

PEREIRA ◆ Ce patronyme d'origine portugaise désignait quelqu'un qui travaillait la pierre. 18 000 en France, 600 en Belgique, 10 050 en Suisse.

PEREZ ◆ Le patronyme d'origine espagnole Perez dérive du nom de baptême Pierre, avec la terminaison en *ez* qui traduit en Espagne la filiation (« fils de Pierre »). 49 000 en France, 1 100 en Belgique, 220 au Québec, 7 500 en Suisse.

PÉRON ◆ Tout le monde croit que Péron est un nom d'Amérique du Sud… En fait, c'est un nom… bien breton ! Le latin *Pedronem*, forme déclinée de *Petrus*, qui correspond au nom de baptême Pierre, a évolué successivement en breton en Pedron, puis Pezron et enfin Péron. On retrouve cette forme parmi les patronymes bretons (40 % des porteurs sur les seuls départements du Finistère et des Côtes-d'Armor), ainsi que ses variantes Péronnic, Pérono, Perronnou… 14 600 en France, 20 en Belgique, 20 au Québec, 600 en Suisse.

PERRET ◆ Le patronyme Perret est lui aussi un dérivé de Pierre. Pierre est d'ailleurs le nom de baptême qui a donné naissance au plus grand nombre de patronymes : Perrin, Perrot, Pierron, Perrineau, Pernot, Perroud… 20 000 en France, 100 en Belgique, 40 au Québec, 11 250 en Suisse.

PERRIER ◆ Perrier est l'un de ces patronymes qui peuvent avoir diverses origines. D'aucuns évoquent un nom de métier, d'autres renvoient au terme « perier », qui désignait une carrière de pierre et, par extension, un chemin caillouteux et ceux qui habitaient à proximité. Rappelons enfin que Perrier est aussi le nom de localités du centre et du sud de la France et a pu être attribué à des familles qui en étaient originaires. 27 100 en France, 100 en Belgique, 320 au Québec, 1 600 en Suisse.

PERRIN, PERRON, PERROT ◆ Ces noms sont des dérivés du nom de baptême Pierre. Perrin : 50 000 en France, 40 en Belgique, 300 au Québec, 9 200 en Suisse. Perron : 8 600 en France, 15 100 au Québec, 1 630 en Suisse. Perrot : 22 000 en France, 40 en Belgique, 20 au Québec, 2 600 en Suisse.

PETIT ◆ Surnom d'une personne de petite taille, il y a en France un grand nombre de gens portant ce patronyme, ce qui en fait le quatrième nom du pays par la fréquence. 115 000 en France, 3 120 en Belgique, 3 300 au Québec, 6 050 en Suisse.

▲ *Saint Pierre est à l'origine d'un très grand nombre de patronymes : Perez, Péron, Perret, Perrin, Perrot, Pierron...*

PETITJEAN ◆ Le nom parle de lui-même : les premiers porteurs du patronyme était des… « Jean petits ». Cette forme de patronyme, associant un nom de baptême et un qualificatif de la personne, est caractéristique de la Franche-Comté et de la Lorraine. 16 000 en France, 700 en Belgique, 430 en Suisse.

PHILIPPE, PHILIPPON ◆ Voici des patronymes qui dérivent du nom de baptême Philippe, très populaire, lui-même issu d'un ancien nom grec *Philippos* signifiant « qui aime les chevaux ». Philippe : 35 500 en France, 1 400 en Belgique, 220 au Québec, 800 en Suisse. Philippon : 7 200 en France, 20 en Belgique, 350 au Québec.

PICARD ◆ Le patronyme Picard évoque tout simplement la région d'origine de celui à qui l'on avait donné ce nom. On le retrouve donc surtout dans des régions qui ont été des terres d'émigration pour les habitants de la Picardie. Dans certains cas plus rares, mais qui peuvent expliquer une implantation du nom relativement forte en Lorraine, le nom est d'origine récente et provient de la francisation du patronyme allemand *Bickhard*, après la réunion de l'Alsace-Lorraine à la France en 1914. 39 000 en France, 700 en Belgique, 10 700 au Québec, 1 050 en Suisse.

PICHON ◆ Ce patronyme de l'est de la France a plusieurs origines possibles. Il peut signifier « petit pic » et avoir désigné un ouvrier utilisant cet outil. Il peut dériver aussi d'un diminutif de pichet et aurait dans ce cas désigné un gros buveur. Il peut venir de pechot, terme de l'est du pays qui signifie « petit » et donc avoir été attribué à des personnes de petite taille. Enfin, en Picardie, un pichon était autrefois un poisson, nom qui a pu surnommer un pêcheur ou un poissonnier. 22 000 en France, 40 en Belgique, 1 300 en Suisse.

PICOT ◆ Principalement franc-comtois, Picot correspond à un diminutif de pic, « petit pic », et aurait désigné un ouvrier utilisant cet outil. 12 500 en France, 20 en Belgique, 40 au Québec, 220 en Suisse.

PIERRE, PIERRON ◆ Ces deux patronymes dérivent du nom de baptême Pierre, popularisé par l'apôtre. Pierre : 39 900 en France, 4 000 en Belgique, 1 000 au Québec, 4 900 en Suisse. Pierron : 8 700 en France, 20 en Belgique, 5 en Suisse.

PINEAU ◆ Ce patronyme a pu être attribué à des viticulteurs ou des marchands du célèbre vin charentais. 17 400 en France, 200 en Belgique, 850 au Québec, 80 en Suisse.

POIRIER ◆ Il s'agit bien de l'arbre fruitier : le nom aurait désigné à l'origine celui qui habitait près de l'arbre en question. 28 000 en France, 200 en Belgique, 23 000 au Québec, 210 en Suisse.

POISSON ◆ Voici un patronyme bien explicite, attribué à l'origine à un marchand de poissons, et originaire de l'ouest de la France. 12 300 en France, 100 en Belgique, 1 820 au Québec, 190 en Suisse.

POMMIER ◆ Le patronyme Pommier renvoie au lieu d'habitation des premiers porteurs du nom. Un arbre caractéristique de la propriété, en l'occurence un pommier, a servi à désigner leur domaine. 12 800 en France, 20 en Belgique, 100 en Suisse.

PONCET ◆ Poncet correspond dans de nombreux cas au diminutif du nom de baptême Pons (de

Pontius, un saint d'Asie Mineure). Mais il peut également traduire la localité des premiers porteurs du nom. On trouve, notamment dans l'est de la France, de nombreux hameaux ou villages de ce nom, dans le sens de « petit pont ». 14 000 en France, 20 en Belgique, 950 en Suisse.

PONS ◆ Le patronyme Pons dérive d'un nom latin, *Pontius*, popularisé par deux saints du IIIe siècle, populaires dans le sud de la France. 25 700 en France, 40 en Belgique, 460 en Suisse.

POTIER, POTTIER ◆ Le « potier » était celui qui fabriquait de la vaisselle de terre ou de métal. On recense aujourd'hui un nombre à peu près égal des deux orthographes. Potier : 15 000 en France, 20 en Belgique, 90 en Suisse. Pottier : 15 000 en France, 300 en Belgique, 20 au Québec, 90 en Suisse.

POULAIN, POULIN, POULLAIN ◆ Ces patronymes sont à l'origine des surnoms qui ont désigné un homme au tempérament vif. L'orthographe Poulin s'est particulièrement développée au Québec. Poulain : 22 400 en France, 20 en Belgique, 70 en Suisse. Poulin : 3 800 en France, 20 en Belgique, 20 500 au Québec, 190 en Suisse. Poullain : 2 400 en France, 10 en Suisse.

PRAT ◆ Dans le Roussillon, un *pra*, c'est un pré. On trouve cette racine dans de très nombreux hameaux ou lieux-dits du même nom. Prat a ainsi été donné en surnom à ceux qui y vivaient ou qui en étaient originaires. 14 200 en France, 20 en Belgique, 2 900 en Suisse.

PRÉVOST, PRÉVÔT ◆ Le patronyme Prévô(s)t désignait… un prévôt, c'est-à-dire au Moyen Âge un agent royal ou seigneurial aux attributions diverses. Sous la forme Prévost, il fut particulièrement attribué dans le nord de la France et en Haute-Normandie. La forme Prévôt se retrouve quant à elle plutôt dans le Sud-Ouest. Prévost : 26 000 en France, 20 en Belgique, 5 700 au Québec, 700 en Suisse. Prévôt : 13 000 en France, 300 en Belgique, 20 au Québec, 220 en Suisse.

PRIGENT ◆ Il dérive de l'ancien nom de baptême breton *Pritgen* dont les racines *prit* et *gen* signifiaient en vieux breton : valeur et race. 13 000 en France, 20 en Belgique, 40 au Québec, 10 en Suisse.

PROVOST, PRUVOST, PRUVOT ◆ Comme Prévost ou Prévot, ces patronymes ont désigné à l'origine un prévôt. Provost : 12 000 en France, 90 en Belgique, 5 900 au Québec. Pruvost : 15 000 en France, 20 au Québec, 30 en Suisse. Pruvot : 6 000 en France, 40 au Québec.

PUJOL ◆ Les Pujol pouvaient être originaires d'un lieu nommé Pujols (on en trouve en Gironde, dans le Lot-et-Garonne ou l'Ariège). Mais le patronyme peut aussi dériver du mot *poujol*, qui signifie « petit puy », et avoir désigné, par extension, ceux qui habitaient sur les hauteurs. 14 000 en France, 20 en Belgique, 100 en Suisse.

RAULT ◆ Le patronyme Rault pourrait provenir du nom de baptême Raoul, lui-même issu du germain *Radwulf*, ou bien encore de *raut*, forme régionale de *rout* qui, en ancien français, désignait une terre défrichée. 12 000 en France, 20 en Belgique, 20 en Suisse.

RAYMOND ◆ Ce patronyme est l'une des formes méridionales de l'ancien nom de baptême Raimbaud, issu d'un nom de personne d'origine germanique, *Raginbald* (de *ragin-*, conseiller, et *-bald*, courageux). 5 500 en France, 200 en Belgique, 11 600 au Québec, 1 200 en Suisse.

RAYNAL, RAYNAUD ◆ Ces noms viennent d'un ancien nom de personne d'origine germanique, *Raginwald*, dont les racines sont *ragin*, qui signifiait « conseil », et *wald*, qui signifiait « gouverner ». Raynal : 9 600 en France, 20 en Belgique, 400 en Suisse. Raynaud : 21 100 en France, 200 en Belgique, 20 au Québec, 250 en Suisse.

RÉGNIER ◆ Ce patronyme vient d'un nom de personne d'origine germanique : *Raginhari* (de *ragin*, le conseil, et *-hari*, l'armée). 17 700 en France, 400 en Belgique, 250 au Québec, 80 en Suisse.

RÉMY ◆ Le patronyme Rémy dérive tout simplement du nom de baptême, popularisé par le saint qui baptisa Clovis au Ve siècle. 28 600 en France, 1 300 en Belgique, 80 au Québec, 2 600 en Suisse.

RENARD ◆ Le patronyme Renard a pu être attribué initialement à quelqu'un d'astucieux, de malin. Mais il dérive, plus fréquemment, d'un ancien nom de baptême d'origine germanique, *Ragnard*, composé des racines *ragin-*, conseil, et *-hard*, dur, fort. 39 500 en France, 2 700 en Belgique, 380 en Suisse.

RENAUD, RENAUDIN, RENAULT ◆ Ces trois patronymes viennent du nom de baptême Renaud, couramment attribué autrefois, surtout dans l'Ouest, issu lui-même d'un ancien nom de personne d'origine germanique, *Raginwald*, dont les racines sont *ragin*, qui signifiait « conseil », et *wald*, qui signifiait « gouverner ». Renaud : 38 500 en France, 400 en Belgique, 9 600 au Québec, 4 230 en Suisse. Renaudin : 7 400 en France, 20 en Belgique, 20 au Québec, 100 en Suisse. Renault : 28 300 en France, 100 en Belgique, 200 au Québec, 400 en Suisse.

REY ◆ Les Rey sont aujourd'hui principalement concentrés dans le sud-est de la France, où le nom était attribué à une personne prenant des allures de roi (*rey* étant la forme occitane de roi) ou au vainqueur d'un jeu de village. 40 900 en France, 100 en Belgique, 40 au Québec, 32 300 en Suisse.

REYNAUD ◆ Comme Renaud, Reynaud est issu de l'ancien nom de personne d'origine germanique *Raginwald*. 24 000 en France, 20 en Belgique, 20 au Québec, 760 en Suisse.

RICARD, RICHARD ◆ Ces noms viennent d'un nom de personne d'origine germanique composé de *ric-*, puissant, et *-hard*, dur. Ricard : 12 000 en France, 20 en Belgique, 4 300 au Québec, 3 400 en Suisse. Richard : 105 000 en France, 600 en Belgique, 17 300 au Québec, 18 000 en Suisse.

RIGAL, RIGAUD ◆ Ces patronymes viennent d'un nom de personne d'origine germanique *Ricwald*, formé des deux racines *ric-*, puissant, et *-wald*, gouvernement. Rigal : 8 800 en France, 20 en Belgique, 120 en Suisse. Rigaud : 11 300 en France, 30 en Belgique, 60 au Québec, 130 en Suisse.

RIO, RIOU ◆ Ces patronymes bretons sont issus de vieux noms de baptême du Vannetais comme *Riou* et *Riocus*. Rio : 9 500 en France, 500 en Belgique, 20 au Québec, 3 600 en Suisse. Riou : 18 000 en France, 100 en Belgique, 250 au Québec, 150 en Suisse.

RIVIÈRE ◆ Voici un patronyme qui provient d'un nom de lieu, attribué à des personnes qui vivaient au voisinage d'une rivière. 30 000 en France, 100 en Belgique, 20 au Québec, 100 en Suisse.

ROBERT ◆ Ce patronyme est issu du nom de baptême Robert, lui-même dérivé d'un nom de personne d'origine germanique, *Rodberht* (de *rod-*, gloire, et *-berht*, brillant, illustre). 104 000 en France, 2 400 en Belgique, 12 400 au Québec, 8 200 en Suisse.

ROBIN ◆ Robin est un patronyme qui provient du nom de baptême ou qui a été attribué à un homme de robe, un juriste. On trouve les Robin surtout en Bretagne, dans les pays de Loire et en Vendée. 54 500 en France, 1 600 en Belgique, 1 820 au Québec, 3 500 en Suisse.

ROCHE, ROCHER ◆ Un certain nombre de patronymes se sont formés à partir de noms de lieux ; c'est le cas de ceux-ci, attribués à des personnes vivant au voisinage de rochers ou dans des lieux de ce nom. Roche : 44 600 en France, 100 en Belgique, 200 au Québec, 2 120 en Suisse. Rocher : 14 500 en France, 100 en Belgique, 40 au Québec, 350 en Suisse.

▲ *Rivière qualifiait celui qui habitait tout à côté.*

RODRIGUES, RODRIGUEZ ◆ Le patronyme Rodriguez, d'origine espagnole, et son équivalent portugais Rodrigues proviennent tous deux d'un ancien nom de personne germanique, issu de l'allemand *Hrodric*, *hrod-* signifiant « gloire » et *-ric*, « puissant ». Le suffixe portugais *-es* marque la filiation, comme *-ez* pour l'Espagne. Rodrigues : 15 000 en France, 850 en Belgique, 120 au Québec, 5 000 en Suisse. Rodriguez : 39 300 en France, 1 230 en Belgique, 300 au Québec, 9 200 en Suisse.

ROGER ◆ Le patronyme Roger dérive du nom de baptême, lui-même issu d'un ancien nom de personne d'origine germanique, *Hrodgari* (construit à partir des racines *hrod-*, gloire, et *-gari*, prêt). 39 600 en France, 400 en Belgique, 1 250 au Québec, 600 en Suisse.

ROLAND, ROLLAND ◆ Ces paytonymes dérivent du nom de baptême d'origine germanique *Hrodland* (dont les racines sont *hrod-*, gloire, et *-land*, pays). Roland : 8 900 en France, 2 330 en Belgique, 140 au Québec, 2 200 en Suisse. Rolland : 36 700 en France, 40 en Belgique, 180 au Québec, 300 en Suisse.

ROQUES ◆ Ce patronyme est la forme méridionale de Roche et a donc la même origine. 11 000 en France, 20 au Québec, 50 en Suisse.

ROSE ◆ Le patronyme provient du nom de baptême Rose. 11 800 en France, 550 en Belgique, 300 au Québec, 200 en Suisse.

ROSSI ◆ Le patronyme Rossi a désigné, dans le sud-est de la France comme en Italie, une personne aux cheveux roux. 40 000 en France, 100 en Belgique, 140 au Québec, 25 050 en Suisse.

ROSSIGNOL ◆ Rossignol désignait un homme qui aimait chanter. 15 000 en France, 100 en Belgique, 700 au Québec, 90 en Suisse.

ROUSSEAU, ROUSSEL, ROUSSELLE, ROUSSET, ROUX, ROUXEL ◆ Tous ces noms ont désigné à l'origine une personne rousse. Le plus répandu d'entre eux est bien sûr le patronyme Roux. Rousseau : 67 000 en France, 1 400 en Belgique, 13 100 au Québec, 2 500 en Suisse. Roussel : 43 000 en France, 400 en Belgique, 4 300 au Québec, 450 en Suisse. Rousselle : 7 000 en France, 200 en Belgique, 20 au Québec, 60 en Suisse. Rousset : 18 000 en France, 20 en Belgique, 40 au Québec, 240 en Suisse. Roux : 103 000 en France, 40 en Belgique, 1 620 au Québec, 3 400 en Suisse. Rouxel : 10 000 en France, 20 en Belgique, 20 au Québec, 5 en Suisse.

▲ *Royer désignait à l'origine un charron.*

ROY ◆ Le patronyme Roy a pu être attribué comme sobriquet à quelqu'un qui prenait les manières d'un roi ou bien au vainqueur d'un jeu populaire. On dit aussi qu'au sein d'un groupe de pèlerins le premier qui voyait les tours de Compostelle était surnommé le roi : un surnom qui, là encore, a pu se transformer en nom. Au Québec enfin, il a pu désigner un soldat du roi. 54 000 en France, 100 en Belgique, 56 700 au Québec, 6 400 en Suisse.

ROYER ◆ Ce patronyme a désigné un fabricant de roues, un charron. 29 000 en France, 500 en Belgique, 3 500 au Québec, 150 en Suisse.

RUIZ ◆ D'origine espagnole, Ruiz signifie « fils de Rui », *Rui* étant un nom de baptême et le *-z* traduisant la filiation. 21 500 en France, 200 en Belgique, 100 au Québec, 1 800 en Suisse.

SABATIER ◆ Sabatier correspond à la forme occitane du mot « savetier ». 14 800 en France, 40 en Belgique, 120 en Suisse.

SALAUN ◆ Ce patronyme, généralement connu en France sous la variante Salomon, est une forme bretonne du nom de baptême biblique *Shalomoh,* qui signifiait « pacifique ». 11 500 en France, 20 au Québec.

SALMON ◆ Deux origines possibles pour ce patronyme : le nom biblique Salomon ou bien la forme ancienne du mot saumon (désignant dans ce cas un pêcheur ou un marchand de ce poisson). 14 400 en France, 500 en Belgique, 40 au Québec, 170 en Suisse.

SAMSON ◆ Le patronyme Samson dérive tout simplement du nom de baptême, lui-même d'origine biblique. 12 000 en France, 550 en Belgique, 5 600 au Québec, 420 en Suisse.

SANCHEZ ◆ D'origine espagnole, le patronyme Sanchez signifie « fils de Sancho », *Sancho* étant un nom de baptême fréquent dans ce pays et le suffixe *-ez* traduisant la filiation. En France, où il est fréquent maintenant, on le trouve surtout dans le Sud ou les grandes villes. 48 500 en France, 1 100 en Belgique, 200 au Québec, 4 500 en Suisse.

SAUVAGE ◆ Le patronyme Sauvage a bien sûr pu désigner à l'origine une personne peu sociable, qui se tenait à l'écart des autres. En Touraine ou Poitou cependant, le nom a pu aussi être attribué à des familles originaires du village de Sauvage, actuellement sur la commune de Pussigny, à la limite de l'Indre-et-Loire et de la Vienne. 18 000 en France, 100 en Belgique, 1 320 au Québec, 350 en Suisse.

SCHMIDT, SCHMITT ◆ Schmidt et ses variantes signifient « forgeron ». Ces patronymes, dérivant d'un mot germanique désignant un métier, sont surtout présents en Alsace-Lorraine et dans ses alentours. Schmidt : 11 500 en France, 1 000 en Belgique, 40 au Québec, 16 700 en Suisse. Schmitt : 40 000 en France, 300 en Belgique, 20 au Québec, 5 500 en Suisse.

SCHNEIDER ◆ Le mot *schneider* désigne en allemand le tailleur. Ce patronyme, implanté sur l'Alsace, la Lorraine et l'Allemagne, a été attribué à l'origine à une personne qui exerçait ce métier. 25 000 en France, 550 en Belgique, 67 000 en Suisse.

SEGUIN ◆ Le patronyme Seguin (ou Séguin) vient d'un nom de personne d'origine germanique, *Sigwin* (de *sig-*, victoire, et *-win*, l'ami). 20 000 en France, 400 en Belgique, 1 320 au Québec, 190 en Suisse.

SERRE ◆ Ce nom, originaire du centre et du sud de la France, dérive de noms de lieux assez fréquents, donnés à des hameaux situés sur des hauteurs. Comme patronyme, il a été attribué à des personnes vivant dans ces endroits. 14 600 en France, 100 en Belgique, 180 au Québec, 260 en Suisse.

SIMON ◆ Ce patronyme provient du nom de baptême Simon, lui-même issu de l'hébreu *Shim'on*, signifiant « Dieu a entendu », et largement popularisé par l'apôtre Simon le Zélote, martyr du Ier siècle. 95 000 en France, 4 000 en Belgique, 1 500 au Québec, 7 600 en Suisse.

SOULIÉ, SOULIER ◆ Dans le sud, un *soulié* (ou *solier*) désignait une maison à étage ou un lieu exposé au soleil (du latin *solarium*). Ces patronymes ont désigné ainsi quelqu'un qui habitait ce type de lieu ou d'habitation. Soulié : 8 000 en France, 260 en Suisse. Soulier : 12 000 en France, 40 au Québec, 200 en Suisse.

STEPHAN ◆ Le patronyme Stephan est issu du nom de baptême *Stephanus* (Étienne en français), latinisation du nom grec mystique *Stephanos* qui signifiait « couronne ». 11 900 en France, 100 en Belgique, 20 au Québec, 800 en Suisse.

TANGUY ◆ Pleinement breton, ce patronyme est directement issu du nom de baptême, lui-même formé de *tan-*, feu, ardeur, et *-ki*, chien. Les départements les plus peuplés en Tanguy sont le Finistère, le Morbihan et les Côtes-d'Armor. 18 000 en France, 100 en Belgique, 100 en Suisse.

TELLIER ◆ Tellier désignait en ancien français, dans le nord du pays, le tisserand ou fabricant de toile. 12 000 en France, 600 en Belgique, 650 au Québec, 70 en Suisse.

TESSIER, TEXIER ◆ Ces deux noms ont désigné des tisserands ou des fabricants de toile. Le berceau d'origine des deux noms est l'ouest de la France, Tessier étant plus répandu que Texier. Tessier : 25 000 en France, 40 en Belgique, 9 900 au Québec, 80 en Suisse. Texier : 18 400 en France, 20 en Belgique, 40 au Québec, 40 en Suisse.

THIBAUD, THIBAULT, THIBEAULT ◆ Le patronyme Thibaud(lt) dérive tout simplement du nom de baptême, lui-même issu du nom de personne d'origine germanique *Thidbald* (de *theod-*, peuple, et *-bald*, audacieux). La déformation orthographique Thibeault est typiquement québecoise. Thibaud : 7 000 en France, 40 en Belgique, 60 au Québec, 90 en Suisse. Thibault : 25 000 en France, 20 en Belgique, 13 700 au Québec, 600 en Suisse. Thibeault : 190 en France, 6 600 au Québec.

THIERRY, THIÉRY ◆ Ces deux patronymes proviennent du nom de baptême Thierry, lui-même issu du nom de personne d'origine germanique *Theoderic* (de *theod-*, peuple, et *-ric*, victorieux). Thierry : 15 000 en France, 400 en Belgique, 20 au Québec, 1 600 en Suisse. Thiéry : 10 400 en France, 40 en Belgique, 120 en Suisse.

▲ *Tessier, Tixier, Weber… autant de noms qui désignent le tisserand.*

THOMAS ◆ Le patronyme Thomas dérive du nom de baptême, largement popularisé par l'apôtre. 115 000 en France (où il est le troisième nom le plus porté du pays), 3 100 en Belgique, 3 200 au Québec, 40 700 en Suisse.

TOURNIER ◆ Le nom Tournier dérive du tourneur, c'est-à-dire de l'artisan qui fait des ouvrages au tour. En France, les Tournier sont curieusement situés dans des régions éloignées les unes des autres : la Franche-Comté et le Lyonnais (plus du tiers des Tournier) ; Toulouse et ses environs (près d'un dixième) ; et bien sûr Paris, mais la capitale draine depuis le siècle dernier de telles masses de populations que tous les noms de France, y compris ceux qui en étaient absents, s'y trouvent représentés dans de semblables proportions. 11 000 en France, 430 en Suisse.

TOUSSAINT ◆ Voici un patronyme issu d'un ancien nom de baptême, inspiré de la fête religieuse, fête de tous les saints instituée par le pape Grégoire IV en 835. 15 000 en France, 5 000 en Belgique, 1 820 au Québec, 100 en Suisse.

TREMBLAY ◆ Ce nom indique l'arbre caractéristique de la propriété des premiers porteurs du nom (le tremble) ou bien la localité d'origine de la famille (on trouve de nombreux hameaux de ce nom dans l'Eure, en Eure-et-Loire, en Ille-et-Vilaine, dans le Maine-et-Loire, en Seine-Saint-Denis et dans les Yvelines). Les Tremblay ont fait souche au Canada, où le nom est devenu par la fréquence le premier patronyme du Québec. 2 500 en France, 83 700 au Québec, 80 en Suisse.

TURPIN ◆ Turpin correspond à un ancien nom de baptême. Celui-ci est lui-même issu du latin *turpis* qui signifie « repoussant », « dépravé », les premiers chrétiens utilisant ce genre de noms injurieux par humilité. 11 900 en France, 100 en Belgique, 240 au Québec, 60 en Suisse.

VAILLANT ◆ Le nom Vaillant peut venir de l'ancien français, de l'adjectif « de grande valeur, de grand mérite », mais aussi de noms de lieux (hameaux, lieux-dits assez fréquents). 15 000 en France, 40 en Belgique, 200 au Québec, 130 en Suisse.

VALENTIN ◆ Le patronyme Valentin est issu du nom de baptême popularisé par un martyr italien du IIIe siècle. 17 500 en France, 400 en Belgique, 200 en Suisse.

VALETTE ◆ Voici un patronyme attribué à l'habitant d'une petite vallée, essentiellement porté en Ardèche et dans l'Hérault. 16 500 en France, 20 en Belgique, 20 au Québec, 250 en Suisse.

VALLÉE, VALLET ◆ Ces patronymes indiquent l'origine topographique de la famille : une maison située dans un val ou bien une localité de ce nom (assez fréquent). Mais Vallet pourrait aussi correspondre à une déformation du mot valet. Vallée : 16 800 en France, 100 en Belgique, 8 800 au Québec, 630 en Suisse. Vallet : 14 200 en France, 100 en Belgique, 20 au Québec, 510 en Suisse.

VASSEUR ◆ Le patronyme Vasseur, qui semble être une forme contractée de Vavasseur, est issu d'un nom d'origine gauloise, *vassorum*, qui désignait le vassal possesseur d'un arrière-fief. 27 500 en France, 100 en Belgique, 100 au Québec, 70 en Suisse.

VERDIER ◆ Verdier a pu désigner un garde-chasse (d'après la couleur de sa livrée) ou bien le lieu d'habitation du porteur du nom, les lieux-dits Verdier étant très fréquents dans le Massif Central et le Sud. 21 000 en France, 40 en Belgique, 20 au Québec, 140 en Suisse.

VIAL, VIDAL ◆ Ces patronymes viennent d'un ancien nom de baptême d'origine latine, *Vitalis*, « qui donne la vie », popularisé par une dizaine de saints martyrs. Vial : 13 800 en France, 20 en Belgique, 2 500 en Suisse. Vidal : 48 400 en France, 1 200 en Belgique, 380 au Québec, 1 200 en Suisse.

VINCENT ◆ Vincent est un nom de baptême latin, signifiant « le vainqueur », nom qui a donné naissance au patronyme. 67 400 en France, 1 520 en Belgique, 6 800 au Québec, 4 400 en Suisse.

VOISIN ◆ Ce patronyme aurait désigné le lieu d'origine des premiers porteurs du nom. Voisins, Voisin, Vesin… sont en effet des noms de lieux, des noms de hameaux très fréquents, dérivés du latin *vicinium*, terrain communal. 18 000 en France, 100 en Belgique, 380 en Suisse.

WAGNER ◆ Le mot allemand *wagner* désigne un charron. Le patronyme a ainsi été attribué à quelqu'un qui pratiquait ce métier, principalement en Alsace, en Lorraine ou bien dans les pays de langue germanique. 15 000 en France, 750 en Belgique, 1 520 au Québec, 19 400 en Suisse.

WALTER ◆ Walter est une variante régionale du nom de baptême Gauthier, passé aussi comme patronyme vers les XIe-XIIe siècles. 11 700 en France, 300 en Belgique, 40 au Québec, 3 800 en Suisse.

WEBER ◆ Ce nom s'est formé à partir du mot germanique *wëber*, qui signifie « le tisserand ». On retrouve ce patronyme principalement dans l'Est, mais aussi, de manière plus vaste, en Suisse, en Allemagne et en Autriche. 20 000 en France, 1 350 en Belgique, 120 au Québec, 77 300 en Suisse.

WEISS ◆ *Weiss* signifie « blanc » en allemand comme en dialecte alsacien ou lorrain. Le patronyme a du être attribué à une personne aux cheveux blancs. 10 200 en France, 16 700 en Belgique, 25 600 en Suisse.

N.B. Les nombres de porteurs par pays ont été obtenus :

- pour la France : à partir des statistiques Insee des communes de naissance, exploitées et retriées par la société Swic sur son serveur Minitel 3617 Genealogy.

- pour le Québec : à partir des estimations 2001 de Louis Duchesne, de l'Institut de la statistique du Québec, pour les 600 noms les plus portés du Québec ; à partir de comptages des abonnés au téléphone, extrapolés au nombre d'habitants, au-delà de ces 600.

- pour la Suisse : à partir de comptages informatiques des abonnés au téléphone 2002, extrapolés au nombre d'habitants pour l'ensemble de la Suisse. Pour les noms de famille qui sont également des prénoms, confondus par le système informatique, avec une correction manuelle à partir des cantons de Lausanne et de Lucerne, extrapolée au nombre d'habitants du pays.

- pour la Belgique : à partir de comptages des abonnés au téléphone 2002, à partir des régions de Namur (pour la partie francophone) et de Gand (pour la partie flamande), extrapolés au nombre d'habitants sur l'ensemble du pays. Comme Bruxelles, capitale de l'Europe regroupant des gens de tous pays, n'a pas été traitée séparément, les noms d'origine étrangère sont vraisemblablement sous-évalués pour la Belgique.

Dans tous les cas, quand le pays n'a pas été mentionné, c'est que le nombre de porteurs du nom y avoisine les 0.

3 Guide

- Les mormons
- Les généalogistes professionnels

- Le monde associatif

pratique

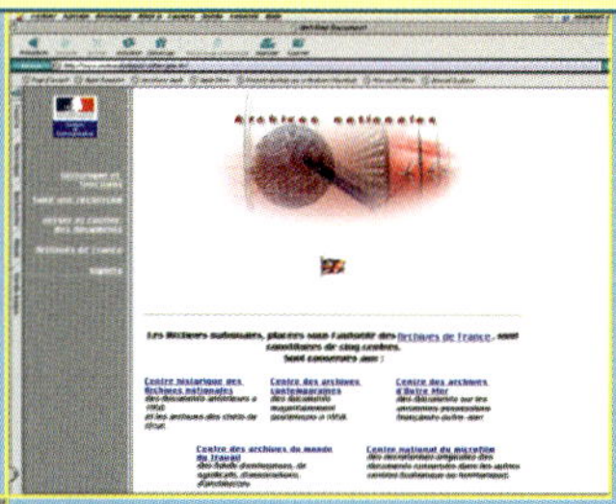

- Prendre des notes, classer et conserver
- Transmettre ses recherches
- Le Minitel
- Internet
- Les sites et les forums de généalogie

- Les logiciels de généalogie
- Constituer des archives familiales

Les mormons

Officiellement dénommés l'Église de Jésus-Christ des saints des derniers jours, les mormons rassemblent à Salt Lake City (Utah, États-Unis) les microfilms de tous les registres paroissaux du monde. Le résultat de leur travail peut apporter une aide précieuse aux généalogistes. Il est heureusement possible d'avoir accès à leurs archives sans traverser l'Atlantique !

Depuis 1960, les mormons ont entrepris, à travers le monde, le microfilmage de tous les registres paroissiaux. Chaque copie de ces microfilms est conservée dans un abri anti-atomique.

Un peu d'histoire…

En 1827, Joseph Smith, né en 1805 dans une famille de fermiers méthodistes du Vermont, aurait découvert des tablettes d'or gravées dont l'existence lui aurait été révélée par un messager de Dieu, un ange dénommé Moroni. Il aurait traduit les textes inscrits sur ces tablettes avant que Moroni ne vienne les reprendre. Ainsi a été fondée en 1830 l'Église de Jésus-Christ des saints des derniers jours, qui trouve sa justification dans ces textes, publiés sous le nom de « Livre de Mormon ».

Les premiers adeptes de cette nouvelle Église sont bientôt persécutés, particulièrement en raison de leur polygamie. En 1844, Joseph Smith et son frère Hyrum se rendent à Carthage (Illinois) afin de poursuivre leur mission évangélique. Ils ne peuvent échapper à la vindicte populaire et sont lynchés par la foule. Les attaques contre les colonies des mormons se poursuivent : leurs récoltes sont brûlées, leurs maisons détruites.

Après ces actes de barbarie, au cours du mois de février 1846, Brigham Young, qui avait succédé à Joseph Smith comme chef de l'Église mormone, fait traverser le Mississippi gelé à ses disciples. Ils gagnent le territoire de l'Iowa, encore non colonisé, et établissent une nouvelle colonie à Winter Quarters (Nebraska). La communauté compte alors un peu moins de 20 000 âmes et Young prépare son peuple pour le grand voyage vers les montagnes Rocheuses, à travers plus de 2 000 kilomètres de désert. Les premiers pionniers quittent Winter Quarters au printemps 1847 et arrivent au Grand Lac Salé le 24 juillet 1847. C'est à cet endroit qu'ils fondent Salt Lake City, qui est depuis lors leur capitale.

Brigham Young prône l'autonomie théologique de son Église et défend farouchement la polygamie. Il envoie bon nombre de ses membres établir d'autres colonies dans tout l'Ouest. Les pionniers mormons fondent plus de 600 villes et villages, de l'Alberta jusqu'au Mexique. Plusieurs milliers d'entre eux meurent de froid, de faim et d'épuisement en traversant les plaines sauvages et encore inconnues du Grand Ouest.

Le 24 septembre 1890, le gouvernement fédéral rend illégaux les mariages pluraux… La polygamie est alors abolie !

Le 4 janvier 1896, l'Utah devient le 45e État des États-Unis et l'Église compte alors plus de 250 000 fidèles, dont la majorité vivent dans l'Utah. Aujourd'hui, l'Église mormone est forte de 10 millions de fidèles qui continuent d'exercer une activité missionnaire extrêmement importante. Les mormons représentent l'une des communautés les plus riches des États-Unis, chaque membre reversant 10 % de ses revenus à son Église. Ils possèdent en outre une grande partie du parc immobilier de Salt Lake City, plus d'une dizaine de stations de radio, deux chaînes de télévision et de nombreux journaux…

Rechercher ses ancêtres, une nécessité idéologique

Tous ceux qui ont vécu avant les révélations faites à Joseph Smith en ont nécessairement été privés. Il fait donc partie des obligations des membres de l'Église de rechercher leurs ancêtres pour les baptiser rétroactivement afin de leur garantir le salut éternel. Chaque disciple se doit alors d'établir sa généalogie afin de retrouver tous ses ascendants à baptiser.

C'est dans ce but que, depuis 1894, les mormons ont entrepris un gigantesque travail : recenser tous les êtres humains identifiables. Afin d'y parvenir au mieux, à partir de 1960, les mormons entreprennent de microfilmer tous les registres et documents utilisables à des fins généalogiques.

Des archives gigantesques !

Aujourd'hui encore, les mormons poursuivent leur vaste mission de microfilmage, et chaque copie de ces microfilms est conservée dans un abri antiatomique à Salt Lake City. Cette ville sera bientôt la mémoire de l'humanité !

La Bibliothèque généalogique de l'Utah – Fondée en 1894, elle est installée depuis 1985 dans de nouveaux locaux qui accueillent quotidiennement (sauf le dimanche) près de 3 000 visiteurs. On y trouve 1 000 places assises, des ordinateurs, des lecteurs de microfiches et de microfilms, de nombreuses salles de reprographie… Si, un jour, vos recherches vous y conduisent, sachez que, faute de place, les microfilms concernant la France ne sont pas conservés dans ces locaux. Il faut les commander environ une semaine à l'avance afin de les trouver à votre arrivée.

Les bibliothèques généalogiques – Si vous ne pouvez pas vous rendre à Salt Lake City, vous pouvez quand même, après commande, consulter ces microfilms dans l'une des nombreuses bibliothèques généalogiques réparties dans le monde entier. Il s'agit de centres de documentation et de lecture n'effectuant aucune recherche pour autrui. Elles sont ouvertes à tous les généalogistes, même s'ils ne font pas partie de l'Église mormone. Sur place, on trouve un certain nombre de microfiches et de catalogues qui permettent de déterminer les références des microfilms utiles aux recherches. Une commande est ensuite adressée à Salt Lake City, moyennant une participation aux frais de reproduction. La Bibliothèque généalogique de l'Utah effectue alors une copie des microfilms demandés et l'envoie à la bibliothèque qui l'a demandée.

En France, trois bibliothèques généalogiques dépendant de l'Église mormone proposent ces services. Elles se trouvent :

– 66, rue de Romainville, 75019 Paris, tél. : 01.42.45.29.29

– 100, route du Général-de-Gaulle, 67300 Schiltigheim, tél. : 03.88.83.62.65

– 5, avenue Thérèse, 06100 Nice, tél.: 04.93.81.06.09

Enfin, pour plus d'informations, vous pouvez consulter le site des mormons sur Internet : www.sdjalternative-fr.net

Capitale de l'Utah, Salt Lake City a été fondée en 1847 par les mormons. Elle compte aujourd'hui environ 160 000 habitants.

Les généalogistes professionnels

Il existe deux types de généalogistes professionnels : les généalogistes successoraux et les généalogistes familiaux. Les premiers sont chargés par un notaire de retrouver les héritiers d'un défunt lorsque celui-ci n'a laissé ni héritiers directs ni testament. Les seconds sont là pour répondre à vos demandes.

Mille sabords ! Tintin devra-t-il faire appel à un généalogiste successoral afin de retrouver l'héritier de Rackham le Rouge ?

Les généalogistes successoraux

Les généalogistes successoraux exercent leur activité depuis plus de 170 ans. À la différence des généalogistes familiaux, qui recherchent les ancêtres, les successoraux doivent retrouver les héritiers d'une personne décédée. Ces « chercheurs d'héritiers » peuvent parfois passer plusieurs années avant de révéler leurs droits aux héritiers retrouvés.

Un peu d'histoire… – C'est sous le règne de Charles X, au cours de l'année 1830, que naît le premier cabinet généalogique.

La mort d'un client qui n'avait laissé aucune disposition testamentaire contraint un notaire à rechercher ses héritiers inconnus. Ce dernier dut alors parcourir la France entière pour réunir les indispensables preuves (pièces d'état civil, actes de notoriété, etc.) permettant d'établir la dévolution successorale de la personne décédée (de cujus) et de retrouver l'ensemble des héritiers à qui sera dévoilée l'origine de leur héritage. Après plus d'un an de recherches fastidieuses, ce notaire et son collaborateur parviennent enfin à déterminer l'existence de tous les héritiers. Le notaire explique alors à ces derniers, réunis dans son bureau, qu'il a avancé des sommes importantes et a passé beaucoup de temps pour les retrouver.

N'ayant pu se faire rembourser leur frais, les deux hommes eurent l'idée de fonder leur propre cabinet de généalogie successorale. Ainsi naquit le premier cabinet…

Avant la Seconde Guerre mondiale, on ne recensait que quatre études pratiquant la généalogie successorale. Aujourd'hui, il existe près d'une cinquantaine de cabinets spécialisés dans ce domaine très particulier.

Pourquoi faire appel à un généalogiste successoral ? – Sur près de 520 000 personnes décédant chaque année sur le territoire français, environ 10 000, fortes d'un patrimoine significatif, ne laissent ni disposition testamentaire ni héritiers proches.

Ces successions sont appelées « successions ab intestat », c'est-à-dire sans testament, par opposition aux « successions testamentaires » qui sont réglées par les dispositions que le défunt a prises de son vivant en dressant son testament. La fourchette des actifs de ces successions oscille généralement entre 40 000 et 80 000 euros.

Dans la majorité des cas, c'est le notaire liquidateur de la succession qui confie sa mission de recherche d'héritiers au généalogiste successoral. Le notaire se doit en effet d'établir une ébauche d'arbre généalogique et d'y mentionner les héritiers connus.

Mais, dans certains cas, le notaire peut également avoir recours au généalogiste successoral

Où s'adresser ?

La profession est organisée en deux chambres syndicales. Pour plus de renseignements, vous pouvez les contacter :

- **Syndicat national des généalogistes, 21 boulevard Saint-Germain, 75005 Paris**
- **Chambre des généalogistes de France, 3 boulevard Henri-IV, 75004 Paris**

pour s'assurer de l'identité et de la parenté exacte d'un héritier avec le de cujus.

À la recherche des héritiers perdus ! – Avant de commencer sa recherche d'héritiers, le généalogiste successoral a pris soin de bien enregistrer les moindres renseignements d'état civil fournis par le notaire mandant.

Le but est d'établir le tableau généalogique qui attestera de l'existence et du bien-fondé des droits respectifs de chacun des héritiers. Le travail va s'organiser en trois étapes successives :

– **Dans un premier temps,** le généalogiste va s'attacher à la collecte des actes et pièces officiels, afin de retrouver les ayants droit et d'établir le tableau généalogique.

La plupart des cabinets de généalogie successorale possèdent leurs propres fonds d'archives dans lesquels ils puisent pour débuter leurs recherches et dresser l'ossature de leurs tableaux généalogiques.

Afin de parfaire de telles recherches, une importante partie de l'enquête est également pratiquée sur le terrain.

Il est en effet indispensable de se rendre dans les mairies, les greffes des tribunaux de grande instance (sur autorisation du procureur de la République), les Archives départementales, les Archives nationales, les Services historiques des armées et parfois même dans les cimetières…

Le voisinage du défunt peut parfois être également interrogé. On peut ainsi découvrir que ce dernier recevait la visite d'un lointain parent ou d'amis que l'on tente alors d'identifier. Les témoignages des commerçants chez qui se rendait le défunt peuvent également apporter de précieuses informations. Le généalogiste se transforme alors en un véritable détective et aucun indice ne doit lui échapper pour dresser sa dévolution successorale. Aucun héritier ne doit manquer pour effectuer le partage final.

– **La seconde étape** est celle de la révélation et du contrat. En effet, une fois que tous les héritiers figurent sur le tableau généalogique et que l'ensemble des pièces officielles attestant de leur qualité sont réunies, il y a lieu de leur révéler l'origine de la succession et leurs droits héréditaires.

À la signature du contrat, le généalogiste successoral annonce leur bonne fortune à ces lointains parents, moyennant un pourcentage de la succession.

Le généalogiste pourra également conseiller ses clients et assurer leur représentation au travers de mandats qu'ils voudront bien lui confier (héritiers ne pouvant se déplacer ou habitant à l'étranger).

Il faut noter que le généalogiste ne sera payé qu'au règlement définitif de la succession par le notaire.

– **La troisième et dernière étape** concerne le règlement de la succession et le partage définitif entre les héritiers. Les héritiers sont maintenant tous identifiés, répertoriés sur le tableau généalogique dûment certifié.

Le généalogiste remet au notaire toutes les pièces nécessaires afin que ce dernier puisse établir l'acte de notoriété. C'est cet acte de notoriété qui permet de conforter chaque héritier dans ses droits et qui entraîne le déblocage des divers avoirs constitutifs de l'actif.

La déclaration de succession est signée et les droits de succession payés. Le généalogiste et l'héritier vont pouvoir maintenant se partager le solde de l'actif selon les termes du contrat de révélation passé entre eux.

En plus des milliers d'ayants droit qui bénéficient de la manne successorale, le principal héritier des recherches généalogiques est… l'État !

L'impôt qu'il lève est astronomique, et les taux confiscatoires des droits de mutation parlent d'eux-mêmes : 35 et 45 % entre frères et sœurs, selon l'importance de la succession, 55 % entre oncles et neveux ou cousins germains, 60 % entre cousins au-delà du 4e degré et personnes non parentes !

Entre autres choses, le généalogiste familial peut établir une partie de votre généalogie.

Les généalogistes familiaux

Vous voulez retrouver vos ancêtres, mais vous ne disposez pas du temps nécessaire à la réalisation de votre généalogie. Vous menez vos recherches vous-même, mais certains blocages surviennent, vous paraissant insurmontables ; à moins que les archives que vous devez maintenant consulter ne soient trop éloignées. Autant de raisons qui peuvent vous conduire à avoir recours à un généalogiste familial. Apparus en France depuis quelques années, ces généalogistes ont fait de leur passion un métier et sont devenus des professionnels compétents. Ils peuvent prendre en charge, pour partie ou entièrement, vos recherches.

Une grande variété de services – Les généalogistes familiaux peuvent s'occuper de l'intégralité de votre recherche et vous rendent alors périodiquement compte de l'avancement de leur travail. Mais vous pouvez aussi leur confier une mission plus précise, que ce soit la recherche d'un acte spécifique, l'établissement d'une partie de votre ascendance, la résolution d'un blocage, etc.

À la fin de sa mission, le généalogiste doit fournir un rapport précis de ses recherches. Il rend compte des éléments de réponse et délivre les preuves de ses investigations (photocopies, photographies ou copies d'actes ou de pièces diverses intéressant la généalogie de son client).

Souvent historien, le généalogiste familial peut également effectuer des recherches différentes. Pour un client, il retracera l'histoire d'une maison et retrouvera ses propriétaires successifs. Pour un autre, il établira la biographie de cet arrière-grand-oncle original et grand voyageur…

Les modalités et les coûts – Les généalogistes familiaux qui effectuent des recherches pour une clientèle privée interviennent dans le cadre d'un contrat de recherche et sont rémunérés directement par le client. S'il est d'accord avec le devis proposé, le client signe un contrat en double exemplaire avec le généalogiste. Sur ce contrat doivent être mentionnés les noms et adresses des parties, le descriptif des recherches, les délais et le prix hors taxe et toutes taxes comprises.

Comme les membres des professions libérales, auxquels ils sont assimilés, les généalogistes familiaux demandent le règlement d'honoraires, majorés de la TVA, ainsi que le remboursement de leurs frais de déplacements éventuels. Le forfait horaire de recherche moyen se situe entre 20 et 40 euros, le forfait journalier entre 150 et 350 euros. Ces montants peuvent bien évidemment varier, compte tenu des difficultés plus ou moins grandes rencontrées dans le cadre d'une recherche.

Il faut savoir que le généalogiste familial n'a, à votre égard, qu'une obligation de moyens et non une obligation de résultat : il doit tout faire pour répondre à votre demande, mais, en cas d'échec, vous ne pouvez refuser de le payer.

Où s'adresser ?

Lorsqu'il s'agit d'une recherche ponctuelle, les Archives départementales peuvent vous indiquer l'adresse d'un généalogiste familial.
Vous pouvez également vous renseigner auprès de la Chambre syndicale des généalogistes et héraldistes de France (231, rue Saint-Honoré, 75001 Paris) ou de la Chambre des généalogistes professionnels (55, avenue Marceau, 75016 Paris) qui vous communiqueront la liste de leurs membres.

Le monde associatif

Une des premières conséquences de l'essor et de la démocratisation de la généalogie a été le formidable développement de la vie associative. Dès la fin des années 1960, on assiste à une multiplication des cercles généalogiques, dont le nombre est aujourd'hui supérieur à 400 !

Les associations et les cercles généalogiques réalisent un travail considérable ! Heureusement, les résultats de leurs recherches sont, en général, régulièrement publiés dans des bulletins qui vous seront fort utiles.

L'union fait la force !

Que vous soyez débutant ou confirmé, connaître et rejoindre ces associations ne peut qu'être intéressant. Ne travaillez donc pas seul : en généalogie, l'union fait souvent la force ! Mais attention, ne prenez pas pour autant ces structures pour des distributeurs de généalogies gratuites et souvenez-vous toujours que l'entraide est, par définition, bilatérale.

L'inflation du nombre d'associations tient largement au fait que, en généalogie, les chercheurs se retrouvent vite cousins éloignés, et ce d'autant plus facilement qu'ils travaillent sur la même région.

Ces associations, aussi nombreuses que diverses, appartiennent à quatre grandes catégories :

– les associations géographiques (locales, départementales ou régionales), qui sont de loin les plus nombreuses ;

– les associations culturelles ou cultuelles (travaillant sur les familles protestantes, juives, italiennes...), qui, du fait de leur spécialisation, sont généralement d'une remarquable efficacité ;

– les associations professionnelles (réunissant les généalogistes amateurs travaillant à La Poste, à la RATP, à Air France, à la Caisse d'Épargne...) ;

– des associations familiales, qui sont de simples associations de cousins ou d'homonymes.

Une aide précieuse

Effectuant un travail remarquable et fort utile, les associations interviennent à divers niveaux :

– l'accueil, le conseil, et parfois la formation du débutant ;

– la promotion de l'entraide généalogique, en favorisant les contacts entre les chercheurs, à la fois par des réunions, des animations, et surtout des publications ;

– la réalisation de travaux d'intérêt général, notamment des dépouillements, aboutissant notamment à de précieuses tables chronologiques filiatives des mariages d'Ancien Régime, presque toujours éditées et souvent diffusées sur Minitel. En vingt ans, un travail considérable a ainsi été réalisé, et ces dépouillements, qui concernent aujourd'hui les deux tiers des communes françaises, ont profondément facilité les recherches.

Presque toutes ces associations éditent un bulletin, où l'on trouve des articles de fond, mais surtout une très importante rubrique « questions/réponses », ouverte à tous les membres. On y

Nées de l'engouement du public, les revues spécialisées contribuent à mettre la généalogie à la portée de tous.

trouve également les listes des patronymes étudiés par les membres, indiquant, pour chaque membre, les familles qu'il étudie, et les lieux (communes) et dates où il les a rencontrées. Ces listes sont ensuite volontiers regroupées, pour être publiées sous forme de dictionnaires ou d'annuaires patronymiques, qui s'avèrent de précieux outils de travail.

Un réseau associatif bien organisé

La plupart de ces associations sont réunies dans des unions régionales et, au plan national, au sein de la Fédération française de généalogie (F.F.G.), elle-même membre d'une Confédération internationale (de généalogie et d'héraldique). Tous les deux ans, une des associations membres de la fédération française organise un congrès national, généralement en mai. Sont régulièrement proposés également des congrès et rendez-vous régionaux ou locaux dont on peut trouver les lieux et les dates sur le site de la F.F.G. De son côté, la confédération organise un congrès international de Généalogie et d'Héraldique, également tous les deux ans (en alternance avec le congrès national).

Comment trouver les coordonnées d'une association ?

Trouver les coordonnées d'une association est assez simple, tant par Internet (FranceGeneWeb ou www.multimania.com/numa/assgensurnet.html en proposent de bons répertoires), que par l'annuaire électronique (par le mot « généalogique ») ou en interrogeant les Archives départementales (ou municipales). Vous pouvez également vous renseigner auprès de la Fédération française de généalogie (3, rue de Turbigo, 75001 Paris). Pour une association à l'étranger, consultez de même la Confédération internationale de généalogie (même adresse que la fédération).

Les revues spécialisées

Parallèlement à l'émergence des associations, tout un monde s'est développé autour de la généalogie. Plusieurs revues nationales ont ainsi vu le jour, apportant au débutant comme à l'amateur confirmé bien des renseignements et une aide efficace. Nous n'indiquerons ici que les deux revues les plus diffusées et s'adressant au public le plus large. Au contenu relativement comparable, elles sont vendues en kiosque et par abonnement :

– *Généalogie-Magazine*, revue mensuelle, publiée par la librairie Christian, qui propose également une revue trimestrielle, *Histoire et Sociétés*.

– *La Revue française de généalogie*, bimestrielle, animée par Jean-Louis Beaucarnot,

C'est sous l'égide de *la Revue française de généalogie* qu'est organisée à Paris, tous les deux ans, la Biennale de généalogie et d'histoire des familles (Généalogia). Cette manifestation propose, entre autres, des conférences, des consultations et des initiations à la recherche.

Les revues de généalogie apportent au débutant comme à l'amateur confirmé bien des renseignements et une aide efficace.

Le Minitel

Rechercher son passé n'exclut pas d'être de plain-pied avec son époque et ouvert aux nouvelles technologies. Ainsi, dès l'apparition du Minitel, plusieurs associations de généalogie ont proposé la consultation de leurs fichiers par ce moyen. Aujourd'hui encore, et malgré le développement d'Internet, le Minitel constitue une aide efficace.

Les services régionaux

Quelques départements français ont des associations qui ont entrepris et achevé un gigantesque travail de dépouillement systématique de tous les actes d'état civil du département, registres paroissiaux compris. Le résultat est accessible à travers différents services Minitel. Au total, près de 30 millions d'actes rien que pour la France, et l'enrichissement de ces bases de données se poursuit toujours ! À titre d'exemple, sur le serveur du Centre généalogique de la Marne sont recensés 2 036 000 actes de naissance, mariage ou décès !

Les services régionaux dont nous dressons la liste pourront vous apporter bien des renseignements et vous faire gagner un temps précieux :

- **3617 AGNORMANDIE** : serveur de l'Union des cercles généalogiques et héraldiques de Normandie.
- **3617 BOURBONNAIS** : serveur du Cercle généalogique et héraldique du Bourbonnais.
- **3617 CG02** : serveur du Cercle généalogique de l'Aisne.
- **3617 CG08** : serveur du Cercle généalogique et héraldique des Ardennes.
- **3617 CGEUROPE** : serveur du Cercle généalogique de l'Auvergne et du Berry et du Centre généalogique du Gers.
- **3617 GEF** : serveur de la Bibliothèque généalogique de Lyon (Rhône-Alpes et Bourgogne).
- **3615 GENANJOU** : serveur de l'Association généalogique de l'Anjou.
- **3617 GENEA18** : serveur du Cercle généalogique du Haut-Berry.
- **3617 GENEA45** : serveur de l'Association généalogique du Loiret.

Généralement, le travail des associations départementales est accessible par Minitel.

- **3617 CG51** : serveur du Centre généalogique de la Marne.
- **3617 GENEA52** : serveur du Centre généalogique de la Haute-Marne.
- **3615 GENEA62** : serveur de l'Association généalogique du Pas-de-Calais.
- **3617 GENEABV** : serveur de l'Union généalogique et héraldique d'Auvergne et du Velay.
- **3617 GENEBOURGO** : serveur des Cercles généalogiques de la Côte-d'Or et de la Saône-et-Loire.
- **3615 GENENORD** : serveur généalogique de la Région Nord-Pas-de-Calais.
- **3617 GENLOR** : serveur de l'Union des cercles généalogiques lorrains.
- **3617 PARCHEMIN** : serveur du Cercle généalogique et d'histoire du pays Gallo (Côtes-d'Armor et Ille-et-Vilaine).

Ces services télématiques permettent de retrouver les principales informations des actes de naissance, mariage ou décès à partir du nom ou du début du nom de famille. Bien évidemment, les filiations sont mentionnées sur les actes de mariage. Tous les actes comportant le nom recherché sont affichés classés par date à partir des plus anciens.

Ces recherches par Minitel présentent, outre celui d'éviter les déplacements, l'inestimable avantage d'effectuer automatiquement l'exploration de toutes les communes du département en quelques secondes, alors que trouver soi-même la bonne commune relève parfois du casse-tête. Bien sûr, il n'y a pas d'image de l'original et pour l'obtenir il faudra aller sur place, mais beaucoup de temps aura été gagné.

On regrettera qu'il ne soit pas toujours prévu dans ces logiciels de recherche la possibilité de préciser en plus du nom de famille une fourchette de dates et un lieu, quand on les connaît, de façon à limiter le nombre de pages du résultat, très coûteuses à faire défiler, d'autant plus qu'on accède à la plupart de ces services via le 3617, où la tarification est maximale.

Cet inconvénient est rédhibitoire en cas de recherche d'un nom répandu. Ce problème de coût trouve cependant en partie sa solution grâce à Internet avec les sites de préparation à la recherche sur Minitel.

Les bases de données nationales

Certains services proposent des bases de données au plan national. Leur mode de fonctionnement, leurs avantages et leurs inconvénients sont à peu près identiques à ceux des services régionaux. La liste ci-dessous ne saurait toutefois être exhaustive, les services concernant la généalogie s'enrichissant constamment :

3617 ABMS : 12 500 000 actes de naissance, mariage, décès couvrant 18 Régions et 54 départements.

3617 ANCET : serveur spécialisé en bases de données historiques (officiers de la Légion d'honneur, chevaliers des ordres royaux depuis 1353, dictionnaire des fiefs, répertoire des croisades, prisonniers de la Bastille...).

3617 ARCHIV : base de données de 250 000 noms étudiés par l'association Archives et Familles et importante collection de faire-part.

3617 ARCHIVIS : base de données patronymiques spécialisée dans la recherche d'actes d'état civil des Français en Algérie pour la période 1830-1900, fichier de naturalisation des Alsaciens et des Lorrains en 1871, fichier des Français à l'étranger.

3617 BGNF : serveur spécialisé en bases de données historiques (officiers de Napoléon, officiers coloniaux de 1830 à 1930, inventaire des naturalisations accordées entre 1900 et 1950...).

3617 BIBGEN : serveur de la Bibliothèque généalogique de France.

3617 GENEALOGY : outil de recherche très puissant indexant environ 28 millions d'actes de naissance, mariage, décès, localisation et origine des noms de famille, initiation à la généalogie...

3617 HISTO : serveur spécialisé en bases de données historiques couvrant l'Empire, la Restauration et le début du XXe siècle.

3617 JADYS : serveur spécialisé en bases de données historiques (plusieurs fichiers sur la guerre 1914-1918, premier Empire, personnel de la cour de Versailles, chevaliers de Malte...)

3617 RACINA : seule base de localisation des patronymes avant la Révolution, service d'aide interactif et consultations personnalisées de Jean-Louis Beaucarnot.

Quelques services nationaux fort utiles

- **3617 ANNU** : sans équivalent, avec la rubrique « aide généalogique », très efficace pour toute recherche d'homonyme, mais également pour connaître le nombre de porteurs et la cartographie d'un nom.
- **3617 ARMOIRY** : serveur spécialisé dans les bases de données héraldiques.
- **3616 CARAN** : serveur des Archives nationales.
- **3615 GENEFEDE** : serveur de la Fédération française de généalogie (liste des associations fédérées, agenda des manifestations, petites annonces...).
- **3615 RFG** : serveur de la Revue française de généalogie.
- **3615 SDJ** : serveur de l'Église mormone (liste des départements microfilmés, vente de microfilms...).

Internet

Le mot « généalogie » lancé sur n'importe quel moteur de recherche suffit pour obtenir la liste de très nombreux sites. Leur quantité est même telle qu'il est préférable d'utiliser les revues spécialisées en généalogie plutôt qu'un moteur pour connaître l'adresse des sites qui pourront apporter une aide réelle. L'offre d'Internet en matière de généalogie est en effet multiple et s'enrichit en permanence.

La recherche d'actes

De par son faible coût et sa disponibilité à domicile, il est intéressant d'utiliser Internet en complément de préparation d'une campagne de recherche pour vérifier si les actes qui faisaient partie des objectifs initiaux ne s'y trouveraient pas référencés, voire même si on n'y trouverait pas tout un pan de la généalogie étudiée.

On consultera donc d'abord des moteurs donnant accès aux généalogies et aux actes déposés sur le réseau puis, éventuellement, d'autres moteurs qui indiqueront quelles recherches d'actes sont possibles par Minitel.

Comme pour les recherches par Minitel, si le moteur ne permet pas de préciser plus de critères que le nom, il vaut mieux réserver ce type d'investigations aux familles dont le nom est peu courant, sinon on risque d'avoir un nombre très important de pages à consulter et, en plus, de ne pas aboutir.

Les informations trouvées sur le réseau ne constituant aucunement des preuves (les images des actes ne sont pas en ligne), il faudra, si possible, se déplacer pour obtenir les actes authentiques, d'autant plus qu'ils apportent d'autres informations, métier et signature notamment.

On trouve sur Internet des sites de dépôt de généalogies individuelles mais, si nombreuses soient-elles, et du fait qu'elles ne sont pas raccordées entre elles, les espoirs d'y découvrir de nouvelles filiations concernant sa propre famille y sont minces.

On trouve également par Internet la généalogie des familles régnantes occidentales, celle des grandes familles aristocratiques ou bourgeoises françaises, et probablement nombre de généalogies déjà imprimées.

Les meilleures chances du « généanaute » résident cependant dans l'examen des dépouillements systématiques des actes d'état civil réalisés dans les dépôts d'archives par les associations, car eux seuls mettent à disposition suffisamment d'actes pour qu'on ait statistiquement des chances non négligeables de retrouver ceux que l'on cherche.

Évidemment, et contrairement aux généalogies « toutes prêtes », ces actes d'état civil sont isolés. Ils ne sont pas groupés par individu, ni reliés selon les filiations.

Il y a bien, sur Internet, des services d'accès à certains de ces fichiers de dépouillements, mais la plupart ne sont souvent encore disponibles que par Minitel, et ce probablement pour une raison financière.

En effet, les dépouillements systématiques représentant un immense travail, ils peuvent difficile-

Un guide précieux

Afin de recenser et d'étudier les nouvelles ressources nées de l'explosion des techniques informatisées, *la Revue française de généalogie* a édité, en 2002, un hors-série intitulé *Informatique, Internet et Généalogie*. Cet ouvrage de 120 pages liste et analyse 190 sites Internet, 60 CD-Rom, 60 logiciels et 40 services Minitel. Afin d'utiliser au mieux les innombrables possibilités qu'offrent aujourd'hui les nouvelles technologies, nous vous conseillons de le consulter.

ment être mis gracieusement à la disposition de tous. Or, si le temps de connexion sur Minitel peut être une source de revenus pour le responsable du serveur, ce n'est pas encore le cas sur Internet où, hormis les achats avec paiement en ligne par carte bancaire, seul le fournisseur de l'accès au réseau est rémunéré.

Malgré tout, l'exploration d'Internet vaut toujours la peine d'être tentée, d'autant plus qu'elle aboutit parfois à une généalogie existante. Ce n'est alors pas simplement un acte qu'on obtient, mais toute une arborescence d'ancêtres à l'intérieur de laquelle on aura le plaisir de naviguer. Des mois d'efforts peuvent ainsi être épargnés !

La première difficulté rencontrée par l'utilisateur est celle du choix parmi la quantité de sites proposant des généalogies. La solution est de passer d'abord par un site moteur de recherche spécialisé en généalogie, qui aura recensé les différents sites de dépôts et rassemblé tous leurs catalogues de patronymes.

L'internaute peut ainsi faire son choix dans un gigantesque fichier associant noms, lieux et dates. À partir de sa sélection, il peut ensuite soit basculer directement sur les sites qui l'intéressent, soit, s'ils ne sont pas en libre accès, en relever les coordonnées pour contacter leur responsable.

Cependant, on ne peut jamais être certain qu'un moteur aura pris en compte tous les sites. À l'inverse, les résultats des différents moteurs se recouvrent plus ou moins.

Conseils méthodologiques et entraide

Les associations, les dépôts d'archives départementales et même des particuliers érudits ont créé des sites proposant des conseils généraux sur la généalogie.

Ils ont aussi créé des sites très spécialisés sur des thèmes précis comme la recherche de personnes ayant émigré à une période donnée vers tel ou tel pays.

On peut également trouver sur leur site des pages d'entraide sous forme de petites annonces demandant des conseils ou proposant de rechercher pour quelqu'un un acte dans son secteur géographique en échange d'une recherche dans une autre région. Les forums de discussion spécialisés sur la généalogie en sont une variante.

Informations historiques, locales ou thématiques

Sur Internet, associations et particuliers consacrent de nombreuses pages à des sujets périphériques à la généalogie tels que l'héraldique, les vieux métiers, l'histoire d'une communauté ou d'une localité.

On peut retrouver leurs adresses en passant, au préalable, par l'un des portails spécialisés dans la généalogie.

Cours de paléographie

Au XVIIe siècle et antérieurement, les lettres sont formées différemment, les mots ont une autre orthographe ou ne font plus partie du vocabulaire actuel et, surtout, nombre d'entre eux sont abrégés. Ce sont, d'ailleurs, surtout ces abréviations qui rendent l'écriture difficile à lire.

Cependant, contrairement à aujourd'hui où les écritures sont « personnelles », les écritures anciennes sont relativement standard. Elles diffèrent peu d'un écrivain à l'autre et l'on peut alors s'initier à leur lecture.

Plusieur sites proposent ainsi des pages de cours avec des exercices corrigés, le plus souvent gratuitement.

Recherche d'ouvrages

Des sites de vente de livres par correspondance, des bibliothèques publiques ou privées mettent en ligne leur catalogue dans lequel on peut opérer une recherche par thème, titre, nom d'auteur ou simplement par mot-clé. Il est même parfois possible de télécharger les ouvrages qui ne sont plus soumis aux droits d'auteur.

Recherche de logiciels

On trouve sur le réseau des sites d'éditeurs qui présentent leur logiciel et dont on peut, en général, télécharger une version d'essai, limitée dans ses fonctions ou dans le temps.

On trouve aussi des sites permettant de télécharger des shareware (logiciels que l'on essaie et que l'on s'engage moralement à payer si on les conserve), voire même des freeware (totalement gratuits). Naturellement, ils sont moins sophistiqués que ceux qui sont diffusés par un éditeur classique.

Les sites et les forums de généalogie

Le développement des techniques informatisées a révolutionné la généalogie. Avec l'« explosion » d'Internet, ce qui était auparavant une aventure patiente et individuelle est devenue un voyage rapide et riche de multiples contacts. Pour preuve, les nombreux forums de discussion, les listes de diffusion et les centaines de sites dédiés à la généalogie existant à ce jour.

Les principaux sites de généalogie

Le but n'est pas ici de présenter tous les sites existant à ce jour sur Internet, cela s'avérerait d'ailleurs rapidement obsolète. Nous nous contenterons de lister quelques sites incontournables. Pour une vision exhaustive de l'étendue de l'offre, nous vous conseillons, une fois encore, de vous reporter au guide *Informatique, Internet et Généalogie*, édité par *la Revue française de généalogie*.

www.adgenweb.francegenweb.org Ce site donne des informations pratiques sur les dépôts d'archives, la législation et les cadres de classement.

www.afg-2000.org Site de l'Association française de généalogie.

www.archivesnationales.culture.gouv.fr Site des Archives nationales. Placées sous l'autorité des Archives de France, les Archives nationales sont constituées de cinq centres présentés ici :

– le Centre historique des Archives nationales, pour les documents antérieurs à 1958 et les archives des chefs de l'État ;

– le Centre des archives contemporaines, pour les documents majoritairement postérieurs à 1958 ;

– le Centre des archives d'outre-mer, pour les documents sur les anciennes possessions françaises d'outre-mer ;

– le Centre des archives du monde du travail, pour les fonds d'entreprises, d'associations, de syndicats, d'architectes ;

– le Centre national du microfilm, pour les microformes originales des documents conservés dans les autres centres (nationaux ou territoriaux)

Des textes expliquent les moyens mis à la disposition des chercheurs pour effectuer une recherche avec la possibilité d'écrire directement aux Archives nationales. Des sous-parties du site comportent des bases qu'il est possible d'interroger directement (notaires, naturalisations…).

Offrant nombre de sites spécialisés, Internet est rapidement devenu un outil essentiel.

www.archivesnationales.culture.gouv.fr/arn/desc_ arno_all.htm Le Minutier central des notaires de Paris conserve, aux Archives nationales, des dizaines de millions d'actes. Les bases ARNO (Archives notariales) recensent environ 220 000 de ces actes et constituent une mine de renseignements sur la vie des Parisiens, car on sait que les archives paroissiales et d'état civil ont été détruites lors des incendies de la Commune. On retrouve dans ces fichiers informatiques les principales informations contenues dans les documents : référence de l'acte (étude, cote, date), analyse du corps du texte (nature, objet), identification des parties citées dans l'acte (nom, prénoms, domicile, qualité, profession, relations liant les personnes citées dans l'acte…).

www.archivesnationales.culture.gouv.fr/arn/desc_nat.htm Le ministère de la Justice a déposé sur ce site près de 42 000 dossiers concernant les naturalisations.

www.bibgen.org Site de la Bibliothèque généalogique de France.

www.cartedefrance.tm.fr Combien de personnes portent le même nom que vous ? À partir de sa base recensant environ 1 400 000 noms (répertoriés grâce aux fichiers de l'INSEE), la France de votre nom de famille répond à cette question. Il suffit de saisir un patronyme pour obtenir un tableau présentant les départements où ce nom est le plus porté pour quatre périodes consécutives (1891-1915, 1916-1940, 1941-1965, 1966-2000).

www.eye.ch/swissgen/topic-f.htm Sur ce site, vous trouverez des informations générales sur la Suisse, des renseignements sur les cantons et les coordonnées des sociétés généalogiques.

www.francegenweb.org Ce site a pour but de favoriser l'entraide et d'offrir un service bénévole d'assistance généalogique gratuit. FranceGenWeb a développé plusieurs bases de données consacrées chacune à un sujet particulier (CousinsGenWeb, CimGenWeb, CulteGenWeb, MairesGenWeb, MemorialGenWeb, BiblioGenWeb, PiedsNoirs-GenWeb).

www.geneactes.org Ce site est utile pour la recherche d'actes issus de dépouillements systématiques, donc non organisés en généalogies.

www.geneaguide.com Généaguide est le portail de la généalogie sur Internet ouvert par Alsyd. Dans son contenu, ce site est l'héritier de Karolus, un de ses partenaires fondateurs sur le Web.

www.geneaita.org En français, en anglais et, bien sûr, en italien, ce site explique comment rechercher ses ancêtres italiens.

www.genealogy.tm.fr Ce site de la société SWIC est utile à la préparation de recherche d'actes issus des dépouillements systématiques. Il faut le consulter avant d'interroger les serveurs Minitel de SWIC (3617 ABMS ou 3617 Genealogy), hébergeant près de 30 millions d'actes.

www.geneanet.com Pour la consultation des généalogies disponibles sur Internet, GeneaNet est le site le plus utile. Plus de 50 millions de personnes y sont recensées au niveau mondial. Comme beaucoup d'autres sites, GeneaNet utilise le logiciel GenWeb pour naviguer dans les bases de données généalogiques : on passe, d'un simple clic, de la fiche d'une personne à celle d'un de ses ascendants, descendants ou conjoints. On peut également visualiser globalement l'arbre sur plusieurs générations et le faire défiler à l'écran.

www.geneatique.com Généatique est l'un des quatre logiciels de généalogie les plus connus. Son site permet de visualiser les points forts du programme, de le télécharger ou de le commander.

www.genefede.org Genefede est le site de la Fédération française de généalogie. On y retrouve, entre autres, la liste des associations fédérées, les publications de la F.F.G. et le calendrier des manifestations.

www.heraldique.de-France.org Ce site présente les liens utiles à l'amateur d'héraldique. Vous y interrogerez, par liste alphabétique de patronymes, l'Atlas héraldique des provinces, villes et grandes familles de France.

www.heredis.com Heredis est l'un des quatre logiciels de généalogie les plus connus. Comme dans le cas de GénéaTique, son site permet de visualiser les points forts du programme, de le télécharger ou de le commander.

www.histoire-genealogie.com Ce site offre un contenu très riche et facilement accessible. On peut y trouver nombre de renseignements sur la vie de nos ancêtres (histoire des anciennes provinces, monde du travail, lexique…).

www.infoduc.com/dic_genea/photos1.htm Ce site propose une méthode d'analyse permettant de dater les photos de famille.

www.metiers.free.fr Ce site, créé par Jean-Louis Morel, recense les métiers anciens, disparus ou oubliés. C'est un panorama complet, tant au plan explicatif qu'iconographique.

www.migranet.geneactes.org Beaucoup de nos ancêtres se sont mariés ou sont morts hors de France. Ce site vous aidera à les retrouver.

www.multimania.com/numa/assgensur-net.html Ce site recense toutes les associations généalogiques. Le classement s'effectue par département et par thème pour les associations non régionales. On y retrouve également l'adresse de tous les sites indispensables aux généalogistes.

www.multimania.com/numa/latin.html Sur ce site, vous trouverez un lexique latin-français créé par J. Zinzen et J.-P. Cornu. On peut y consulter un index alphabétique des mots, expressions et abréviations que le généalogiste est susceptible de rencontrer lors de ses recherches.

www.notrefamille.com Plus qu'un site de généalogie, notrefamille.com permet de communiquer sur le Web avec ses proches. Vous pouvez y créer, par exemple, votre site familial.

www.paleographie.com Ce site de services adaptés à la paléographie offre, notamment, des alphabets de référence, siècle par siècle, et une méthode simple et interactive pour apprendre à lire des textes anciens.

www.parentele.com Parentèle est l'un des quatre logiciels de généalogie les plus connus. Son site permet de visualiser les points forts du programme, de le télécharger ou de le commander. Il propose également un service pour publier gratuitement votre généalogie sur le serveur.

www.pieds-noirs.org Ce service est une aide précieuse à tous ceux qui ont des ancêtres en Afrique du Nord. Pour un échange encore plus fructueux, l'accès à PiedsNoirsGenWeb est direct dès la page d'accueil.

www.sdjalternative-fr.net Cette adresse est celle de la version française du site des mormons, qui, comme nous l'avons vu, peuvent être d'une aide précieuse.

Les forums de discussion et les listes de diffusion

Parallèlement à l'offre croissante de sites se sont développés les forums et les listes de diffusion, trop nombreux et trop variés pour, là encore, être tous cités.

Nous nous sommes attachés à expliquer leurs fonctionnements et leurs différences.

Les forums de discussion – Service offert sur Internet, les forums de discussion permettent aux particuliers d'échanger des points de vue sur un sujet d'intérêt commun. Ils peuvent être libres, et toute personne peut alors y présenter un article. Mais ils peuvent également être contrôlés : les envois sont alors automatiquement dirigés vers un « médiateur », qui les filtre et, quand nécessaire, les modifie avant d'en transmettre une version validée.

Afin d'accéder aux forums de discussion, vous devrez employer un logiciel spécifique (le plus connu étant à ce jour *Outlook Express* de Microsoft ®).

Tous les fournisseurs d'accès à Internet permettent la fréquentation de ces forums. Ils vous communiquent une adresse de serveur sur lequel vous trouverez la liste de tous les forums existants. Dans cette liste, qui s'affiche lors de votre première connexion, vous repérerez le nom du forum que vous voulez rejoindre puis vous cliquerez sur « s'abonner ». Cet abonnement gratuit vous permet alors de lire les messages et de participer à l'enrichissement du forum que vous aurez retenu.

Les listes de diffusion – Si leurs contenus sont identiques (entraide, questions/réponses...), les listes de diffusion sont différentes des forums dans leur mode de lecture. En effet, vous recevez directement par e-mail les messages de tous ceux qui publient dans les listes et vous y répondez en envoyant votre contribution à une adresse e-mail générique qui permet de la redistribuer à tous les lecteurs.

Pour comprendre et utiliser au mieux les forums de discussion et les listes de diffusion, vous pouvez consulter le guide gratuit à votre disposition sur Internet à l'adresse suivante :

http://usenet-fr.news.eu.org

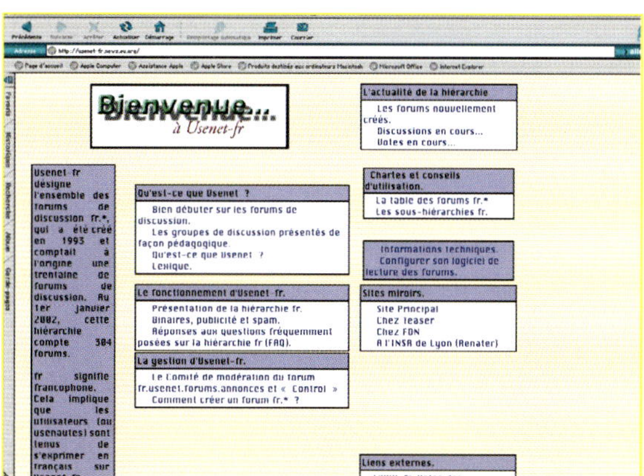

Les forums de discussion et les listes de diffusion peuvent, eux aussi, être très utiles au généalogiste.

Les logiciels de généalogie

Les premiers programmes destinés à la généalogie sont apparus au début des années 1980. Aujourd'hui, les logiciels informatiques disponibles sont à la fois fiables et performants. Dès que les recherches prennent de l'ampleur, leurs fonctions variées et leur capacité de mémoire apportent au généalogiste une aide appréciable.

L'apport de l'informatique

Bien qu'ils ne soient pas essentiels au début d'une recherche, un ordinateur et un logiciel peuvent rapidement s'avérer nécessaires.

Lorsque les informations recueillies sont devenues nombreuses, ils permettent au généalogiste de les gérer, de les enrichir, de les classer ou de les imprimer.

La représentation de l'arbre – Au-delà d'une cinquantaine d'ancêtres, la gestion de la masse d'informations devient difficile et le risque d'éparpillement est élevé.

La représentation manuelle de l'arbre est à refaire à chaque découverte, à moins de surcharger le dessin.

Ce problème de la représentation de l'arbre devient crucial en généalogie descendante où il ne peut exister de préimprimé : seul un logiciel peut produire un arbre impeccable à la demande.

La gestion du fichier – Le logiciel rend d'immenses services en permettant la gestion de toutes les fiches, leur impression dans n'importe quel ordre de classement utile ou encore l'impression d'un index alphabétique donnant le numéro de fiche de chacun. Il permet aussi de détecter les invraisemblances de date : longévité anormale, âge peu plausible pour avoir des enfants ou enfants posthumes.

Pour la préparation de campagnes de recherche, on appréciera la possibilité d'imprimer un extrait d'arbre et toutes les fiches correspondantes sur la branche étudiée plus l'indication de tous les éléments manquants pour chacun (naissance, mariage ou décès).

Attention : la fragilité des données informatiques impose de conserver plusieurs sauvegardes de ses fichiers et d'imprimer systématiquement toute mise à jour.

La conservation des données – La numérisation des pièces principales ou des fiches de notes qui s'y substituent représente un élément de sécurisation intéressant, car elle permet de reconstituer les pièces papier en cas de perte ou de destruction.

Pour être une sauvegarde efficace, cette numérisation devra être stockée sur un support non magnétique, type CD-Rom, lequel devra, de son côté, être conservé dans un autre lieu que les archives papier, de façon, le cas échéant, à ne pas être perdu avec elles.

Le choix d'un logiciel

Le propos n'est pas ici de réaliser un test comparatif des différents logiciels du marché. Pour connaître les caractéristiques et les prix des logiciels disponibles, vous consulterez, comme pour les sites Internet ou les services Minitel, le guide *Informatique, Internet et Généalogie*, édité par *la Revue française de généalogie*.

Afin de guider l'acheteur potentiel, nous lui proposons un inventaire des caractéristiques indispensables que doit posséder un bon logiciel de généalogie.

Naturellement, il permettra, au moins, pour chaque ancêtre :

– l'enregistrement des date et lieu de naissance, de mariage(s) et de décès,

– l'enregistrement des liens avec ses parents, enfant(s) et conjoint(s),

– la possibilité de créer un texte libre,

– une impression des fiches et de l'arbre.

Les caractéristiques indispensables – La première caractéristique essentielle d'un logiciel est la reconnaissance du format GEDCOM (Genealogical Data Communication).

Conçue puis développée par les mormons, cette norme internationale de fichier généalogique est un format d'enregistrement qui permet l'import-export d'un logiciel vers un autre. On peut alors gérer sa généalogie avec n'importe quel logiciel compatible GEDCOM et ne pas être définitivement lié au logiciel acheté.

Par ailleurs, il faut savoir que c'est ce format qui est utilisé pour les fichiers généalogiques téléchargés ou déposés sur Internet.

Au-delà de cette caractéristique préalable et indispensable, plusieurs fonctions restent également essentielles :

– Les fonctions de recherche, surtout lorsque le fichier contient plusieurs centaines de personnes, doivent permettre de retrouver une liste de fiches à partir de n'importe quelle information : un nom, une date, un lieu, quelques mots de texte, et ce où que se trouve cette information dans les fiches (rubrique date de naissance, rubrique lieu de mariage, rubrique texte ou même toutes rubriques confondues).

– Les fonctions de sélection, associées aux fonctions de recherche permettront de constituer à l'écran une liste de fiches qu'on pourra alors au choix consulter, modifier, imprimer ou supprimer.

– Les fonctions de navigation permettent de passer de la consultation d'une fiche à celles des parents, celles des enfants ou celles des conjoints et de procéder ainsi dans tout le fichier sans limitation avec, à chaque fois, possibilité de mise à jour. Il est insuffisant de ne pouvoir réaliser cette navigation que via l'arbre que l'on ferait défiler à l'écran, car, au-delà de quelques dizaines d'ancêtres, ce type de manipulation se révèle très lent et peu pratique.

– Les fonctions d'impression doivent permettre d'imprimer un extrait d'arbre, ascendant ou descendant, à partir d'une personne de cet arbre. On doit aussi pouvoir obtenir l'impression de toutes les fiches correspondantes. C'est grâce à cette fonction qu'on imprimera son dossier de campagne.

– Les fonctions de contrôle doivent également être fiables. Les dates étant un élément fondamental du fichier, il faut naturellement que le logiciel puisse contrôler leur validité. Mais il est aussi nécessaire de pouvoir enregistrer des approximations du type « >1830 et <1848 ? » ou « ~1750 » sans provoquer de message d'erreur.

Les caractéristiques intéressantes – En dehors des fonctions indispensables listées ci-dessus, un bon logiciel de généalogie doit également offrir à son utilisateur les caractéristiques intéressantes suivantes :

– La centralisation des noms de lieux : elle permet de ne taper qu'une seule fois un nom de lieu pour ensuite le sélectionner dans une liste à chaque fois qu'un acte le mentionnera. Il n'y a donc pas de risque qu'il soit orthographié avec plusieurs variantes, ce qui facilite les recherches de fiches par lieu.

– Le stockage séparé de la donnée « Département » dans les actes permettra de sélectionner et de n'imprimer que les fiches des personnes ayant au moins un acte dans le département et donc de constituer rapidement un dossier de campagne avant la visite d'un dépôt d'archives départementales.

– La suppression de branches : on peut vouloir supprimer toute une branche, soit parce qu'elle est le résultat d'une fausse piste, soit parce qu'on souhaite la gérer dans un autre fichier.

– L'ajout de toute une branche : il peut, en effet, être nécessaire de fusionner son fichier avec un autre, par exemple pour rassembler la généalogie de deux conjoints.

– L'exportation de branches : cette fonction est utile par exemple pour envoyer à un cousin un fichier (GEDCOM) contenant l'extrait d'arbre qui ne concerne que ses ancêtres à lui.

– La possibilité de saisir des données relatives au couple évite de ne les enregistrer que dans la fiche du père ou de la mère ou de les saisir en double (à éviter).

– La recherche des incohérences de date aide au dépistage des erreurs de frappe : personnes ayant vécu plus de 120 ans, mortes avant d'être nées, ayant eu des enfants à 2 ans ou, pour une femme, à 80 ans, etc.

– Enfin, l'affichage automatiquement calculé des âges au mariage et au décès est un « plus » utile.

Prendre des notes, classer et conserver

Bien que les généalogistes se déplacent aujourd'hui de plus en plus souvent avec un ordinateur portable, il ne faut pas pour autant négliger la prise de notes manuscrite. Ensuite, lorsque vous aurez rempli de nombreuses fiches, que vous aurez collecté des copies ou des extraits d'actes, il vous faudra classer et conserver avec méthode. Il serait, en effet, dommage de se perdre ou de perdre tant de travail !

Tout noter !

Un des principes de base à retenir lorsque l'on fait des recherches généalogiques est qu'il faut tout noter. Bien des renseignements qui paraissent sans intérêt un jour peuvent se révéler très importants plus tard.

Ainsi un détail de la vie d'un ancêtre à un moment donné de son existence pourra nous mettre sur la voie d'un lieu de résidence, puis nous faire découvrir d'éventuels actes de naissance. Le nom d'un témoin, par exemple, lors d'une cérémonie pourra nous révéler une parenté inconnue. Savoir bien prendre des notes est donc essentiel.

Traditionnellement, les généalogistes utilisent de gros cahiers dans lesquels ils notent tout ce qui les intéresse ou peut avoir un lien, même lointain, avec leurs recherches. Ils transcrivent ensuite les informations dans leur programme informatique ou sur des fiches qu'ils classent dans leurs dossiers. Comme dans le cahier, ils y inscrivent en marge la date, le lieu de leur recherche et la nature des documents consultés. Ils peuvent ainsi toujours retrouver leurs sources pour les vérifier si nécessaire.

Mais cette méthode paraît souvent désuète, et nombreux sont ceux qui préfèrent remplir directement des fiches, qu'il s'agisse de fiches réelles sur papier, au format A4 de préférence, ou de fiches informatiques, telles qu'elles sont préétablies par leur logiciel.

Notons que pour gagner du temps et pouvoir classer clairement ses informations, on peut utiliser des signes et des abréviations se rapportant aux mots que l'on retrouve fréquemment en généalogie. Reproductibles en dactylographie, ces symboles sont employés régulièrement dans les publications généalogiques, notamment dans tous les bulletins des cercles et des associations. Si vous ne les utilisez pas, il est cependant utile de savoir les traduire.

La fiche individuelle

Elle est la plus simple, dans la mesure où elle ne concerne qu'un individu, homme ou femme. Lors de ses recherches, il suffit, chaque fois que l'on trouve une trace d'une personne susceptible de nous intéresser, de noter les informations sur une fiche. C'est le cas particulièrement lors de dépouillements systématiques de registres paroissiaux où il n'est pas rare de découvrir des informations concernant des individus portant les patronymes qui nous intéressent sans qu'il soit possible a priori de savoir s'il s'agit d'ancêtres, de parents ou de simples homonymes.

Une fois le dépouillement achevé, il est en général possible d'établir des liens de parenté et d'écarter les fiches de ceux qui n'ont apparemment pas leur place dans notre arbre. Mais il ne faut pas pour autant les détruire ou les effacer. Elles pourraient se révéler utiles ultérieurement.

La fiche individuelle est particulièrement adaptée à l'établissement d'une généalogie familiale complète car elle permet de prendre en compte toutes les situations familiales : célibat, mariage, alliances multiples éventuelles, union libre, etc.

Elle présente aussi l'avantage de pouvoir à tout moment être complétée, précisée ou modifiée. Elle permettra également de révéler des erreurs, telles qu'une date ou un lieu mal notés.

Fiche individuelle

Nom .... N°..............

Prénom(s) ....

Né(e) le .... à ....

Fils / fille de ....

et de ....

Baptisé(e) le.......................... à ....

Mariage :

le................................ à la mairie de ....

le................................ à l'église de ....

Nom........................... Prénom(s) ....

Décédé(e) le......................... à ....

Contrat de mariage le........... Chez M^e^............ à ....

Divorce prononcé le.............. à ....

Remariage :

le................................ à la mairie de ....

le................................ à l'église de ....

Nom........................... Prénom(s) ....

Décédé(e) le......................... à ....

Contrat de mariage le........... Chez M^e^............ à ....

Divorce prononcé le........................ à ....

Décédé(e) le.......................... à ....

Inhumé(e) le.......................... à ....

Testament du .... reçu par M^e^.............. à ....

Études / carrière / profession..

....

....

Domicile(s)...

....

Enfant(s) ....

....

....

....

Notes ....

....

....

....

Fiche de couple

Nom .... N° ....

Prénom(s) ....

Né le .... à ....

Décédé le .... à ....

Fils de .... N°..............

et de .... N°..............

Marié :

le .... à la mairie de ....

le .... à l'église de..........................

Avec :

Nom .... N° ....

Prénom(s)

Née le .... à ....

Décédée le .... à ....

Fille de.. N°..............

et de .... N°..............

Contrat de mariage le........... Chez M^e^............ à ....

Divorce prononcé le .... à ....

Études / carrière / profession ....

....

....

....

Domicile(s) ....

....

Enfant(s) ....

....

....

....

Notes ....

....

....

....

....

....

....

Enfin il est bon d'en faire un certain nombre de tirages ou de photocopies pour les insérer dans les dossiers que nous aurons constitués par famille.

La fiche de couple

Elle permet d'enregistrer un couple, marié ou non, et de ce fait correspond particulièrement à une recherche d'ascendance.

L'inscription des numéros Sosa-Stradonitz des ancêtres permet de classer les fiches et de passer ensuite sans difficulté d'une génération à une autre. Elles peuvent également être complétées par un tableau récapitulatif sous forme d'arbre ou de roue.

Les fiches de couple peuvent aussi renvoyer à des fiches individuelles, particulièrement lorsque l'un des époux (ou les deux) a eu plusieurs alliances successives.

Enfin, il ne faut pas oublier de noter sur les fiches, au dos par exemple, les sources qui ont été consultées : registres paroissiaux, archives, minutes notariales ou bien informations fournies par tel ou tel parent.

Les dossiers par famille

Au fur et à mesure que les recherches se développent, de nouvelles familles apparaissent dans l'ascendance ou la parentèle et le nombre des fiches devient vite très important.

Lorsqu'on utilise un logiciel de généalogie, cette multiplication ne pose guère de problème, puisqu'un index permet de retrouver instantanément les fiches des personnages ; mais il n'en est pas de même lorsqu'on ne dispose que de fiches sur des feuilles de papier au format A4, qui s'entassent dans un dossier.

Il est, de toute façon, recommandé d'ouvrir un dossier par famille. On y range ainsi non seulement les fiches, mais également les copies d'actes, les photos et les documents de toutes sortes que l'on a pu rassembler. Ces dossiers peuvent être complétés par un arbre généalogique faisant apparaître le lien de parenté avec soi-même, sauf s'il est évident.

Si le dossier devient trop volumineux, il est recommandé de le subdiviser, par exemple selon les différentes branches de la famille. Il est possible aussi d'isoler dans un dossier à part tout ce qui concerne une personne ayant joué un rôle notable.

Les symboles utilisés en généalogie

SIGNES OU ABRÉVIATIONS	SIGNIFICATION
°, o ou *	naissance
b	baptême
x	mariage
Cm	contrat de mariage
)(	divorce
=	décès
==	mort au champ d'honneur
(=)	inhumation
s.p.	sans postérité
s.a.	sans alliance
!1948	cité en 1948
/1948	cité avant 1948
1948/	cité après 1948
?	douteux
Ca	environ
P	père
M	mère
p	parrain
m	marraine
t	témoin
test.	testament

Enfin, lorsqu'on dispose d'objets qui ne se prêtent guère à ce type de classement, tels que livres ou cassettes, il ne faut pas omettre de glisser dans le dossier une feuille en rappelant l'existence. De même, il ne faut pas non plus hésiter à faire des renvois d'un dossier à un autre lorsque des documents concernent plusieurs familles.

D'une manière générale, il faut toujours se rappeler que le dossier doit rassembler ou permettre de retrouver toutes les informations dont on dispose sur une famille et qu'il convient donc de le tenir régulièrement à jour, et cela même si on a, par ailleurs, tout enregistré informatiquement. Les logiciels deviennent vite obsolètes tandis que les dossiers ne vieillissent pas.

Classer ses documents

Le classement doit être facilement compréhensible, de façon à pouvoir être repris et poursuivi par d'autres personnes que le généalogiste qui en était l'auteur (un siècle plus tard, par exemple).

Les campagnes de recherches ont permis d'obtenir des fiches manuscrites résumant les actes originaux découverts ou même des photocopies ou des photographies de ces actes. Ces pièces principales constituent les preuves de la généalogie établie.

Ces campagnes ont également permis de constituer des fiches de notes résultant du dépouillement des articles (mariage du frère d'un ancêtre recherché, décès de sa tante…). Ces pièces sont secondaires, mais leur examen donne toujours des indices utiles à la préparation d'une nouvelle campagne.

Enfin, on peut avoir obtenu des pièces diverses (photographies de personnes ou de maisons, cartes géographiques, objets…).

Classement des pièces principales – Les actes seront d'abord groupés par département. Ce regroupement permettra plus tard d'extraire rapidement les pièces provenant d'un dépôt d'archives départementales lors de la préparation d'une nouvelle campagne de recherches.

Pour chaque département, on adoptera un classement chronologique (croissant ou décroissant, peu importe). L'ordre chronologique est préférable à un ordre alphabétique puis chronologique par famille, car, l'acte de mariage étant commun à deux familles, il faudrait soit le dupliquer, soit ne le classer que dans l'une des deux.

Classement des pièces secondaires – On adoptera un classement identique à celui des pièces principales mais séparé d'elles.

Classement des pièces diverses – Inclassables par nature, on les regroupera par famille.

Conserver ses archives

Plus le temps passe et plus une généalogie prend de l'intérêt. Il faut donc tout mettre en œuvre pour qu'elle soit conservée bien au-delà de la vie de son auteur, sans limitation de durée.

Les pièces principales sont le plus souvent des feuilles de papier en format A4 (feuilles de prise de note ou photocopies). Le cahier de pochettes transparentes (type « Lutin ») est un moyen simple d'en préserver le classement et d'en permettre une lecture aisée. Attention, il est impératif que les pochettes soient en vinyle (plus cher) et non en PVC pour éviter qu'au bout de deux ans le papier ne colle à la pochette et n'y laisse son encre.

Noter, trier, classer, conserver... Pensez toujours que votre travail a une grande valeur et qu'il sera un jour, sans doute, repris par l'un des vôtres.

Les pièces secondaires étant plutôt des notes de recherche, elles sont moins primordiales et peuvent être empilées dans des dossiers ordinaires.

Les éléments divers peuvent être stockés dans des boîtes à archives en carton qui présentent l'avantage de pouvoir être étiquetées et stockées sur des étagères. Les photographies seront naturellement mises en valeur dans des albums.

Quelques recommandations :

– Éviter de stocker les archives dans une cave (trop humide).

– Éviter de les stocker dans un grenier (trop poussiéreux et trop chaud l'été).

– Éviter d'accrocher les photos au mur dans la lumière solaire car elles pâliraient très vite (ou utiliser alors une reproduction).

Transmettre ses recherches

Mener à bien une recherche généalogique est un plaisir en soi, mais faire en sorte que son travail soit utile à d'autres est encore plus satisfaisant. Le généalogiste qui sait, sans doute mieux que quiconque, qu'il n'est qu'un maillon d'une longue chaîne d'individus, veillera donc à ce que son travail, résultat parfois de milliers d'heures de recherches, ne sombre pas dans l'oubli lorsqu'il ne sera plus en mesure de le poursuivre.

Assurer la transmission

Le premier soin du généalogiste sera de maintenir ses archives en bon ordre pour qu'un (ou une) autre puisse continuer, ou au moins préserver, les recherches effectuées.

Si au sein de la famille personne ne semble susceptible de jouer ce rôle, il cherchera une bibliothèque ou une association susceptibles de les accueillir.

Il est d'usage de laisser ses biens à ses descendants ou, à défaut, à ses héritiers directs. En généalogie, sans doute faut-il raisonner différemment, car les fonds, constitués essentiellement de fichiers, de généalogies, de notes personnelles ou de photocopies, n'ont aucune valeur marchande, tandis qu'ils peuvent être de véritables trésors pour d'autres généalogistes.

Les archives familiales que vous aurez constituées peuvent rester dans votre famille. Les résultats de vos recherches, par contre, doivent être mis à la disposition du plus grand nombre.

Aussi faut-il faire une différence entre les archives familiales que l'on aura pu constituer au fil des années et qui doivent, dans la mesure du possible, rester dans la famille, et les résultats de ses recherches qu'il faut, au contraire, mettre à la disposition du plus grand nombre.

Les nombreux généalogistes qui ont créé des sites Internet personnels l'ont bien compris et permettent la libre consultation de leurs travaux. De même, les membres des associations sont-ils généralement prêts à répondre à toutes les demandes qui leur sont faites, soit directement, soit à travers les rubriques de questions / réponses des bulletins. Transmettre le résultat de leurs recherches, surtout lorsqu'ils ne sont plus à même de les poursuivre, n'est alors qu'une autre manière de poursuivre cette entraide.

La procédure sans doute la plus simple est de tout remettre à une association digne de confiance.

Mais si les travaux ont également une valeur historique, il faut savoir que certains dépôts d'archives ou même certaines bibliothèques peuvent être intéressés.

Écrire un livre

Le moyen le plus efficace de mettre en valeur ses recherches est sans doute de rédiger un livre et de l'éditer. Il existe aujourd'hui des possibilités d'impression qui le permettent à peu de frais.

Tout au long de vos recherches, vous avez rempli nombre de fiches ou un livre préimprimé, à moins que vous n'ayez utilisé un logiciel de généalogie. Dans tous les cas, vous disposez d'informations considérables sur l'histoire de votre famille que vous allez pouvoir ordonner pour réaliser un véritable livre.

C'est un travail original, sans doute totalement nouveau pour vous, et qui pourra vous apporter de grandes satisfactions si vous l'entreprenez avec soin et méthode.

Choisir son sujet – Les informations que vous avez accumulées sont nécessairement très diverses et il faut tout de suite savoir que vous ne pourrez pas toutes les utiliser pour votre ouvrage. Au contraire, il est nécessaire de déterminer avec précision ce qui vous paraît le plus intéressant, ou le plus susceptible d'intéresser votre entourage.

Généalogie ascendante ou descendante ? C'est le premier choix à effectuer.

Une généalogie ascendante est souvent plus facile à réaliser, car il suffit de présenter les personnages dans l'ordre croissant de la numérotation Sosa-Stradonitz (que l'on prendra bien soin d'expliquer en introduction). Elle est également plus gratifiante dans la mesure où elle permet de reprendre la plus grande partie des recherches effectuées. Par contre elle n'intéresse réellement que l'auteur et ses frères et sœurs éventuels. Les cousins germains ne sont concernés que par une moitié des ancêtres présentés et les cousins issus de germain par un quart. Cela limite donc considérablement le nombre des personnes intéressées et, par conséquent, celui des acheteurs potentiels. Une réalité qu'il faut prendre en compte avant de se lancer dans l'aventure.

À l'inverse, une généalogie descendante sera généralement plus variée dans la mesure où elle pourra présenter des milieux et des situations très différents, surtout si la descendance est très nombreuse. Une généalogie descendante présente également l'avantage de ne pas éliminer les branches éteintes ou les célibataires qui peuvent présenter un grand intérêt. Enfin, les personnes intéressées sont beaucoup plus nombreuses, ce qui permet d'envisager l'impression d'un plus grand nombre d'exemplaires et un prix de vente moins élevé.

En pratique, la généalogie descendante sera donc le plus souvent préférée. Mais il est aussi envisageable de traiter les deux à la fois en prenant comme point de départ un personnage ou un couple de référence dont on présentera d'abord l'ascendance puis la descendance.

Faire le lien avec l'histoire – Toute famille, même si elle ne présente apparemment aucun intérêt historique particulier, a évolué au cours des siècles, et il est presque toujours possible de faire des liens entre les évolutions constatées et l'histoire du pays, de la région ou simplement du village. Il faut donc toujours les mettre en valeur pour rendre plus vivante l'histoire familiale. Mais il ne faut pas non plus transformer un ouvrage de généalogie en livre d'histoire et l'on se contentera de rappeler brièvement les événements historiques pour développer plus longuement les influences qu'ils ont pu avoir au niveau familial.

À titre d'exemple, on pourra noter que beaucoup de provinces françaises n'ont pas toujours fait partie du royaume de France et que, sous l'Ancien Régime, le français n'était couramment parlé que par une faible proportion de la population. Ceci permettra de faire apparaître que nombre de nos ancêtres, même s'ils n'ont pas bougé de leur village, ont pu voir évoluer leur cadre de vie de manière significative.

Les événements politiques, économiques et sociaux ont eu également de fortes répercussions : les guerres, le développement industriel et l'exode vers les villes qu'il a engendré dans bien des familles, les progrès de la médecine et de l'hygiène entraînant un allongement de la durée de vie et une diminution de la mortalité infantile, etc.

La lecture d'ouvrages d'histoire locale peut également nous révéler des événements de moindre ampleur qui ont pu, à un moment, bouleverser la vie des villageois et donc de nos ancêtres à l'époque : catastrophe naturelle, accident ou, au contraire, récoltes extraordinaires.

Il arrive aussi que des documents fassent directement mention de nos ancêtres : participation à un événement, engagement municipal ou politique, etc. Ces informations de faible intérêt historique, rapportées à notre histoire familiale, prennent au contraire une grande importance dans la mesure où elles peuvent faire apparaître le vrai visage de nos ancêtres.

De la même manière, il ne sera pas sans intérêt d'introduire quelques remarques sur la démographie familiale comparée à ce qui était observé à la même époque pour l'ensemble du pays : nombre d'enfants par couple, âge au mariage et au décès, etc. Quelques comparaisons simples permettent de mieux comprendre la place de la famille dans son environnement.

Des anecdotes et des illustrations – Votre texte ne doit jamais lasser le lecteur. Il ne faut donc pas hésiter à ajouter quelques anecdotes aux allusions historiques ou démographiques. Évidemment, elles concerneront surtout les générations récentes et vous les aurez recueillies en interrogeant les « anciens » de votre famille. Mais il se peut aussi que vous en ayez découvert concernant vos ancêtres plus lointains. Les registres paroissiaux nous réservent parfois d'amusantes surprises, car les curés se laissaient souvent aller à des considérations personnelles lors de la rédaction des actes religieux, ce qui a été interdit par la suite aux officiers d'état civil.

En ce qui concerne les illustrations, vous pouvez espérer trouver quelques photos d'ancêtres récents. Même si elles ont été considérablement dégradées, il est possible par des traitements modernes de leur redonner presque toute leur jeunesse. Ne jetez donc jamais une photo parce qu'elle vous paraît inutilisable.

Pour les générations plus anciennes, il n'y a évidemment que pour les personnages les plus importants que l'on puisse espérer trouver des portraits. On se contentera alors de vues du village, de la maison, si on a pu la localiser, ou même simplement de reproductions de costumes traditionnels.

Enfin, on cherchera à reproduire les signatures ou les simples croix qui les remplaçaient lorsque les personnes ne savaient pas signer. Ces éléments particulièrement personnels permettront d'illustrer, par exemple, les informations que vous aurez recueillies sur la situation de fortune ou de pauvreté de vos ancêtres, à partir des contrats de mariage ou des inventaires après décès.

Un plan simple – Pour que votre récit soit clair et agréable à lire, il faut que votre texte se compose de chapitres courts correspondant à des époques ou à des branches de la famille bien déterminées. Les retours en arrière ou les longues digressions sont à éviter.

Chaque chapitre peut être introduit par un arbre généalogique simplifié qui ne fera apparaître que les noms, prénoms et dates de naissance, mariage et décès, afin que le lecteur puisse à tout moment s'y reporter. Les grands tableaux généalogiques dépliants placés en fin d'ouvrage sont à éviter car ils sont peu pratiques à manier et finissent toujours par se déchirer.

Enfin, si un système de numérotation est utilisé dans le texte, il peut être judicieux de le faire apparaître également sur les tableaux généalogiques.

La réalisation – Il est peu probable que vous trouviez un éditeur qui accepte de prendre en charge votre ouvrage, c'est-à-dire d'en assurer le financement et la vente. Deux possibilités s'offrent néanmoins à vous : l'édition à compte d'auteur ou l'autoédition.

Dans le premier cas, vous confiez à un éditeur (ils sont nombreux à le faire) la réalisation de votre ouvrage, moyennant un prix convenu à l'avance avec lui. Celui-ci assure donc toute la mise en page et l'impression et vous remet le nombre d'exemplaires que vous lui avez commandé. Vous êtes ainsi déchargé de différentes tâches que vous ne maîtrisez pas forcément et vous bénéficiez de son expérience. Par contre vous payez son intervention, ce qui va nécessairement augmenter le prix de revient de l'ouvrage. Dans certains cas, l'éditeur peut également vous proposer son aide pour la commercialisation, mais il faut être très prudent sur ce point car il est peu probable, à moins qu'il soit spécialisé en généalogie, qu'il puisse réaliser d'importantes ventes.

Si vous choisissez l'autoédition, c'est vous qui prenez en charge toutes les étapes de la réalisation ce qui n'est pas toujours aussi simple qu'il y paraît. Vous devrez y consacrer de nombreuses heures et faire attention à de nombreux détails. L'édition est un métier qui ne s'improvise pas sans risques. Par contre vous ferez nécessairement des économies.

Dans les deux cas, il faut que votre texte soit saisi sur ordinateur pour que sa mise en page puisse être faite, et que soient effectuées les inévitables corrections. Quelle que soit l'option retenue pour la réalisation, il est conseillé d'assurer soi-même la saisie des textes sur ordinateur car son coût est presque aussi important que celui de la fabrication, du moins pour les faibles tirages.

Grâce aux procédés modernes d'impression, les généalogistes sont de plus en plus nombreux à mettre en valeur leurs recherches en rédigeant puis en éditant un livre.

Au moment de la mise en page, le choix du format doit être précisé. Si vous optez pour un format livre, vous serez contraint, lors de l'impression, d'avoir recourt à un imprimeur qui utilise le procédé offset ou l'impression numérique. Si, au contraire, vous choisissez le format commercial A4 (21 x 29,7 cm), vous pourrez vous contenter de simples photocopies reliées. La qualité est naturellement très inférieure, mais le coût est moindre et surtout vous pouvez ne réaliser que le nombre d'exemplaires dont vous avez besoin.

Lors de la mise en page se pose également le problème des illustrations. Il est toujours plus agréable de les insérer dans le texte, mais il est alors indispensable, du moins pour les photos, d'employer un papier de qualité, ce qui rend l'ouvrage plus cher. On optera donc souvent pour la solution qui consiste à rassembler toutes les illustrations dans des « cahiers » de 8, 16 ou 32 pages imprimées sur un papier de qualité, tandis que, pour le texte, on se contentera d'un papier plus économique. Cette manière de procéder permet même d'envisager quelques reproductions en couleurs, si vous disposez de documents qui le méritent.

Avant l'impression, une dernière relecture s'impose toujours et il vaut mieux qu'elle soit effectuée par une tierce personne qui lira votre texte avec un regard neuf. Vous risquez sinon de laisser d'énormes fautes qui vous sauteront aux yeux dès que l'ouvrage sera imprimé !

Enfin, la dernière phase, celle de l'impression, est toujours la plus rapide. En quelques jours vous pourrez disposer des ouvrages que vous aurez commandés.

La vente – Même si vous n'avez pas écrit votre livre pour gagner de l'argent, vous serez heureux que votre entourage manifeste de l'intérêt pour lui en vous l'achetant.

Il n'y a aucune gêne à avoir sur ce point. Vous avez engagé des dépenses, il est normal que vous souhaitiez les couvrir et, dans la mesure où il ne s'agit pas d'une activité habituelle pour vous, les services fiscaux ne vous demandent ni de déclarer ces recettes ni de faire des déclarations de T.V.A.

Si la vente est la dernière des opérations, il est toujours préférable de l'envisager dès le début de la fabrication, et il est, de toute façon, indispensable d'en avoir estimé le volume au moment de commander les ouvrages à l'imprimeur.

Plusieurs éléments peuvent vous guider. Le plus important est de compter le nombre de personnes susceptibles d'être intéressées. Dans la mesure où vous avez forcément parlé de votre projet à différents membres de votre famille, vous pouvez effectuer un comptage approximatif, en restant toutefois prudent car bien des personnes s'abstiendront si l'ouvrage est trop coûteux.

Pour éviter ou limiter ce risque, vous pouvez lancer une souscription avant le tirage. Cela consiste à estimer un prix de vente en fonction d'un tirage raisonnable et à demander un règlement par chèque à l'avance, en précisant que celui-ci ne sera remis à l'encaissement que lorsque l'impression sera lancée. Vous ne courrez ainsi aucun risque, car il vous restera toujours la solution de renoncer au dernier moment si les souscripteurs sont vraiment trop peu nombreux, ce qui est très rarement le cas !

Si tout au long de la rédaction et de la fabrication, vous avez procédé avec prudence et économie, vous devriez pouvoir disposer d'un ouvrage de qualité sans mettre à mal vos finances. Les généalogistes sont de plus en plus nombreux à y parvenir, en raison, en particulier, des procédés modernes d'impression, qui permettent de limiter les chiffres de tirage à leurs stricts besoins.

Constituer ses archives familiales

Quel généalogiste n'a pas rêvé que ses ancêtres aient gardé tous les documents les intéressant ? Hélas, c'est bien rarement le cas, et ceux qui trouvent quelques documents épars dans le grenier d'une maison de famille doivent déjà se considérer comme des privilégiés. Et si vous commenciez alors à constituer des archives familiales que vos descendants seront heureux de découvrir ?

Nous l'avons vu, le livret de famille est une pièce essentielle pour le généalogiste. Il faut tenter d'en collecter le plus possible car c'est un document qui vous donnera de nombreux renseignements.

Que conserver ?

Constituer des archives familiales ne signifie pas entasser dans un grand coffre tous les papiers et documents divers que produit si abondamment notre société. Il faut d'abord effectuer un tri et ensuite adopter un cadre de classement. Si beaucoup de documents doivent être conservés longtemps, parfois pendant toute une vie, tous ne sont pas pour autant nécessaires à l'établissement d'une histoire familiale et il ne faudra pas hésiter à les détruire lorsqu'ils auront perdu leur utilité.

Les documents officiels doivent, en général, être conservés : copies, ou simples extraits d'actes d'état civil, livrets de famille, passeports lorsqu'ils n'ont pas été repris par l'administration, etc.

Les documents personnels méritent aussi d'être archivés : contrats de mariage, jugements de divorce, concession de cimetière, etc. Mais il faut être plus sélectif dans certains domaines :

La santé – Seuls le carnet de santé (sur lequel sont notées également les vaccinations) et les résultats d'examens importants (concernant des accidents, des opérations, ou des maladies graves, surtout si elles sont d'origine génétique), sont à conserver. Tout ce qui concerne les procédures de prise en charge et de remboursement n'ont pas d'intérêt pour l'histoire familiale.

La vie militaire – Seul le livret militaire et les documents qui précisent les affectations, les périodes de réserve et la radiation doivent être préservés. Pour les militaires de carrière, les documents seront plus nombreux, et il faudra alors les considérer comme des documents professionnels.

La profession – Le choix sera souvent difficile à faire pour sélectionner les lettres d'embauche (ou de licenciement !), les contrats de travail, les nominations, mutations et attestations diverses en fonction de la place qu'auront tenue les différents emplois dans la carrière des individus. Pour des artisans, des commerçants ou des industriels, il sera intéressant de garder des feuilles comportant l'en-tête commercial. De la même manière, les cartes de visite professionnelles sont à conserver. Par contre, les bulletins de salaire, qui doivent impérativement être conservés pendant toute la vie professionnelle pour assurer les droits à la retraite, peuvent ensuite être détruits.

Les études – Il ne faut conserver que les livrets scolaires et les diplômes. Les bulletins mensuels ou trimestriels ne sont plus utiles lorsque la scolarité est achevée.

Les loisirs et activités associatives – Ils ne sont à prendre en compte que lorsqu'ils ont occupé une place importante dans la vie des individus, car ils reflètent alors un aspect de leur personnalité. On retiendra dans ce cas des journaux ou des photos de voyages lointains, mais pas les billets d'avion ou les notes d'hôtel correspondants. On gardera les comptes rendus d'assemblées générales présidées par la personne, mais on s'en passera si celle-ci n'y a joué aucun rôle important.

Les décorations – Civiles ou militaires, tout ce qui les concerne doit être conservé.

Des documents d'origines très diverses méritent également de figurer dans des archives familiales :

Les copies d'actes religieux – Tout comme les sermons qui peuvent avoir été prononcés lors d'un mariage ou d'un enterrement, ils permettent de connaître les convictions religieuses éventuelles de la personne concernée.

Les biens et affaires – Dans ce domaine, il convient également d'être très sélectif. Les titres de propriété et les déclarations de revenus permettent d'évaluer la fortune de l'individu, mais ses relevés bancaires encombreraient inutilement. Les baux de location sont intéressants s'ils permettent de suivre les domiciles successifs, mais importent peu s'il s'agit au contraire de locaux donnés en location. Lors d'affaires judiciaires, les jugements doivent être conservés, mais les pièces de procédure peuvent être détruites.

Enfin, il ne faut pas craindre de conserver des documents divers tels que correspondances familiales, photos d'identité ou de famille, coupures de presse, faire-part, etc., qui peuvent rappeler tel ou tel événement précis de l'histoire familiale.

Comment classer ?

Il n'existe pas de règle dans ce domaine, le but est surtout de rendre ces archives facilement consultables pour les générations suivantes, donc d'introduire une certaine logique dans le classement. On pourra, par exemple, distinguer :

– les documents familiaux : généalogie, livre de compte, photos, procès mettant en cause plusieurs personnes ou plusieurs générations, etc.

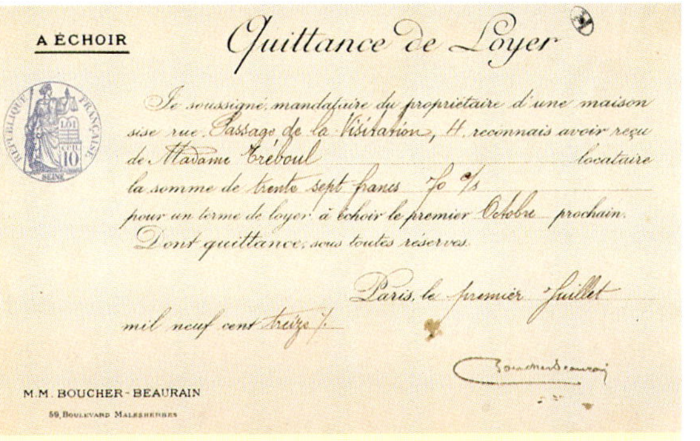

A ÉCHOIR

Quittance de Loyer

Je soussigné mandataire du propriétaire d'une maison sise rue Passage de la Visitation, 4 reconnais avoir reçu de Madame Tréboul locataire la somme de trente sept francs 70 c/s pour un terme de loyer à échoir le premier Octobre prochain. Dont quittance, sous toutes réserves.

Paris, le premier Juillet mil neuf cent treize /.

M.M. BOUCHER-BEAURAIN
59, Boulevard Malesherbes

La quittance de loyer est un document à conserver. Retrouver celle d'un aïeul permet de découvrir l'endroit où il habitait à une période de sa vie.

– les documents personnels qui ne concernent qu'une seule personne ou un seul couple.

On cherchera également à isoler les biens financiers en créant un dossier pour chacun d'eux.

Les documents divers qui ne se rapportent ni à un individu ni à une famille en particulier seront regroupés dans un dossier à part. De même, tous les documents qui peuvent venir, par alliance, d'une autre famille sont à conserver ensemble et à classer de la même manière.

Enfin et surtout, il est bon de faire un inventaire qui reprend et décrit sommairement tous les documents et d'en préciser les dates.

Comment conserver ?

Que les dossiers ainsi constitués soient classés horizontalement ou verticalement importe peu, si l'on veille à ce que ceux-ci soient suffisamment serrés pour que les documents ne se déforment pas (classement vertical), mais ne soient pas non plus écrasés par le poids des autres (classement horizontal).

Il faut veiller également au lieu de conservation pour éviter non seulement le feu, mais aussi l'humidité, la sécheresse, le soleil et la lumière, la pollution ou les rongeurs. Enfin, pour assurer la protection la plus efficace, il existe des cartons et des emballages spéciaux, utilisés surtout dans les dépôts d'archives, dont le pH est neutre, c'est-à-dire ni acide ni basique, ce qui évite que se développent de lentes réactions chimiques qui peuvent, à terme, détruire les documents eux-mêmes.

Adresses utiles

France

ARCHIVES DÉPARTEMENTALES ET ASSOCIATIONS AFFILIÉES À LA FÉDÉRATION FRANÇAISE DE GÉNÉALOGIE

ALSACE

67 - Bas-Rhin

Archives départementales et Cercle généalogique d'Alsace
5-9, rue Fischart - 67000 Strasbourg
tél. : 03 88 45 94 54

68 - Haut-Rhin

Archives départementales
Rue Fleichhauer - 68026 Colmar Cedex
tél. : 03 89 21 97 00

AQUITAINE

24 - Dordogne

Archives départementales
9, rue Littré - 24000 Périgueux
tél. : 05 53 46 63 30

Cercle d'histoire et de généalogie du Périgord
9, rue Roletrou - 24000 Périgueux
tél. : 05 53 46 63 30

33 - Gironde

Archives départementales
13-25, rue d'Aviau - 33081 Bordeaux Cedex
tél. : 05 56 52 14 66

Amitiés généalogiques bordelaises
2, rue Paul-Bert - 33000 Bordeaux
tél. : 05 56 44 81 99

40 - Landes

Archives départementales des Landes
23, rue Victor-Hugo - 40000 Mont-de-Marsan
tél. : 05 58 05 40 40

Centre généalogique des Landes
Société de Borda
27, rue Cazade - 40100 Dax
tél. : 05 58 90 85 99

Histoire et généalogie landaises
Rue du 8-Mai-1945 - 40000 Mont-de-Marsan
tél. : 05 58 46 40 74

47 - Lot-et-Garonne

Archives départementales
3, place de Verdun - 47020 Agen Cedex
tél. : 05 53 69 42 53

Cercle héraldique, généalogique et historique de Lot-et-Garonne
22, avenue De Lattre-de-Tassigny
47300 Villeneuve-sur-Lot
tél. : 05 53 49 45 38

Groupement héraldique et généalogique de l'Agenais
3, place Mgr-Jean-Pouzet - 47000 Agen
tél. : 05 53 47 26 54

64 - Pyrénées-Atlantiques

Archives départementales
Cité administrative
Boulevard Tourasse - 64000 Pau
tél. : 05 59 84 97 60

Généalogie et histoire des familles : Pays basque et Adour maritime
25, rue Saint-Forcet - 64100 Bayonne
tél. : 05 59 63 34 78

AUVERGNE

Cercle généalogique et héraldique de l'Auvergne et du Velay
45, quai Carnot - 92210 Saint-Cloud
tél. : 01 46 02 02 11

03 - Allier

Archives départementales
Rue Aristide-Briand - 03400 Yzeure
tél. : 04 70 20 01 40

Cercle généalogique du Bourbonnais
93, rue de Paris - 03000 Moulins
tél. : 04 70 20 94 11

Allier généalogique
83, avenue des Célestins - 03200 Vichy
tél. : 04 70 97 82 58

15 - Cantal

Archives départementales
1, rue du 139e-Régiment-d'Infanterie
15012 Aurillac Cedex
tél. : 04 71 48 33 38

43 - Haute-Loire

Archives départementales
Avenue de Tonbridge
BP 338 - 43012 Le Puy-en-Velay Cedex
tél. : 04 71 02 81 19

63 - Puy-de-Dôme

Archives départementales
75, rue de Neyrat
BP 20 - 63018 Clermont-Ferrand Cedex
tél. : 04 73 23 45 80

BOURGOGNE

21 - Côte-d'Or

Archives départementales
8, rue Jeannin - 21000 Dijon
tél. : 03 80 63 66 00

Cercle généalogique de la Côte-d'Or
Centre municipal des associations
2, rue des Corroyeurs, Boîte A8
21068 Dijon Cedex
tél. : 03 80 45 42 18

Généalogie Entraide Recherche en Côte-d'Or
97, rue d'Estienne-d'Orves - 92140 Clamart
tél. : 01 46 44 56 08

58 - Nièvre

Archives départementales
1, rue Charles-Roy - 58000 Nevers
tél. : 03 86 60 68 30

Cercle culturel d'entraide généalogique
Maison des associations
Avenue de la Mairie
58490 St-Parize-le-Châtel
tél. : 03 86 21 08 40

Cercle généalogique et historique du Nivernais-Morvan
4, rue Claude-Tillier - 58000 Nevers
tél. : 03 86 61 58 51

71 - Saône-et-Loire

Archives départementales
Place des Carmélites - 71025 Mâcon Cedex
tél. : 03 85 21 00 76

Cercle généalogique de Saône-et-Loire
115, rue des Cordiers - 71000 Mâcon
tél. : 03 85 38 95 51

89 - Yonne

Archives départementales
37, rue St-Germain - 89000 Auxerre
tél. : 03 86 46 93 88

Société généalogique de l'Yonne
27/4, place Corot - 89000 Auxerre

BRETAGNE

Entraide généalogique Bretagne-Maine-Normandie
7, rue Alfred-de-Musset - 14000 Caen
tél. : 02 31 75 01 36

22 - Côtes-d'Armor

Archives départementales
7, rue François-Merlet
22000 Saint-Brieuc
tél. : 02 96 78 78 77

Cercle généalogique des Côtes-d'Armor
3, rue Bel-Orient - 22000 Saint-Brieuc

Cercle héraldique, épigraphique et filiatif d'Armor
108, bd de la Corniche - 22700 Perros-Guirec
tél. : 02 96 91 68 38

29 - Finistère

Archives départementales
5, rue Henri-Bourde-de-la-Rogerie
29000 Quimper
Annexe : 1, rue des Archives - 29200 Brest
tél. : 02 98 47 04 55

Centre généalogique du Finistère
Salle Tissot
Rue du Commandant-Tissot - 29200 Brest
tél. : 02 98 44 00 64

Cercle généalogique du Poher
Boulevard de la République - 29270 Carhaix

35 - Ille-et-Vilaine

Archives départementales
20, avenue Jules-Ferry - 35700 Rennes
tél. : 02 99 27 21 50

Cercle généalogique d'Ille-et-Vilaine
6, rue Frédéric-Mistral - 35200 Rennes
tél. : 02 99 53 63 63

56 - Morbihan

Archives départementales
80, rue des Vénètes - 56000 Vannes
tél. : 02 97 46 32 52

Centre généalogique Sud-Bretagne
Maison des associations
12, rue Colbert - 56100 Lorient
tél. : 02 97 84 47 26

CENTRE

18 - Cher

Archives départementales
Rue Heurtault-de-Lamerville - 18022 Bourges Cedex
tél. : 02 48 55 82 60

Cercle généalogique du Haut-Berry
Place Martin-Luther-King - 18000 Bourges
tél. : 02 48 50 53 05

28 - Eure-et-Loir

Archives départementales
9, rue du Cardinal-Pie - 28000 Chartres
tél. : 02 37 21 44 58

Cercle généalogique d'Eure-et-Loir
22, rue du Tertre - 28400 Nogent-le-Rotrou
tél. : 02 37 52 24 91

36 - Indre

Archives départementales
32, rue Vieille-Prison
BP 639 - 36020 Châteauroux Cedex
tél. : 02 54 08 37 20

Société généalogique du Bas-Berry
34, espace Mendès-France - 36000 Châteauroux
tél. : 02 54 34 03 20

37 - Indre-et-Loire

Archives départementales
Centre des archives historiques
6, rue des Ursulines - 37000 Tours
tél. : 02 47 60 88 88

Centre des archives contemporaines d'Indre-et-Loire
41, rue Michaël-Faraday
37170 Chambray-les-Tours
tél. : 02 47 80 89 00

Cercle généalogique de Touraine
11bis, rue des Tanneurs - 37000 Tours
tél. : 02 47 39 62 73

41 - Loir-et-Cher

Archives départementales
Centre administratif
Rue Louis-Bodin - 41011 Blois Cedex
tél. : 02 54 58 41 24

Cercle généalogique de Loir-et-Cher
11, rue du Bourg-Neuf - 41000 Blois
tél. : 02 54 56 07 11

45 - Loiret

Archives départementales
6, rue d'Illiers - BP 2433 - 45032 Orléans Cedex
tél. : 02 38 54 95 95

Le Loiret généalogique
BP 603 - 45016 Orléans Cedex 1
tél. : 02 38 52 10 27

CHAMPAGNE-ARDENNE

08 - Ardennes

Archives départementales
10, rue de la Porte-de-Bourgogne
BP 831 - 08011 Charleville-Mézières
tél. : 03 24 57 40 06

Cercle de généalogie et d'héraldique des Ardennes
Hôtel de ville - 08000 Charleville-Mézières
tél. : 03 24 37 53 20

Racines franco-belges
5, passage de la Croix-Blanche - 60200 Compiègne
tél. : 03 44 97 33 26

10 - Aube

Archives départementales
131, rue Étienne-Pedron - 10000 Troyes
tél. : 03 25 42 52 62

51 - Marne

Archives départementales
1, rue Just-Berland
51000 Châlons-en-Champagne
tél. : 03 26 68 06 69
Annexe : 129, avenue de l'Yser
51100 Reims
tél. : 03 26 85 17 58

Centre généalogique de la Marne
BP 20 - 51005 Châlons-en-Champagne Cedex

52 - Haute-Marne

Archives départementales
BP 509 - 52011 Chaumont Cedex
tél. : 03 25 03 33 54

Centre généalogique de Haute-Marne
BP 175 - 52005 Chaumont Cedex
tél. : 03 25 31 19 73

CORSE

2A - Corse-du-Sud

Archives départementales
Hôtel du département, Les Salines
Rue François-Piétri - 20000 Ajaccio
tél. : 04 95 29 14 26

2B - Haute-Corse

Archives départementales
Résidence Fango - 20200 Bastia
tél. : 04 95 55 55 81

FRANCHE-COMTÉ

Centre d'entraide généalogique de Franche-Comté
35, rue du Polygone - 25000 Besançon
tél. : 03 81 41 92 07

25 - Doubs

Archives départementales
Rue Marc-Bloch - BP 2059 - 25000 Besançon
tél. : 03 81 25 88 00

39 - Jura

Archives départementales
90, rue des Salines - BP 14 - 39570 Montmorot
tél. : 03 84 47 41 28

70 - Haute-Saône

Archives départementales
14b, rue Miroudot-de-St-Ferjeux - 70000 Vesoul
tél. : 03 84 97 15 80

90 - Territoire de Belfort

Archives départementales et Cercle généalogique de la région de Belfort
Place de la Révolution-Française
90000 Belfort
tél. : 03 84 90 90 90

ÎLE-DE-FRANCE

Cercle d'études généalogiques et héraldiques d'Île-de-France
46, route de Croissy - 78110 Le Vésinet
tél. : 01 39 76 11 52

75 - Paris

Archives départementales
18, boulevard Sérurier - 75019 Paris
tél. : 01 53 72 41 23 ou 28

Archives historiques de la Préfecture de Police
Hôtel de Police du Ve arrt., 2e étage
1 bis, rue des Carmes - 75005 Paris

Bibliothèque historique de la Ville de Paris
24, rue Pavée - 75004 Paris
tél. : 01 44 59 29 40 ou 50

Bibliothèque de l'Archevêché de Paris
(et archives historiques)
8, rue de la Ville-l'Évêque - 75008 Paris
accès sur autorisation

77 - Seine-et-Marne

Archives départementales
248, avenue Charles-Prieur
77190 Dammarie-les-Lys
tél. : 01 64 87 37 00

Cercle de généalogie et d'héraldique de Seine-et-Marne
BP 113 - 77002 Melun Cedex

Cercle généalogique de la Brie
12, rue Paul-Bert - 77400 Lagny-sur-Marne
tél. : 01 64 12 29 29

78 - Yvelines

Archives départementales
2, place André-Mignot - 78000 Versailles
tél. : 01 39 07 72 99

Association généalogique et historique des Yvelines-Nord
Hôtel de ville - 78250 Meulan
tél. : 01 34 74 92 37

Cercle généalogique de Conflans-Sainte-Honorine et de la Batellerie
MJC «Les Terrasses», avenue du Pont
78700 Conflans-Sainte-Honorine
tél. : 01 39 19 20 09

Cercle généalogique de Versailles et des Yvelines
9, rue du Marché-Neuf
BP 623 - 78006 Versailles
tél. : 01 39 51 72 39

91 - Essonne

Archives départementales
9, rue Lafayette - 91107 Corbeil-Essonnes
tél. : 01 64 96 43 43

Centre généalogique de l'Essonne
10 bis, rue Beauregard
91380 Chilly-Mazarin
tél. : 01 60 49 26 89

92 - Hauts-de-Seine

Archives départementales
137, avenue Joliot-Curie
92023 Nanterre Cedex
tél. : 01 47 29 30 31

Cercle généalogique d'Asnières
Maison des associations
11, avenue Lamartine
92600 Asnières-sur-Seine
tél. : 01 40 85 04 83

Cercle généalogique de Boulogne-Billancourt
167, bd Jean-Jaurès
92100 Boulogne-Billancourt
tél. : 01 47 12 08 94

93 - Seine-Saint-Denis

Archives départementales et Cercle généalogique de l'Est parisien
18, avenue du Président-Salvador-Allende
93000 Bobigny
tél. : 01 48 96 38 00

94 - Val-de-Marne

Archives départementales et Cercle d'études généalogiques et démographiques 94
10, rue des Archives - 94006 Créteil Cedex
tél. : 01 45 13 80 50

95 - Val-d'Oise

Archives départementales
3, avenue de la Palette - 95011 Cergy-Pontoise
tél. : 01 34 25 30 30

Association historique, généalogique et héraldique du Val-d'Oise
46, rue Saint-Prix - 95320 Saint-Leu-la-Forêt

Association généalogique de Bessancourt
10, Grande Rue - 95550 Bessancourt

Généalogie valdoisienne
12, rue Gounod - 95880 Enghien-les-Bains
tél. : 01 34 12 28 66

Association généalogique de Taverny
Mairie - 95155 Taverny
tél. : 01 30 40 50 60

LANGUEDOC-ROUSSILLON

Cercle généalogique de Languedoc
18, rue de la Tannerie - 31400 Toulouse
tél. : 05 62 26 15 30
Nombreuses antennes dans différentes villes de la Région ; appeler pour avoir leurs coordonnées.

11 - Aude

Archives départementales
48, rue Jean-Bringer
BP 813 - 11012 Carcassonne Cedex
tél. : 04 68 11 68 71

Histoire et généalogie en Minervois
Abbaye de Caunes-Minervois
BP 6 - 11160 Peyriac-en-Minervois

30 - Gard

Archives départementales et Cercle généalogique de l'Uzège
20, rue des Chassaintes
30040 Nîmes Cedex
tél. : 04 66 67 23 95

34 - Hérault

Archives départementales
2, avenue de Castelnau
BP 1266 - 34011 Montpellier Cedex 1
tél. : 04 67 14 82 14

48 - Lozère

Archives départementales
Avenue du Père-Coudrin - 48005 Mende Cedex
tél. : 04 66 65 22 88

66 - Pyrénées-Orientales

Archives départementales
BP 948 - 66020 Perpignan Cedex
tél. : 04 68 66 38 00

Association catalane de généalogie
63, av. R.-E.-Brousse - 66100 Perpignan
tél. : 04 68 67 19 42

LIMOUSIN

Amitiés généalogiques du Limousin
40, rue Charles-Silvestre - 87100 Limoges
tél. : 05 55 37 08 07

Cercle généalogique, historique et héraldique de la Marche et du Limousin
26, rue Nexon - 87000 Limoges
tél. : 05 55 06 39 84

19 - Corrèze

Archives départementales
Le Touron - 19000 Tulle
tél. : 05 55 20 11 91

Corrèze-Généalogie
11, place Jean-Marie-Dauzier - 19100 Brive
tél. : 05 55 24 16 93

23 - Creuse

Archives départementales
30, rue Franklin-Roosevelt - 23004 Guéret
tél. : 05 55 52 02 93

87 - Haute-Vienne

Archives départementales
54, rue Bourneville - 87000 Limoges
tél. : 05 55 50 97 60

LORRAINE

Union des cercles généalogiques lorrains
BP 8 - 54131 Saint-Max Cedex

54 - Meurthe-et-Moselle

Archives départementales
1, rue de la Monnaie - 54000 Nancy
tél. : 03 83 30 90 90

55 - Meuse

Archives départementales
20, rue Mgr-Aimond - 55000 Bar-le-Duc
tél. : 03 29 79 01 89

57 - Moselle

Archives départementales
1, allée du Château - 57070 St-Julien-les-Metz
tél. : 03 87 21 85 00

88 - Vosges

Archives départementales
4, avenue Pierre-Blanck - 88000 Épinal
tél. : 03 29 81 80 70

MIDI-PYRÉNÉES

09 - Ariège

Archives départementales
59, chemin de la Montagne - 09000 Foix
tél. : 05 34 09 36 80

12 - Aveyron

Archives départementales
25, avenue Victor-Hugo - 12000 Rodez
tél. : 05 65 73 80 70

Cercle généalogique du Rouergue
Chemin du Coutau - 12330 Muret-le-Château
tél. : 05 65 74 95 29

Cercle généalogique du Sud-Aveyron
50, place des Consuls - 12100 Millau
tél. : 05 65 60 07 79

31 - Haute-Garonne

Archives départementales
11, bd Griffoul-Dorval - 31400 Toulouse
tél. : 05 34 31 19 70

Entraide généalogique du Midi toulousain
56, rue Jacques-Gamelin - 31100 Toulouse

Cercle généalogique de Languedoc
18, rue de la Tannerie - 31400 Toulouse
tél. : 05 62 26 15 30

32 - Gers

Archives départementales
14, rue Edgar-Quinet - BP 6 - 32001 Auch Cedex
tél. : 05 62 05 08 80

46 - Lot

Archives départementales
218, rue des Cadourques - 46000 Cahors
tél. : 05 65 22 06 05

65 - Hautes-Pyrénées

Archives départementales
BP 1324 - 65013 Tarbes
tél. : 05 62 56 78 65

82 - Tarn-et-Garonne

Archives départementales
14, avenue du 10e-Dragon - 82000 Montauban
tél. : 05 63 03 46 18

Cercle généalogique du Quercy
Maison de la culture - 82000 Montauban
tél. : 05 63 91 92 23

NORD-PAS-DE-CALAIS

Association généalogique Flandre-Hainaut
Maison des associations
159, rue du Quesnoy
BP 493 - 59321 Valenciennes Cedex
tél. : 03 27 29 98 99

Union régionale des associations généalogiques Nord-Pas-de-Calais
Maison des sociétés
16, rue Aristide-Briand - 62000 Arras
tél. : 03 21 51 04 50

59 - Nord

Archives départementales
22, rue Saint-Bernard - 59000 Lille
tél. : 03 20 93 87 17

Sources généalogiques et historiques des Provinces du Nord
45, avenue Denis-Cordonnier - 59139 Wattignies
tél. : 03 20 97 31 59

62 - Pas-de-Calais

Archives départementales
1, rue du 19-Mars-1962
62000 Dainville (microfilms)
tél. : 03 21 71 10 90

12, place de la Préfecture - 62000 Arras (registres)
tél. : 03 21 22 62 62

Association généalogique du Pas-de-Calais
BP 1060 - 62257 Hénin-Beaumont Cedex
tél. : 03 21 49 23 03

Centre d'études généalogiques du pays des 7 Vallées
Mairie - 62140 Hesdin

NORMANDIE

Association héraldique et généalogique des Deux Vexins
24, rue des Gauguettes - 60590 Villers-sur-Trie
tél. : 03 44 49 62 11

Association parisienne de généalogie normande
41, rue Saint-Georges - 75009 Paris
tél. : 01 49 42 15 43

Entraide généalogique Bretagne-Maine-Normandie
7, rue Alfred-de-Musset - 14000 Caen
tél. : 02 31 75 01 36

Union des cercles généalogiques et héraldiques de Normandie
BP 06 - 50480 Sainte-Mère-Église
tél. : 02 31 48 66 50

14 - Calvados

Archives départementales et Cercle de généalogie du Calvados
61, rue de Lion-sur-Mer - 14035 Caen Cedex
tél. : 02 31 47 18 50

27 - Eure

Archives départementales et Cercle généalogique de l'Eure
2, rue de Verdun - 27025 Évreux Cedex
tél. : 02 32 31 50 84

Cercle généalogique et héraldique de Normandie - Section Vernon
12, rue de Mai - 27200 Vernon

50 - Manche

Archives départementales
103, rue du Maréchal-Juin - 50000 Saint-Lo
tél. : 02 33 75 10 10

Cercle généalogique de la Manche
BP 410 - 50104 Cherbourg Cedex

61 - Orne

Archives départementales
6-10, avenue de Basingstoke
61017 Alençon Cedex
tél. : 02 33 81 23 00

Centre généalogique du Perche
Le Porche, 9, rue Ville-Close - 61130 Bellême
tél. : 02 33 83 37 89

76 - Seine-Maritime

Archives départementales
Cours Clemenceau - 76101 Rouen Cedex
tél. : 02 35 03 54 95

Cercle généalogique de Rouen
BP 1091 - 76174 Rouen Cedex 1

Cercle généalogique d'Yvetot et du pays de Caux
Route de Carville - 76560 Anvéville
tél. : 02 35 96 58 40

Groupement généalogique du Havre et de Seine-Maritime
BP 80 - 76050 Le Havre Cedex
tél. : 02 35 44 94 40

Association généalogique du pays de Bray
BP 62 - 76270 Neufchâtel-en-Bray
tél. : 06 83 48 92 66

PAYS DE LA LOIRE

44 - Loire-Atlantique

Archives départementales
6, rue de Bouillé - 44000 Nantes
tél. : 02 51 72 93 20

Cercle généalogique brévinois
8, allée Urbain-Pion
BP 6 - 44250 Saint-Brévin-les-Pins
tél. : 02 40 27 08 74

Cercle généalogique de l'Ouest
2, place de la République - 44000 Nantes
tél. : 02 40 20 32 93

49 - Maine-et-Loire

Archives départementales
106, rue de Frémur - 49000 Angers
tél. : 02 41 80 80 00

Association généalogique de l'Anjou
Hôtel de Livois
6, rue Émile-Bordier - 49100 Angers
tél. : 02 41 87 90 88

53 - Mayenne

Archives départementales
6, place des Archives - 53000 Laval
tél. : 02 43 59 10 90

72 - Sarthe

Archives départementales
1, rue des Résistants-Internés
72016 Le Mans Cedex
tél. : 02 43 84 55 55

Cercle généalogique du Maine et Perche
16, rue du Chêne-Vert - 72000 Le Mans
tél. : 02 43 23 83 46

85 - Vendée

Archives départementales
14, rue Haxo - 85000 La Roche-sur-Yon
tél. : 02 51 37 71 33 ou 02 51 24 05 80

Cercle généalogique vendéen
307 bis, bât. H, cité de la Vigne-aux-Roses
85000 La Roche-sur-Yon
tél. : 02 51 47 99 30

Vendée-Québec
13, rue de la République
85000 La Roche-sur-Yon
tél. : 02 51 94 61 96

PICARDIE

Association héraldique et généalogique des Deux Vexins
24, rue des Gauguettes
60590 Villers-sur-Trie
tél. : 03 44 49 62 11

Cercle généalogique de Picardie
34, rue St-Fuscien - 80000 Amiens
tél. : 03 22 71 86 00

02 - Aisne

Archives départementales
Rue Fernand-Christ - 02000 Laon
tél. : 03 23 24 61 47

Cercle généalogique de l'Aisne
BP 263 - 02406 Château-Thierry Cedex

60 - Oise

Archives départementales
Rue Tilloy - 60000 Beauvais
tél. : 03 44 12 14 80

Association généalogique de l'Oise
3, rue Jeanne-d'Arc
BP 626 - 60206 Compiègne Cedex
tél. : 03 44 86 14 30

Cercle généalogique du pays noyonnais
41, rue Hoche - 60400 Noyon
tél. : 03 44 44 06 53

Généalogie 60
BP 132
60281 Margny-les-Compiègne Cedex
tél. : 03 44 86 85 13

80 - Somme

Archives départementales
61, rue St-Fuscien - 80000 Amiens
tél. : 03 22 71 86 00

POITOU-CHARENTES

16 - Charente

Archives départementales et Association généalogique de la Charente
24, avenue Gambetta - 16000 Angoulême
tél. : 05 45 95 66 76

17 - Charente-Maritime

Archives départementales
35, rue François-de-Vaux-de-Foletier
17042 La Rochelle Cedex
tél. : 05 46 45 17 17

Cercle généalogique d'Aunis et Saintonge
3, rue J.-B.-Charcot - 17000 La Rochelle
tél. : 05 46 44 18 71

Cercle généalogique de Saintonge
8, rue Mauny - 17100 Saintes
tél. : 05 46 92 04 03

Cercle généalogique Sud-Saintonge
Rue de la Motte-à-Vaillant - 17130 Montendre
tél. : 05 46 92 04 03

Institut de généalogie et d'histoire
5, rue de l'Aimable-Nanette
17000 La Rochelle

79 - Deux-Sèvres

Archives départementales et Union généalogique Poitou-Charentes-Vendée
26, rue de la Blauderie
BP 505 - 79022 Niort Cedex
tél. : 05 49 06 79 43

86 - Vienne

Archives départementales
30, rue des Champs-Balais - 86000 Poitiers
tél. : 05 49 03 04 05

Cercle généalogique poitevin
22-24, rue Arsène-Orillard - 86000 Poitiers
tél. : 05 49 88 02 88

PROVENCE-ALPES-CÔTE D'AZUR

Cercle généalogique du Midi-Provence
BP 30 - 13243 Marseille Cedex 01

04 - Alpes-de-Haute-Provence

Archives départementales
2, rue Trelus - 04000 Digne-les-Bains
tél. : 04 92 36 75 00

Cercle généalogique des Alpes-de-Haute-Provence
3, bd du Temps-perdu - 04100 Manosque

05 - Hautes-Alpes

Archives départementales
Route de Rambaud - 05000 Gap
tél. : 04 92 52 56 00

Association généalogique des Hautes-Alpes
19, rue France - 05000 Gap
tél. : 04 92 51 99 63

06 - Alpes-Maritimes

Archives départementales et association généalogique et héraldique des Alpes-Maritimes et de Monaco
Centre administratif
Route de Grenoble - 06200 Nice
tél. : 04 93 18 61 70

Cercle généalogique du pays cannois
6, avenue du Prado - 06400 Cannes
tél. : 04 93 75 33 87

13 - Bouches-du-Rhône

Archives départementales
66A, rue Saint-Sébastien - 13006 Marseille
tél. : 04 91 04 72 00
annexe : 23, rue Gaston-de-Saporta
13100 Aix-en-Provence
tél. : 04 42 21 09 08

Association généalogique des Bouches-du-Rhône
194, rue de l'Abbé-de-l'Epée
13005 Marseille
tél. : 04 96 12 49 93

83 - Var

Archives départementales
Avenue Alphonse-Daudet
83300 Draguignan
tél. : 04 98 10 22 40

Association généalogique du Var
Traverse des Capucins - 83000 Toulon
tél. : 04 94 41 33 19

Cercle généalogique du Sud-Est varois
391, avenue du Grand-Boucharel
83370 Saint-Aygulf
tél. : 04 94 81 30 05

Groupement amical des généalogistes GAG 83
BP 9 - 83180 Six-Fours-les-Plages Cedex
tél. : 04 94 30 27 66

84 - Vaucluse

Archives départementales
Palais des Papes - 84000 Avignon
tél. : 04 90 86 16 18

Cercle généalogique du Vaucluse et terres adjacentes
École Sixte-Isnard, 3e étage
31 ter, avenue de la Trillade
84000 Avignon
tél. : 04 90 88 57 36

RHÔNE-ALPES

Cercle généalogique savoyard de Paris et de la région parisienne
Bibliothèque généalogique
3, rue de Turbigo - 75001 Paris
tél. : 01 40 41 99 09

01 - Ain

Archives départementales
1, boulevard Paul-Valéry
01012 Bourg-en-Bresse Cedex
tél. : 04 74 32 12 80

Recherches et études généalogiques de l'Ain
Maison des sociétés, Bd Irène-Joliot-Curie
01000 Bourg-en-Bresse
tél. : 04 74 45 11 84

07 - Ardèche

Archives départementales
2 bis, rue Recluse - 07000 Privas
tél. : 04 75 66 98 00

26 - Drôme

Archives départementales
14, rue de la Manutention - 26000 Valence
tél. : 04 75 82 44 80

Cercle généalogique de la Drôme provençale
Mairie - Salle des archives municipales
BP 279 - 26216 Montélimar Cedex
tél. : 04 75 53 79 56

38 - Isère

Archives départementales
Centre Jean-Berthoin
Rue Auguste-Prudhomme - 38000 Grenoble
tél. : 04 76 54 37 81

Centre généalogique de Vienne et de la vallée du Rhône
Maison des syndicats
Chemin des Aqueducs - 38200 Vienne
tél. : 04 74 85 67 09

Centre généalogique du Dauphiné
Bibliothèque municipale
12, bd Maréchal-Lyautey
BP 311 - 38010 Grenoble Cedex 1

42 - Loire

Archives départementales et Association généalogique de la Loire
Rue Barrouin - 42000 Saint-Étienne
tél. : 04 77 93 58 78

Ceux du Roannais
17, rue Marx-Dormoy - 42300 Roanne
tél. : 04 77 68 97 68

69 - Rhône

Archives départementales, archives anciennes
2, chemin de Montauban - 69005 Lyon
tél. : 04 78 28 05 73

Archives départementales, archives contemporaines
57, rue Servient - 69003 Lyon
tél. : 04 72 61 10 73

Archives religieuses et archives historiques
1, place Fourvière - 69005 Lyon
tél. : 04 72 38 80 98

Bibliothèque généalogique de Lyon
237, rue Vendôme - 69003 Lyon
tél. : 04 72 61 93 38

Centre d'études généalogique du Lyonnais
7, rue Major-Martin - 69001 Lyon

73 - Savoie

Archives départementales
244, quai Rize - 73000 Chambéry
tél. : 04 79 70 87 70

Association de recherches et d'entraide pour la documentation et les études savoyardes
Maison des associations
67, rue Saint-François - 73000 Chambéry
tél. : 04 79 33 95 50

Maurienne Généalogie
10, rue Bourneau - 73300 Villargondran
tél. : 04 79 59 80 83

74 - Haute-Savoie

Archives départementales
37 bis, avenue de la Plaine - 74000 Annecy
tél. : 04 50 66 84 20

Centre généalogique de Savoie
Centre de résidence d'Évire
3, rue des Martyrs - 74940 Annecy-le-Vieux
tél. : 04 50 23 02 33

DOM-TOM

Généalogie et histoire de la Caraïbe
12, avenue Charles-de-Gaulle - 78230 Le Pecq

971 - Guadeloupe

Archives départementales
Biscary - BP 74 - 97102 Basse-Terre Cedex

972 - Martinique

Archives départementales
19, avenue Saint-John-Perse - Tartenson
BP 649 - 97263 Fort-de-France

973 - Guyane

Archives départementales
Place Léopold-Heder - 97307 Cayenne Cedex

974 - Réunion

Archives départementales
Rue Marcel-Pagnol - 97490 Saint-Denis

Cercle généalogique de Bourbon
158, rue Monthyon - 97400 Saint-Denis

975 - Saint-Pierre-et-Miquelon

Archives départementales
Rue du 11-Novembre
97500 Saint-Pierre-et-Miquelon

AUTRES ADRESSES NATIONALES

Mormons (Église de Jésus-Christ des saints des derniers jours)
Centre généalogique
64, rue de Romainville - 75019 Paris

Association française de généalogie
28, rue de Rechèvres - 28000 Chartres
Fédération française de généalogie (FFG)
3, rue de Turbigo - 75001 Paris
tél. : 01 40 13 00 88
Bibliothèque généalogique de France
3, rue de Turbigo - 75001 Paris
tél. : 01 40 41 99 09
Centre d'entraide généalogique de France
3, rue de Turbigo - 75001 Paris
Bibliothèque nationale
13, quai François-Mauriac - 75013 Paris
tél. : 01 53 79 59 59
Institut de documentation sur l'histoire des familles (KAROLUS)
13, rue des Frères-Dreyfus - 02600 Villers-Cotterêts
Direction de l'Action sociale, de l'enfance et de la santé (DASES)
94-96, quai de la Râpée - 75012 Paris
tél. : 01 43 47 77 77
Service central de l'état civil
5-6, bd Barthou - 44035 Nantes Cedex
Ne pas téléphoner, ne pas se déplacer, écrire en joignant un timbre pour la réponse.
Archives nationales
60, rue des Francs-Bourgeois - 75003 Paris
tél. : 01 40 27 64 19
Centre d'accueil et de recherches des Archives nationales (CARAN)
11, rue des Quatre-Fils - 75003 Paris
Archives diplomatiques du ministère des Affaires étrangères
17, rue du Casterneau
44036 Nantes Cedex 1
tél. : 02 51 77 25 25
Archives du ministère des Affaires étrangères
37, quai d'Orsay - 75007 Paris
Centre des archives contemporaines
2, rue des Archives - 77300 Fontainebleau
Centre des archives du monde du travail
Hôtel Scrive - 1, rue des Lombards - 59000 Lille
tél. : 03 20 06 87 58
Archives de l'Assistance publique de Paris
7, rue des Minimes - 75003 Paris
tél. : 01 40 27 30 00
Centre des archives d'outre-mer
29, chemin du Moulin-Detesta
13100 Aix-en-Provence
Bibliothèque de la société de l'histoire du protestantisme français
54, rue des Saints-Pères - 75007 Paris
tél. : 01 45 48 62 07
Cercle de généalogie juive
14, rue Saint-Lazare - 75009 Paris
tél. : 01 40 23 04 90
GenAmi, association de généalogie juive internationale
76, rue de Passy - 75016 Paris
Service historique de la marine
Pavillon de la Reine
Château de Vincennes - 94300 Vincennes
Adresse postale : BP 112
00481 Armées
tél. : 01 43 28 81 50
Service historique de l'armée de l'air
Pavillon de la Reine
Château de Vincennes - 94300 Vincennes
Adresse postale : BP 110 - 00481 Armées
tél. : 01 41 093 38 48
Service historique de l'armée de terre
Pavillon de la Reine
Château de Vincennes - 94300 Vincennes
Adresse postale : BP 107
00481 Armées
tél. : 01 41 93 32 94
Bureau central des archives administratives militaires
Caserne Bernadotte
Place Verdun - 64000 Pau
tél. : 05 59 40 46 92
Archives du Val-de-Grâce
Hôpital militaire du Val-de-Grâce
74, bd de Port-Royal - 75005 Paris
tél. : 01 40 51 50 20
Archives de la Légion d'honneur
1, rue de Solférino - 75007 Paris
tél. : 01 40 62 84 00
Généalogie Algérie-Maroc-Tunisie
Place Romée-de-Villeneuve
13090 Aix-en-Provence
tél. : 04 42 17 97 53
Ancêtres italiens
3, rue de Turbigo - 75001 Paris
Groupe généalogique d'Italie
5, quai Torrent - 88100 St-Dié-des-Vosges
Les amitiés acadiennes
2, rue Ferdinand-Fabre - 75015 Paris
tél. : 01 48 56 16 16
France-Louisiane
17, avenue Reille - 75014 Paris
tél. : 01 45 88 02 10

Belgique

Archives générales du royaume
Rue de Ruysbroeck, 2 - B-1000 Bruxelles
www.arch.be
Bibliothèque royale de Belgique
Boulevard de l'Empereur, 4 - B-1000 Bruxelles
www.kbr.be
Centre de documentation du musée royal de l'Armée et d'Histoire militaire
Parc du Cinquantenaire, 3 - B-1000 Bruxelles
Service de centralisation généalogique et démographique de Belgique (SCGD)
Rue Anatole-France, 31 - B-1030 Bruxelles
Généalogie Informatique Wallonie (GéniWal)
Rue du Pré-de-Littrange, 8
B-1320 Hamme-Mille
www.geneaguide.com/be
Office généalogique et héraldique de Belgique (OGHB)
Avenue Charles-Thielemans, 93
B-1150 Bruxelles
www.oghb.org

Québec

Archives nationales du Canada
395, rue Wellington
Ottawa (Ontario) K1A 0N3
www.archives.ca
Archives nationales du Québec
Centre d'archives de Québec
Pavillon Louis-Jacques-Casault
CP 10450 Sainte-Foy (Québec) G1V 4N1
www.anq.gouv.qc.ca
Consulter le site Web pour les coordonnées des centres régionaux.
Bibliothèque nationale du Québec
2275, rue Holt
Montréal (Québec) H2G 3H1
www.bnquebec.ca
Fédération québécoise des sociétés de généalogie
CP 9454, Université Laval
Sainte-Foy (Québec) G1V 4B1
www.federationgenealogie.qc.ca
Société généalogique canadienne-française
Maison de la généalogie
3440, rue Davidson,
Montréal (Québec) H1W 2Z5
www.sgcf.com
Vendée-Québec
13, rue de la République
85000 La Roche-sur-Yon
tél. : 02 51 94 61 96

Suisse

Archives fédérales suisses
Archivstrasse 24 - CH - 3003 Berne
www.bundesarchiv.ch
Archives de l'État de Fribourg
Rue des Archives, 4 - CH-1700 Fribourg
Archives de l'État de Genève
Rue de l'Hôtel-de-Ville,1 - CH-1204 Genève
Archives de l'État du Jura
Hôtel des Halles - CH-2900 Porrentruy
Archives de l'État de Neuchâtel
Le Château - CH-2001 Neuchâtel
Archives cantonales du Valais
Rue des Vergers, 9 - CH-1950 Sion
Archives de l'État de Vaud
Rue de la Mouline, 32
CH-1022 Chavannes-près-Renens
Bibliothèque de la Société suisse d'études généalogiques (SSEG)
c/o Schweiz Landesbibliothek
Hallwylstr. 15 - CH-3003 Bern
Société suisse de généalogie familiale
Case postale 35 - CH-1704 Fribourg
www.ancetres.ch
Swiss Genealogy on the Internet
www.eye.ch/swissgen
Site en quatre langues : anglais, allemand, français, italien.

Bibliographie

GUIDES DE RECHERCHES ET ÉTUDES

Archives de Paris, *Sur les traces de vos ancêtres à Paris. La recherche des origines*, 1997.

ARSENAULT Bona, *Histoire et généalogie des Acadiens*, Éditions Léméac, 6 vol., Montréal, 1978.

AUBLET Robert, *la Généalogie*, Éditions Ouest-France, 1991.

AUDIN Margaret et CURRER-BRIGGS Noël, *Nos ancêtres les Anglais. Guide pratique des recherches généalogiques en Grande-Bretagne*, Éditions Christian, 1983.

BEAUBESTRE Jean, *Précis de généalogie*, Éditions Christian, 1996.

BEAUCARNOT Jean-Louis, *Généalogie mode d'emploi*, Éditions Marabout, 2002.

BEAUCARNOT Jean-Louis, *la Généalogie*, « Que sais-je ? », Éditions P.U.F., 1997.

BERNARD Gildas, *Guide des recherches sur l'histoire des familles*, Éditions Archives nationales, 1981.

BERNARD Gildas, *les Familles protestantes en France, XVIe siècle - 1792. Guide des recherches biographiques et généalogiques*, Éditions Archives nationales, 1987.

BERNARD Gildas, *les Familles juives en France, XVIe siècle - 1815. Guide des recherches biographiques et généalogiques*, Éditions Archives nationales, 1990.

BLAIN Annette, *Née de père et de mère inconnus*, Éditions L'Harmattan, 1995.

CHARBONNEAU Hubert et LÉGARÉ Jacques, *Répertoire des actes de baptêmes, mariages, sépultures et des recensements du Québec ancien (1621-1765)*, Les Presses de l'Université de Montréal, 47 vol., 1980-1988.

DRUGY Christophe et MAGDONELLE Guy, *Guide du généalogiste en Belgique et dans les anciens Pays-Bas (Flandre, Artois, Hainaut, Luxembourg)*, Éditions Christian, 2000.

DUBOST Jean-François, *les Étrangers en France, XVIe siècle - 1789. Guide des recherches biographiques et généalogiques*, Éditions Archives nationales, 1990.

DUPÂQUIER Jacques, *Histoire de la population française*, 4 vol., Éditions P.U.F., 1988-1991.

FARIBAULT-BEAUREGARD Marthe et BEAUREGARD-MALAK Ève, *la Généalogie. Retrouvez vos ancêtres*, Les Éditions de l'Homme, Montréal, 1996.

Fédération généalogique et héraldique de Belgique, *Vade mecum genealogicae et heraldicae Belgicae*, Bruxelles, 1996.

Fédération québécoise des sociétés de généalogie, *les Origines familiales des pionniers du Québec ancien (1621-1865)*, FQSG et FFG, 2001.

FOURNIER Marcel, *les Français au Québec 1765-1865 : un mouvement migratoire méconnu*, Éditions Christian, 1995.

JETTÉ René, *Traité de généalogie*, Les Presses de l'Université de Montréal, 1991.

JOUNIAUX Léo, *Généalogie : pratique, méthode, recherche*, Éditions Arthaud, 1991.

LANGLOIS Michel, *Dictionnaire biographique des ancêtres québécois (1608-1700)*, La Maison des Ancêtres et Archives nationales du Québec, 4 vol., 1998-2001.

LÉONARD E.G., *Histoire générale du protestantisme*, Éditions P.U.F., 1961.

MARTENS-MALENGREAU Julienne, *Manuel du généalogiste*, SCGD, Bruxelles, 1980.

MERGNAC Marie-Odile, *Ma généalogie. Guide des recherches en France*, Éditions Archives & Culture, 2002.

PROVENCE Myriam, *Guide des recherches sur les enfants naturels et abandonnés*, Éditions Brocéliande, 2001.

ROLL Claude-Raymond, *Manuel illustré pour la généalogie et l'histoire familiale en Alsace*, Éditions Le Verger, Illkirch, 1991.

ROY Léon, *Manuel de généalogie*, Rixensart, 2000.

SAFFROY Gaston, *Bibliographie généalogique, héraldique et nobiliaire de la France*, 4 vol., 1968-1979. Ouvrage poursuivi par Geneviève SAFFROY, Éditions Librairie Saffroy, 1988.

TANGUAY Cyprien, *Dictionnaire généalogique des familles canadiennes depuis la fondation de la colonie jusqu'à nos jours*, Eusèbe Senécal imprimeur-éditeur, 7 vol., Montréal, 1871-1891.

THIÉBAUD Jean-Marie, *Pratique de la généalogie. Guide universel de recherche*, Éditions Cêtre, Besançon, 1995.

VALYNSEELE Joseph, *la Généalogie, histoire et pratique*, Éditions Larousse, 1991.

VERGÉ-FRANCESCHI Michel, *les Officiers généraux de la marine royale sous l'Ancien Régime*, 7 vol., Librairie de l'Inde, 1987.

VERGÉ-FRANCESCHI Michel, *Dictionnaire d'histoire maritime*, 2 vol., Éditions Robert Laffont, 2002.

WHITE Stephen A., *Dictionnaire généalogique des familles acadiennes (1636-1714)*, Centre d'études acadiennes, 2 vol., Moncton, 1999.

ARCHIVES

Archives nationales, État général des fonds
- Tome I – *Ancien Régime*, 1978.
- Tome II – *1789-1940*, 1978.
- Tome III – *Marine et outre-mer*, 1980.
- Tome IV – *Fonds divers*, 1980.

Archives nationales, État des inventaires
- Tome I – *Ancien Régime*, 1986.
- Tome II – *1789-1740*, 1978.
- Tome IV – *Fonds divers*, 1987.

ARNAUD Étienne, *Répertoire des généalogies françaises imprimées*, 3 vol., Éditions Berger-Levrault, 1978-1981.

BASTIEN Hervé, *Droit des Archives*, Éditions Archives de France, 1996.

HILDESHEIMER Françoise, *les Archives, pourquoi, comment*, Éditions Christian, 1984.

HILDESHEIMER Françoise, *les Archives privées*, Éditions Christian, 1990.

NOBLESSE, BLASONS ET ARMOIRIES

CHAIX d'EST-ANGE Gustave, *Dictionnaire des familles françaises anciennes ou notables à la fin du XIXe siècle*, 18 vol., Évreux, 1903-1922.

CRAYENCOUR Georges de, *Dictionnaire héraldique*, Éditions Christian, 1985.

DIEUDONNAT Pierre-Marie, *Encyclopédie de la fausse noblesse et de la noblesse d'apparence*, Éditions Sedopols, 1991-1997.

PASTOUREAU Michel, *Traité d'héraldique*, Éditions Picard, 1979.

RÉNESSE Th. de, *Dictionnaire des figures héraldiques*, 7 vol., Bruxelles, 1894-1900.

SERÉVILLE Étienne de et SAINT-SIMON Fernand de, *Dictionnaire de la noblesse française*, Éditions Albatros.

TEXIER Alain, *Qu'est-ce que la noblesse ?*, Éditions Tallandier, 1988.

THIÉBAUD Jean-Marie, *Dictionnaire des termes du blason*, Éditions Cêtre, Besançon, 1994.

VALETTE Régis, *Catalogue de la noblesse française contemporaine*, Éditions Robert Laffont, 1989.

ÉCRITURES ANCIENNES

ARUNDEL de CONDÉ Gérard d', *Apprendre à lire les archives*, Éditions Christian, 1995.

AUDISIO Gabriel et BONNOT-RAMBAUD Isabelle, *Lire le français d'hier. Manuel de paléographie moderne XVe-XVIIIe siècle*, Éditions Armand Colin, 1997.

GREIMAS Algerdas Julien, *Dictionnaire de l'ancien français*, Éditions Larousse, nouvelle édition 2002.

GREIMAS Algerdas Julien et KEANE Teresa Mary, *Dictionnaire du moyen français*, Éditions Larousse, nouvelle édition 2002.

GODEFROY Frédéric, *Lexique de l'ancien français*, Librairie Honoré Champion, 1990.

HISTOIRE DES NOMS ET DES PRÉNOMS

ALLARD René, *Nombre et disparition des noms de famille en France*, La France généalogique n° 162, avril 1988.

ARCHIVISTE Jérôme, *Dictionnaire des changements de noms* (tome 1 : 1803-1956 ; tome 2 : 1957-1962), Paris, 1957 et 1964.

BEAUCARNOT Jean-Louis, *Vous et votre nom*, Éditions Laffont, 1992.

BEAUCARNOT Jean-Louis, *les Noms de famille et leurs secrets*, Éditions Laffont, 1988.

BEAUCARNOT Jean-Louis, *les Prénoms et leurs secrets*, Éditions Denoël, 1990.

BESNARD Philippe, *Pour une étude empirique du phénomène de mode dans la consommation des biens symboliques : le cas des prénoms*, Archives européennes de sociologie, n° XX, 1979.

BESNARD Philippe et DESPLANQUES Guy, *Un prénom pour toujours : la cote des prénoms, hier, aujourd'hui et demain*, Éditions Balland, 1996.

BESNARD Philippe et DESPLANQUES Guy, *la Cote des prénoms*, Éditions Balland, 2002 (une nouvelle édition chaque année).

BURGUIÈRE André, *Un nom pour soi. Le choix du nom de baptême en France sous l'Ancien Régime*, L'Homme, tome XX, n° 4, 1980.

CAZENAVE Jean, *Louis et Jean-Baptiste, les Dupont antillais*, Antiane, n° 10, 1989.

CHALANSET Alice et DANZIGER Claudie, *Nom, prénom. La règle et le jeu*, Éditions Autrement, 1994.

DAUZAT Albert, *les Noms de famille de France*, Éditions Payot, 1945.

DAUZAT Albert, *les Noms de famille en France. Traité d'anthroponymie française*, Librairie Guénégaud, 1977.

DESHAYES Albert, *Dictionnaire étymologique des noms de famille bretons*, Éditions Le Chasse-Marée Ar-Men, 1995.

DESPLANQUES Guy, *Les enfants de Michel et Martine Dupont s'appellent Nicolas et Céline*, Économie et statistique n° 184, janvier 1986.

DUPÂQUIER Jacques, PÉLISSIER Jean-Pierre et RÉBAUDO Danielle, *le Temps des Jules : les prénoms en France au XIXe siècle*, Éditions Christian, 1987.

FORDANT Laurent, *Atlas des noms de famille en France*, Éditions Archives & Culture, 1999.

FORDANT Laurent, *Tous les noms de famille de France et leur localisation en 1900*, Éditions Archives & Culture, 2000.

GONZALÈS Pierre-Gabriel, *Dictionnaire des noms de famille en Auvergne*, Éditions de Borée, 2001.

GROSCLAUDE Michel, *Dictionnaire étymologique des noms de famille gascons*, Éditions Radio Pais, 1992.

LAPIERRE Nicole, *Changer de nom*, Éditions Stock, 1995.

MERGNAC Marie-Odile, *les Noms de famille en France, histoires et anecdotes*, Éditions Archives & Culture, 2001 (titre décliné ensuite pour chaque région de France).

MERGNAC Marie-Odile, *Dictionnaire des noms de famille. France, Belgique, Suisse, Canada*, Éditions Archives & Culture, 2002.

MORLET Marie-Thérèse, *Dictionnaire étymologique des noms de famille en France*, Éditions Perrin, 1998.

MULON Marianne, *l'Onomastique française*, La Documentation française, 1977 et 1987.

RATIER Emmanuel, *Encyclopédie des changements de noms*, Éditions Faits et Documents, 1995.

VROONEN Eugène, *les Noms de famille du monde entier et leur signification*, Éditions Archives & Culture, 2001.

Index

Les chiffres en gras renvoient aux sujets développés ; ceux en italique aux encadrés et aux légendes des illustrations. Dans le dictionnaire des noms (pp. 242-277), seuls sont cités dans l'index les noms déjà apparus dans le reste de l'ouvrage. Sauf exceptions, les informations concernant la Belgique, le Québec et la Suisse, ainsi que les autres pays, sont répertoriées à leur nom.

A

B

Crédits photographiques

1re de couverture : dos © KHARBINE / TAPABOR ; m hg © Joëlle Neau ; m bas © KHARBINE / TAPABOR ; bas d © JERRICAN ; bas g © ROGER VIOLLET ; m bd © Droits réservés

4e de couverture : © Création Louis Barre - GÉNÉAGRAM (B.P. 59 - 78290 Croissy-sur-Seine)

p. 12 ARCHIVES LARBOR ; p. 14 Michel Vergé-Franceschi ; p. 15 JERRICAN ; p. 16 ARCHIVES LARBOR ; p. 18 D.R. ; p. 19 © Création Louis Barre - GÉNÉAGRAM ; p. 21 D.R. / Éditions Christian ; p. 23 © Création Louis Barre - GÉNÉAGRAM ; p. 24 GETTY IMAGES France / Hulton Archives ; p. 26 CORBIS / T. Cripstein ; p. 28 © Joëlle Neau ; p. 29 Michel Vergé-Franceschi ; p. 30 D.R. ; p. 31 Michel Vergé-Franceschi ; p. 32 BRIDGEMAN-GIRAUDON / J.L. Charmet ; p. 33 Michel Vergé-Franceschi ; p. 34 KHARBINE / TAPABOR ; p. 35 Michel Vergé-Franceschi ; p. 36 Michel Vergé-Franceschi ; p. 37 ROGER VIOLLET ; p. 38 Michel Vergé-Franceschi ; p. 39 D.R. ; bas KHARBINE / TAPABOR ; p. 40 RMN / H. Lewandowski ; p. 41 Michel Vergé-Franceschi ; p. 42 Michel Vergé-Franceschi ; p. 43 ROGER VIOLLET ; bas g D.R. ; bas d Michel Vergé-Franceschi ; p. 44 Michel Vergé-Franceschi ; p. 45 KHARBINE / TAPABOR ; p. 46 RAPHO ; p. 47 Michel Vergé-Franceschi ; p. 48 RAPHO / J.E. Pasquier ; p. 49 DAGLI ORTI G. ; p. 50 DAGLI ORTI G. ; p. 52 © Joëlle Neau ; p. 55 ROGER VIOLLET ; p. 56 © Joëlle Neau ; p. 57 Ph. Hubert Josse © ARCHIVES LARBOR ; p. 58 SCALA ; p. 59 © Joëlle Neau ; p. 61 D.R. / Archives nationales de France ; p. 62 BRIDGEMAN-GIRAUDON / Koninklijk Museen ; p. 63 D.R. / Archives départementales de Nantes ; p. 64 KHARBINE / TAPABOR ; p. 65 ROGER VIOLLET ; p. 66 RMN / M.Willi ; p. 67 Michel Vergé-Franceschi ; p. 69 ROGER VIOLLET ; p. 70 DAGLI ORTI G. ; p. 71 D.R. / Archives départementales de Versailles ; p. 72 DAGLI ORTI G. ; p. 74 ROGER VIOLLET ; p. 75 ROGER VIOLLET ; p. 76 ARCHIVES LARBOR ; p. 77 ARCHIVES LARBOR ; p. 78 Alain Le Toquin ; p. 79 © Archives Nathan ; p. 80 ROGER VIOLLET ; p. 81 DAGLI ORTI G. ; p. 82 DAGLI ORTI G. ; p. 83 RMN / J.G. Berizzi / Musée du Judaïsme ; p. 84 Ph. Coll. Archives Nathan ; p. 85 RAPHO / R. Doisneau ; p. 87 D.R. ; p. 88 Ph. Scala © ARCHIVES LARBOR ; p. 89 D.R. / Archives de la ville de La Louvière-Belgique ; p. 90 D.R. / Archives nationales du Québec ; p. 91 D.R. / Archives nationales du Canada ; p. 92 D.R. / Dominique Barbey ; p. 93 DAGLI ORTI G. ; p. 94 DAGLI ORTI G. ; p. 95 DAGLI ORTI G. ; p. 96 JERRICAN / Sebart ; p. 97 © Joëlle Neau ; p. 98 Michel Vergé-Franceschi ; p. 99 BRIDGEMAN-GIRAUDON ; p. 100 Alain Le Toquin ; p. 101 Alain Le Toquin ; p. 102 ANDIA / Bigot ; p. 103 D.R. ; p. 104 ARCHIPRESS / S. Bersaut ; p. 105 Michel Vergé-Franceschi ; p. 106 HEMISPHERES IMAGES / Wisocki ; p. 107 Michel Vergé-Franceschi ; p. 108 RMN / Bulloz ; p. 109 BRIDGEMAN-GIRAUDON / Charmet ; bas BRIDGEMAN-GIRAUDON / Charmet ; p. 110 ROGER VIOLLET ; p. 111 D.R. / Bibliothèque généalogique de France ; p. 112 ARCHIVES LARBOR ; p. 113 Alain Le Toquin; p. 114 HEMISPHERES IMAGES / H. Lenain ; p. 115 ARCHIVES LARBOR ; p. 116 D.R. / Archives nationales du Québec ; p. 117 D.R. / Archives nationales du Canada ; p. 118 D.R. / Dominique Barbey ; p. 119 DAGLI ORTI G. ; p. 120 BRIDGEMAN-GIRAUDON ; p. 121 DAGLI ORTI G. ; p. 122 Michel Vergé-Franceschi ; p. 123 ROGER VIOLLET ; p. 124 ROGER VIOLLET ; p. 125 Michel Vergé-Franceschi ; p. 126 ARCHIVES LARBOR ; p. 127 D.R. ; p. 128 RMN / G. Ojeda ; p. 129 Michel Vergé-Franceschi ; p. 131 RMN / Louvre / Ojeda ; p. 132 Michel Vergé-Franceschi ; p. 133 KHARBINE / TAPABOR ; p. 134 KHARBINE / TAPABOR ; p. 135 KHARBINE / TAPABOR ; p. 136 Michel Vergé-Franceschi ; p. 137 ARCHIVES LARBOR ; p. 138 SCALA ; p. 139 KHARBINE / TAPABOR ; p. 141 ARCHIVES LARBOR ; p. 142 DAGLI ORTI G. ; p. 143 Michel Vergé-Franceschi ; p. 144 Michel Vergé-Franceschi ; p. 146 ARCHIVES LARBOR ; p. 148 ARCHIVES LARBOR ; p. 149 ARCHIVES LARBOR ; p. 150 KHARBINE / TAPABOR ; p. 151 ROGER VIOLLET ; p. 152 KHARBINE / TAPABOR ; p. 153 KHARBINE / TAPABOR ; p. 154 KHARBINE / TAPABOR ; p. 155 KHARBINE / TAPABOR ; p. 156 BRIDGEMAN-GIRAUDON ; p. 157 KHARBINE / TAPABOR ; p. 161 ARCHIVES LARBOR ; p. 163 ARCHIVES LARBOR ; p. 164 KHARBINE / TAPABOR ; p. 167 DAGLI ORTI G. ; p. 173 KHARBINE / TAPABOR / Coll. Thyssen ; p. 174 KHARBINE / TAPABOR ; p. 176 KHARBINE / TAPABOR ; p. 179 RAPHO / M. Paygnard ; p. 182 ROGER VIOLLET ; p. 183 DAGLI ORTI G. ; p. 184 Ph. Coll. ARCHIVES LARBOR ; p. 185 KHARBINE / TAPABOR ; p. 186 DAGLI ORTI G. ; p. 187 Ph. Coll. ARCHIVES LARBOR ; p. 188 KHARBINE / TAPABOR ; p. 189 D.R. / Marie-Odile Mergnac ; p. 192 ht g RMN / M. Bellot ; ht d RMN / M. Bellot ; p. 193 KHARBINE / TAPABOR ; p. 194 KHARBINE / TAPABOR ; p. 195 BRIDGEMAN-GIRAUDON ; p. 196 BRIDGEMAN-GIRAUDON ; p. 198 RMN / Musée d'Orsay / Lewandowski ; p. 199 RMN / Musée d'Orsay / Lewandowski ; p. 200 DAGLI ORTI G. ; p. 201 RMN / G. Blot ; p. 202 COSMOS / Woodfin Camp / W. Hubbell ; p. 203 COSMOS / O'Brian ; p. 204 Ph. J.J. Moreau © ARCHIVES LARBOR ; p. 205 Ph. Hubert Josse © ARCHIVES LARBOR ; p. 206 D.R. / Archives nationales du Canada ; p. 207 RMN / H. Lewandowski ; p. 208 Ph. Guiley Lagache © ARCHIVES LARBOR ; p. 209 RMN / Bulloz ; p. 210 RMN ; p. 211 KHARBINE / TAPABOR ; p. 213 KHARBINE / TAPABOR ; p. 215 KHARBINE / TAPABOR ; p. 217 g COSMOS / Loftus ; d COSMOS / Popperfoto ; p. 219 KHARBINE / TAPABOR ; p. 218 BRIDGEMAN-GIRAUDON ; p. 220 KHARBINE / TAPABOR ; p. 221 ROGER VIOLLET ; p. 222 BRIDGEMAN-GIRAUDON / Charmet ; p. 224 Ph. Hubert Josse © ARCHIVES LARBOR ; p. 226 KHARBINE / TAPABOR ; p. 228 ROGER VIOLLET ; p. 229 GETTY IMAGES France / A. Levenson ; p. 230 d TOP / Barberousse ; g TOP / Seelow ; p. 232 RAPHO / W. Ronis ; p. 233 COLLECTION CHRISTOPHE L. ; p. 235 GETTY IMAGES France / S;W. Jones ; d GETTY IMAGES France / A. Cox ; p. 236 GETTY IMAGES France / M. Yates ; p. 237 GETTY IMAGES France ; p. 238 GETTY IMAGES France ; p. 239 HEMISPHERES IMAGES / P. Renault ; p. 239 GETTY IMAGES France / H. Wolf ; HEMISPHERES IMAGES / M. Colin ; p. 240 GETTY IMAGES France ; p. 241 GETTY IMAGES France / S. Baker ; p. 241 GETTY IMAGES France / S. et N. Geary ; p. 243 KHARBINE / TAPABOR ; p. 245 KHARBINE / TAPABOR ; p. 246 KHARBINE / TAPABOR ; p. 249 KHARBINE / TAPABOR ; p. 250 KHARBINE / TAPABOR ; p. 252 KHARBINE / TAPABOR ; p. 254 DAGLI ORTI G. ; p. 257 KHARBINE / TAPABOR ; p. 259 KHARBINE / TAPABOR ; p. 260 KHARBINE / TAPABOR ; p. 262 KHARBINE / TAPABOR ; p. 265 KHARBINE / TAPABOR ; p. 267 KHARBINE / TAPABOR ; p. 268 KHARBINE / TAPABOR ; p. 271 KHARBINE / TAPABOR ; p. 273 Ph. Coll. ARCHIVES LARBOR ; p. 274 ARCHIVES LARBOR ; p. 276 ARCHIVES LARBOR ; p. 280 GAMMA / S. Gladieu ; p. 281 GETTY IMAGES France / Stone ; p. 283 CORBIS / P. Schermeister ; p. 284 Hergé / MOULINSART 2002 ; p. 285 D.R. ; p. 286 D.R. ; p. 287 D.R. / Association généalogique du Pas-de-Calais ; p. 291 © Martine Molitor / Aloha Création; p. 293 D.R. usenet-fr.news.eu.org ; p. 300 D.R. ; p. 303 D.R. ; p. 304 KHARBINE / TAPABOR ; p. 305 KHARBINE / TAPABOR.

Photogravure ART NORD, Aire-sur-la-Lys
Impression GRAFICAS ESTELLA, Estella
Dépôt légal : octobre 2002 - 560264/01
10087242(1)20(CSBTS 170) septembre 2002